红色旋律十年

燕山大学马克思主义学院 编

燕山大学出版社
2020 · 秦皇岛

图书在版编目（CIP）数据

红色旋律十年 / 燕山大学马克思主义学院编. —秦皇岛：燕山大学出版社，2020.6
ISBN 978-7-81142-190-3

Ⅰ. ①红… Ⅱ. ①燕… Ⅲ. ①高等学校－思想政治教育－研究－中国 Ⅳ.①G641

中国版本图书馆 CIP 数据核字（2020）第 079749 号

红色旋律十年
燕山大学马克思主义学院 编

出 版 人：陈 玉
责任编辑：孙志强
封面设计：吴 波
出版发行：燕山大学出版社 YANSHAN UNIVERSITY PRESS
地 址：河北省秦皇岛市河北大街西段 438 号
邮政编码：066004
电 话：0335-8387555
印 刷：秦皇岛墨缘彩印有限公司
经 销：全国新华书店

开 本：700mm×1000mm 1/16
字 数：380 千字
印 张：25.75
插 页：30
版 次：2020 年 6 月第 1 版
印 次：2020 年 6 月第 1 次印刷
书 号：ISBN 978-7-81142-190-3
定 价：98.00 元

“红色旋律”精彩瞬间

燕山大学党委书记赵险峰
莅临“红色旋律”讲坛

燕山大学原党委书记孟卫东出
席“红色旋律”岁末回眸活动

燕山大学原党委书记孟卫东为“红色旋律”题词

燕山大学党委副书记黄晟莅临
“红色旋律”讲坛

燕山大学原党委副书记陈春利
参演“红色旋律”岁末回眸

“雄关漫道——中国共产党领导中国人民争取民族独立人民解放奋斗历程”徽章展

“臻志铮骨，与党同行——中国共产党 90 周年光辉历程及双百人物先进事迹”图片展

“纪念中国人民抗日战争暨世界反法西斯战争胜利 70 周年”图片展

“纪念马克思诞辰 200 周年”图片展

“写给马克思的三行情诗”征集大赛

“为中华之崛起——周恩来的青年时代”图片展

薪火访谈：重返东北重型机械学院校址

星火书院：共读《重塑中华——近代中国“中华民族”观念研究》

萤火宣讲：《创客离我们有多远——2015 年政府工作报告解读》

烽火调研：对《师生思想动态调查问卷》进行数据统计

“红色旋律”创办五周年暨大学生社会主义核心价值观教育座谈会

《红色旋律报》

“红色旋律”红歌队演唱《走向复兴》

“红色旋律”红歌队演唱《我的中国心》

“红色旋律”红歌队演唱《歌唱祖国》

“红色旋律”红歌队参加表演

“红色旋律”红歌队演唱
《学习雷锋好榜样》

红色影苑 心随影动

现场互动

现场互动

座无虚席的活动现场

座无虚席的活动现场

赴革命老区延安参观学习

赴井冈山烈士陵园缅怀先烈

参加“弘扬伟大长征精神 走好今天的长征路——京冀五校主题演讲比赛”

参加团中央“井冈情 中国梦”暑期大学生社会实践

清明节在秦皇岛烈士陵园师生追思历史

参观花厂峪抗日纪念馆

清明节赴花厂峪烈士陵园祭扫烈士墓

赴李大钊纪念馆参观学习

赴承德市围场满族蒙古族自治县
来太沟村开展精神文明创建活动

赴承德市围场满族蒙古族自治县
来太沟村开展精神文明创建活动

赴承德市围场满族蒙古族自治县
来太沟村开展精神文明创建活动

“红色旋律”标识

“红色旋律”讲坛

魏黎波老师主讲《人与神的博弈——我们如何认识宗教》

杨绍维老师主讲《韶山归来话伟人》

王新华老师主讲《强国，从钓鱼岛起步》

柴勇老师主讲《较量——纪念伟大的抗美援朝60周年》

魏黎波老师主讲《透视中国硬实力》

李晔老师主讲《爱恨交织说美国》

刘永志老师主讲
《崩溃与崛起——中苏改革比鉴》

王新华老师主讲
《让理想飞——曲折中前进的三十年》

柴勇老师主讲《回忆·畅想——辉煌九十年》

王玉荣老师主讲
《回忆・畅想——辉煌九十年》

杨绍维老师主讲《永远的孙中山》

张云飞老师主讲《跨越时空的选择：我们如何对待马克思主义》

张明老师主讲《从故宫失窃案的判决结果看中国人权保障事业的进步》

马慧婷老师主讲《半个世纪的呼唤——再看雷锋与雷锋精神》

魏忠强老师主讲《传统与“反传统”》

马慧婷老师主讲《十八大，我们的期待》

中国人民大学国学院教授、博士生导师黄朴民主讲《国学要义及其当代价值》

校党委副书记陈春利主讲《徽章背后的抗战故事》

花厂峪抗日纪念馆馆长周庆信主讲《发生在我们身边的抗战故事》

中央马克思主义理论研究与建设工程首席专家、清华大学资深教授吴潜涛主讲《社会主义核心价值观前沿问题研究专题报告》

全国优秀教师、燕山大学机械工程学院博士生导师黄真主讲《中国教育培养不出杰出人才吗》

任文启老师主讲《泡沫与疯狂——日本发动侵华战争之经济根源》

孙金生老师主讲《关注心理健康，创造幸福人生》

李婕老师主讲《校园纠纷背后的原因及化解——我们如何做》

北京行政学院教授侯且岸主讲《大钊精神永存》

包巍老师主讲《抗日战争与中华民族走向复兴》

柴勇老师主讲《直挂云帆济沧海——2018年全国两会精神解读》

河北省影评学会原副会长张子诚主讲《别样的视听盛宴——80岁老放映员讲过去的故事》

魏黎波老师主讲《中美贸易摩擦：冤冤相报何时了》

黄娟老师主讲《生态文明：开启美丽中国建设新时代》

刘舸老师主讲《区别对待苏联改革原因与解体原因——兼谈中国改革开放 40 年的成功经验》

徐阳老师主讲《稳中求进——聚焦〈2019 政府工作报告〉经济热点问题》

郭祥俊老师主讲《走向深蓝的 70 年——人民海军建立七十周年专题》

马克思主义学院客座教授安明法主讲《中国现代教育从这里走来》

王新华老师主讲《筚路蓝缕，走向辉煌——庆祝中华人民共和国成立 70 周年》

王建洲老师主讲《初心·本色——国家勋章和国家荣誉称号背后的故事》

“红色旋律”读书会

杨绍维、王玉荣、张汉生老师主讲《穿越历史——走进真实的毛泽东》

王玉荣、马慧婷、张云飞、柴勇老师主讲《寻找中国人的精神家园》

颜世晔、包巍老师主讲《得民心者得天下——纪念建党 90 周年》

王新华、颜世晔、刘永志老师主讲《评说 20 世纪中国三位历史伟人》

杨绍维、王新华、江泉、包巍老师主讲《热血铸就的青春》

魏黎波、张云飞、李海艳老师主讲《中国社会的“信仰危机”与重建》

李晔、王玉荣、柴勇、王媚老师主讲《从〈C形包围——内忧外患下的中国突围〉看维护国家安全》

魏黎波、江泉、李晔老师主讲《美元神话的衰落——〈货币战争〉》

王新华、王玉荣老师主讲《与邻为善 VS 与邻为恶——中日关系话百年》

颜世晔、齐凯君、李晔老师主讲《不朽的传奇——读〈长征〉》

魏忠强、李小东、侯卓沅老师主讲《南渡：抗日战争中的大学与大师》

侯卓沅、王建洲、李小东老师主讲《青春与初心——品读〈习近平的七年知青岁月〉》

侯卓沅、江泉、魏忠强老师主讲《行程万里不忘初心——品读〈历史选择了毛泽东〉》

颜世晔、李小东、王华老师主讲《读〈邓小平时代〉——纪念改革开放40周年》

魏忠强、崔冠华、颜世晔老师主讲《治国理政的传统文化智慧——读〈习近平用典〉》

李小东、王华、沈德昌老师主讲《谁主沉浮——毛泽东的人生与哲思》

李晔、王华、徐阳老师主讲《纪念李大钊诞辰130周年·牢记共产党人的初心和使命——重读〈我的马克思主义观〉》

“红色旋律”影苑

魏黎波老师以“历史洪流中的大浪淘沙”
为主题评《大浪淘沙》

王玉荣老师以“典型的主旋律”
为主题评《惊沙》

谢丽萍老师以“雷惊天荡震寰宇，书写
民族崛起新篇章”为主题评《横空出世》

王媚老师以“马列主义的高贵信仰”为
主题评《建党伟业》

魏黎波老师以“一个人和一个国家”为
主题评《钱学森》

柴勇老师以“快把那炉火烧得通红”为
主题评《钢的琴》

王媚、张云飞、柴勇老师以“香港往事”为主题评《岁月神偷》《麦兜故事》《笼民》

颜世晔、包巍、陈步伟老师以“2008，读懂”为主题评《大空头》《资本主义：一个爱情故事》《监守自盗》

颜世晔、王华、杨新宾老师以“面对腐败”为主题评《光荣的愤怒》《我不是潘金莲》《我是植物人》

李小东、陈步伟、侯卓沅老师以“音乐改变人生”为主题评《放牛班的春天》《四分钟》《欢乐好声音》

张汉生、张云飞、李海艳老师以“铁血荣光”为主题评《建军大业》《战狼》《湄公河行动》

王玉荣、魏忠强、王建洲老师以“大道之行”为主题评《忠诚与背叛》《钱学森》《杨善洲》

侯卓沅、黄娟、徐阳老师以“亲的暖阳”为主题评《七号房的礼物》《失孤》《摔跤吧！爸爸》

王建洲、李海艳、王媚老师以“青春在左，梦想在右”为主题评《七十七天》《疯狂动物城》《神秘巨星》

张亚娜、吴建良、柴勇老师以“历史的隐喻”为主题评《潘神的迷宫》《回归》《一步之遥》

张亚娜、王华、柴勇老师以“飞向太空宇宙无限”为主题评《火星救援》《2001太空漫游》《星际穿越》

刘伟、张亚娜、柴勇老师以“面对基因”为主题评《月球》《千钧一发》《侏罗纪世界》

“红色旋律”岁末回眸

2014 年“红色旋律”岁末回眸：
2014，中国故事

2015 年“红色旋律”岁末回眸：
记忆·憧憬

2016 年“红色旋律”岁末回眸：
长征 新的长征

2017 年“红色旋律”岁末回眸：
不忘初心

2018 年“红色旋律”岁末回眸：走向复兴——庆祝改革开放 40 周年

2019 年“红色旋律”岁末回眸：我们走在大路上——庆祝中华人民共和国成立 70 周年

2010 年“红色旋律”岁末回眸

2010 年“红色旋律”岁末回眸

2011 年“红色旋律”岁末回眸：2011——世界·中国·我们

2012 年“红色旋律”岁末回眸：
走进十八大

2012 年“红色旋律”岁末回眸：
走进十八大

2013 年“红色旋律”岁末回眸：那个人那个时代——纪念毛泽东同志诞辰 120 周年

2013 年“红色旋律”岁末回眸：那个人那个时代——纪念毛泽东同志诞辰 120 周年

2014 年“红色旋律”岁末回眸：
2014，中国故事

2014 年“红色旋律”岁末回眸：
2014，中国故事

2015 年“红色旋律”岁末回眸：
记忆·憧憬

2015 年“红色旋律”岁末回眸：
记忆·憧憬

2016 年“红色旋律”岁末回眸：
长征 新的长征

2016 年“红色旋律”岁末回眸：
长征 新的长征

2017 年“红色旋律”岁末回眸：不忘初心

2018 年“红色旋律”岁末回眸：走向复兴——庆祝改革开放 40 周年

2018 年“红色旋律”岁末回眸：走向复兴——庆祝改革开放 40 周年

2019 年“红色旋律”岁末回眸：我们走在大路上——庆祝中华人民共和国成立 70 周年

2019 年“红色旋律”岁末回眸：我们走在大路上——庆祝中华人民共和国成立 70 周年

“红色旋律”获奖证书

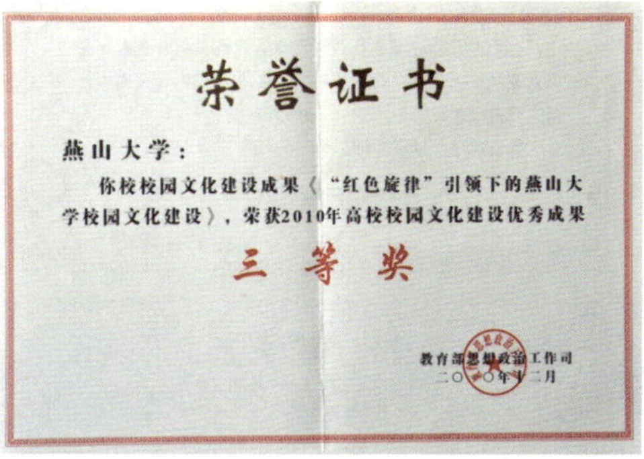
荣誉证书
燕山大学：
你校校园文化建设成果《“红色旋律”引领下的燕山大学校园文化建设》，荣获2010年高校校园文化建设优秀成果
三等奖
教育部思想政治工作司
二〇一〇年十二月

2010 年高校校园文化建设优秀成果三等奖

荣誉证书
燕山大学：
你单位申报的《“红色旋律”凝铸精神家园——燕山大学以主旋律引领校园文化》获2011年高校校园文化建设优秀成果评选
优秀奖
教育部思想政治工作司
二〇一一年十一月

2011 年高校校园文化建设优秀成果优秀奖

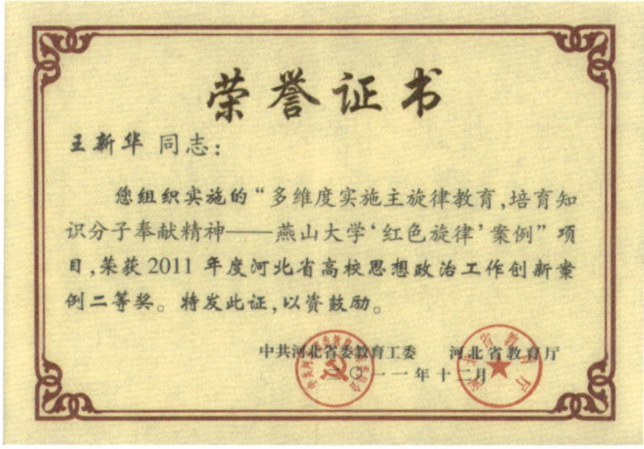
荣誉证书
王新华 同志：
您组织实施的“多维度实施主旋律教育，培育知识分子奉献精神——燕山大学‘红色旋律’案例”项目，荣获2011年度河北省高校思想政治工作创新案例二等奖。特发此证，以资鼓励。
中共河北省委教育工委 河北省教育厅
二〇一一年十二月

2011 年河北省高校思政创新案例二等奖

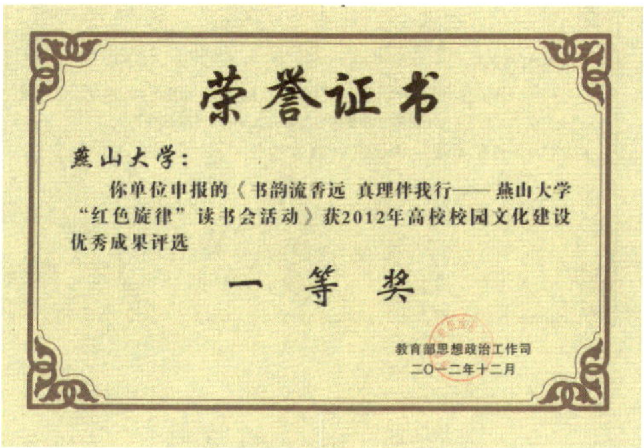
荣誉证书
燕山大学：
你单位申报的《书韵流香远 真理伴我行——燕山大学“红色旋律”读书会活动》获2012年高校校园文化建设优秀成果评选
一等奖
教育部思想政治工作司
二〇一二年十二月

2012 年高校校园文化建设优秀成果一等奖

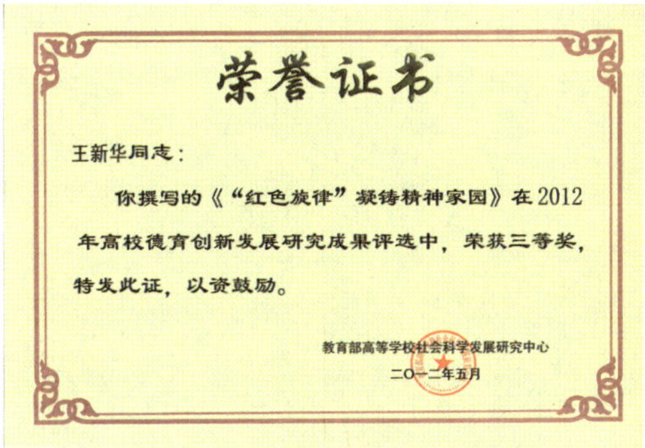
荣誉证书
王新华同志：
你撰写的《“红色旋律”凝铸精神家园》在2012年高校德育创新发展研究成果评选中，荣获三等奖，特发此证，以资鼓励。
教育部高等学校社会科学发展研究中心
二〇一二年五月

2012 年教育部高校德育创新发展
研究成果三等奖

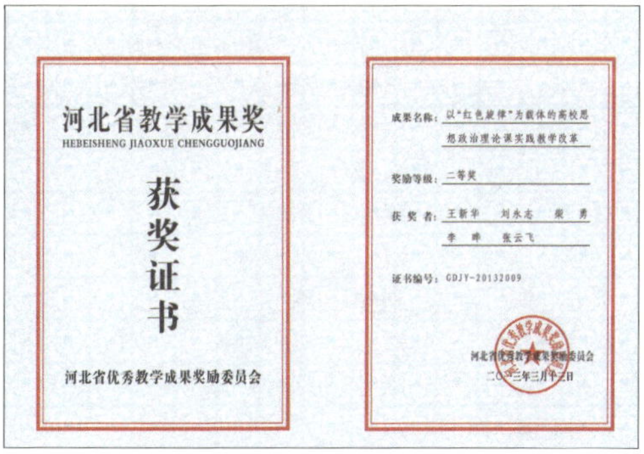
河北省教学成果奖
HEBEISHENG JIAOXUE CHENGGUOJIANG
获奖证书
河北省优秀教学成果奖励委员会
成果名称：以“红色旋律”为载体的高校思想政治理论课实践教学改革
奖励等级：二等奖
获奖者：王新华 刘永志 柴勇 李晔 张云飞
证书编号：GDJY-20132009
河北省优秀教学成果奖励委员会
二〇一三年三月十二日

2013 年河北省教学成果奖二等奖

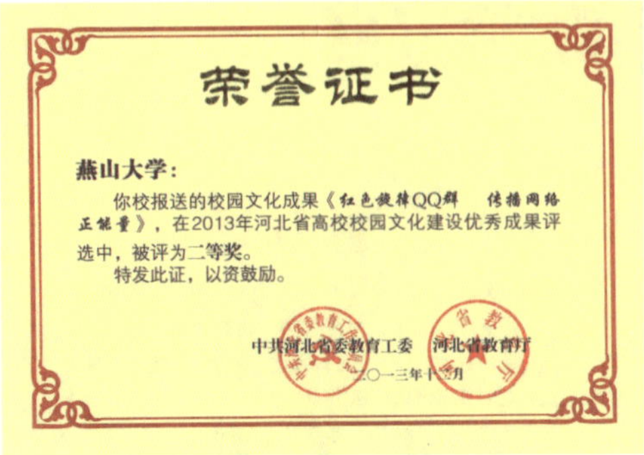

荣誉证书

燕山大学：

你校报送的校园文化成果《红色旋律QQ群　传播网络正能量》，在2013年河北省高校校园文化建设优秀成果评选中，被评为二等奖。

特发此证，以资鼓励。

中共河北省委教育工委　河北省教育厅

二〇一三年十二月

2013 年河北省高校校园文化建设优秀成果二等奖

荣誉证书

燕山大学：

你校报送的校园文化成果《情系光影，红润燕园—燕山大学“红色旋律”影苑活动》，在2014年河北省高校校园文化建设优秀成果评选中，被评为二等奖。

特发此证，以资鼓励。

中共河北省委教育工委　河北省教育厅

二〇一四年六月

2014 年河北省高校校园文化建设优秀成果二等奖

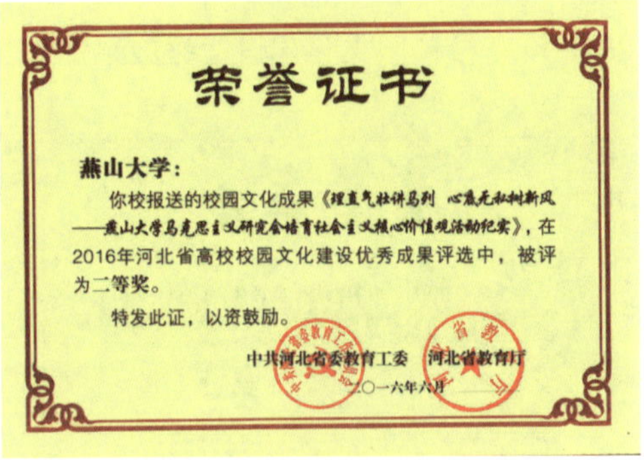

荣誉证书

燕山大学：

你校报送的校园文化成果《理直气壮讲马列　心意无私树新风——燕山大学马克思主义研究会培育社会主义核心价值观活动纪实》，在2016年河北省高校校园文化建设优秀成果评选中，被评为二等奖。

特发此证，以资鼓励。

中共河北省委教育工委　河北省教育厅

二〇一六年六月

2016 年河北省高校校园文化建设优秀成果二等奖

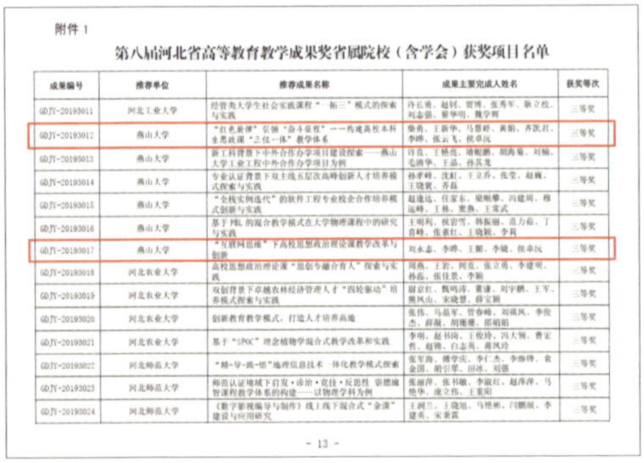

附件 1

第八届河北省高等教育教学成果奖省属院校（含学会）获奖项目名单

成果编号	推荐单位	推荐成果名称	成果主要完成人姓名	获奖等次
GDJY-20193011	河北工业大学	经管类大学生社会实践课程“一拓三”模式的探索与实践	许长勇、赵钊、贾博、张秀军、耿立校、刘志强、崔华明、魏学辉	三等奖
GDJY-20193012	燕山大学	“红色旋律”引领“奋斗征程”——构建高校本科生思政课“三位一体”教学体系	柴勇、王新华、马慧岭、黄娟、齐凯君、李晔、张云飞、侯卓沅	三等奖
GDJY-20193013	燕山大学	新工科背景下中外合作办学项目建设探索——燕山大学工业工程中外合作办学项目为例	许良、王艳亮、靖鲲鹏、胡海菊、刘楠、毛清华、王晶、孙其龙	三等奖
GDJY-20193014	燕山大学	专业认证背景下双主线五层次高峰创新人才培养模式探索与实践	孙孝峰、沈虹、王立乔、张莹、赵巍、王晓寰、齐磊	三等奖
GDJY-20193015	燕山大学	“全栈实例迭代”的软件工程专业校企合作培养模式创新与实践	赵逢达、任家东、梁顺攀、冯建周、穆运峰、王林、窦燕、王常武	三等奖
GDJY-20193016	燕山大学	基于PBL的混合教学模式在大学物理课程中的研究与实践	王明利、侯若雪、韩振丽、范力茹、丁喜峰、张素红、王晓颖、李莉	三等奖
GDJY-20193017	燕山大学	“互联网思维”下高校思想政治理论课教学改革与创新	刘永志、李晔、王韬、李婕、侯卓沅	三等奖
GDJY-20193018	河北农业大学	高校思想政治理论课“思创专融合育人”探索与实践	周燕、王岩、闫竞、张立勇、李建明、孙磊、张佳慧、李颖	三等奖
GDJY-20193019	河北农业大学	双创背景下卓越农林经济管理人才“四轮驱动”培养模式探索与实践	谢京红、魏鸣涛、董谦、刘宇鹏、王军、熊凤山、宋晓慧、薛宝颖	三等奖
GDJY-20193020	河北农业大学	创新教育教学模式，打造人才培养高地	张伟、马晶军、管春峰、刘祺凤、李俊杰、薛凝、胡珊珊、郜娟娟	三等奖
GDJY-20193021	河北农业大学	基于“SPOC”理念植物学混合式教学改革和实践	李明、赵书岗、王俊玲、冯大领、曹宏哲、赵锦、白志英、蒋凤玲	三等奖
GDJY-20193022	河北师范大学	“精-导-践-悟”地理信息技术一体化教学模式探索	张军海、傅学庆、李仁杰、李振锋、袁金国、胡引翠、田冰、刘强	三等奖
GDJY-20193023	河北师范大学	师范认证地域下启发·诊治·竞技·反思性　崇德施智课程教学体系的构建——以物理学科为例	张丽萍、张书敏、李淑红、赵萍萍、马艳华、庞立伟、王重阳	三等奖
GDJY-20193024	河北师范大学	《数字影视编导与制作》线上线下混合式“金课”建设与应用研究	王润兰、王晓旭、马艳彬、闫鹏展、李建英、宋秉霖	三等奖

- 13 -

2019 年河北省高等教育教学成果三等奖

“红色旋律”新闻报道

人民网 people
www.people.com.cn

人民网 >> 文化 >> 本网原创

《人民日报》：以主旋律引领校园文化建设

王新华

2011年02月17日08:12　来源：人民网-《人民日报》　留言 0 条　手机看新闻

打印　网摘　纠错　分享　推荐　微博　字号

推荐阅读　更多

- 春节舞台精彩纷呈
- 宋代人怎样过年
- 海外游子的春节庙会
- 春晚总导演幕后故事

大学校园文化建设是一项系统工程。形成什么样的大学校园文化氛围，不仅取决于社会大环境，而且取决于大学校园内部主导价值观的引导。因此，在大学校园文化建设中既要体现文化的包容性与丰富性，更要突出主旋律和思想性。近年来，燕山大学大力推进“红色旋律”校园文化建设活动，突出主旋律的引领作用，使学生在活动中升华思想、坚定理想。这一实践使我们得到以下一些启示：

体现导向意识、精品意识和卓越意识。当前，社会思想观念深刻变化，社会思潮多样多变的特征日益明显，迫切需要我们不断加强主流思想文化的引导能力，用社会主义核心价值体系引领大学校园文化建设。具体来说，就是要将导向意识、精品意识和卓越意识作为大学校园文化建设的“方向标”，坚持以科学的理论武装人，以正确的舆论引导人，以高尚的精神塑造人，以优秀的作品鼓舞人，切实保障校园文化建设的先进性。一是体现导向意识。面对社会思潮的多样多变，大学校园文化建设必须坚持和扩大社会主义核心价值体系的影响，突出主旋律教育。二是体现精品意识。以优秀的作品吸引学生，同时展现优秀主题文化活动的风采，增强主题活动的感染力和影响力。三是体现卓越意识。支持健康有益文化，努力改造落后文化，坚决抵制腐朽文化；注重优秀文化理念、高尚人文精神、正确人生观与价值观的培养，充分发挥社会主义先进文化的吸引力和感召力。

突出形式和手段的创新。开展大学校园文化建设，应自觉地把学生作为文化建设的主体和服务的对象，坚持贴近实际、贴近生活、贴近学生，从火热的校园生活中挖掘素材、汲取灵感，讲学生能懂的话，把话说进学生心里、装进学生脑里。面对热衷多样、崇尚潮流的青年学生，大学校园文化建设要通过丰富多彩的表现形式、新颖时尚的表现手法增加吸引力，让更多的学生关注并参与其中。网络论坛、博客等新媒体互动手段，使不同思想观念的交流与碰撞变得更加直接和便捷，已成为大学文化传播的重要路径。在大学校园文化建设中，应充分利用这些手段，调动学生参与的兴趣和热情。同时，大学校园文化既包含抽象的文化理念，也蕴含具体现实的目标追求，二者的有机统一才能使大学校园文化贴近学生的思想实际，起到引领的作用。因此，大学校园文化建设还应瞄准学生的现实目标追求，以先烈和英模们的精神和事迹振奋精神、鼓舞信心，使学生更加珍惜今天的幸福生活、珍爱自身的生命价值，真正体现大学校园文化建设的实效性。

实现内容的生动性、学生的主动性和师生的互动性。引导社会、教育人民、推动发展，是社会主义文化的重要功能。大学校园文化要实现引导、教育、推动功能，就必须在内容的生动性、学生的主动性、师生的互动性上下功夫。一是实现内容生动性。大学校园文化建设涉及的领域和话题，不仅要考虑教育者自身“想干什么”、“能干什么”，更要关注学生“在想什么”、“需要什么”。只有抓住学生最关心的问题，大学校园文化活动才能成为学生喜爱的文化载体。二是增强学生主动性。在大学校园文化建设中，应进一步突出学生主体地位，激发学生参与热情。近年来，燕山大学学生宣讲团深入部队、社区、企业，宣传党的十七大精神和科学发展观，宣传创先争优活动中的英模人物和事迹，取得良好社会反响。三是推进师生互动性。加强教师与学生之间心贴心、面对面甚至“硬碰硬”的无障碍沟通，将教师的个人情感、学识积累、思想感召凝聚在一起，在师生互动中引导思想、传播知识、陶冶情操。

（作者单位：燕山大学马克思主义学院）

（责任编辑：厉振羽）

2011 年 2 月 17 日《人民日报》
《以主旋律引领校园文化建设》

针对当代大学生特点创新教学内容和方法

新知新觉:高校思想政治理论课贵在管用

王新华

2017年08月11日08:00　来源：人民网－人民日报

高校思想政治理论课直接关系高校培养什么样的人、如何培养人以及为谁培养人的问题。党的十八大以来，高校思想政治理论课的时代感和主动性、针对性、实效性明显增强，取得了很大成效。但也要看到，目前高校思想政治理论课仍面临一些亟待解决的问题，特别是有的高校对思想政治理论课重视不够、创新教学方式方法的力度不大。高校应把思想政治理论课放在突出位置，针对当代大学生特点创新教学内容和方式方法，真正让思想政治理论课见效、管用。

注重解答当代大学生的思想困惑。高校思想政治理论课是做人的工作的，要达到得人心、暖人心、稳人心的效果，就必须围绕大学生、面向大学生、服务大学生。目前，高校大学生多为“95后”，他们思想活跃，接受新观念、新事物快，可塑性较强。面对纷繁复杂的社会现实，大学生难免会遇到这样那样的迷茫与困惑。高校思想政治理论课要注重为大学生解疑释惑，及时解答大学生在学习、生活、社会实践中遇到的问题与矛盾，让他们明确人生应该在哪里用力、对谁用情、如何用心以及做什么样的人等重要问题，不断提升思想政治教育的亲和力和针对性。比如，针对大学生对“理想很丰满，现实很骨感”存在的心理落差，思想政治理论课应回答好“怎么看”和“怎么办”的问题。只有将话语体系从天边拉到身边，把道理讲成故事，才能让大学生找到有生命力的坐标、形成有温度的共鸣。

实现传统教学方式与现代教学方式有机结合。加强和改进高校思想政治理论课，要努力使教学方式方法贴近实际、贴近生活、贴近大学生，符合大学教育教学的规律和大学生学习的特点，不断增强思想政治教育的针对性、实效性和说服力、感染力。应大力提倡启发式、参与式、研究式教学，关注社会热点焦点问题，多用通俗易懂的语言、生动鲜活的事例、新颖活泼的形式活跃教学气氛，启发大学生思考；精心设计和组织教学活动，探索专题讲授、案例教学等多种教学方法。同时应看到，随着互联网和信息技术发展，网络媒体、微博微信、移动客户端等新媒体层出不穷，“大水漫灌”、简单说教的传统教学方式非常容易让大学生感到枯燥乏味，影响其学习的主动性和积极性。高校思想政治理论课应打破单一教学方式，运用虚拟现实技术等手段改进教学。但是，单纯依赖现代教学方式会缩短大学生思考的时间，影响他们对理论内涵和逻辑的理解。因此，应把传统教学方式与现代教学方式有机结合起来。这既有利于增强高校思想政治理论课的实效性，又能及时帮助大学生了解党的理论和路线方针政策，不断提高他们的思想水平和政治觉悟。

把课堂理论教学与社会实践教学统一起来。理论联系实际是对高校思想政治理论课教学的基本要求。课堂教学应侧重理论传授，让大学生充分了解马克思主义理论的形成、发展过程和基本内容。但是，如果只是从理论到理论、从抽象到抽象，就会影响大学生对理论的理解。社会实践教学可以超越课堂教学的限制，增强思想政治理论课的说服力，让大学生直接体验和观察社会生活及其发展变化，更好分析现实社会存在的问题。在这个过程中加以科学引导，就可以帮助他们确立对马克思主义的信仰、对中国特色社会主义的信心，更好学习掌握中国特色社会主义理论体系。因此，要把课堂理论教学与社会实践教学统一起来，采取专题授课与现场教学、情景模拟相结合的方式，更加注重嵌入体验式教学，通过社会调查、志愿服务等实践活动，形成以理论为先导、以体验为载体的“知行合一式”教学模式，让大学生学得“解渴”“过瘾”。

（作者为河北省中国特色社会主义理论体系研究中心研究员、燕山大学马克思主义学院教授）

《人民日报》（2017年08月11日 07 版）

（责编：曹淼、万鹏）

2017 年 8 月 11 日《人民日报》《新知新觉：
高校思想政治理论课贵在管用》

报纸 杂志 光明日报 2019年05月16日 星期四

往期回顾 数字报检索 返回目录 ＜上一期 下一期＞

燕山大学：

奏响“红色旋律”，打造思政“金课”

作者：本报记者 耿建扩 陈元秋 本报通讯员 刘英

《光明日报》（2019年05月16日 15版）

3月21日，时针刚指到18：00，燕山大学四教108教室就被大学生们挤得水泄不通。“‘红色旋律’讲坛18：30开讲，我们早早过来占个好位子。”电气工程学院检测技术及仪器专业2016级学生张清瑞告诉记者，这次讲坛的主题是“稳中求进——聚焦2019年《政府工作报告》经济热点问题”。今年的全国两会传递出了什么样的政策信息？作为大学生应该关注什么？即将毕业走向社会的同学应该怎样准备……讲坛中的这些话题都是大学生们关注的焦点。

“红色旋律”是燕山大学一个响当当的校园文化品牌，自2010年创办以来，每两周举办一次讲坛、每月一次读书会、每个周末播放一部经典影片……十年时间，马克思主义学院的“红色旋律”系列活动举办了130余场讲坛、60余期读书会、60多期影苑，共有3万多人次的现场参与、30万人次的网上互动，“红色旋律”不仅奏响在燕大校园里，更奏响在每一位燕大学子的心里。

2009级行政管理专业学生刘子旺曾经是当年参与“红色旋律”活动的燕山大学马克思主义研究会宣传部长，作为一名青年马克思主义者，他志愿扎根边疆，如今已成长为新疆生产建设兵团的团干部，今年入选第二师铁门关市青年五四奖章候选人名单。谈起“红色旋律”对自己的影响，他告诉记者：“是‘红色旋律’让我认清了自己的责任，走上了服务西部的道路”。

15版:教科新闻 上一版 下一版

2019 年 5 月 16 日《光明日报》《燕山大学：奏响“红色旋律”，打造思政“金课”》

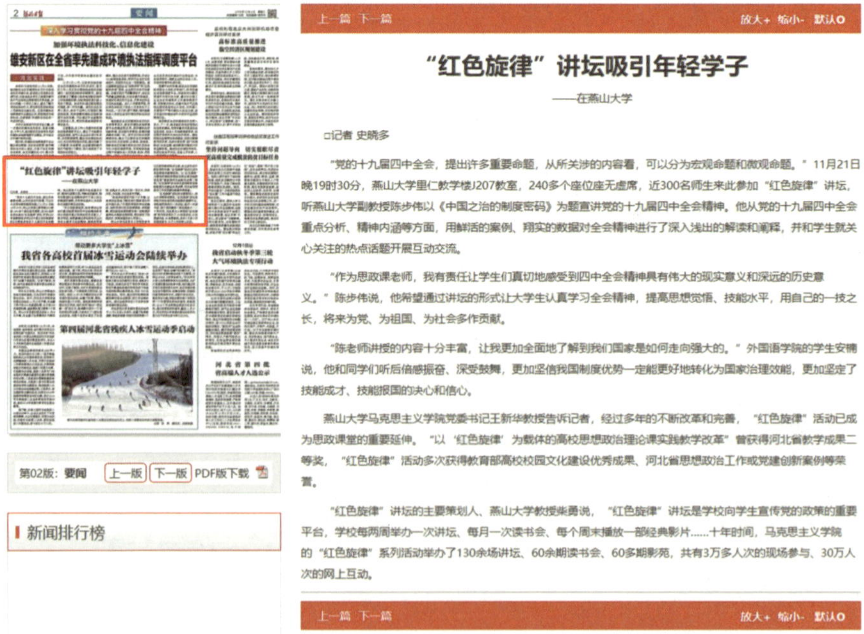

上一篇 下一篇 放大+ 缩小- 默认O

“红色旋律”讲坛吸引年轻学子

——在燕山大学

□记者 史晓多

“党的十九届四中全会，提出许多重要命题，从所关涉的内容看，可以分为宏观命题和微观命题。”11月21日晚19时30分，燕山大学里仁教学楼J207教室，240多个座位座无虚席，近300名师生来此参加“红色旋律”讲坛，听燕山大学副教授陈步伟以《中国之治的制度密码》为题宣讲党的十九届四中全会精神。他从党的十九届四中全会重点分析、精神内涵等方面，用鲜活的案例、翔实的数据对全会精神进行了深入浅出的解读和阐释，并和学生就关心关注的热点话题开展互动交流。

“作为思政课老师，我有责任让学生们真切地感受到四中全会精神具有伟大的现实意义和深远的历史意义。”陈步伟说，他希望通过讲坛的形式让大学生认真学习全会精神，提高思想觉悟、技能水平，用自己的一技之长，将来为党、为祖国、为社会多作贡献。

“陈老师讲授的内容十分丰富，让我更加全面地了解到我们国家是如何走向强大的。”外国语学院的学生安楠说，他和同学们听后倍感振奋、深受鼓舞，更加坚信我国制度优势一定能更好地转化为国家治理效能，更加坚定了技能成才、技能报国的决心和信心。

燕山大学马克思主义学院党委书记王新华教授告诉记者，经过多年的不断改革和完善，“红色旋律”活动已成为思政课堂的重要延伸。“以‘红色旋律’为载体的高校思想政治理论课实践教学改革”曾获得河北省教学成果二等奖，“红色旋律”活动多次获得教育部高校校园文化建设优秀成果、河北省思想政治工作或党建创新案例等荣誉。

“红色旋律”讲坛的主要策划人、燕山大学教授柴勇说，“红色旋律”讲坛是学校向学生宣传党的政策的重要平台，学校每两周举办一次讲坛、每月一次读书会、每个周末播放一部经典影片……十年时间，马克思主义学院的“红色旋律”系列活动举办了130余场讲坛、60余期读书会、60多期影苑，共有3万多人次的现场参与、30万人次的网上互动。

上一篇 下一篇 放大+ 缩小- 默认O

第02版：要闻 上一版 下一版 PDF版下载

新闻排行榜

2019 年 12 月 4 日《河北日报》《“红色旋律”讲坛吸引年轻学子——在燕山大学》

“红色旋律”格外“红”

——写在燕山大学“红色旋律”活动开展十周年之际

（代　序）

截至今年6月，以“弘扬时代主旋律、培育先进校园文化”为主题的燕山大学“红色旋律”活动已走过了10个春秋。3000多个日日夜夜，300多期“红色旋律”讲坛、读书会、影苑和《红色旋律报》，持续更新的网站，QQ群师生随时互动交流，数十位教师为了理想与信仰不计报酬、倾心奉献，30多万校内外学生怀着对真理的渴求线上线下积极参与、执着追求，着实让人感动！

十年磨一剑，“红色旋律”已成为燕山大学思想政治教育的特色品牌和校园文化建设的一道亮丽风景线，获得多项荣誉，被多家主流媒体争相报道，引发社会广泛关注。在学校落实立德树人根本任务、培养担当民族复兴大任的时代新人中，“红色旋律”发挥了以下四个方面的重要作用。

一是占领高校马克思主义意识形态阵地。全球化和信息网络时代，青年人思想迷乱复杂。思想阵地由谁占领，不仅取决于理论本身的真理性、科学性，还取决于其传播方式的接近性、契合性，既要解决“讲什么”的问题，也要解决“怎么讲”的问题，唯此才能让理论真正“入脑入心”。十年来，在“红色旋律”活动中，燕山大学思政课教师从解读马克思主义经典入手，紧密结合当今世界大势和中国特色社会主义实际，选择青年人喜闻乐见的话题，运用生动活泼的表达形式，在马克思主义中国化、时代化、大众化的道路上进行了积极尝试，取得了明显效果。实践证明，理论与实践的统一、经典与时尚的结合，是马克思主义理论历久弥新的“法宝”。从这个意义上说，“红色旋律”是马克思主义科学真理的“播种机”。

二是唱响校园文化建设主旋律。形成什么样的大学校园文化氛围，不仅取决于社会大环境，而且取决于大学校园内部主导价值观的引导。因此，在大学校园文化建设中既要体现文化的包容性与丰富性，更要突出主旋律和思想性。十年来，“红色旋律”坚持和扩大社会主义核心价值体系的影响，突出主旋律教育，通过丰富多彩的表现形式、新颖时尚的表现手法，以优秀的作品吸引学生，让更多的学生参与进来，出现了“讲坛”场场爆满、“宣讲”个个踊跃、“论坛”人人参与的热烈场面。从这个意义上说，“红色旋律”是校园先进文化的“火炬手”。

三是坚定大学生中国特色社会主义制度自信。大学生是中国特色社会主义事业的建设者和接班人，如何让党的大政方针为他们所感、所知，如何让我国国家制度和国家治理体系的优越性被他们深刻理解、充分认同，成为高校思想政治教育的紧迫课题。十年来，从解读党的大政方针入手，通过培育大学生对中国共产党的政治认同，进而坚定中国特色社会主义制度自信，成为“红色旋律”的一项重要“使命”。每当党和国家处于重要历史节点，每次重大事件发生之后，“红色旋律”都及时组织“专题解读”，把党和政府的最权威声音传递给青年学子，让他们了解党的根本宗旨和行动准则，认识中国制度的本质特征和优越性，加深他们对党和国家的热爱。从这个意义上说，“红色旋律”是党和国家大政方针的“宣传队”。

四是引导大学生朝着正确人生方向迈进。今天的青年学生和当代社会一样，“让人欢喜让人忧”。热情与冷漠、拼搏与颓废、早熟与“啃老”、单纯与世故、人类情怀与利己自私、阳光帅气与心理疾病等看似完全冲突的特征，在这一代人身上结合得如此“难解难分”。利与害的界限明显，是与非有时并不那么清楚。十年来，通过“红色旋律”讲坛上的师生互动、读书会上的唇枪舌剑、QQ 群里的无障碍交谈，解决了处于人生“拔节孕穗期”的众多学子的“心疑”，驱散了他们头脑中的种种“雾霾”，明确了人生的奋斗方向。从这个意义上说，“红色旋律”是青年学生人生成长的“导航仪”。

“红色旋律”十年风生水起、弦歌不辍，得益于以习近平同志为核心的党中央对大学生思想政治教育的高度重视，得益于高校“同向同行”的育人环境。站在燕山大学新百年的历史起点上，面对创建国家“双一流”和“研究型大学”的奋斗目标，以及为党育人、为国育才的光荣使命，希望“红色旋律”既秉持育人初心，又不断改革创新，把政治的坚定性、思想的深刻性、形式的新颖性有机统一于思想政治教育实践过程中，努力开创新时代大学生思想政治教育新局面！

谨以此文祝贺“红色旋律”创办十周年，期待下一个更加精彩的红色十年。

燕山大学党委书记

2020年5月20日

目　　录

“红色旋律”读书会

“红色旋律”影苑

“红色旋律”《红色旋律报》

“红色旋律”心得感悟

“红色旋律”新闻报道

“红色旋律”论著成果

燕大“红色旋律”十周年赋兼贺百年校庆

文化学者 齐立强

夏木阴阴，学府泱泱，筑梦树人，山海流光。燕山苍，形胜千祥；渤海汤，秦皇醉觞。“红色旋律”，十年华章，君知否？磨剑刃霜。巍然燕大，百岁辉煌，今同贺，雅室兰香！

花开庚寅，赤心向阳，报告开讲，党课为纲，开辟第二课堂。一目标，两主体，三拓展，四工程，五板块，活动有方；上吃透，下执行，前理论，后实践，中思考，教学相长。名师汇聚，思想碰撞，必定意气昂扬；经典共读，情志砥砺，更须奋翅腾骧。影歌报网，形式多样，胜饮瑶池琼浆；党团队组，不一而足，尽绽时代新妆。

品牌管理，校园“红”向四方；初心不渝，马院幸福守望。“厚德求是，传承奋斗基因；博学敬业，发扬工匠精神；臻于至善，追求卓越品质；勇担使命，熔铸家国情怀。”此谓知行方向。

无精神无以成栋梁，无家园无以立帆樯。“红色旋律”，风雨十年，铸燕大“精神家园”；“红色旋律”，教化十年，育燕大“栋梁帆樯”。

忆往昔，承北国雪魄，乘港城秦风，规格功夫终成燕大世纪荣光；看今朝，沐燕山灵气，融渤海胸襟，“红色旋律”再造学府人文气象！

喜哉，燕大！其道大光。壮哉，燕大！世界殿堂。

乐哉，燕大！搏浪未央。荣哉，燕大！马院吐芳！

十年奋进 玉汝于成

——燕山大学“红色旋律”十周年

时光流转，岁月代序。“红色旋律”自2010年创办以来已走过十年历程。这十年是辛勤创业的十年，是砥砺奋进的十年，是开拓创新的十年。正是这十年，“红色旋律”已形成以讲坛为中心，集读书会、影苑、网络、报纸、社团在内的立体化格局，并成为燕山大学思想政治教育的一面旗帜，成为燕山大学校园文化建设的一道亮丽风景。

“红色旋律”讲坛是“红色旋律”活动的中心，每两周举办一次，现已举办146期，参与人数近四万人。讲坛秉承厚德、博学、求是的理念，重在实现传道、授业、解惑，筑造燕园学子的精神家园。讲坛突出“思想性、理论性、针对性、实效性、贴近性”，从学生思想实际出发，直面现实问题，针对课堂上无法展开讲授的经典和热点问题，由在该领域有较深研究的教师专题讲授，在经典讲解中关注热点，在热点分析中阐释经典。实行“请进来、走出去”，邀请国内知名学者权威解读、深度解读，面向社会各界人士开展宣讲。讲坛还设有师生互动环节，教师与学生“心贴心、面对面、硬碰硬”地进行交流，为学生答疑解惑。

“红色旋律”读书会，每月举办一次，现已举办59期，参与人数近四千人。读书会以书会友，同览红色经典；集思畅言，共寻人类光明。读书会突出“主旋律”，坚持思想引领，通过“读书—思考—讨论—解惑—升华”，引导学生牢固树立正确的世界观、人生观、价值观，筑牢信仰之基，坚定中国特色社会主义道路自信、理论自信、制度自信、文化自信，坚守真理、坚守正道，营建美好的精神家园。在书香弥漫的书屋，师生以经典共勉，以读书带动讨论，以讨论带动读书。教师们谈古论今、旁征博引、幽默风趣、睿智深邃；学生们踊跃发言、笑声朗朗、掌声阵阵、热情高涨。

“红色旋律”影苑秉持“源其所好，循循善诱”的理念，让学生品味光影，回首历史点滴记忆，鉴赏传奇，感悟人生热血激情。影苑现已举办69期，参与人数达一万人。影苑在实践中不断探索创新，现已形成“3+1”模式，即一个主题、三场电影、一次影苑。每一期主题的确定、每一部电影的选取都基于学生的关注点、兴奋点、困惑点和需求点，都源于社会热点、影坛焦点、人生路难点、思政课重点。三个周末分别放映同一主题的三场电影，然后三位教师与学生共同走进影苑，教师结合每部电影对主题进行深入浅出、细致入微的解读。这种“主题鲜明，评放分离”实现了师生深度交流，产生了思想碰撞，让学生们在光影中品味精彩人生，在激情中缅怀先辈伟业，在激发爱国主义情怀中凝聚民族共识。

“红色旋律”网络作为红色旋律活动的重要支撑，为学生广泛参与提供了平台。“红色旋律”特色教学网站，有各项活动的通知公告、新闻动态，有每期讲坛的全程录像资料、每次读书会的书目，学生们可以随时观看、参与活动。现已有七万余人通过网络观看活动视频。学生们还可以通过设在东西校区主要教学楼的“红色旋律”交流信箱和电子交流邮箱向教师提出各方面问题。为了方便师生交流互动，还组建了红色旋律QQ群。红色旋律QQ群不仅吸引了燕山大学五千余名学子的加入，也吸引了省内外其他高校学生的加入。热议话题也呈现多样化趋势，既有时事热点，也有考试答疑、课程学习、考研咨询、生活帮助等问题。在这里，以学生为主体、教师为主导，师生互动、生生互动，共唱主旋律，传递正能量。红色旋律QQ群已成为师生互动交流的聊天室、教师解疑释惑的新讲坛、思想政治教育的新园地。“红色旋律”网站、QQ群的组建，实现了线上线下的深度融合，突破了时空交流的局限，唱响网络主旋律，传递网上正能量，增强了学校网络文化的传播力、引导力、影响力和凝聚力，有效地发挥了校园网络文化的育人功能。

马克思主义研究会（简称“马研会”）是“红色旋律”承办的学生组织，也是共青团燕山大学委员会主管的校级学生组织。每一次“红色旋律”活动，不论是讲坛、读书会还是影苑，都能见到他们忙碌的身影。马研会除了承办“红色旋律”，还积极搭建了四个平台。“星火书院”，每个固定的周日、固定的场地举办一次，现已写成“成长周记”400余篇；“萤火宣讲”围绕时政热点、理论热点，先后共有近两百名马研会学生进行近百场宣讲；“薪火访谈”，形成了数量众多的采访提纲、文字稿、照片、视频等重要资料以及逾20万字的文字材料，为校史访谈和专题片制作提供了丰富的资源。“烽火调研”，已整理出2万多字的调查问卷数据统计，为相关部门提供了数据参考。马研会通过承办“红色旋律”系列活动，举办星火书院、薪火访谈、萤火宣讲、烽火调研等活动，磨炼了学生们的意志，促进了学生们的成长，让他们深深体会到作为新时代的大学生、中国特色社会主义事业的建设者和接班人，身上肩负的历史使命和时代责任。

《红色旋律报》是燕山大学马研会自办报刊，是师生秉笔抒怀扬志的载体。《红色旋律报》秉承红色精神，挥扬青年朝气，成为大学生的精神鼓舞者、思想引导者、理想护航者、信仰同行人。每学年四期，迄今为止已成功发行31期，读者遍布燕山大学各学院、各年级。要闻、思想、文化、艺苑，四大版块的设置让师生从不同角度缅怀历史、剖析时事、继往开来。

十年，春华秋实，无私奉献。2010年6月10日，“红色旋律”正式奏响，如今已成功举办数百场讲坛、读书会、影苑，惠及十余万名学生。这与学院教师的辛勤耕耘、全身心投入和默默付出是分不开的。每一位参加讲坛、读书会、影苑的教师都认真对待、精心准备、精益求精。为了给学生呈现一场精彩的思想盛宴，让马克思主义理论以通俗易懂的形式走到学生面前，入脑入心，有的教师备课长达数月，从内容设计到课件制作都精益求精。所有参与活动的教师都是利用业余时间，没有报酬，义务付出，任劳任怨，不求回报。两个小时的讲坛延长时间是常态，读书会、影苑一次次“拖堂”是常态，午夜时分在网络上回答学生疑问是常态，头顶星光、脚踏夜色走在回家的路上也是常态。杨绍维老师有着近50年的党龄，已经退休的他依然活跃在完全没有报酬的“红色旋律”讲坛、读书会，酷暑时节到革命老区、贫困山区的考察活动也有他的身影，而且一干就是10年。魏黎波老师虽然年逾花甲，但他讲课贴近时代、贴近学生，旁征博引、妙语连珠、幽默风趣，每年都能为学生主讲多场精彩讲座，场场爆满。“经师易求，人师难得”，燕山大学马克思主义学院的教师们以实际行动诠释着思政课教师的初心和使命。十年算不上沧桑，却也是砥砺漫漫。“红色旋律”从无到有，活动从单一到多元，规模从小到大，离不开学院教师的无私奉献。他们讲奉献、有作为，赢得了学生的尊敬和爱戴。如今，立足岗位、甘于奉献、不计名利、不计得失，已经内化为马克思主义学院教师的信念，实化为马克思主义学院教师的自觉行动，这正是对马克思主义信仰的实践，是对“共产党员”本色的最好诠释。

十年，锐意进取，开拓创新。十年来，学院紧紧抓住新时代高校思想政治理论课建设发展的难得机遇，坚持以“学生为本”，突出“主旋律”，开拓创新，争先进位，走上了快速发展、特色发展、内涵发展的道路。“红色旋律”现已形成的立体化格局，不是一蹴而就的，其活动模式在教学实践中不断改革创新。“红色旋律”影苑创办之初是“1+1”模式，即两周一期，一位教师在一部电影放映后结合主题即时点评。但因时间短暂的苦恼、师传生受的局限，在二十三期之后采用了“3+1”模式，即一个主题、三场电影、一次论坛，三位教师与学生集中畅谈。这就从教师讲述为主到师生共为主体；从以影片为本位的红色电影选取原则到以学生为本位的各类电影明辨模式；从就电影谈电影到借电影谈主题；从一部电影的单独支撑主题到三部电影的共同论证主题；从一位教师的单一点评到三位教师的异论相补。“红色旋律”讲坛的主讲教师由校内教师拓展到校外知名专家学者。现已有中国人民大学教授黄朴民，清华大学教授吴潜涛，北京行政学院教授、北京师范大学兼职教授侯且岸等专家学者来到“红色旋律”讲坛，让学生领略了专家风采，沐浴知识阳光，体验思想激荡，实现了对师生的高端引领，开阔了学生视野，激活了学生思维。从2018年第126期“红色旋律”讲坛，我们又开启了多位教师共讲一个主题的模式，现成功推出四期，分别是《马克思主义为什么是对的——隆重纪念马克思诞辰200周年》《伟大的历程——纪念改革开放40周年》《百年激荡——五四面面观》《初心•本色——国家勋章和国家荣誉称号背后的故事》，获得了良好效果。此外，为了激发学生们的参与兴趣，实现“红色旋律”与思想政治理论课的对接，拓展思想政治理论课的教学空间，同时为“红色旋律”立体化格局的构建及可持续发展提供制度支撑，从2010年秋季学期开始，实施红色旋律“四个一工程”。主要内容是：学生在学习一门思想政治理论课的过程中，要参加一次“红色旋律”讲坛，阅读一部红色题材书籍，观赏一部红色经典影片，参加一次社会公益活动。如今，在“四个一工程”的基础上，不断创新思政课教学理念和方式，构建了“观察者—穿越者—志愿者—朗读者”的“四位一体”实践教学体系。《毛泽东思想和中国特色社会主义理论体系概论》要求学生作为一个“观察者”，通过对身边点滴变化的观察，用微视频反映出马克思主义中国化的具体内容；《中国近现代史纲要》要求学生作为一个“穿越者”，去感受中国近现代波澜壮阔的斗争史和发展史，并结合自身专业编排情景剧；《思想道德修养与法律基础》要求学生作为“行动者”，参与一次志愿服务活动；《马克思主义基本原理概论》则要求学生成为“朗读者”，要为学生们推荐一本自己读过的著作，并分享心得体会。当前，学院在用“红色旋律”搭台的同时，以实践教学为抓手，积极推进全方位的教学改革，努力打造学生真心喜爱、终身受益的思政“金课”。

十年，丹心育人，桃李芬芳。“红色旋律”始终把立德树人作为根本任务，瞄准学生的现实目标追求，从多维度开展活动，能够让学生从不同的活动方式、不同的表达诉求、不同的关注点找到自己的位置，引导学生增强四个自信，厚植爱国主义情怀。由于“红色旋律”直接触动学生内心深处，又是众多名师与学生面对面交流，极大地调动了学生的参与热情，出现了“讲坛”场场火热，“读书会”人人参与，“影苑”个个踊跃的热烈场面，多年来共有5万多人次的现场参与、30万人次的网上互动，已拥有一批忠实的校园粉丝。电气工程学院任敬伟同学听完魏黎波教授的《杀出血路救中国——纪念中国共产党成立九十周年之一》讲座后，在入党积极分子的思想汇报中写道：“心灵上的震撼，思想上的洗礼，精神上的振奋，我对党的认识又深了一步……”一名铁杆“红粉”说：“我觉得现在学习生活都很充实，有激情，有精神，大学生时代就该如此。”“红粉们”组成“红歌队”，每期讲坛开始前，队员们引吭高歌，将讲坛氛围推向高潮。这项活动持续多年，他们只讲奉献，从不图回报。燕山大学马克思主义研究会，现在已经成为学生报名最踊跃、参与人数最多的社团之一，如今已有800余人在这个大熔炉里淬炼成钢。刘子旺是第一期马克思主义研究会宣传部部长，如今已成长为新疆生产建设兵团的团干部，2019年入选第二师铁门关市青年五四奖章候选人名单。谈起“红色旋律”对自己的影响时，他说：“是‘红色旋律’让我认清了自己的责任，走上了服务西部的道路。”李明超是第一期马研会会长，现任河北中医学院宣传部文化宣传科科长，在谈到“红色旋律”时她说：“‘理直气壮讲马列，心底无私树新风’是学生年代记忆里最美的一句话！”宫俐曾任马研会第三期会长，现任燕山大学艺术与设计学院辅导员，她说：“单向的旅程，双向的风景，在青春的马研里绽放，哪怕明天是一场未完的诀别。”张蓓蕾曾任马研会第四期副会长，现任北京汽车动力总成有限公司党群工作部党办组织干事。“红色旋律埋下一粒红色种子，用‘四把火’点燃信仰，并在岗位上传承和发扬。”这是“红色旋律”留给她的感受。曾祥端曾任马研会第四期、五期“薪火访谈”记者团组长，是燕山大学首届研究生支教团成员。他说：“‘红色旋律’带我走进一个又一个伟人的世界，了解到他们不一样的一面。”还有唐俊杰、张海鸥、房甜甜等许许多多从马研会走出的优秀毕业生。他们的成长进步和事业上的成绩，是给予“红色旋律”最大的回报，这是一种跨越时间和空间、超越物质和金钱的回报，折射了“红色旋律”活动的初衷，彰显了“红色旋律”活动的成绩。

十年，辛勤耕耘，硕果满堂。十年来，“红色旋律”始终坚持以学生为本，高扬主旋律，积极传播马克思主义，宣传中国特色社会主义理论，倡导社会主义核心价值观，引导学生自觉地把个人的理想追求融入国家和民族的事业中，勇做时代的奋进者和开拓者。“红色旋律”始终坚持导向意识、精品意识、卓越意识，以透彻的学理分析回应学生，以彻底的思想理论说服学生，以真理的强大力量引导学生，以最能引起学生共鸣的话题、最能吸引学生的方式、最优秀的作品调动学生。“红色旋律”始终坚持品牌化管理、程序化运作。讲坛、影苑、读书会都采用统一的活动标识。乐谱图样取自歌曲“没有共产党就没有新中国”，体现旋律感。报头“红色旋律”四个字精心选自毛泽东诗词手迹。背景中燕山山脉寓意校园文化的根脉——燕山大学。报底采用以一颗大五星带领众多小五星的浪花形式，寓意在多元文化浪潮中坚持主旋律。十年的坚守付出，也使得“红色旋律”结出累累硕果，在校园文化建设、社会效益等方面取得了突破性进展。2011 年 2 月 17 日，《人民日报》以“以主旋律引领校园文化建设”为题，介绍了燕山大学“红色旋律”的经验与启示；2011 年 7 月 4 日，中央电视台《新闻联播》节目报道了燕山大学学生在“红色书屋”学习胡锦涛七一讲话的新闻；2011 年 12 月 5 日，河北德育网“新闻速递”栏目《“红色旋律”引领燕大学子阅读红色经典》，对于“红色旋律”读书会给予了充分肯定；2012 年 2 月 13 日，《中国教育报》以“燕山大学：‘阅读红色经典’活动激励学生成长”为题，报道了“红色旋律”系列活动，后被中国教育网、人民网、搜狐网等多家网络媒体转载；2014 年 3 月 6 日《中国科学报》以“真理怎么会枯燥乏味呢”为题，报道了“红色旋律”活动；2019 年 5 月 16 日，《光明日报》以“奏响‘红色旋律’，打造思政‘金课’”为题，报道燕山大学思想政治理论课贯彻落实习近平总书记在学校思想政治理论课教师座谈会上的讲话精神，以“红色旋律”特色活动为载体，积极开展实践教学改革，努力办好思政课的做法和经验。同日，教育部网站以“燕山大学：奏响‘红色旋律’，打造思政‘金课’”为题进行转载。“红色旋律”活动还先后获得多项奖项。2010年，《“红色旋律”引领下的燕山大学校园文化建设》荣获教育部高校校园文化建设优秀成果三等奖；2011年，《“红色旋律”凝铸精神家园——燕山大学以主旋律引领校园文化》荣获教育部高校校园文化建设优秀成果优秀奖；2012年，《书韵流香远 真理伴我行——燕山大学“红色旋律”读书会活动》荣获教育部高校校园文化建设优秀成果一等奖；2013年，《以“红色旋律”为载体的高校思想政治理论课实践教学改革》荣获河北省教学成果奖二等奖；2014年，《情系光影 红润燕园——燕山大学“红色旋律”影苑活动》荣获河北省高校校园文化建设优秀成果二等奖。这些成绩的获得得益于燕山大学党委的亲切关怀，得益于燕山大学师生和社会各界的大力支持，得益于马克思主义学院教师的不懈努力和砥砺奋斗。

十年来，“红色旋律”始终紧紧围绕“培养什么人、怎样培养人、为谁培养人”这些根本问题，牢牢把握发展的主动权，努力打造一支爱岗敬业，富有奉献精神、创新精神的教师队伍，把促进学生全面发展作为“红色旋律”的目标和归属，着力引导学生正确认识世界和中国发展大势，正确认识自己的时代责任和历史使命，勇做走在时代前面的奋进者、开拓者和奉献者。十年来，我们始终坚持辛勤创业、自信自强。“红色旋律”活动的发展并非一帆风顺，时常要面对许多困难和挑战。难能可贵的是，学院教师和马研会学生都能够在坚定的理想信念支撑下，坚韧不拔、众志成城、顽强拼搏，克服重重困难，实现了既定目标。

回顾历史，我们深感成绩来之不易；展望未来，我们更是信心满怀。正所谓上下同欲者胜，风雨同舟者兴！新的征程已经开始，我们将以更加饱满的精神状态，更加求真务实的作风，更加扎实有效的工作，同心同德，开拓奋进，脚踏实地，不懈努力，推动“红色旋律”开创新局面，再创新成绩！

红色旋律

讲坛

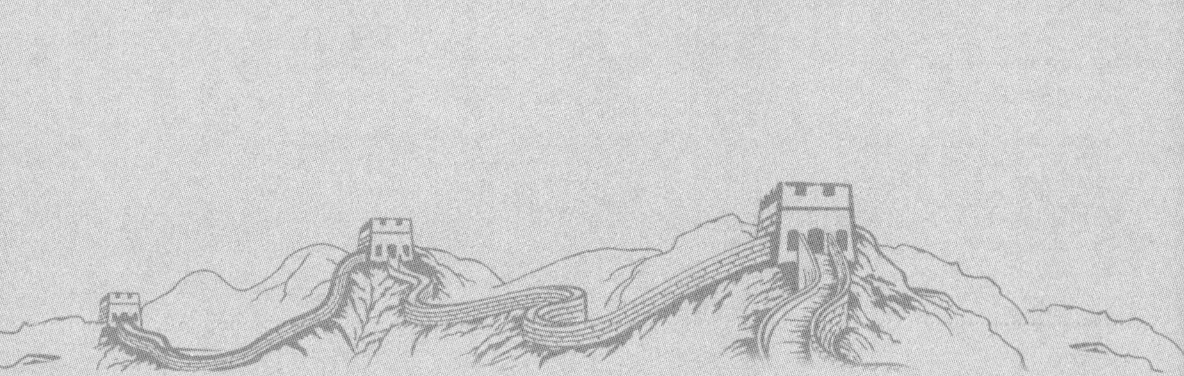

第一期 "红色旋律"讲坛 人与神的博弈——我们如何认识宗教

2010 年 6 月 10 日晚 7：30 在东校区大学生活动中心 209，魏黎波老师主讲了第一期"红色旋律"讲坛《人与神的博弈——我们如何认识宗教》。首先，魏老师以人体对自身的困惑这一问题引出宗教的定义，同时介绍了不同宗教解释世界的不同观点。其次，魏老师从逻辑学、数学、天文学和生物学等多个方面阐释了宗教和科学相矛盾的问题所在。最后，魏老师分析了在日常生活中应该如何看待宗教与政治的关系，并解读了《中华人民共和国宗教管理条例》中的规定，指出宗教的存在有历史的合理性。在师生互动环节，魏老师回答了现场同学关于正确认识宗教的多个提问。

第二期 "红色旋律"讲坛 从《潜伏》看信仰的力量

2010 年 6 月 24 日晚 7：30 在西校区里仁学院阶梯教室 J107，柴勇老师主讲了第二期"红色旋律"讲坛《从〈潜伏〉看信仰的力量》。首先，柴老师分析了《潜伏》的"热"与信仰的"虚"，指出正是由于当代人们信仰的缺失、精神领域的空虚，才有了电视剧《潜伏》的热播现象。接着，柴老师从《潜伏》主人公不同信仰导致不同的人生命运，讲到上甘岭战场上"最可爱的人"坚定的理想追求，阐释了中国人的"实"与共产主义的"真"。最后，柴老师从知识分子的"小"与人民的"大"角度出发，提到剧中两位主人公的结合象征着知识分子与工农群众的联合，引申出共产主义者应该意识到自己的使命，团结起来为中华民族做出贡献。在师生互动环节，柴老师回答了现场同学关于如何看待民族主义、中国知识分子如何同工人农民相结合等多个提问。

第三期 "红色旋律"讲坛 韶山归来话伟人

2010 年 9 月 9 日晚 7：30 在西校区里仁学院阶梯教室 J107，燕山大学原党委宣传部部长杨绍维教授主讲了第三期"红色旋律"讲坛《韶山归来话伟人》。首先，杨绍维老师讲述到，今年的 9 月 9 日是伟大领袖毛主席逝世 34 周年的纪念日，杨绍维老师结合马克思主义学院全院教师暑期奔赴韶山的社会考察活动，将本期题目定为《韶山归来话伟人》。其次，杨老师给同学们讲述了毛主席一生的光辉事迹，毛泽东一生致力于推行中国式的马克思列宁主义，致力于中国革命。遵义会议后他力挽狂澜，挽救了中国共产党。解放战争运筹帷幄，建立了共和国。最后，杨老师就韶山之行的所见所闻所感作了声情并茂的讲述，与同学们分享了毛主席的永远值得我们敬仰和学习的伟大精神和卓越品格。在师生互动环节，杨老师回答了现场同学关于毛泽东主席的多个提问。

第四期 “红色旋律”讲坛 强国，从钓鱼岛起步

2010年9月26日晚7:30在东校区四教208，王新华老师主讲了第四期“红色旋律”讲坛《强国，从钓鱼岛起步》。首先，王老师讲述了钓鱼岛的历史与现状、民族主义与爱国主义、钓鱼岛对中国的意义。其次，在钓鱼岛的归属问题上，王新华老师指出，钓鱼岛是中国神圣的领土，是中国不可分割的一部分。最后，王老师提出中国正由“韬光养晦”进入“有所作为”阶段，在钓鱼岛问题上日本政府如一意孤行、错上加错，中国将会采取强烈的反制措施。在师生互动环节，王老师回答了现场同学关于钓鱼岛问题的多个提问。

第五期 “红色旋律”讲坛 较量——纪念伟大的抗美援朝60周年

2010年10月21日晚7：30在西校区里仁学院阶梯教室J102，柴勇老师主讲了第五期“红色旋律”讲坛《较量——纪念伟大的抗美援朝60周年》。首先，柴老师介绍了60年前抗美援朝战争的起因，对整个朝鲜战场的格局进行了生动的描述与深刻的剖析。其次，柴老师通过讲述“谁是最可爱的人”中真实而又生动的故事，展现了那些在朝鲜战场上的人民志愿军英勇战斗、不惧牺牲的风采和品质。最后，柴老师结合抗美援朝战争结束60年来中美两国实际发展情况，诠释了中美两个大国在世界军事舞台上的博弈与较量，并指出在这场反对帝国主义、争取独立与自由的人民战争中，胜利者是不言自明的。在师生互动环节，柴老师回答了现场同学关于朝鲜民主进程缓慢的原因、朝鲜半岛发展趋势等多个提问。

第六期 "红色旋律"讲坛 人——从一个神话讲起

2010年11月4日晚7:30在东校区四教108，李海艳老师主讲了第六期"红色旋律"讲坛《人——从一个神话讲起》。首先，李老师以希腊神话斯芬克斯之谜开场，引出讲座的主题——人是什么，指出要从最根本、最整体的意义上揭示人的本质，只有借助哲学思维才能做到。其次，李老师认为人是矛盾性的存在。人类存在的矛盾性，从根本上说，是身与心的矛盾，是人的自在性或自然性与人的自为性或自觉性的矛盾。这种矛盾又内在地包含了思维与存在、主观与客观、主体与客体、感性与理性、小我与大我、理想和现实、自由与必然的无限丰富的矛盾关系。最后，李老师指出人是超越性、理想性、创造性的存在。从一定意义上讲，人无法忍受一成不变的环境，无法忍受单调乏味的生活。只有在创造世界的活动中，人才能体会到自我的存在，才获得了人生意义和价值。在师生互动环节，李老师回答了现场同学关于人生意义的多个提问。

第七期 "红色旋律"讲坛 透视中国硬实力

2010年11月18日晚7：30在西校区里仁学院阶梯教室J103，魏黎波老师主讲了第七期"红色旋律"讲坛《透视中国硬实力》。首先，魏老师列举了2002年到2009年我国GDP增长的数据，分析了中国经济实力和发展速度之快，并指出中国经济发展目标由"又快又好"改为"又好又快"是要先强调经济发展质量。其次，魏老师分析了当前国际军控及裁军组织的军事实力的国家排名，提到中国国防力量显著增强但仍存在一些短板，并对我国军队的发展趋势做了进一步说明。最后，魏老师列举了我国科技发展取得的成就，但同时也指出缺乏技术创新这一问题以及我国提出建设创新型国家战略的必要性。在师生互动环节，魏老师回答了现场同学关于中国硬实力与软实力以及大学生毕业选择等多个提问。

第八期 "红色旋律"讲坛 爱恨交织说美国

2010年12月2日晚7：30在东校区四教209，李晔老师主讲了第八期"红色旋律”讲坛《爱恨交织说美国》。首先，李老师从宏观历史视角分析了美利坚民族的历史与文化特征，对美国进行了整体性的描述与分析。其次，李老师重点阐述了百年中美关系史的发展演变过程、特点及规律。最后，李老师分析了中国人对美国复杂的“爱”“恨”纠结心理。在师生互动环节，李老师回答了现场同学关于中美关系的多个提问。

第九期 “红色旋律”讲坛 2010 年岁末回眸

2010 年 12 月 16 日晚 7：30，第九期“红色旋律”讲坛“‘红色旋律’2010 年岁末回眸”活动在东校区大学生活动中心 209 室举行。校党委副书记陈春利、盛婉玉，校党委常委、宣传部部长杨晓峰出席了本次活动。

“‘红色旋律’2010 年岁末回眸”活动通过一段视频重温了本年度“红色旋律”历次讲座的精彩片段。随后，邀请了“红色旋律”历次活动的主讲人——魏黎波、柴勇、杨绍维、王新华、李海艳、李晔老师，现场为同学们答疑解惑。同学们的提问涉及物价上涨、教育公平、区域发展及朝鲜半岛局势等各个方面，展示了当代大学生热爱祖国、关注时事、勤于思考、积极探索的精神风貌。老师们对问题的深刻而幽默的解答，赢得了在场学生们的阵阵掌声。最后，六位嘉宾老师为“红色旋律纪念‘一二•九’运动七十五周年征文活动”的获奖同学颁奖。本次征文共收作品百余篇，崔开欣等 12 名同学获奖。

第十期 “红色旋律”讲坛 青年马克思的诗与思

2011 年 3 月 10 日晚 7:30 在东校区四教 108，张云飞老师主讲了第十期“红色旋律”讲坛《青年马克思的诗与思》。首先，张云飞老师通过马克思的诗歌为同学们呈现了马克思刻苦执着且浪漫痴情的青春时光。其次，张老师分析了诗歌中所表现出的浪漫情怀、自我意识和流浪情结。最后，张老师为同学们讲述了马克思走出人生诗歌阶段的思想斗争历程，为同学们勾描出一个生动鲜活的热血青年形象。在师生互动环节，张老师回答了现场学生关于马克思生平的多个提问。

第十一期 "红色旋律"讲坛 走出成长的烦恼——"十二五"规划解读

2011 年 3 月 24 日晚 7：30 在西校区里仁学院阶梯教室 J103，王新华老师主讲第十一期"红色旋律"讲坛《走出成长的烦恼——"十二五"规划解读》。首先，王新华老师肯定了"十一五"的成长，指出"十一五"期间我国综合国力显著提升、人民生活水平明显改善，并在国际地位和影响力方面取得了巨大成就。其次，王老师指出我们应该对改革开放 32 年出现的发展不平衡、发展不协调、发展不可持续等问题进行反思。最后，王老师通过一系列数字和实例，从多个方面阐述我国发展的春天已经来临。在师生互动环节，王老师回答了现场学生关于中国高铁将走向何方等多个提问。

第十二期 "红色旋律"讲坛 核写的故事，无盐的结局
——抢盐风潮与国民素质论辩

2011 年 4 月 7 日晚 7:30 在东校区四教 109，杨文华老师主讲了第十二期"红色旋律"讲坛《核写的故事，无盐的结局——抢盐风潮与国民素质论辩》。首先，杨老师以什么是国民素质这一问题为切入点，分析了此次抢盐风潮的因果。他认为，市场非理性的根本原因，源于市场管理者的行为滞后。相关部门预警估计不足、最新信息披露不到位造成了人们的恐慌心理。政府应该通过这次事件引起足够的警惕，针对社会风险、应对突发事件，增强危机公关的意识，减少反应时间。其次，杨老师对国民素质进行了横向与纵向的比较。从时间跨度上，素质分为现代素质和传统素质。在现代国民素质方面，中国人确实存在素质不高的问题。但是，我国国民的传统素质是世界第一的。最后，杨老师阐述了如何塑造国民的现代素质的问题。他指出，国民素质是一种"软实力"，它需要经由传统文化的滋养、通过长期的道德实践养成。在师生互动环节，杨老师回答了现场学生关于大学生集体观念、领导干部个人素质等多个提问。

第十三期 "红色旋律"讲坛 崩溃与崛起——中苏改革比鉴

2011 年 4 月 21 日晚 7：30 在西校区里仁学院阶梯教室 J103，刘永志老师

主讲了第十三期“红色旋律”讲坛《崩溃与崛起——中苏改革比鉴》。首先，刘永志老师从宏观历史视角，以苏联非科学的发展模式、戈尔巴乔夫错误的改革路线及西方对苏联的和平演变等方面为切入点，对比论述了同为社会主义大国大党的中共与苏共，在执政效果上一成一败的反差。其次，刘老师论述了使中国共产党得以取得成功的毛泽东思想的历史遗产、改革开放战略政策、中国共产党自身变革等经验。最后，刘老师指出了当前我们前进过程中的思想暗礁，解答了青年人该如何看、怎么办的问题。在师生互动环节，刘老师现场回答了学生提出的有关我国政治体制改革、民主进程等社会热点问题。

第十四期 “红色旋律”讲坛 杀出血路救中国
——中共九十周年系列第一讲

2011年5月5日晚7:30在东校区四教108，魏黎波老师主讲了第十四期“红色旋律”讲坛《杀出血路救中国——中共九十周年系列第一讲》。首先，魏老师结合洋务派“自强”“求富”道路中的不堪一击及维新派变法中的软弱无力等问题，指出资产阶级自身思想保守同时脱离群众，无法领导中国实现独立自主。其次，魏老师在对革命派的一往无前的态势分析中，指出无产阶级具有的先进思想和坚持群众路线，为无产阶级在正确路线方针的指引下取得革命胜利提供了科学性和必然性。最后，在师生互动环节，魏老师回答了学生提出的关于一党专政和一党执政的区别、中国未来改革开放的趋势、非暴力不合作与暴力革命的区别等多个提问。

第十五期 “红色旋律”讲坛 让理想飞——曲折中前进的三十年

2011年5月19日晚7：30在西校区里仁学院阶梯教室J109，王新华老师主讲了第十五期“红色旋律”讲坛《让理想飞——曲折中前进的三十年》。首先，王新华老师分析了对新中国前三十年的评价中需要警惕的两种观点。其次，王老师通过对中华民族独立富强百年理想的回顾，高度评价了新中国前三十年在民主政治、经济建设、社会变迁、国际地位等方面取得的巨大成就。最后，王老师号召大家坚定中国特色社会主义的共同理想，坚定共产主义的最高理想，通过努力，让理想的旗帜高高飞扬。在师生互动环节，王老师回答了学生提出的关于理想信念、中国未来发展等多个提问。

第十六期 “红色旋律”讲坛 奇迹与困境——中国模式解读

2011年6月2日晚7:30在东校区四教108，王玉荣老师主讲了第十六期“红色旋律”讲坛《奇迹与困境——中国模式解读》。首先，王玉荣老师列举了中国改革开放30年在经济和民生方面取得的三大奇迹，通过“北京共识”和“华盛顿共识”在宏观经济调控作用方面的对比，从政策、稳定、民生、改革四方面全面解读了“中国模式”的内涵，肯定了这30年间中国取得的巨大成就。其次，王老师指出我国在取得成就的过程中也付出了巨大的代价，腐败问题、环境污染与能源消耗问题以及贫富差距拉大等问题依然严峻，并认真反思过往，指明未来前进方向。最后，王老师介绍了实事求是、整体思维、和谐中道与民心不可违等四点影响世界的中国理念。在师生互动环节，王老师回答了现场同学关于中国发展等多个提问。

第十七期 “红色旋律”讲坛 推动科学发展 促进社会和谐

2011年6月16日晚7：30在西校区里仁学院阶梯教室J103，柴勇老师主讲了第十七期“红色旋律”讲坛《推动科学发展 促进社会和谐》。首先，柴老师指出，发展才是硬道理也是中国共产党执政兴国的第一要务，解决中国的一切问题都要依靠发展，构建社会主义和谐社会，必须树立和落实科学发展观。其次，柴老师深度剖析了科学发展观的内涵，从新世纪新阶段中国特色社会主义建设的全局出发，阐明了当前我们国家为什么发展、为谁发展以及怎样发展的重大问题。最后，柴老师指出推动科学发展，促进社会和谐，要求我们高举中国特色社会主义大旗，坚定不移地走中国特色社会主义道路，真正将发展落到实处，才能推动中国特色社会主义事业的前进。在师生互动环节，柴老师回答了学生提出的关于科学发展观、中国社会经济发展等多个提问。

第十八期 “红色旋律”讲坛 回忆•畅想——辉煌九十年

2011 年 6 月 30 日晚 7：30 在东校区四教 108，魏黎波、王新华、王玉荣和柴勇四位老师主讲了第十八期“红色旋律”讲坛《回忆•畅想——辉煌九十年》。首先，魏老师在《峥嵘岁月》部分讲述从建党到新中国成立前夕，中国共产党带领人民群众走向民族独立、人民解放的光辉历程。其次，王新华老师在《英雄年代》部分讲述了从新中国成立初始到改革开放前夕，中国共产党领导广大劳动人民在社会主义建设道路上艰苦卓绝的奋斗和探索历程，同时客观地评价了伟人毛泽东。再次，王玉荣老师在《继往开来》部分，讲述了改革开放至今，中国在政治、经济、军事等各方面所取得的优秀业绩，同时将苏联与中国在同一时期改革一成一败的结果作对比，体现了我党的先进性和科学性。最后，柴勇老师在《走向复兴》部分，重点向大家讲述了在新的历史发展时期中国共产党所取得的成就和所面对的挑战，同时指出当代资本主义的实质和弊端，引导同学们更清醒地去认识当今世界的未来发展趋势。在师生互动环节，四位老师回答了现场同学关于建党九十年来取得的成就等多个提问。

第十九期 “红色旋律”讲坛 永远的孙中山

2011 年 9 月 8 日晚 7：30 在西校区里仁学院阶梯教室 J103，杨绍维教授主讲了第十九期“红色旋律”讲坛《永远的孙中山》。在讲坛开始前，马克思主义研究会的“红色旋律”红歌队为大家现场演唱了歌曲《我的中国心》。在接下来的讲座中，杨绍维老师为同学们讲述了孙中山从反叛的青少年时代到为革命奔走四方，从同盟会的成立到中华民国的建立，从《临时约法》的颁布到继续为捍卫革命而奋斗在革命前线这不平凡的一生。最后，杨老师总结孙中山为了改造中国耗尽毕生的精力，在历史上留下了不可磨灭的功勋，也为政治和后继者留下了坚固而珍贵的遗产。在师生互动环节，杨老师回答了现场同学关于孙中山先生的多个提问。

第二十期 "红色旋律"讲坛"人间正道是沧桑"——从三个历史片段看百年中国的必由之路

2011年9月22日晚7：30在东校区四教108，李晔老师主讲了第二十期"红色旋律"讲坛《"人间正道是沧桑"——从三个历史片段看百年中国的必由之路》。首先，李晔老师从辛亥革命民主共和的失败到抗战胜利后第三条道路的破产，再到今天的中国特色社会主义道路，以历史发展的线索，分析了百年中国的必由之路，总结了在辛亥革命中民主共和失败、孙中山政治蓝图破灭的教训，剖析了中国民主的内涵。其次，李老师分析了第三条道路破产的问题，重点介绍了当时各派政治力量的态度、中国共产党的努力、中间民主党派的期待及国民党的阻挠等因素，使历史和人民最终选择了以民族大义和人民福祉为重的中国共产党。最后，李老师对当今西方"新自由主义"思潮的问题进行了阐释，提出我们要认清"新自由主义"思潮的实质及其对中国改革开放的负面影响，落实科学发展观，坚定不移地走中国特色社会主义道路的观点。在师生互动环节，李老师回答了现场同学关于中国道路的多个提问。

第二十一期 "红色旋律"讲坛 美国的霸权到拐点了吗

2011年10月13日晚7：30在西校区里仁学院阶梯教室J103，魏黎波老师主讲了第二十一期"红色旋律"讲坛《美国的霸权到拐点了吗》。首先，魏黎波老师以美国"占领华尔街"运动为切入点，直击美国现状，提出"美国怎么了"的思考。其次，魏老师通过讲解提出以下几点判断：美国霸权的全盛时期已经过去，衰落的总趋势不可避免，但波浪式上升还会多次出现；三十年内美国还是世界第一；国际政治经济秩序进入重建期等。最后，魏老师提出在政府信用降级和全球震荡的情况下美国模式如何持续的建议与思考。在师生互动环节，魏老师回答了现场同学关于美国霸权主义、世界格局的走向、中国同周边国家发展对外友好关系等多个提问。

第二十二期 “红色旋律”讲坛 从苏联解体到占领华尔街——历史终结了吗

2011年10月27日晚7：30在东校区四教108，黄娟老师主讲了第二十二期“红色旋律”讲坛《从苏联解体到占领华尔街——历史终结了吗》。首先，黄老师回顾了苏联解体的过程，分析了苏联解体的原因，认为任何重大历史事变都是一种历史“合力”的结果，苏联解体是苏联的社会主义模式、戈尔巴乔夫的错误改革、和平演变等多种因素推动的。但苏联解体仅仅意味着一种社会主义模式的失败，并不是社会主义运动的失败。其次，黄老师介绍了社会主义中国通过改革开放、大力发展生产力，在经济、科技等方面取得的伟大成就，指出中国特色社会主义的巨大成功向世人证明了社会主义不但不会灭亡，而且正焕发出蓬勃生机，具有旺盛生命力。最后，黄老师分析了华尔街运动爆发的原因和实质，认为在两种社会制度的对比上“一时胜负在于力，千古成败在于理”，只有符合历史发展规律的社会制度才是真正的胜利者。在师生互动环节，黄老师详细解答了同学们关于社会主义未来发展的多个问题。

第二十三期 “红色旋律”讲坛 跨越时空的选择：我们如何对待马克思主义

2011年11月10日晚7：30在西校区里仁学院阶梯教室J103，张云飞老师主讲了第二十三期“红色旋律”讲坛《跨越时空的选择：我们如何对待马克思主义》。首先，张老师指出以马克思主义作为指导思想是中国共产党的选择，也是历史和人民的选择。其次，张老师指出了我国传统文化、西方思潮和马克思主义在意识形态领域的冲突，并由此引出我们如何对待马克思主义——马克思主义中国化。最后，张老师给大家分析了马克思主义中国化的原因、内涵以及路径。在师生互动环节，张老师回答了现场同学关于马克思主义在未来将怎样发展等多个提问。

第二十四期 "红色旋律"讲坛 话语权斗争中的南海问题

2011 年 11 月 24 日晚 7：30 在东校区四教 108，柴勇老师主讲了第二十四期"红色旋律"讲坛《话语权斗争中的南海问题》。讲坛开始前，马克思主义研究会"红色旋律"红歌队现场演唱了歌曲《精忠报国》。讲坛开始后，首先，柴老师通过分析中国在国际上的话语权问题，提出"南海主权在我"的观点。其次，柴老师通过梳理近期国内外局势尤其是南海周边局势，点明了南海危机现状。最后，柴老师从层层南海迷雾中抽丝剥茧，指出了解决南海危机的突破口和南海危机的结局走向。在师生互动环节，柴老师回答了现场同学关于中国话语权和经济制裁与解决南海问题的关系等多个提问。

第二十五期 "红色旋律"讲坛 从"纠结"到"光明"——与同学们分享备课南海问题的曲折心路历程

2011 年 12 月 1 日晚 7：30 在西校区里仁学院阶梯教室 J103，柴勇老师主讲了第二十五期"红色旋律"讲坛《从"纠结"到"光明"——与同学们分享备课南海问题的曲折心路历程》。在讲坛开始前，马克思主义研究会"红色旋律"红歌队现场为大家演唱了歌曲《中国，中国，鲜红的太阳永不落》。讲坛开始后，首先，柴老师以王国维的"人生治学三境界"为切入点，提出备课南海问题的曲折心路历程，即"怀疑一切""不懈探索"和"拥抱光明"。接着，柴老师从主权归属、石油资源、国际形势和军事战略四个方面给出解决南海问题的建议并提出"南顾、北夺"的长远战略构想。在师生互动环节，柴老师回答了现场同学关于南海问题的多个提问。

第二十六期 "红色旋律"讲坛 爱国的典范，树人的名篇——读毛泽东诗词的几点体会

2011 年 12 月 15 日晚 7：30 在东校区四教 109，张汉生老师主讲了第二十六期"红色旋律"讲坛《爱国的典范，树人的名篇——读毛泽东诗词的几点体会》。首先，张老师给大家介绍毛泽东诗词产生的时代背景、思想内容以

及它的艺术特色：毛泽东不仅是伟大的革命家、政治家、军事家，而且还是一位杰出的诗人，是诗人政治家，是政治家诗人。毛泽东诗词再现了重大的历史事件，记录了党领导人民的奋斗历程，是中国革命与建设的“史诗”。其次，张老师从“爱国主义的光辉旗帜”“健全人格的完美典范”和“开拓创新的民族骄傲”等方面详细地解读了毛泽东诗词：毛泽东的诗词连同他伟大的人格魅力尤其是他的光辉思想已经成为中华民族精神中的一个非常重要的内容，哺育了一代又一代的中国人，值得每一位青年学生认真学习！最后，张老师现场朗诵了自己创作的《十四行诗献给毛主席》，表达了对毛泽东主席的无限崇敬之情。在师生互动环节，张老师回答了现场同学关于如何正确评价毛泽东主席的多个提问。

第二十七期 “红色旋律”讲坛 2011 年岁末回眸 “2011——世界·中国·我们”

2011 年 12 月 28 日晚 7：30，马克思主义学院举办了“‘红色旋律’岁末回眸之 2011——世界·中国·我们”晚会，晚会在西校区里仁学院阶梯教室 J103 举行。孟卫东、陈春利、盛婉玉、张景超、杨晓峰等校领导以及马克思主义学院全体教师出席了晚会。

校党委书记孟卫东发表讲话，他祝愿“红色旋律”活动越办越好，鼓励大家共同努力，为把我校建设成为高水平大学而不懈奋斗，并在新年来临之际祝全体师生新年快乐。

晚会共分为世界、中国、我们和“红色旋律”四个环节，在《莫斯科郊外的晚上》的合唱声中拉开帷幕，在“红色旋律”红歌队演唱的《走向复兴》中结束。晚会的每个环节都播放了相应的主题视频，与现场观众共同回顾了世界、中国和我校 2011 年的重大事件，以及“红色旋律”活动在 2011 年的发展历程。马克思主义学院的老师、马克思主义研究会的同学以及艺术与设计学院的同学演唱了经久不衰的红色经典歌曲，朗诵了师生原创的诗歌。在观众提问环节，马克思主义学院的魏黎波老师和柴勇老师分别就同学们所关心的中国高铁发展等时事热点问题一一作了解答。

第二十八期 "红色旋律"讲坛 从"两会"看中国式民主

2012年3月8日晚7：30在东校区四教108，王新华老师主讲了第二十八期"红色旋律"讲坛《从"两会"看中国式民主》。首先，王新华老师提出"民主是中国共产党人的不懈追求"的观点。其次，王老师分析了近百年来中国的民主发展史并指出"中国民主成长的两大规定性已经奠定"。最后，王老师向大家详细介绍了人民代表大会制度的特点，同时提出了"协商民主是一种政党推动型民主"的独到见解。在师生互动环节，王新华老师回答了现场同学关于两会、中国民主与外国民主的区别等多个提问。

第二十九期 "红色旋律"讲坛 从故宫失窃案的判决结果看中国人权保障事业的进步

2012年3月22日晚7：30在西校区里仁学院阶梯教室J105，张明老师主讲了第二十九期"红色旋律"讲坛《从故宫失窃案的判决结果看中国人权保障事业的进步》。首先，张明老师从当前饱受大家热议的故宫失窃案入手，对其进行分析和阐述，透过这一案例的判决结果，提出中国的人权保障事业在不断地发展和进步。其次，张明老师又引用了几年之前的几个备受争议的不公正判决的案例，指出原有的人权保障在新时期的发展环境下所暴露的缺陷和不足。最后，张明老师综合上述现实案例的情况，强调在新时期里我国完善人权保障的重要性和迫切性。在师生互动环节，张明老师回答了现场同学关于新刑法里的相关问题等多个提问。

第三十期 "红色旋律"讲坛 半个世纪的呼唤——再看雷锋与雷锋精神

2012年4月5日晚7：30在东校区四教109，马慧婷老师主讲了第三十期"红色旋律"讲坛《半个世纪的呼唤——再看雷锋与雷锋精神》。首先，马老师针对近期网络上出现的一些对雷锋及雷锋精神的质疑与争论进行剖析，梳理史实，还原真相，将一个有血有肉、灵魂高尚的雷锋形象呈现在同学们面前。其次，马老师结合近期发生的一些热点事件，分析当前人们在道德领域产生的焦虑与困惑，指出在新的时代条件下弘扬雷锋精神的必要性和重要性。最后，马老师分析了雷锋精神的实质，鼓励同学们向雷锋同志学习，坚定信念，积极行动，并就新的时代条件下如何向雷锋同志学习、如何弘扬雷锋精神提出了具体建议。在师生互动环节，马老师回答了现场同学关于雷锋精神及如何弘扬雷锋精神等多个提问。

第三十一期 “红色旋律”讲坛 用文化挺直中国的脊梁

2012年4月19日晚7：30在西校区里仁学院阶梯教室J105，杨文华老师主讲了第三十一期“红色旋律”讲坛《用文化挺直中国的脊梁》。首先，杨老师分析了美国在电影、互联网等传媒方面向中国传输西方文化的现象，指出美国的野心日趋膨胀，企图在全球范围内扩张势力范围，但是随着和平与发展成为当今时代的主题，军事威胁已不再是一种良好的手段，而要寻找一个可以长期并深刻地影响着世界，最终达到完美“演变”的策略，这便是文化渗透。至今，美国文化已经形成了一股强大的“美国式”力量，向世界各国辐射。其次，杨老师探讨中国传统文化西热东冷的现状，提出中国传统文化具有全球价值和现代意义的观点。最后，杨老师提出中华民族要面向世界，其文化复兴之路任重道远。一方面，振兴传统文化，知识分子要走在文化保护的前列，大力发展文化产业。另一方面还要“师夷长技以制夷”，借鉴西方的政治宣传和文化传播手法，改进文化宣传的策略，提升文化传播效果。在师生互动环节中，杨老师回答了现场学生关于文化的多个提问。

第三十二期 “红色旋律”讲坛 黄岩岛事件三问

2012年5月4日晚7：30在东校区四教109，谢丽萍老师主讲了第三十二期“红色旋律”讲坛《黄岩岛事件三问》。首先，谢丽萍老师与同学们一起回顾了我国与菲律宾之间关于黄岩岛的过往纠纷 。其次，谢老师从“是什么”“为什么”“怎么样”三方面详细分析了黄岩岛事件。最后，谢老师从黄岩岛事件看中国的边境问题，指出了中俄边界、中蒙边界等其他争议地区，得出了“国强则民安”的结论。在师生互动环节，谢老师回答了现场学生关于理性爱国等多个提问。

第三十三期 “红色旋律”讲坛 传统与“反传统”

2012 年 5 月 24 日晚 7：30 在西校区里仁学院阶梯教室 J105，魏忠强老师主讲了第三十三期“红色旋律”讲坛《传统与“反传统”》。首先，魏老师讲述了中国从古代延续至近代的传统文化思想，主要从作为主体的儒学发展历程进行梳理。其次，魏老师讲述了近代以来我国“反传统”的体现，主要从五四运动时期自由主义者及激进的左派分子的立场来分析，指出此立场的知识分子将儒学视为阻碍中国走向现代化的绊脚石，将旧道德旧伦理视为思想束缚，主张破旧立新。最后，魏老师从 20 世纪 90 年代兴起的“国学热”现象来切入，分析出现此现象的原因与体现。在师生互动环节，魏老师回答了现场同学提出的关于传统文化的现代转化等多个提问。

第三十四期 “红色旋律”讲坛 解读美国的“新军事战略”

2012 年 6 月 7 日晚 7：30 在东校区四教 108，魏黎波老师主讲了第三十四期“红色旋律”讲坛《解读美国的“新军事战略”》。首先，魏老师阐述了自“美苏争霸”结束以后美国经济实力逐渐下降的现象，揭示了美国已无力发动任何全面战争的真相。其次，魏老师详细分析了美国目前萎靡不振的经济现状，提到美国所谓的亚太地区“新军事战略”更多的是为了应对在欧洲撤军情况下而被迫做出的战略转移。但其将继续保持在中东地区的优势，将应对“反介入挑战”列为第三重要任务和将战略重心转向亚太地区，则是其试图维护其霸权统治的强烈表现。最后，魏老师指出看待中美关系应全面、辩证与冷静，中美之间仍然存在一系列现实问题与长远挑战，应不断增强战略互信与互利合作，妥善应对与有效管理各种挑战，推动中美关系“可持续发展”。在师生互动环节，魏老师回答了现场同学关于中美军事和经济上的多个提问。

第三十五期 “红色旋律”讲坛 十八大，我们的期待

2012 年 6 月 28 日晚 7：30 在西校区里仁学院阶梯教室 J105，马慧婷、李海艳、刘永志、柴勇四位老师主讲了第三十五期“红色旋律”讲坛《十八大，我们的期待》。首先，马克思主义学院研究生会“红色旋律”红歌队的同学们演唱歌曲《走向复兴》和《没有共产党就没有新中国》。其次，四位老师分别从党建、经济、文化和国际形势四个方面为同学们介绍了当前国内外的基本情况，总结、分析了我国在各领域取得的成就，并对即将召开的十八大提出了他们的期待。最后，在师生互动环节，每位老师均结合所讲内容与同学们进行了现场互动，回答了同学们的多个提问。

第三十六期 “红色旋律”讲坛 钓鱼岛争端解析

2012 年 9 月 6 日晚 7：30 在东校区四教 108，王新华老师主讲了第三十六期“红色旋律”讲坛《钓鱼岛争端解析》。首先，王新华老师从历史和今天两个方面向大家论证了钓鱼岛完全属于中国的事实。其次，王新华老师为大家分析了在本次钓鱼岛争夺中中、日、美三方微妙的制约关系，解析了当今的局势以及今后这一事件的发展动态。最后，王新华老师从大学生的角度出发，为大学生在钓鱼岛事件中如何正确爱国提出了几点建议。在师生互动环节，王老师回答了现场同学关于钓鱼岛问题的发展及解决方案等多个提问。

第三十七期 “红色旋律”讲坛 东亚岛争背后的中美博弈

2012 年 9 月 20 日晚 7：30 在西校区里仁学院阶梯教室 J103，魏黎波老师主讲了第三十七期“红色旋律”讲坛《东亚岛争背后的中美博弈》。首先，魏老师以韩日独岛、俄日南千岛群岛等岛土之争为例，揭示了美国在这些纷争中的特殊地位。其次，魏老师指出美国遏制中国的原因主要有三方面，即美国对中国“战无不败”的挑衅、美国认为中国就是“刺头”及美国不能容忍别国做世界第二。最后，魏老师指出面对这种形势，中国需要与邻为善打造友好的周边环境，合作共赢，创造共富的和谐世界；同时也要精武强军，打造世界强军，争夺未

来战争制高点。在师生互动环节，魏老师回答了现场同学关于国土完整和中日争端等多个提问。

第三十八期 “红色旋律”讲坛 个人与国家——从莫言获诺贝尔文学奖说开去

2012年10月18日晚7：30在东校区四教108，王媚老师主讲了第三十八期“红色旋律”讲坛《个人与国家——从莫言获诺贝尔文学奖说开去》。首先，王媚老师由中国首个诺贝尔文学奖得主莫言讲起，向同学们介绍了莫言的生平。其次，王媚老师详细解读了当前广泛影响社会各领域的“莫言效应”和众多关于莫言的热点话题。最后，王媚老师还分析了诺贝尔文学奖与政治的重要关系。在师生互动环节，王老师回答了同学们关于莫言生平与中国文学发展等多个提问。

第三十九期 “红色旋律”讲坛 中国话题：美国大选之必杀技

2012年11月1日晚7：30在西校区里仁学院阶梯教室J103，杨文华老师主讲了第三十九期“红色旋律”讲坛《中国话题：美国大选之必杀技》。首先，杨老师回顾了美国总统选举的历史演变，生动地诠释了早年在共和党和民主党两大党派之间进行的“驴象之争”本来与中国话题无关。然而，渐渐地中国话题开始成为竞选获胜的一张王牌。攻击现任总统“对华软弱”，显示捍卫美国国家利益的坚定立场，成为颇为有效的竞选手法。其次，杨老师揭秘了中国成为美国“驴象之争”必杀技的幕后真相。十年以前，对中国的批判主要集中在政治体制、人权层面。20世纪90年代开始，随着中国和美国在经济力量上的此起彼落，相关经贸的议题成为竞选中批判中国的主题。最后，杨老师指出，对此次美国大选炒作中国议题不能等闲视之。中美之间的经济摩擦和竞争，恐怕会超越选举而成为常态。新的变化还可能意味着，即便大选结束，中美关系的政治互信也不会很快自动修复。在师生互动环节，杨老师回答了现场学生关于美国大选与中美关系等多个提问。

第四十期 “红色旋律”讲坛 领航中国，扬帆奋进
——党的十八大扫描

2012 年 11 月 15 日晚 7：30 在东校区四教 J209，王新华老师主讲了第四十期“红色旋律”讲坛《领航中国，扬帆奋进——党的十八大扫描》。首先，王新华老师从“一叶扁舟”到“一艘巨轮”说起，总结了中国共产党在过去 91 年里取得的伟大成就。其次，王老师分别从“乘风破浪、十年一剑、与时俱进、党心民主、人间正道、伟大工程、领航中国”七个方面介绍了十七大以来党的工作发展以及十八大报告中党的工作的重新定位。最后，王老师阐明了十八大以来中国共产党高举中国特色社会主义伟大旗帜，不断进行党的思想理论创新伟大实践。在师生互动环节，王老师回答了现场学生关于十八大之后社会主义发展方面等多个提问。

第四十一期 “红色旋律”讲坛 从十八大看我国政党制度的优越性

2012 年 11 月 29 日晚 7：30 在西校区里仁学院阶梯教室 J103，魏黎波老师主讲了第四十一期“红色旋律”讲坛《从十八大看我国政党制度的优越性》。首先，魏老师以“2012 年是一个大选年”为切入点，介绍了世界上主要国家的政党制度，如英国的代议制、美国的民主共和制。其次，魏老师将西方的政党制度和我国的一党领导、多党合作的政党制度进行了多方面的对比，揭示了西方政党制度的局限性：它建立在生产资料私有制的基础之上，代表着资产阶级的根本利益和要求。最后，魏老师结合我国政党制度自实施以来取得的优秀成果，说明了中国政党制度是惠及全民的优越制度。在师生互动环节，魏老师耐心解答了现场同学关于政党制度方面的多个提问。

第四十二期 “红色旋律”讲坛 2012 年岁末回眸“走进十八大”

2012 年 12 月 13 日晚 7:30，马克思主义学院主办了主题为“走进十八大——2012‘红色旋律’岁末回眸”的晚会，晚会在西校区里仁学院阶梯教室 J103 举行。副校长盛婉玉以及马克思主义学院全体教师出席了此次晚会。

晚会主要围绕十八大分旗帜篇、民生篇、国际篇、党建篇四大板块展开，每个板块分别由几位老师共同负责，以小品、表演和唱歌等多种形式就各板块主题解析十八大相关内容，对同学们的困惑做出解答。每两个板块之间还穿插了师生表演、教师朗诵和现场问答等环节，活跃了现场的氛围。马克思主义学院老师和马克思主义研究会红歌队的同学演唱了《大中国》《中国中国，鲜红的太阳永不落》等红色经典歌曲。晚会在《歌唱祖国》合唱中结束。

第四十三期 "红色旋律"讲坛 从十八大到两会——托举"中国梦"

2013年3月21日晚7:30在东校区四教109，李晔老师主讲了第四十三期"红色旋律"讲坛《从十八大到两会——托举"中国梦"》。首先，李晔老师给同学们讲解了梦想与现实：梦想是藏在我们内心的最深切的一种渴望，是我们走向成功的原动力，而若想让梦想实现只能靠科学筹划、脚踏实地、努力奋斗，这就是成就梦想。其次，李老师讲解了"中国梦"，分析了中国梦和美国梦的区别，指出了中国梦的优势所在。最后，李老师讲解了实现中国梦的路径："空谈误国，实干兴邦！"在师生互动环节，李老师回答了现场同学关于两届政府改革、国家领导班子等多个提问。

第四十四期 "红色旋律"讲坛 朝鲜半岛形势分析

2013年4月10日晚7:30在西校区里仁学院阶梯教室J103，魏黎波老师主讲了第四十四期"红色旋律"讲坛《朝鲜半岛形势分析》。首先，魏老师回顾了历史上在朝鲜半岛发生的争端，一针见血地指出目前在朝鲜半岛复杂形势中"挑事"的是朝鲜和美国。其次，魏老师讲解了朝鲜半岛的当前形势，并对朝韩两国目前军事实力、经济实力等方面进行深入的对比分析，并指出韩国整体实力要高于朝鲜，但双方形势各有优劣。最后，魏老师对朝韩争端的未来走向提出了预设，揭示了美国在朝鲜半岛争端中所扮演的角色，提出美国通过朝鲜问题来牵制其他国家，是霸权主义的一种突出表现。在师生互动环节，魏老师回答了现场同学关于朝韩关系等多个提问。

第四十五期 “红色旋律”讲坛“另一个世界是可能的！”——查韦斯的革命人生

2013年4月25日晚7:30在东校区四教109，柴勇老师主讲了第四十五期“红色旋律”讲坛《“另一个世界是可能的！”——查韦斯的革命人生》。首先，柴老师通过对委内瑞拉已故总统查韦斯的追忆拉开了讲坛的序幕。其次，柴老师介绍了查韦斯的人生经历，生动再现了查韦斯传奇的一生。最后，柴老师解读了查韦斯的国内政策及其对美国的态度，展示了查韦斯在美国压迫下坚持社会主义道路，带领委内瑞拉人民开展反对压迫的斗争。在师生互动环节，柴老师回答了现场同学关于第三世界国家如何反对帝国主义及走什么样的道路等多个提问。

第四十六期 “红色旋律”讲坛 大学教育的哲学反思——从古典到现代

2013年5月9日晚7：30在西校区里仁学院阶梯教室J103，王华老师主讲了第四十六期“红色旋律”讲坛《大学教育的哲学反思——从古典到现代》。首先，王华老师以近期在高校内发生的投毒事件为切入点，提出了“理性缘何变成了杀人武器”的疑问。其次，从大学的起源讲起，为同学们讲解大学存在的重要性，表示出现大学教育危机的真正原因是心灵的枯竭、精神的空虚以及信仰的缺失。最后，总结出思想才是大学的一切的观点。在师生互动环节，王老师回答了学生关于如何加强大学生教育等多个提问。

第四十七期 “红色旋律”讲坛 自信与自觉——守护中国梦的历史文化根基

2013年5月23日晚7：30在东校区四教109，王新华老师主讲了第四十七期“红色旋律”讲坛《自信与自觉——守护中国梦的历史文化根基》。首先，王新华老师介绍了何为文化自觉，即对自己历史文化的清醒认识，而自信就是基于对自己的判断而坚定自己走下去的勇气和信心。其次，王老师解释了中国梦的概念，指出中国梦的实质是国家富强、民族复兴、人民幸福。王新华老师分析了中国梦的梦之“根”是近代以来的历史与思想轨迹；而“根”之患是历史虚无主义，指出要尊重历史，尊重英雄；我们的固本之道是树立正确的历史观，她说历史是一个有机的过程，不是一串孤立的珠子，不能把历史“碎片化”；我们的道路没有选错，我们应该要有自信，为成功而歌；我们要不动摇、不懈怠、不折腾地守护我们的“根”。最后，王老师总结：我们要坚持应该坚持的，守护必须守护的，不因成绩而骄，不因挫折而废，不为谣言所惑，自信，自觉！在师生互动环节，王老师回答了现场同学关于中国梦等多个提问。

第四十八期 “红色旋律”讲坛 致中国终将迎来的青春——历史与文化视野中的“道路自信”

2013 年 6 月 6 日晚 7：30 在西校区里仁学院阶梯教室 J103，刘永志老师主讲了第四十八期“红色旋律”讲坛《致中国终将迎来的青春——历史与文化视野中的“道路自信”》。首先，刘永志老师以最近热映的电影《致我们终将逝去的青春》展开了今天讲坛的中心话题——青春。刘永志老师分析了中国“道路自信”的原因，从历史的角度分析了不同时期中国所走的道路，总结出中国特色社会主义道路的正确性，表示我们要有道路自信。其次，老师也深刻反思了在中国飞速发展的背后存在的问题，警戒大家要谦虚谨慎，不骄不躁。最后，刘永志老师告诫青年学子要找到自我价值，要以持之以恒的耐心努力奋斗。今天的中国还是青春之中国，青年学生是祖国的未来和希望，我们要为青春之中国而努力奋斗。在师生互动环节，刘老师回答了现场同学关于新青年如何坚持道路自信等多个提问。

第四十九期 “红色旋律”讲坛 冲出十面“霾”伏——共筑美丽中国梦

2013 年 6 月 20 日晚 7：30 在东校区四教 109，张亚娜老师主讲了第四十九期“红色旋律”讲坛《冲出十面“霾”伏——共筑美丽中国梦》。首先，张亚娜老师从人与自然关系的角度讲述了中国梦。张老师从去年冬季开始弥漫在许多城市的雾霾天气讲起，并由此引出了“真实的阴霾其实并不可怕，可怕的是内心的阴霾”。其次，张老师通过回顾人与自然关系的历史演变历程，指出当人类面对自然时，始终要反思的问题是该如何与之相处。想要绿水青山和美好生活，就必须善待自然，而不是自私地索取。最后，张老师指出当前的中国要以中国梦作为指引，政府、企业、媒体及个人都应该发挥应有的作用，共同建设美丽中国。在师生互动环节，张亚娜老师回答了关于生态文明建设等多个问题。

第五十期 “红色旋律”讲坛 透过“棱镜”看美国

2013 年 9 月 12 日晚 7：30 在东校区四教 109，魏黎波老师主讲了第五十期“红色旋律”讲坛《透过“棱镜”看美国》。首先，魏老师从近期曝光的斯诺登“棱镜门”事件出发，揭示出西方社会情报组织的此次秘密活动其目的是通过国际网络公司中心服务器挖掘数据、收集情报。其次，魏老师指出近几年在西方社会层出不穷的侵犯公民隐私和窃取他国情报的事件绝非偶然，这对美国自己所一贯标榜的“人权卫士”形象是最大的讽刺。最后，魏老师分析了斯诺登的行为与爱国主义的关系。在师生互动环节，魏老师回答了现场同学关于斯诺登事件的多个提问。

第五十一期 “红色旋律”讲坛 重建网络空间中的马克思肖像

2013 年 9 月 26 日晚 7：30 在东校区四教 109，张云飞老师主讲了第五十一期“红色旋律”讲坛《重建网络空间中的马克思肖像》。首先，张云飞老师指出以马克思的名字命名的马克思主义是我们党和政府的指导思想，伴随着信息网络的发展，在网络空间中出现了一些攻击和歪曲马克思和马克思主义的思想观点。其次，张云飞老师针对这些思想观点，从几个方面进行了回应：第一是对马克思个人的攻击的回应；第二是对公有制的攻击的回应；第三是对市场万能论的回应；第四是对马克思主义导致独裁专制观点的回应；第五是对马克思主义是垃圾的观点的回应。最后，张云飞老师通过分析，回应了马克思主义理论在网络空间中所面临的各种挑战和攻击，对于我们牢固树立马克思主义的理论自信大有裨益。在师生互动环节，张云飞老师回答了现场学生提出的关于马克思和马克思主义的多个提问。

第五十二期 "红色旋律"讲坛 把横行无忌的话语权关进"笼子"——从网络谣言说起

2013年10月10日晚7：30在东校区四教109，王玉荣老师主讲了第五十二期"红色旋律"讲坛《把横行无忌的话语权关进"笼子"——从网络谣言说起》。首先，王老师从网民关注的网络大V讲起，讲述了傅学胜、薛蛮子、立二拆四、秦火火等网络大V利用网络平台制造并散布谣言，以达到其牟取暴利，诋毁政府、组织和个人形象的目的。其次，王老师为同学们讲解了"两高"关于惩治网络谣言的司法解释。最后，王老师建议同学们提高分辨真假信息的能力，不盲从，做智者；面对蝇头小利，守住底线；在网络空间坚守"慎独"的修养方法；熟知法律，敬畏法律，不越矩。在师生互动环节，王老师解答了现场同学关于网络谣言的困惑等多个提问。

第五十三期 "红色旋律"讲坛 透视宗教信仰中的老路和邪路

2013年10月24日晚7：30在西校区里仁学院阶梯教室J102，杜娟老师主讲了第五十三期"红色旋律"讲坛《透视宗教信仰中的老路和邪路》。首先，杜老师以西藏"3•14事件"为切入点，提出宗教极端主义者在现代社会正逐步走向暴恐化，并从一些大学生盲目信仰宗教的事例中，揭示出大学教育需要注意的问题。其次，杜老师以基督教的发展为例，讲述了基督教的简史，基督教与科学、基督教与道德等方面的关系，论述了宗教信仰中存在的老路和邪路。最后，杜娟老师指出，作为大学生，既要正确认识和理解宗教产生和在一定时期内存在的原因，又要树立正确的世界观、人生观、价值观，确立崇高科学的理想信念。在师生互动环节，杜娟老师回答了现场同学关于宗教与社会的关系等多个提问。

第五十四期 "红色旋律"讲坛 从首脑出访看中国的外交反包围

2013年11月7日晚7：30在东校区四教109，魏黎波老师主讲了第五十四期"红色旋律"讲坛《从首脑出访看中国的外交反包围》。首先，魏老师从近几年中国以及亚太地区的外交局势出发，就新一任政府领导取得的外交成就进行了精辟的分析。其次，魏老师全面分析了亚太地区领导人变更对当今世界局势的影响，并指出在经济全球化背景下亚太地区领导人的变动会影响整个世界局势。最后，魏老师指出美日打造遏制中国的包围圈目的是遏制中国的崛起，然而中国领导人进行一系列反包围措施对世界影响颇深，从整体上构建了全新的外交局势观念。在师生互动环节，魏老师回答了现场同学关于中俄关系、中美关系发展趋势等多个提问。

第五十五期 “红色旋律”讲坛 变与不变——如何看待两个三十年

2013 年 11 月 21 日晚 7 : 30 在西校区里仁学院阶梯教室 J102，包巍老师主讲了第五十五期“红色旋律”讲坛《变与不变——如何看待两个三十年》。首先，包巍老师以“万物都在变”的道理引出了改革开放前后两个三十年的变与不变的问题。中国没有变的是人民当家作主的地位、党为人民服务的宗旨，以及对中国特色社会主义道路的不懈探索等；变的是怎样建设社会主义，从受当时国内外局势影响而进行的“大跃进”“文化大革命”到不断改正僵化的老路进行改革，从而走出了中国特色的社会主义这条正确的道路。其次，包巍老师对如何看待两个三十年进行了分析，指出两个三十年是不可分割的。最后，包老师以反腐败问题为例对两个三十年关系进行剖析。在师生互动环节，包巍老师回答了现场同学关于两个三十年关系等多个提问。

第五十六期 “红色旋律”讲坛 十八届三中全会：打造中国改革升级版

2013 年 12 月 5 日晚 7 : 30 在西校区里仁学院阶梯教室 J102，王新华老师主讲了第五十六期“红色旋律”讲坛《十八届三中全会：打造中国改革升级版》。首先，王新华老师以幽默风趣的语言，生动形象地讲述了同学们关心的十八届三中全会的问题。其次，王老师以中国 35 年来进行的改革为出发点，从“为什么改，改什么，怎么改”的角度，提出五个本次讲坛的主题，为同学们介绍了中央全会的相关知识和历届三中全会的主题。最后，王老师运用了大量漫画、数据和案例，深入浅出地展望了具体的政策方向，使同学们对十八届三中全会有了更深更新的认识，让大家明白了什么是改革过程中的变与不变。在师生互动环节，王新华老师回答了现场同学的多个提问。

第五十七期 "红色旋律"讲坛 2013 年岁末回眸"那个人，那个时代——纪念毛泽东同志诞辰 120 周年"

2013 年 12 月 19 日晚 7：30，马克思主义学院主办了主题为"那个人，那个时代——纪念毛泽东同志诞辰 120 周年"的"'红色旋律'岁末回眸"活动。活动在西校区里仁学院阶梯教室 J303 举行。校党委副书记陈春利，副校长盛婉玉，党委常委、组织部部长王宝诚，以及党委宣传部、里仁学院、材料学院、经济管理学院、学生工作处等单位领导和马克思主义学院全体教师参加了此次活动。

活动紧紧围绕纪念毛泽东同志诞辰 120 周年，引导同学们拨开历史迷雾，探寻改革开放前三十年的时代风采，为开拓未来改革征程注入正能量。活动分为新生篇、成就篇和展望篇三个部分，以诗歌朗诵和歌曲联唱贯穿始终。陈春利副书记在活动过程中发表讲话，他高度肯定了马克思主义学院教师在"红色旋律"活动中的奉献精神，并勉励同学们继承传统，为实现国家富强、民族振兴、人民幸福的中国梦而勤恳努力。魏黎波和王新华老师解答了现场同学关于毛泽东和毛泽东时代以及十八届三中全会所开启的未来全面深化改革历程的一系列相关提问。最后，在全场师生合唱的《歌唱祖国》激昂旋律中，2013 年"'红色旋律'岁末回眸"圆满结束。

第五十八期 "红色旋律"讲坛 安泰与大地——回归群众路线

2014 年 3 月 13 日晚 7：30 在西校区里仁学院阶梯教室 J102，王新华老师主讲了第五十六期"红色旋律"讲坛《安泰与大地——回归群众路线》。首先，王老师用古希腊神话"安泰与大地"为引，形象生动地阐述了"党为鱼，民为水"的深刻道理，提出党民五个问题，运用由古至今、由外而内的真实史实事例，清晰地为师生展示了党民关系的重要性，走群众路线的重要性、必要性和如何走群众路线。其次，王老师指出党的群众路线的有效回归，防范了“溃堤之险”。最后，王老师紧扣十八大的宗旨，提倡同学们要学有所得，学有所用，能将先进理念运用到实际生活中去。在师生互动环节，王新华老师回答了现场同学的多个提问。

第五十九期 “红色旋律”讲坛 中国文化与中国梦

2014 年 3 月 27 日晚 7：30 在西校区里仁学院阶梯教室 J103，柴勇老师主讲了第五十九期“红色旋律”讲坛《中国文化与中国梦》。首先，柴老师对中华文化的形成过程进行了充分分析，从而进一步阐释了中华民族自强不息、勤劳勇敢、善于学习和开放包容的民族性格的由来。其次，柴老师着重分析了自唐宋变革之后中国的国家能力下降以致走向危机的原因。最后，柴老师透过对鲁迅、毛泽东和雷锋三位中国 20 世纪的文化伟人的分析研究，指出中国人民在中国共产党带领下探索出一条以人民为文化主体的民族复兴之路，而当前正在进行的群众路线教育实践活动正是这条道路的充分体现。在师生互动环节，柴老师回答了现场同学关于当代大学生应如何践行中国梦等多个提问。

第六十期 “红色旋律”讲坛 陌生的邻居
——靖国神社背后的日本文化

2014 年 4 月 10 日晚 7：30 在东校区四教 108，杨新宾老师主讲了第六十期“红色旋律”讲坛《陌生的邻居——靖国神社背后的日本文化》。首先，杨新宾老师从“靖国神社的前世今生”讲起，讲述了日本天皇作为一种精神象征，对日本民众产生的重大影响。其次，杨老师结合靖国神社的历史知识，阐述了日本武士道精神的根本性缺陷，介绍了日本战争遗族感情和关注点的变化。杨老师结合大量真实历史图片，指出日本右翼势力利用民众对战争遗族的同情以及战争遗族迷失的亲情来实现自己的政治诉求，这是对日本民众、对中国、对世界的一种伤害。最后，杨老师告诉同学们要正确看待靖国神社问题及中日关系，理性爱国，对日本文化要有正确的认知。在师生互动环节，杨老师回答了现场同学关于日本战争遗族和日本外交动向等多个提问。

第六十一期 "红色旋律"讲坛 睡狮醒来，利爪安在？——我国军事装备发展点评

2014年4月24日晚7：30在西校区里仁学院阶梯教室J103，魏黎波老师主讲第六十一期"红色旋律"讲坛《睡狮醒来，利爪安在？——我国军事装备发展点评》。首先，魏老师展示了中国军事装备及亚太形势的图片，带领同学们回顾了习总书记在法国的讲话。其次，魏老师以近代中国因军备落后挨打及新中国加强发展军事科技重新屹立于世界强国之列为背景，将军事力量比作"狮子的尖牙利爪"，强调其宁可备而不用，不可用而无备。最后，魏老师介绍了我国军力部署及发展历史，展示了中国当代陆、海、空三军力量，引出我国打造世界强军的目标，也表示出对目前军备发展的肯定及对未来发展的无限期许。在师生互动环节，魏老师回答了现场同学关于中国军事力量的强大与处理周边关系等多个提问。

第六十二期 "红色旋律"讲坛 纠结与幸福——重塑我们的价值观

2014年5月8日晚7：30在东校区四教109，马慧婷老师主讲了第六十二期"红色旋律"讲坛《纠结与幸福——重塑我们的价值观》。首先，马老师结合具体案例，讲解、分析了当前培育和践行社会主义核心价值观的重要性和紧迫性。其次，马老师分析了培育社会主义核心价值观的根本任务，讲解了社会主义核心价值体系和社会主义核心价值观的关系，并就如何理解社会主义核心价值观的基本内容进行了详细阐述。最后，马老师就青年人如何践行社会主义核心价值观进行分析，鼓励同学们在学习和实践中勤奋努力，认真学习并积极践行社会主义核心价值观。在师生互动环节，马老师回答了现场同学关于价值观、理想信念等方面的多个提问。

第六十三期“红色旋律”讲坛“永远打不倒的小个子”——走进邓小平的传奇人生

2014年5月22日晚7：30在西校区里仁学院阶梯教室J103，颜世晔老师主讲了第六十三期“红色旋律”讲坛《“永远打不倒的小个子”——走进邓小平的传奇人生》。首先，颜老师翔实生动地讲述了邓小平“三起三落”的人生传奇：从激情年华的少年时代、留学法兰西、莫斯科宣言，到革命时代中的抗日战争、解放战争和建设新中国时期，以及最后的“文革”岁月，邓小平在政治生活中经历了三次跌落和复出，被称为“打不倒的小个子”。其次，颜老师重点分析了邓小平在“改革开放”中的历史角色，指出邓小平同志不仅解放思想，正视历史，还在改革中担当着坚定者、迂回者、稳定者的角色。然后，颜老师评价邓小平的历史作用，使中国从落后封闭走向了富强开放。最后，颜老师提出邓小平爱国的赤子之心、坚韧的人生态度应当对现今大学生有所启发。颜世晔老师通过“改革再扬帆，记住邓小平”这句话作总结，表达了对邓小平同志的敬意。在师生互动环节，颜老师回答了关于改革开放以来的社会发展等多个提问。

第六十四期 “红色旋律”讲坛 乌克兰危机背后的大国博弈

2014年6月5日晚7：30在东校区四教109，吴建良老师主讲了第六十四期“红色旋律”讲坛《乌克兰危机背后的大国博弈》。首先，吴老师对乌克兰所面临的状况进行了概述，指出自从克里米亚并入俄罗斯之后，东乌克兰与西乌克兰围绕向东方整合，还是向西方整合的分歧加剧，乌克兰国家正面临分崩离析的危险。其次，吴老师从历史、地缘、政治、经济、文化等多个角度对乌克兰危机的社会历史根源进行了分析，并指出，从短期来看，真正能决定乌克兰命运的不是乌克兰自身，生存于大国博弈夹缝中的乌克兰短时期内还无法摆脱左右摇摆的宿命。此外，吴老师还对乌克兰危机背后俄、美、欧及中国各方的利益关系及其各自的立场与对策进行了分析。最后，吴老师总结了乌克兰危机给我们的几点启示：其一，苏联的解体是20世纪最大的地缘政治灾难；其二，资本主义制度并不意味着自由、民主和富强；其三，弱国无外交，力量支配逻辑；其四，和谐世界需要强大的中国；其五，民族团结铸就强大的国家力量。在师生互动环节，吴老师回答了现场同学关于乌克兰未来走向等多个提问。

第六十五期"红色旋律"讲坛 跨越时空的思想传奇——马克思的当代意义

2014 年 6 月 19 日晚 7：30 在西校区里仁学院阶梯教室 J103，王华老师主讲了第六十五期"红色旋律"讲坛《跨越时空的思想传奇——马克思的当代意义》。首先，王华老师讲了资本主义的发展带来了什么，作为社会发展过程中必然出现的一种体制，它肯定有自己的优点，而不断的发展也将它的缺点一一暴露。其次，王老师提到了浪漫主义对资本主义的批判，接着引出了马克思的政治经济学批判，开始具体论述这一跨越时空的思想传奇。最后，王老师结合中国国情和当代中国坚持马克思主义取得的成果，阐释了马克思理论与中国善政的关系。在师生互动环节，王老师回答了现场同学的多个提问。

第六十六期 "红色旋律"讲坛 胜败之间——从甲午战争到抗日战争

2014 年 9 月 11 日晚 7：30 在东校区四教 109，齐凯君老师主讲了第六十六期"红色旋律"讲坛《胜败之间——从甲午战争到抗日战争》。首先，齐老师以"不能忘却的纪念"为题，分析了 2014 年的 9 月与中日关系相关的时间节点和纪念日，指出中日关系既能激发历史情怀，又与现实密切相关。其次，齐老师回顾了"中日半个世纪的较量"，指出相隔半世纪的甲午战争和抗日战争，结果却完全不同，胜负不是历史的偶然：两次战争在战略方针上、民族意识的觉醒和民族团结的程度上、是否动员和依靠人民上，以及国际环境上都有所不同。最后，齐老师指出面对当下的中日关系，我们既要理性对待又要善于学习，以史为鉴，汲取经验，面对未来。在师生互动环节，齐老师认真回答了现场同学关于中日的历史和未来等多个提问。

第六十七期 “红色旋律”讲坛 社会主义核心价值观的沃土——中华优秀传统文化

2014 年 9 月 25 日晚 7：30 在西校区里仁学院阶梯教室 J103，李晔老师主讲了第六十七期“红色旋律”讲坛《社会主义核心价值观的沃土——中华优秀传统文化》。首先，李晔老师解释关于价值观的一系列基本概念，并从国家、社会和个人三个层面对社会主义核心价值观进行了深入的分析和阐释，指出社会主义核心价值观不仅是时代的需求也是建设社会主义文化强国的根基。其次，李老师重点讲解了社会主义核心价值观的沃土——中华传统文化的相关知识，即文化的重要性在于它是民族凝聚力和创造力的源泉，文化软实力是综合国力的重要标志；中国优秀传统文化具有独创性、悠久性、包容性和统一性等特征，而社会主义核心价值观又深深地根植于中华优秀传统文化之中。最后，李老师寄语广大青年，应继承和弘扬中华优秀传统文化的精华，并积极践行社会主义核心价值观。在师生互动环节，李老师回答了现场同学关于中华优秀传统文化等多个提问。

第六十八期 “红色旋律”讲坛 国学要义及其当代价值

2014 年 10 月 9 日晚 7：30 在东校区四教 108，黄朴民教授主讲了第六十八期“红色旋律”讲坛《国学要义及其当代价值》。首先，黄朴民老师简要阐述了近年来国学热的出现与改革开放三十多年来中国经济的发展、国力的增强、国际地位之间的联系，分析了国学在当代社会的影响和地位。其次，黄朴民老师又介绍了究竟什么是国学，国学的要义是什么，解释了大众对于国学的一些常见性问题，以及纠正了大众对于国学的一些误解，帮助同学们进一步深入了解国学的内涵。然后，黄朴民老师分析了发扬国学并坚持弘扬国学精神对现代中国树立文化自信、增强文化软实力、提升国际地位的重要作用。最后，黄朴民老师也提出了国学在当今社会发展中面临着怎样的机遇与挑战，以及如何更好地迎接机遇，面对挑战的问题。在师生互动环节，黄老师回答了现场同学关于国学今后发展的去向等多个提问。

第六十九期 "红色旋律"讲坛 反腐败该终结了吗

2014 年 10 月 23 日晚 7：30 在里仁学院阶梯教室 J103，张云飞老师主讲了第六十九期"红色旋律"讲坛《反腐败该终结了吗》。首先，张云飞老师介绍了中国当前的反腐现状，对"反腐终结论"的由来及其主要观点——权力斗争论、拖累经济论、运动过头论作了详细的阐释。其次，张老师列举了腐败对国计民生的种种危害：腐败是一种消极的心理过程，腐败挑战制度的权威，腐败吞噬发展成果，腐败制约大学生就业，腐败动摇党执政兴国的根基，等等。最后，张老师指出面对这些危害，反腐路在脚下：让官员"不想腐、不能腐、不敢腐"。张老师的解说视角宽阔，语言幽默，现场气氛良好。在师生互动环节，同学们针对"腐败"这一问题纷纷提出疑惑，直抵现实，张老师一一作了解答，既点明了方向，又给人留有思考的余地。

第七十期 "红色旋律"讲坛 依法治国，打造中国政治新常态

2014 年 11 月 30 日晚 7：30 在东校区四教 108，王新华老师主讲了第七十期"红色旋律"讲坛《依法治国，打造中国政治新常态》。首先，王老师从十八届三中全会的"改革升级版"入手，引出此次十八届四中全会的依法治国"升级版"。其次，王新华老师分三个部分进行讲坛的主要内容。第一部分——为什么以依法治国为主题？王老师分析了此次十八届四中全会的特殊性。一方面，召开时间特殊；另一方面，其内容并未直接提及党建，却无处不包含党建思想。第二部分——当代中国的政治生态。当前中国改革进入攻坚期，"权力无限""权钱交易"等政治生态之恶更凸显出了依法治国的重要性。第三部分——打造政治新常态。王老师指出法治是新常态之魂。最后，王老师强调打造政治新常态的根本保证是加强和改进党对依法治国的领导。在师生互动环节，王老师回答了现场同学关于依法治国的多个提问。

第七十一期 "红色旋律"讲坛 孔子的修己之道

2014 年 11 月 20 日晚 7：30 在西校区里仁学院阶梯教室 J103，崔冠华老师

主讲了第七十一期“红色旋律”讲坛《孔子的修己之道》。首先，崔老师向大家详细地介绍了孔子的一生经历。孔子周游列国而不得重用，是一位失意的政治家。但其弟子三千，桃李满天下，创立的儒家思想绵延不断，对中国社会的影响至深至远，是一位成功的教育家和伟大的思想家。其次，崔老师从修己的内容、目的和方式三方面详细阐述了孔子的修己之道。孔子修己的内容主要是修身、修行、修德以及修心；修己的目的是培养君子人格，修己以安人，修己以安百姓；修己的主要方式是“学”“省”“践”“恒”。最后，崔老师归纳出了修己之道的当代价值——深入思考，切实践行。崔老师的讲述既引经据典，又结合目前的社会现实，见解独特，生动深刻。在师生互动环节，崔老师回答了现场同学关于孔子修己之道等多个问题。

第七十二期 “红色旋律”讲坛 2014：台湾政局走向

2014 年 12 月 4 日晚 7：30 在东校区四教 108，魏黎波老师主讲了第七十二期“红色旋律”讲坛《2014：台湾政局走向》。首先，魏老师围绕近日台湾的“九合一”选举活动，从选举结果——国民党惨败看两岸关系的历史发展，分析国民党惨败的原因主要是“政绩不显，民心渐失”。其次，魏老师指出 2014 年两岸首次实现政府间的正式互访是一种历史的创造。魏老师从“未来两年台湾局势走向看点”出发，分析了国民党下任主席由谁担任以及民进党如何阐释两岸关系等问题。最后，魏老师以“不管未来台湾由哪一党执政，两岸统一才是民心所向，国民党还要有新的更大的努力”作结。在师生互动环节，魏老师回答了现场同学关于两岸关系走向等多个提问。

第七十三期 “红色旋律”讲坛 2014 年岁末回眸“2014，中国故事”

2014 年 12 月 25 日晚 7：30，马克思主义学院主办了“‘红色旋律’岁末回眸暨‘2014，中国故事’”晚会，晚会在里仁学院阶梯教室 J303 举行。校党委书记孟卫东、校党委副书记陈春利、校纪委书记刘爱民出席了本次活动。此外，兄弟学院的领导以及马克思主义学院全体教师也参加了此次活动。

活动紧紧围绕“2014，中国故事”的主题，带领同学们回首 2014 年，感受全面深化改革元年中华大地的生机盎然、风生水起。活动分为“世界”“中国”和“我们”三个部分，以《2014，中国故事》的诗歌朗诵贯穿始终。马克思主义学院的教师们与马克思主义研究会的同学们通过合唱、三句半、情景剧等多种形式为同学们提供了一份独具特色的思想政治教育大餐，现场互动更掀起了阵阵高潮。教师们自编自演的情景剧《官在囧途》通过精炼传神的表演道出了我国在反腐问题上的一贯立场；小品《快乐课堂》用艺术的手法再现了大学课堂中的社会主义核心价值观培育；对燕山大学“12・7”冰海救人优秀大学生群体代表的现场采访使同学们在感动中深受教育。

校党委副书记陈春利发表热情洋溢的讲话，他高度肯定了“红色旋律”开办五年来的累累硕果，对同学们一如既往地关注和喜爱“红色旋律”活动表示欣慰。最后，2014 年“‘红色旋律’岁末回眸”在激昂的《歌唱祖国》旋律中圆满结束。

第七十四期 “红色旋律”讲坛 马克思恩格斯晚年的政治智慧

2015 年 3 月 12 日晚 7：30 在东校区四教 109，宫敬才教授主讲了第七十四期“红色旋律”讲坛《马克思恩格斯晚年的政治智慧》。首先，宫教授高度评价了马克思和恩格斯相关著作的重要意义、梳理了马克思主义简要的发展脉络。其次，宫教授详细阐述了“社会主义取代资本主义的方式是暴力革命还是合法斗争”这一问题，分析了马克思、恩格斯政治预言变化的三个阶段。然后宫教授讲述并分析了资本主义社会走向成熟的历史性变化及其原因。最后，宫教授对以上内容作了系统的总结，并明确指出马克思和恩格斯对于资本主义必然灭亡、社会主义必然胜利的认识从未改变。在师生互动环节，宫敬才教授回答了现场同学关于马克思恩格斯政治预言的变化和资本主义的制度弹性等多个提问。

第七十五期 “红色旋律”讲坛“两会”精神解读

2015 年 3 月 20 日下午 14：30 在西校区大学生活动中心，张福成教授主讲了第七十五期“红色旋律”讲坛《“两会”精神解读》。首先，张福成教授介绍了“两会”的概况，他选取客观数据解读了李克强总理的政府工作报告，阐释了2014年的成绩、进展和2015年工作总体部署，着重分析了政府工作中的十大数字，数字中凸显出今年中国经济社会发展的新走向。其次，张福成教授就此次会议全面落实“四个全面”战略布局，即全面建成小康社会、全面深化改革、全面推进依法治国、全面从严治党作了讲解。再次，他还就创业就业、反腐、财税改革、区域协同发展、环境治理等热点问题进行了分析。最后，张福成教授结合高等教育和我校情况，在会上以政协委员的身份提出了与推动学校发展相关的人才培养、学科建设、科学研究与管理工作等方面的建议。在师生互动环节，张教授回答了现场同学关于“两会”内容等多个提问。

第七十六期 “红色旋律”讲坛 站在爬坡过坎的新关口——2015年《政府工作报告》解读

2015年3月26日晚7：30在西校区里仁学院阶梯教室J103，柴勇老师主讲了第七十六期“红色旋律”讲坛《站在爬坡过坎的新关口——2015年〈政府工作报告〉解读》。首先，柴老师介绍了“两会”的含义及具体职能，进而引出此次讲坛的主题。柴老师阐释了“总体平稳，稳中有进”的“稳”和“进”的具体内涵，即增速稳、就业稳、价格稳，经济结构有新的优化、发展质量有新的提升、人民生活有新的改善、改革开放有新的突破。其次，柴老师介绍了中国经济快速发展的历史以及对未来经济增长的合理预测，深度剖析了“中等收入陷阱”的问题。柴老师指出，面对发展中的困难，我们要树立逆风顺势的新思维，即积极的财政政策要加力生效，稳健的货币政策要松紧适度；并结合2015年政府工作报告提出的“双引擎”，用大量的时间解析“创客”这一新概念，展现“大众创业、万众创新”的广阔前景。最后，柴老师讲述了治国理政需要坚持以全面建成小康社会、全面深化改革、全面推进依法治国、全面从严治党为核心的新战略，尤其提出反腐败问题必须常态化。在师生互动环节，柴老师回答了现场同学关于创客、反腐等多个提问。

第七十七期 “红色旋律”讲坛 求幸福真谛，与幸福同行

2015年4月9日晚7：30在东校区四教109，李海艳老师主讲了第七十七期

“红色旋律”讲坛《求幸福真谛，与幸福同行》。首先，李老师介绍了近年来的“幸福热”现象，通过东西方传统幸福观的对比，阐明幸福是人永恒的追求。其次，李老师阐述了马克思辩证的幸福观，认为幸福是主观和客观、物质和精神、快乐和痛苦、个人和社会的统一。最后，李老师提出了获得幸福的途径。第一要正确认识自我：了解自己的需求；节制自己的欲望；调整自己的心态。第二要正确定位幸福：把物质幸福与精神幸福相结合；把享受幸福与创造幸福相结合；把结果幸福与过程幸福相结合；把个人幸福与社会幸福相结合。在师生互动环节，李老师回答了现场同学关于幸福的多个提问。

第七十八期 “红色旋律”讲坛 亚投行：有人欢喜有人忧

2015 年 4 月 23 日晚 7：30 在西校区里仁学院阶梯教室 J103，魏黎波老师主讲了第七十八期“红色旋律”讲坛《亚投行：有人欢喜有人忧》。首先，魏老师介绍了亚投行的性质、规模，指出亚投行是一个政府间性质的亚洲区域多边开发机构，其成立宗旨是促进亚洲区域的建设互联互通化和经济一体化的进程。其次，魏老师从中国的高铁战略谈起，结合习总书记提出的“一带一路”倡议构想，分享了中国倡导建立亚投行的原因及出发点。魏老师对已有 57 个国家正式成为亚投行意向创始成员国的原因进行分析，指出一方面是由于美国的言行使其西欧盟友对其信任下降；另一方面是因为亚投行可以为这些国家提供更加可靠的投资渠道，而其他国家或出于基础设施建设需求，或出于扩大资源市场的考虑，纷纷加入亚投行。最后，魏老师提到亚投行的建立将给中国带来巨大裨益。在师生互动环节，魏老师回答了现场同学关于亚投行发展前景等多个提问。

第七十九期 “红色旋律”讲坛 血染的风采：捍卫“二战”胜利成果

2015 年 5 月 7 日晚 7：30 在东校区四教 109，王新华老师主讲了第七十九期“红色旋律”讲坛《血染的风采：捍卫“二战”胜利成果》。首先，王老师从 5 月 8 日和 9 日在第二次世界大战中的重大意义入手，回顾了两次世界大战给人类带来的惨痛代价，指出“一战”之后仍会发生“二战”的原因在于“一战”后不完整的国际秩序为“二战”埋下了种子。其次，面对日本逐渐明显的右倾化趋势，王老师将其原因归为不彻底的战后改造、日本的大国外交战略、美国的扶植与纵容和中国快速崛起的刺激四个方面。最后，在现今国际局势下，中国是维护世界和平、促进共同发展的重要力量，因此王老师指出：我们要牢记历史但不延续仇恨；提升国力但不逢强必霸；追求和平但不丧失原则；坚持斗争但要有理有节。在师生互动环节，王老师回答了现场同学关于国际局势等多个提问。

第八十期 “红色旋律”讲坛 漫谈我们的人生

2015 年 5 月 21 日晚 7：30 在西校区里仁学院阶梯教室 J103，任海老师主讲了第八十期“红色旋律”讲坛《漫谈我们的人生》。首先，任老师以马克思关于人的本质的认识为突破口，结合事例阐述了作为生命个体，我们应当怎样认识人生、怎样看待生命的价值等基本问题，并对常见的六种人生观进行了评判和分析。其次，任老师结合中国传统文化关于人生的有关论述，用较为翔实的案例论证了幸福的人生必须解决好生死观、情爱观、心态观、生活观、价值观五个方面的问题，特别是对新时代大学生如何积极培育和践行社会主义核心价值观进行了详细的论述。最后，任老师强调积极的人生、理想的人生，一要靠学习修炼，二要靠努力实践。要做到政治上不含糊，思想上不走火，道德上不失范，行为上不越轨，人做得堂堂正正，事做得光明磊落，适应社会的发展，勤奋努力，找好自己在社会中的角色，永远使自己立于不败之地。同时要谦虚谨慎，度过谨慎的人生。这样就会平安一生、快乐一生、幸福一生！在师生互动环节，任老师回答了现场同学关于如何看待人生问题的多个提问。

第八十一期“红色旋律”讲坛 打赢制脑权战争：解析中西意识形态攻防大转换

2015 年 6 月 4 日晚 7:30 在东校区四教 109，杜娟老师主讲了第八十一期“红色旋律”讲坛《打赢制脑权战争：解析中西意识形态攻防大转换》。首先，杜娟老师从“制脑权”的概念入手，结合“PX 舆论事件”，让同学们认识到意识形态的战争就在我们身边。其次，杜老师指出，外部势力主要通过无端指责、散布谣言、抹黑英雄和国家形象、重塑舆论偶像等手段试图歪曲国人认识、瓦解国人的民族认同感。如今意识形态的攻防已然异位，西方势力企图以人权问题攻击我国政权，挑起民族、宗教事端，放大内部矛盾，试图使中国人民与政府对立。最后，面对这些问题，杜老师认为，我国必须坚持中国特色社会主义道路，并且大力加强人才的培养。在师生互动环节，杜娟老师回答了现场同学关于中西意识形态问题等多个提问。

第八十二期 "红色旋律"讲坛 国共两党抗战的是与非

2015年6月18日晚7：30在西校区里仁学院阶梯教室J103，刘永志老师主讲了第八十二期"红色旋律"讲坛《国共两党抗战的是与非》。首先，刘永志老师从2015年这一特殊历史时期的重要意义入手，介绍了在抗日战争胜利70周年之际我国面临的复杂外交局势和国内舆论呼声。其次，刘老师分析国共两党抗战的表现及效果，援引战略防御、相持和反攻三个阶段的具体事例对其进行了详细客观的比较。最后，刘老师深刻剖析了国共两党在抗战中的作用，充分肯定了中国共产党在其中的地位，并对其中的某些历史问题进行了梳理。刘老师指出，中国共产党是抗战的中流砥柱，对于抗战的教训与启示我们应该予以足够的重视。在师生互动环节，刘老师回答了现场同学关于国共两党的抗战合作问题等多个提问。

第八十三期 "红色旋律"讲坛 徽章背后的抗战故事

2015年9月17日晚7：30在西校区里仁学院阶梯教室J103，校党委副书记陈春利老师主讲了第八十三期"红色旋律"讲坛《徽章背后的抗战故事》。首先，陈书记介绍了自己多年收藏革命历史徽章的情结由来。徽章背后曾经发生的激荡人心的真实历史事件和徽章中所蕴藏的雄浑壮美的伟大民族精神，以及作为八路军军人的父亲言传身教的强烈影响都成为陈书记"徽章情结"的深厚根基。其次，陈书记向同学们讲述了九一八事变、西安事变、长城抗战、淞沪抗战、平型关大捷、台儿庄大捷……一段段浸染苦难的历史、一桩桩彪炳史册的伟业，都在一枚枚承载记忆的徽章中引人深思、催人奋进。陈书记指出，抗日战争的胜利是人民战争的胜利，兵民是胜利之本，得民心者得天下，中国共产党正是以“一切为了人民，一切依靠人民”的理念深植于人民的沃土，成为中华民族抗日战争的中流砥柱。最后，陈书记以“为雪国耻身先去，重整河山待后生”勉励燕园学子“铭记历史、缅怀先烈、珍爱和平、开创未来”。在师生互动环节，陈书记回答了现场同学关于如何弘扬爱国主义精神等多个提问。

第八十四期 “红色旋律”讲坛 发生在我们身边的抗战故事

2015 年 9 月 24 日晚 7：30 在东校区四教 108，周庆信馆长主讲了第八十四期“红色旋律”讲坛《发生在我们身边的抗战故事》。首先，周馆长介绍了花厂峪的基本概况，包括其环境特点和历史沿革。其次，周馆长讲述了花厂峪作为冀热辽边区的抗日中心、进入东北三省的交通要地，所承担的特殊历史使命以及其在冀东抗日根据地的建设中发挥的重要作用。周馆长讲解了在战争期间，横跨冀热辽三省的临抚凌青绥联合工委如何有效地组织当地民众，扩大人民武装，开展敌后武装斗争，最终有力地牵制了敌军，为冀热辽边区的抗战胜利作出了巨大贡献。最后，周馆长高度评价了花厂峪人民保家卫国、舍身护卫八路军的英勇事迹，赞扬了他们甘于牺牲的伟大精神。在师生互动环节，周馆长详细地讲述了自己作为英雄后代，为完成先父遗愿而扎根花厂峪的前前后后，感人肺腑。

第八十五期 “红色旋律”讲坛 习近平治国理政的内在意蕴

2015 年 10 月 8 日晚 7：30 在东校区四教 108，陈步伟老师主讲了第八十五期“红色旋律”讲坛《习近平治国理政的内在意蕴》。首先，陈步伟老师以时间为主轴，为同学们介绍了习近平总书记的主要履历以及他人生的各个阶段，细致梳理了习总书记上任至今的大事：反腐肃贪、深化改革、凝聚共识，促进和平新型外交、强化队伍建设、推动依法治国。其次，陈老师层层深入，阐述了习总书记治国理政的内在意蕴：以“中国梦”这一宏观展望为引导，以“两个现代化”为总体目标，坚持“三个自信、三个意识”基本原则，贯彻“四个全面”战略规划，攻坚克难，推动中国特色社会主义事业不断向前发展。最后，陈老师将习近平治国理政的特点概括为“为民”“务实”“大局意识”。在师生互动环节，陈步伟老师回答了现场同学关于习近平治国理政逻辑等多个提问。

第八十六期 “红色旋律”讲坛 历史不能这样书写——“抗日神剧”的罪与罚

2015 年 10 月 22 日晚 7：30 在西校区里仁学院阶梯教室 J103，齐凯君老师主讲了第八十六期“红色旋律”讲坛《历史不能这样书写——“抗日神剧”的罪与罚》。首先，齐老师分析了“抗日神剧”的四宗罪：奇侠化、偶像化、魔幻化、脸谱化，并指出跟风浮躁是造成“神剧”频出的关键原因。其次，齐老师指出了“抗日神剧”的危害：“抗日神剧”消解了历史的真实性与残酷性，造成历史虚无主义盛行，既不利于形成理性成熟的国民心态，也不利于构建国家的文化软实力，同时也造成了“劣币驱逐良币”，对社会精神生活造成极大危害。最后，齐老师结合《习近平在文艺工作座谈会上的讲话》指出，制片方要树立为人民服务而不是为人民币服务的意识，兼顾社会效益与经济效益，将思想性与艺术性有机结合，挖掘历史细节，将文本做扎实。在师生互动环节，齐老师回答了现场同学关于抗日战争和“抗日神剧”等多个提问。

第八十七期 “红色旋律”讲坛 吹响全面建成小康社会的号角——学习十八届五中全会

2015 年 11 月 5 日晚 7：30 在东校区四教 108，王新华老师主讲了第八十七期“红色旋律”讲坛《吹响全面建成小康社会的号角——学习十八届五中全会》。首先，王老师介绍了中央全会的相关知识，细数了五中全会与“五年规划”的前世今生。其次，王老师从不断更新的经济数字、人民“触手可及”的幸福、中国不断提升的国际地位等方面简要概括了“十二五”的辉煌成绩。“十三五”将是中国跨越中等收入陷阱的艰难跃升，是实现“第一个一百年目标”的最后冲刺。然后，王老师从“十三五”的战略背景出发，重点阐述了全面小康的内在含义——一个目标、两个定位、三大特点、四个全面、五大发展理念、六个坚持、十大领域，并分析了“十三五”的工作重点和亮点。最后，王老师号召同学们要主动参与、积极作为。在师生互动环节，王老师回答了现场同学关于“十三五”规划等多个提问。

第八十八期 “红色旋律”讲坛 南海无战事

2015 年 11 月 19 日晚 7：30 在西校区里仁学院阶梯教室 J103，魏黎波老师主讲了第八十八期“红色旋律”讲坛《南海无战事》。首先，魏老师以近段时间美军舰机多次闯入我国南海海域为引，引出当下热议的南海问题。其次，魏老师从地理角度介绍了南海版图的主要组成：东沙、西沙、中沙以及南沙群岛；从历史角度追根溯源，证明我国自古以来就对南海拥有无可争议的主权。面对菲律宾、越南等国非法侵占南海岛礁，魏老师认为其背后离不开美国的政治斡旋。最后，魏老师强调，从宏观的战略角度考虑，亚投行、“一带一路”倡议都需要和平的发展环境，因此，中国要坚持“斗而不破，和而不同”的原则，保持定力，不能被外部力量所牵制。在师生互动环节，魏老师回答了现场同学关于南海问题发展趋势等多个提问。

第八十九期 “红色旋律”讲坛 百年孤独——传统文化的困境与出路

2015 年 12 月 3 日晚 7：30 在东校区四教 208，杨新宾老师主讲了第八十九期“红色旋律”讲坛《百年孤独——传统文化的困境与出路》。首先，杨新宾老师开篇点出：作为华夏子孙，我们有责任正确对待和传承传统文化，进而引出主题——“传统文化的困境和出路”。其次，杨老师认为近代百年中西对比的失落、“学”“术”张力下的话语失落、内在结构之梗阻构成了传统文化的三重困境；而中国人的生活智慧、价值理性的追求与回归、“洒扫应对”的道德教育和民族复兴的深厚动力构成了传统文化长青的重要原因。传承传统文化，我们应站在彼时的环境去认识彼时的历史；要摆脱个体思维限制，放眼整个世界。最后，杨老师指出继承和发扬传统文化任重而道远，我们年轻一代要担负起历史的责任与使命。在师生互动环节，杨老师回答了现场同学关于传统文化的现代化及世界文明对比等多个提问。

第九十期 "红色旋律"讲坛 2015 年岁末回眸"记忆·憧憬"

2015 年 12 月 23 日晚 7：30，马克思主义学院主办了以"记忆·憧憬"为主题的2015年"红色旋律"岁末回眸活动，活动在里仁学院阶梯教室J303举行，这次活动既是"红色旋律"活动的年终总结，又是我校艺术与设计类学生思想政治理论课教学改革成果的一次展示。校党委副书记陈春利、校纪委书记刘爱民出席了本次活动。此外，学校相关职能部门、学院的领导以及马克思主义学院全体教师也参加了此次活动。

活动分为"记忆"和"憧憬"两个篇章，由《记忆·憧憬》的诗歌朗诵贯穿始终。马克思主义学院的师生、艺术与设计学院和马克思主义研究会的同学们通过歌唱、舞蹈、情景剧等多种形式为同学们提供了一份丰盛的视听盛宴。开场大合唱《抗日军政大学之歌》，不仅唤起现场观众对那段波澜岁月的深刻记忆，更激发了同学们的拳拳赤子之心；艺术与设计学院同学们的小合唱《四万万人民》《共筑中国梦》以婉转悠扬的歌声将满怀的青春热情倾注于其中，舞蹈《胜利之师》以健硕有力的舞姿展现了中国军人的气魄；马克思主义学院的教师们自编自演的情景剧《我们的抗战》通过精炼传神的表演道出了"天下兴亡，匹夫有责"的深刻道理，而《奥巴马的烦恼》则通过戏剧化的情节设置展示了中国在世界舞台的良好形象。校党委副书记陈春利现场演唱的京韵大鼓《重整河山待后生》将现场气氛推到了高潮，赢得了现场阵阵掌声。此次活动在激昂的《走向复兴》旋律中圆满结束。

第九十一期 "红色旋律"讲坛 朝鲜半岛谁在挑事

2016 年 3 月 10 日晚 7：30 在东校区四教 109，魏黎波老师主讲了第九十一期"红色旋律"讲坛《朝鲜半岛谁在挑事》。首先，魏老师简要回顾朝鲜半岛历史，一针见血地指出在当前半岛复杂形势中"挑事"的是朝鲜和美国：作为一个处于复杂局势下的小国，朝鲜的一些"小动作"是为赢得更好的发展空间；而美国则期望通过朝鲜问题来牵制其他国家。其次，魏老师分析了当前半岛局势对中国所造成的潜在影响，并指出朝鲜的一再"任性"会让中国下决心采取相应措施。魏老师还预测了朝鲜在各方力量的强压下会逐渐妥协，同时也会以多种方式维持其一贯的对内宣传工作。最后，魏老师指出朝鲜半岛问题的症结是“同床异梦”：各国都以自己的利益为主，都想从中攫取最大的利益；解决半岛问题需要各国，尤其是美朝坦诚相见、和平谈判。在师生互动环节，魏老师回答了现场同学关于朝鲜半岛局势等多个提问。

第九十二期 “红色旋律”讲坛 社会主义核心价值观前沿问题研究专题报告

2016年3月23日下午14：30在东校区第二教学楼演讲厅，吴潜涛教授主讲了第九十二期“红色旋律”讲坛《社会主义核心价值观前沿问题研究专题报告》。首先，吴潜涛教授详细阐释了什么是社会主义核心价值观以及社会主义核心价值观与社会主义核心价值体系的关系。其次，吴教授对中华优秀传统道德进行了进一步剖析，并指出，社会主义核心价值观是社会主义核心价值体系的内核和重要组成部分，是社会主义核心价值体系具体内容和实践要求的高度概括和凝炼。最后，吴教授阐述了关于社会主义核心价值观的一些前沿问题，并作出了解答，他还表示社会主义核心价值观是永恒的话题，它会随着时代的发展不断深化，对于社会主义核心价值的研究永远都不会过时。在师生互动环节，吴教授回答了现场同学关于社会道德现状和社会核心价值体系等多个提问。

第九十三期 “红色旋律”讲坛 补齐短板，决胜全面小康

2016年4月7日晚7：30在里仁学院阶梯教室J103，王玉荣老师主讲了第九十三期“红色旋律”讲坛《补齐短板，决胜全面小康》。首先，王玉荣老师以图片的形式展示了我校精准扶贫的帮扶地区——承德市围场满族蒙古族自治县银窝沟乡部分村落的现状，以这些图片所展现的现实问题引入今天的主题。王老师指出，贫困是我们小康路上的枷锁和魔咒，为了实现全面建成小康社会的目标，实现7000多万贫困人口脱贫，政府实施了精准扶贫政策，要出真招、见真效，不能走马观花，大而化之。其次，王玉荣老师指出实现全面小康，也要实现公共服务的做实与共享，以教育实现精神脱贫是精准扶贫的战略重点，同

时也要推动就业创业、加强基础设施建设、完善社会保障体系。最后，王老师指出实现全面小康，建设美丽中国，需要树立绿色发展理念，补齐生态短板；小康梦的实现需要社会各界形成合力，共绘小康图。在师生互动环节，王老师回答了现场同学关于如何精准扶贫等多个提问。

第九十四期 "红色旋律"讲坛 从虚拟到现实：看得见的声音

2016年4月21日晚7：30在东校区四教108，黄娟老师主讲了第九十四期"红色旋律"讲坛《从虚拟到现实：看得见的声音》。首先，黄老师结合具体案例介绍了网络非理性舆论的表现形式和负面影响。她认为网络表达权利的滥用和群体极化现象的蔓延等网络非理性舆论会放大事件影响、引发道德危机、影响社会的和谐稳定。其次，黄老师分析了网络非理性舆论产生的原因，指出转型期的社会矛盾是网络非理性舆论产生的现实动因，网络媒体的推波助澜是网络非理性舆论产生的外部动因，网络技术的特性是网络非理性舆论产生的潜在根源，网民群体的结构特点和心理因素是催生网络暴力的重要因素。最后，黄老师提出在面对网络非理性舆论时，我们要慎独其身、知法守法、审听慎说，闻流言而不信。在师生互动环节，黄老师回答了现场同学关于网络舆论导向等多个提问。

第九十五期 "红色旋律"讲坛 "共享"点亮"梦想"

2016年5月5日晚7:30在西校区里仁学院阶梯教室J105，李海艳老师主讲了第九十五期"红色旋律"讲坛《"共享"点亮"梦想"》。首先，李老师以"我们在'想'什么"为题，把当前国家的战略方针概括为一个梦、两个百年、三大战略、四个全面、五大理念五个方面。她认为共享是所有想法的核心。其次，李老师从当前社会存在的问题出发，指出丰富优质的物质生活、健康向上的社会风气和公平公正的制度环境是"共享"的主要内容。最后，李老师提出了坚持共享、实现梦想的途径：坚持公有制主体的经济基础，建立监管有力的社会治理体系，形成社会主义核心价值观的舆论导向。在师生互动环节，李老师回答了现场同学关于"共享"和"梦想"等多个提问。

第九十六期 “红色旋律”讲坛 孤竹文化与传统美德

2016年5月19日晚7：30在东校区四教108，宋海斌老师主讲了第九十六期“红色旋律”讲坛《孤竹文化与传统美德》。首先，宋海斌老师以中国传统美德内涵的历史演进入手，并结合其所著的《东方德源——伯夷叔齐史话》《夷齐梦》等书展开对孤竹文化的代表——伯夷叔齐的道德精神的分析。其次，宋老师把夷齐之德分为逊让国位、叩马谏伐、耻食周粟、首阳采薇四个部分，并将其道德内涵归纳为“礼让为国”、精诚守信、恭敬孝悌、忠君爱国、倡导和平等几大方面，通过列举历代明君贤臣、文化大家对其精神的赞扬和传承来深化对夷齐之德的理解。最后，宋老师现场朗诵了自己创作的《夷齐三字经》和《夷齐赋》，精彩的语言使我们身临其境，深刻地感受到了夷齐之德、孤竹文化对我们传统美德的深远影响。在师生互动环节，宋老师回答了现场同学关于孤竹文化和传统道德文化等多个提问。

第九十七期 “红色旋律”讲坛 从戈尔巴乔夫到普京——意识形态的嬗变与重塑

2016年6月2日晚7：30在西校区里仁学院阶梯教室J103，张亚娜老师主讲了第九十七期“红色旋律”讲坛《从戈尔巴乔夫到普京——意识形态的嬗变与重塑》。首先，张亚娜老师从对苏联模式的思考开始讲起，指出在特定的历史条件下形成的苏联模式有自己的优势，但积弊太深，而戈尔巴乔夫的改革则使苏联人民失去了对社会主义意识形态的认同，苏联号巨轮沉没。其次，张老师讲到普京上任后，提出了以“爱国主义、强国意识、国家权威、社会团结”为核心的“俄罗斯新思想”，倡导建立强国主义、大国心态的价值观，俄罗斯意识形态正在重塑。以史为鉴，可以知兴替。最后，张老师指出，我们要深刻吸取苏联解体的教训，“打铁还需自身硬”，中国共产党应始终代表中国最广大人民的根本利益，做好当前的意识形态建设。在师生互动环节，张老师回答了现场同学关于当前俄罗斯经济发展状况等多个提问。

第九十八期 “红色旋律”讲坛 意义及其拯救
——与青年朋友思考生命

2016年6月16日晚7：30在东校区四教108，张汉生老师主讲了第九十八期“红色旋律”讲坛《意义及其拯救——与青年朋友思考生命》。首先，张老师从“意义”的哲学含义入手，反思我们关于“生活意义”的某些日常信念，指出“意义”的存在面临着多重挑战与“审判”，这使得我们在追寻意义的途中常常迷失方向：你的每一个有意识的行为或许都是指向某个目的或价值的，但你的全部意向和行为合起来作为一个整体，却似乎是没有意义的。其次，张老师详细考察了“意义”的有神论辩护与极端现实主义辩护，指出了它们各自的理论缺陷与内在矛盾：对于没有宗教信仰的人来说，他必须在一种无神论的世界观下说明生活的意义；同时，人有一种自然的倾向想从外部赋予自己的生活以某种重要性，现实主义的态度并不那么稳定。最后，张老师给出了“意义”的马克思主义“拯救”方案：构建公正开明、民主法治的社会政治环境，弘扬社会主义核心价值观，营造一个具有丰富的可能性、有情的生活世界，给人以获得感、幸福感与归属感。在师生互动环节，张老师回答了现场同学关于“生命意义”等多个提问。

第九十九期 “红色旋律”讲坛 雄关漫道
——从近代历史看中国共产党成立的意义

2016年6月30日晚7：30在西校区里仁学院阶梯教室J103，王新华老师主讲了第九十九期“红色旋律”讲坛《雄关漫道——从近代历史看中国共产党成立的意义》。首先，王老师带领同学们回顾了中国近代百年历史和中国共产党的奋斗历程，引出本次讲坛的主要内容，即“落后与挨打”“觉醒与抗争”“纠结与选择”“光明与重生”。其次，王老师通过史实的旁征博引生动地再现那段波澜壮阔的历史，从“无所不有”的“天朝上国”梦的破碎到近代的“痛定思痛”、探索救亡图存之路；从鸦片战争的失败昭示着晚清社会的畸形发展，到中国共产党成立并建设中国特色社会主义。最后，王老师对比得出只有马克思主义才能救中国的真理，只有中国共产党才是能够带领人民走向民族独立、国家富强的政党。在师生互动环节，王老师回答了现场同学关于中国共产党成立与发展等多个提问。

第一百期 “红色旋律”讲坛“南海仲裁”宣告：中国开始制定规则

2016 年 9 月 8 日晚 7：30 在东校区四教 108，魏黎波老师主讲了第一百期“红色旋律”讲坛《“南海仲裁”宣告：中国开始制定规则》。首先，魏老师结合《联合国海洋法公约》和国际仲裁的相关内容规定分析“南海仲裁案”的不合理性，并指出，从空间上看，南海问题是中美博弈大战略中的一环；从层级上看，南海博弈是中国走向崛起的起步。其次，魏老师从近期的重要国际事件中抽丝剥茧，为我们翻开了在南海博弈的“棋局”中各国的底牌。南海外交和军事的双重胜利彰显了中国的大国实力，也向其他国家和地区立下规矩：主权完整，不容侵犯。最后，魏老师指出中美递交《巴黎协定》和 G20 峰会的成功举办，正表明当今中国已经开始参与国际事务的规则制定，中国“完全有信心为人类对更好社会制度的探索提供中国方案”。在师生互动环节，魏老师回答了现场同学关于南海局势和中国国际影响力等多个提问。

第一百零一期 “红色旋律”讲坛 供给侧结构性改革与“一带一路”倡议多视角解读

2016 年 9 月 23 日晚 7：30 在西校区里仁学院阶梯教室 J203，韩东老师主讲了第一百零一期“红色旋律”讲坛《供给侧结构性改革与“一带一路”倡议多视角解读》。首先，韩东老师从“供给侧结构性改革”的含义入手，展开对此次主题的论述。韩老师指出，在“经济增速换挡期”“结构调整阵痛期”“前期刺激政策消化期”叠加的大背景下，我们承认差距，但不自我否定；在“爬坡过坎”的新阶段，要以创新驱动实现战略转型，走出“中等收入陷阱”。其次，韩老师认为，供给侧结构性改革的核心理念是“五大发展理念”，并以以色列 StoreDot 公司的创新成果为例，强调了创新发展的重要性。然后，韩东老师在谈及“一带一路”倡议时，从多视角分析“一带一路”倡议的重要经济意义和政治意义，并详细介绍了其“战略要地”中亚地区的地域优势和特征。最后，韩东老师面对世界发展大势，指出我们应继续坚持已有的战略思想和发展理念，科技创新，扎实推进，从而实现新的经济增长点。在师生互动环节，韩老师回答了现场同学关于供给侧结构性改革及“一带一路”倡议等多个提问。

第一百零二期 "红色旋律"讲坛 铁流二万里 光耀八十年——纪念长征胜利80周年

2016年10月13日晚7：30在东校区四教108，魏黎波、李晔、齐凯君三位老师主讲了第一百零二期"红色旋律"讲坛《铁流两万里 光耀八十年——纪念长征胜利80周年》。首先，齐老师以红军第五次反"围剿"的失败为引，介绍红军进行长征的原因，即敌人力量的强大和党内"左"倾教条主义的统治地位，并指出湘江战役使得红军遭遇了有史以来最为惨重的损失，暴露出"左"倾教条主义的严重后果。其次，魏老师以湘江战役之后红军向何处去为着眼点，全面细致地再现了红军队伍运用灵活的战略战术跳出敌军包围圈、四渡赤水河、巧渡金沙江等历史场景，并指出这些战略战术使红军在最短时间内摆脱敌人的围堵迎来了战略转机。最后，李晔老师形象细致地为我们讲述了红一、二、四方面军胜利会师的历程，并将长征胜利的关键原因归结为正确的领导路线、正确的战略战术以及全军团结奋战三个方面。同时，李老师结合当前的时代背景，寄语现场同学要不忘初心，继续弘扬长征精神。在师生互动环节，三位老师回答了现场同学关于弘扬长征的重要意义等多个提问。

第一百零三期 "红色旋律"讲坛 中国教育培养不出杰出人才吗

2016年10月27日晚7：30在东校区四教108，黄真教授主讲了第一百零三期"红色旋律"讲坛《中国教育培养不出杰出人才吗》。首先，黄真教授以著名的"钱学森之问"引出话题，并结合中国工业化的艰难起步历程指出，跟踪、模仿是实现发展赶超的最好策略，但是这其中是不容易产生"原始创新"的，这也是"钱学森之问"的症结所在。其次，黄教授通过列举中国取得的一系列科技成就来说明我国在"跟踪"中做出的巨大理论和技术创新；通过分析孔子关于"学"与"思"的关系的认识，指出思考是"创新之母"；通过分析中西方教育的差异来劝诫我们青年学子要有大抱负，多思考、多提问。再次，黄教授认为，中华文化富含创新的基因，那些声称"中国文化不利于科学发生"的论断是伪命题，并从时间和空间角度进行了论证。最后，黄教授指出，在当前，我们要树立强有力的教育自信、科技自信和文化自信，不断解放思想，迎接中华民族科学的

"春天"。在师生互动环节，黄真教授回答了现场同学关于"学习与思考"的问题等多个提问。

第一百零四期 "红色旋律"讲坛 泡沫与疯狂
——日本发动侵华战争之经济根源

2016 年 11 月 10 日晚 7：30 在西校区里仁学院阶梯教室 J103，任文启老师主讲了第一百零四期"红色旋律"讲坛《泡沫与疯狂——日本发动侵华战争之经济根源》。首先，任文启老师带领我们回顾了日本近百年的社会转变历程。其次，任老师通过鞭辟入里的分析，揭示了日本发动战争的内在经济原因和日本文化的转变过程，剖析了日本发动侵华战争的经济根源。最后，任老师总结道，如果一个国家想利用战争聚敛财富，那么就注定了二十年之后，这个国家会在穷兵黩武中走向毁灭。在师生互动环节，任老师回答了现场同学关于日本经济与文化等方面的多个提问。

第一百零五期 "红色旋律"讲坛 "黑马特朗普"吓到了谁
——美国大选及大选后的美国

2016 年 11 月 23 日晚 7：30 在东校区四教 308，魏黎波老师主讲了第一百零五期"红色旋律"讲坛《"黑马特朗普"吓到了谁——美国大选及大选后的美国》。首先，魏老师将特朗普当选为美国总统的此次美国大选总结为"三黑"，即"黑幕""黑马""黑选民"。"黑幕"，即两党候选人互相倾轧，相互指责；"黑马"，即毫无从政从军经历、无党内及舆论支持的"黑马"——特朗普；"黑选民"，即此次支持特朗普胜出的主力军是对美国当前状况失望的蓝领、低学历、低收入的工人及闭塞乡村的中老年男性白人等人群。其次，魏老师通过美国大选透析美国政治现状，指出美国目前面临的党派撕裂、社会撕裂及盟友撕裂等政治问题。最后，魏老师以习近平主席在 G20 峰会上一段关于"中国方案"的讲话作结，并指出，当前中国在国际上的话语权和规则制定权优势日益显现，中国的和平发展一直在路上，中美实现合作共赢也更有可能。在师生互动环节，魏老师回答了现场同学关于美国制度的优点、美国以后将如何对待移民问题等多个提问。

第一百零六期 "红色旋律"讲坛 不忘初心话改革
——从邓小平到习近平：改革逻辑与改革走向

2016年12月8日晚7：30在西校区里仁学院阶梯教室J103，刘永志老师主讲了第一百零六期"红色旋律"讲坛《不忘初心话改革——从邓小平到习近平：改革逻辑与改革走向》。首先，刘永志老师以影片《历史转折中的邓小平》引发的改革回忆和改革情怀为引，带领我们回顾改革开放以来中国的发展成就，并比较了邓小平时代和习近平时期改革的异同。其次，刘老师指出，改革开放给中国人民带来了巨大的福利，但是改革进入深水区的问题也逐渐显现，如分配中的公平正义问题、贫富差距问题等。面对这些问题，新一届领导集体的改革态势是实现中国现代化进程的转型升级，实现治理能力和治理体系的现代化，进而实现"两个一百年"的奋斗目标。最后，刘老师还鼓励青年学子要"争当改革促进派"，敢做时代的弄潮儿。在师生互动环节，刘老师回答了现场同学关于改革开放下的发展问题等多个提问。

第一百零七期 "红色旋律"讲坛 2016年岁末回眸"长征·新的长征"

2016年12月29日晚7：30，马克思主义学院主办了"长征·新的长征——2016年'红色旋律'岁末回眸"晚会，晚会在里仁学院阶梯教室J303举行。这次活动既是"红色旋律"活动的年终总结，又是我校艺术与设计类学生思想政治理论课教学改革成果的一次展示。校纪委书记刘爱民出席了本次活动。此外，学校相关职能部门和学院的领导以及马克思主义学院全体教师也参加了此次活动。

活动分为"峥嵘岁月稠"和"今朝更好看"两个篇章，由《长征·新的长征》的诗歌朗诵贯穿始终。马克思主义学院教师、艺术与设计学院和马克思主义研究会的同学通过歌唱、演讲、情景剧等多种形式为现场师生提供了一份丰盛的思想文化盛宴。开场大合唱《七律·长征》以雄浑的旋律唤起了现场观众对那段峥嵘岁月的深刻记忆；艺术与设计学院同学的歌曲联唱《苏区岁月》、小合唱《天耀中华》以耳熟能详的歌词、婉转悠扬的歌声将满怀的青春热情倾注其中；曾在清华大学举办的京冀五校"弘扬伟大长征精神，走好今天的长征路"

主题演讲比赛中荣获一等奖的侯骁原同学、三等奖的东方滢同学通过演讲的形式，再次回溯了曾经的磨难与今日的辉煌；马克思主义学院教师自编自演的情景剧《特朗普的晚宴》，展现了资本主义国家之间的利益冲突，戏剧化的情节设置、精炼传神的表演、引人思考的台词，将现场的气氛推到了高潮。最后，此次活动在激昂的《光荣与梦想》旋律中圆满结束。

第一百零八期 “红色旋律”讲坛 关注心理健康，创造幸福人生

2017 年 3 月 9 日晚 7：30 在东校区四教 109，孙金生老师主讲了第一百零八期“红色旋律”讲坛《关注心理健康，创造幸福人生》。首先，孙老师以几组触目惊心的数据展示了心理问题存在的广泛性和严重性，发出“精神环保，迫在眉睫”的呼吁，进而提出了学习心理学知识，讲究心理卫生，保持心理健康对于应对现代生活诸多不确定性带来的问题的重要性：学习心理学知识是适应生活的需要，也是发展自我的需要。其次，孙老师为大家讲解了何谓心理健康，世界卫生组织关于健康的完整含义：健康不仅仅是没有躯体疾病，而在于生理、心理、社会适应能力都处于完好的状态。再次，孙老师讲解了评估心理健康的标准，提醒我们从认知、情感、意志、性格等几方面全面了解自己的心理状况。最后，孙老师给大家介绍了常见的心理障碍和心理疾病的表现及其产生的原因和对策。在师生互动环节，孙老师回答了现场同学关于如何保持心理健康等多个提问。

第一百零九期 “红色旋律”讲坛 校园纠纷背后的原因及化解——我们如何做

2017 年 3 月 23 日晚 7：30 在西校区里仁学院阶梯教室 J109，李婕老师主讲了第一百零九期“红色旋律”讲坛《校园纠纷背后的原因及化解——我们如何做》。首先，李婕老师从北京中关村第二小学发生的校园欺凌事件引入主题，指出校园纠纷后果的严重性以及全社会对这一问题的高度重视。其次，李老师从受害者等多个维度对校园欺凌与校园暴力作了区分，一张张揪心的图片，一幕

幕难忘的场景被放上了荧幕。再次，李老师通过这些真实而又震撼的事例，阐述了校园欺凌与暴力背后的原因。最后，李老师告诉我们，虽然纠纷时有发生，但我们要采取正确的处理方法，不能误入歧途，更不能走向极端；要尝试宽恕他人，拒绝以暴制暴。在师生互动环节，李老师回答了现场同学关于如何应对校园暴力等多个提问。

第一百一十期 "红色旋律"讲坛 习近平执政理念中的传统文化观

2017 年 4 月 6 日晚 7：30 在东校区四教 108，杨新宾老师主讲了第一百一十期"红色旋律"讲坛《习近平执政理念中的传统文化观》。首先，杨新宾老师带领大家一同回顾了习近平总书记的传统文化情结，指出总书记的执政理念，正是源自他持之以恒的读书生活。其次，杨老师分析了习近平总书记传统文化观中的功用之维，指出了优秀传统文化在价值观培育、治国理政、国际关系及人类普遍智慧等方面发挥的巨大功用。再次，杨老师从古今、新旧、中外三个角度分析了习近平总书记的传统文化观的三个层次。最后，杨老师揭示出习近平总书记传统文化观的三个创新之处，即扩展了马克思主义中国化的内涵，丰富了马克思主义中国化的形式，打通了传统文化的当代血脉。在师生互动环节，杨老师回答了现场同学关于优秀传统文化的内涵、习近平总书记关于传统文化的重要论述等多个提问。

第一百一十一期 "红色旋律"讲坛 历史的终结与可以希望的未来——马克思对话福山

2017 年 4 月 20 日晚 7：30 在西校区里仁学院阶梯教室 J103，王华老师主讲了第一百一十一期"红色旋律"讲坛《历史的终结与可以希望的未来——马克思对话福山》。首先，王华老师从习近平总书记在庆祝中国共产党成立 95 周年纪念大会上的讲话入手，从中摘取分析两个关键词"历史的终结"和"中国方案"，进而引出本次讲座的主题人物——福山。其次，王华老师在介绍完福山的相关信息之后，用五个辩题为我们讲解了福山与马克思在观点和认识上的不同。然后，王老师将福山与马克思的人性观进行对比，指出马克思通过哲学思辨所形成的人性观远远比福山基于心理经验所形成的更为深刻。最后，王老师详细地讲解了“福山在什么意义上误解了马克思”，让我们更加准确地理解了马克思主义理论。在师生互动环节，王老师回答了现场同学关于历史终结论等多个提问。

第一百一十二期 “红色旋律”讲坛 中国共产党人的问题意识

2017年5月4日晚7：30在东校区四教108，陈步伟老师主讲了第一百一十二期“红色旋律”讲坛《中国共产党人的问题意识》。首先，陈步伟老师由习近平总书记提出“在面对改革攻坚期的诸多困难时，必须要有强烈的问题意识”这一基本命题出发，对“问题意识”概念进行了深入分析。其次，陈步伟老师通过历史回顾，揭示马克思主义的不断发展与“问题意识”相生相伴的重要关系，着重阐释了中国共产党人问题意识的马克思主义传统。再次，陈步伟老师将目光聚焦到中国共产党人问题意识的历史演进上，依次介绍了早期共产党人、毛泽东、邓小平和习近平的“问题意识”，并作出了相关评析。最后，陈步伟老师引用毛泽东等领袖人物的重要言论，分析概括出了中国共产党人“问题意识”的当代启示——要抓住主要矛盾，进而在改革攻坚克难的重要阶段实现新突破、新发展。在师生互动环节，陈步伟老师回答了现场同学关于问题意识的培养等多个提问。

第一百一十三期 “红色旋律”讲坛 大钊精神永存

2017年5月25日晚7：30在东校区四教108，侯且岸教授主讲了第一百一十三期“红色旋律”讲坛《大钊精神永存》。首先，侯且岸教授邀请两位同学来谈谈对李大钊的了解，通过与同学们的交流，指出当下大部分人对李大钊在认识上是一种“既熟悉又陌生”的状况，通过介绍“如何认知”，告诉大家不能“先入为主”，要以客观的态度真实准确地看待历史以及身边的生活。其次，侯教授引出了本次讲座的主要人物李大钊，他主张用还原历史实情的方法去认知李大钊，又引出章士钊先生对李大钊“温文醇懿，神似欧公”的评价。对于大钊精神，侯教授同样为我们解析了何为“精神”，精为思想精华，神为思想境界，后用“调和与有容”“民彝与平民”“青春与锐进”“自反与迎受”“求真与求实”五词来概括大钊精神这一中华民族宝贵的精神遗产。最后，侯且岸教授总结自己的所学所知并得出结论，指出中国文化的前进方向——“容忍并存、自信独守”，同时也将这一句话馈赠给在场同学，激励大家积极思考。在师生互动环节，侯教授回答了现场同学关于中国文化等多个提问。

第一百一十四期 “红色旋律”讲坛 君子人格与成人之道

2017年6月8日晚7：30在西校区里仁阶梯教室J103，宋立林老师主讲了第一百一十四期“红色旋律”讲坛《君子人格与成人之道》。首先，宋老师由时代现状中的利己思想当道引出讲坛主题，讲起君子人格，宋老师从“原壤夷俟”的小故事说起，借用孔夫子的“幼儿不逊悌，长而无述焉，老而不死，是为贼”来告诫我们必须重视做人问题；又借用子路拜师受教的典故来说明人要通过教育来提升人格境界。其次，宋老师用马加爵、药家鑫的惨痛教训将眼下严重的道德教育危机摆在我们眼前，进而引出第二个问题——人：做还是不做。在儒家看来“惟人，万物之灵”，天地之间人为贵，但“人之异于禽兽者几希”，只有拥有动物所没有的道德性，人才不同于禽兽。古人之成人就是让人成为一个人，称“唯礼义也”。讲完做人，宋老师进一步提出要有做一个君子的内涵，即守五伦，明五常；言忠信，行笃敬；严律己，宽待人；持中和，懂经权四个方面。最后，宋老师言明君子人格及其当下意义，道德亦是财富，并且送给大家一句话“不识一字，还我堂堂正正做个正直的人”。在师生互动环节，宋老师回答了现场同学关于人格与道德等多个提问。

第一百一十五期 “红色旋律”讲坛 关于抗战开端问题的几点认识

2017年6月22日晚7：30在东校区四教108，程舒伟教授主讲了第一百一十五期“红色旋律”讲坛《关于抗战开端问题的几点认识》。首先，程舒伟教授通过回顾中国近代被迫打开国门的屈辱历史和后起的帝国主义国家日本的发展史，引出本次讲坛的主要内容，即“抗日战争的特点”“人民抗战与抗日战争”“九一八事变的历史地位”。其次，程舒伟教授通过今年春季教材要求全面落实“14 年抗战”的概念，展开对“14 年抗战”的标准、意义的讲解，强调“九一八事变”后历史贯通的整体性。再次，程舒伟教授详细介绍了“九一八事变”到“卢沟桥事变”这六年间的抗战史，使我们更加完整地认知历史、理解现实。最后，程舒伟教授用自己的见闻为我们分析了不同国家历史学界对抗日战争起点的认识，用身边之见闻证实了各国对历史认识的不同。在师生互动环节，程教授回答了现场同学关于抗战问题等多个提问。

第一百一十六期 “红色旋律”讲坛 抗日战争与中华民族走向复兴

2017 年 9 月 7 日晚 7：30 在东校区四教 108，包巍老师主讲了第一百一十六期“红色旋律”讲坛《抗日战争与中华民族走向复兴》。首先，包巍老师从“文艺复兴”一词入手，引入中华民族伟大复兴这个近代以来最伟大梦想的主题。其次，包老师又提出两个问题引导大家思考：我们的伟大复兴到底复兴的是什么？抗日战争和中华民族的伟大复兴又有什么关系呢？包老师为我们讲解了在长达 14 年的抗日战争中，中国作为主战场牢牢地把日军主力牵制在中国战区内，从而让日本的“北进”和“南进”计划一一破产。同时，我们的损失无疑也是巨大的，直接经济损失超过 1000 万美元。然而抗日战争也让中国的国际地位大大提高，从以前形同虚设的蒲安臣使团到作为联合国的创始国之一，这无疑在彰显着中国地位的提高。最后，包巍老师强调，正因为我们的民族精神、民族团结、中国共产党发挥的中流砥柱作用才赢得了抗日战争的胜利。这鲜明地启示着我们，保持我们的民族精神，维护各民族团结，坚持党的领导必将实现中华民族的伟大复兴！在师生互动环节，包老师回答了现场同学关于中国共产党与抗日战争等多个提问。

第一百一十七期 “红色旋律”讲坛 马克思和马克思学说在德国

2017 年 9 月 25 日晚 7：30 在东校区四教 108，靖春晓博士主讲了第一百一十七期"红色旋律"讲坛《马克思和马克思学说在德国》。首先，靖春晓博士介绍了马克思故乡特里尔，并以这个古老的罗马帝国城市和马克思的渊源引起大家的兴趣。其次，靖春晓博士讲述了马克思的故居博物馆，特别值得一提的是，当靖春晓博士幽默地讲到由于马克思在伦敦生活过一段时间，所以德国和英国为马克思故居博物馆还争了起来，大家不禁会心一笑。马克思影响之大，可见一斑。最后，靖春晓博士介绍道，马克思在德国影响很是广泛，不仅德国的各高校和研究机构研究马克思学说，连德国财政部部长都要熟读马克思的《资本论》。尤其是自2008年金融危机以来，马克思的《资本论》已然成为世界的畅销书，表明马克思主义学说依然拥有着旺盛的生命力！在师生互动环节，靖春晓博士回答了现场同学关于马克思主义对当今世界以及中国发展的重要性等多个提问。

第一百一十八期 "红色旋律"讲坛 十月革命百年沉思

2017年10月12日晚7：30在东校区四教108，吴建良老师主讲了第一百一十八期"红色旋律"讲坛《十月革命百年沉思》。首先，吴老师讲解了十月革命的开创性，认为十月革命相对于以往的革命而言是一次最彻底的革命，十月革命开启了人类历史的新纪元。其次，吴老师对俄国十月革命爆发的必然性及其最终取得胜利的原因进行了分析。再次，吴老师总结了苏联社会主义所取得的成就，并分析了苏联社会主义模式失败的三个方面的原因：一是在经济领域实行高度集中的计划经济体制，过于倚重军工、能源部门，奉行红色单边路线；二是在政治领域实行威权政治，民主、法制缺失，官员权贵化，智力阶层下移；三是在思想文化领域受到了历史虚无主义、自由主义及民族主义侵蚀。最后，吴老师讲解了十月革命对世界历史进程产生了五个方面的影响：一是打破了资本主义制度一统天下的世界格局；二是加速了世界殖民体系的全面崩溃；三是为世界反法西斯主义战争作出重大贡献；四是加速了后发展中国家的现代化进程；五是推进了世界的全球化发展。在师生互动环节，吴老师回答了现场同学关于俄国十月革命等多个提问。

第一百一十九期 “红色旋律”讲坛 新时代新征程——学习十九大报告

2017 年 10 月 26 日晚 7：30 在西校区二教 208，王新华老师主讲了第一百一十九期“红色旋律”讲坛《新时代新征程——学习十九大报告》。首先，王老师从十九大报告的背景入手，引出了本次讲坛的四大主题，分别是“砥砺奋进”“不忘初心”“与时俱进”“顶层设计”。其次，王老师阐述了四大主题的内容，“砥砺奋进”即中国特色社会主义进入新时代；“不忘初心”即新时代中国共产党的使命与担当；“与时俱进”即习近平总书记提出的新时期中国特色社会主义思想；“顶层设计”即新时代实现民族复兴的发展战略。最后，王老师强调应当筑牢中华民族共同体意识，坚持一个中国战略，为构建人类命运共同体作贡献。在师生互动环节，王老师回答了现场同学关于十九大报告内容等多个提问。

第一百二十期 “红色旋律”讲坛 学习五种思维能力，开创人生新境界

2017年11月9日晚7：30在东校区四教109，张云飞老师主讲了第一百二十期“红色旋律”讲坛《学习五种思维能力，开创人生新境界》。首先，张云飞老师分析总结了学者对十八大以来系列重要讲话蕴含的思维方式的解读，引出本次讲坛的主要内容，即五种思维能力。其次，张老师依次讲解了五种思维能力的内容，讲到战略思维能力时，张老师区分了战略与战术的界限，给出了战略的准确定义。谈到历史思维能力时，他以猫头鹰来代表黑格尔的思想，即以史为鉴；用雄鸡来代表马克思的精神，即引领未来。“历史是最好的教科书”，同学们需要注重历史分析方法，掌握历史发展的基本规律，以史为鉴，知古鉴今。再次，张老师讲解了创新思维能力，他举出了商鞅变法、隋文帝创立科举制等例子，指出制度创新是创新中最重要的部分，此外还有观念创新、方法创新、产品创新。讲到辩证思维能力时，他着重分析了辩证法，区别了辩证法和诡辩论，介绍了辩证法的总特征和精髓。讲到底线思维能力时，张老师通过价值选择的例子引导学生们培育正确的人生价值

观。最后，张老师希望同学们能够通过认识过去，更好地学会把握现在，规划未来。在师生互动环节，张云飞老师回答了现场同学关于如何提升思维能力等多个提问。

第一百二十一期 "红色旋律"讲坛 泡沫经济的美妙与哀愁——穿越繁华之极限的现代日本

2017 年 11 月 23 日晚 7：30 在西校区里仁学院阶梯教室 J103，任文启老师主讲了第一百二十一期"红色旋律"讲坛《泡沫经济的美妙与哀愁——穿越繁华之极限的现代日本》。首先，任文启老师以日本动漫《哆啦 A 梦》中的小情节引出"泡沫经济"，以小见大，别出心裁。其次，任老师从"背景、基础、推手、特征、世相、破灭、遗产"等方面具体介绍了日本泡沫经济的美妙与哀愁。最后，任老师揭示了泡沫经济繁华的表面终究难逃破灭的结局这一规律，并剖析了其破灭的深层原因，同时，也为我国经济如何避免出现"泡沫经济"提供了借鉴。在师生互动环节，任文启老师回答了现场同学关于当前日本经济发展等多个提问。

第一百二十二期 "红色旋律"讲坛 构建人类命运共同体与"一带一路"倡议

2017 年 12 月 8 日晚 7：30 在东校区四教 109，魏黎波老师主讲了第一百二十二期"红色旋律"讲坛《构建人类命运共同体与"一带一路"倡议》。首先，魏老师以中国钢铁产量过多的现状引出当代中国所面临的去产能问题，又以全球视角提出如今西方国家经济低迷、思想破产的现状，并以十九大报告中"从国内国外两方面需要出发，构建人类命运共同体，实现共享共赢"引出主题。其次，魏老师用金字塔的形象来体现如今美国所幻想的理想世界，介绍了美国眼中的世界各国地位。接着，魏老师通过"高铁战略"来深入分析我国在"一带一路"上的前进历程，具体讲解"一带一路"倡议对于中国以及沿线国家的重要意义与作用，并充分肯定了巴基斯坦和中国两国之间的友谊。然后，魏老师以中国石油输出引入"一带一路"路线现况，其中包括中国和缅甸、老挝等东盟十国的关系处理及协调，并特别强调了巴基斯坦瓜达尔港对中巴双方的益处，同时提出中国对世界商品港口的认识及态度。最后，魏老师展示了中国如今正在一步步走向国际舞台中央的状态以及中国的战略布局，并概括了人类命运共同体的可行性及重要性。在师生互动环节，魏黎波老师回答了现场同学关于“一带一路”倡议等多个提问。

第一百二十三期“红色旋律”讲坛 2017 年岁末回眸“不忘初心——2017 年‘红色旋律’岁末回眸暨思想政治理论课实践教学展示”

2017 年 12 月 26 日晚 7：30，马克思主义学院主办了“不忘初心——2017 年‘红色旋律’岁末回眸暨思想政治理论课实践教学展示”活动，活动在西校区里仁学院阶梯教室 J303 举行。燕山大学副校长盛婉玉，学校相关职能部门、学院领导以及马克思主义学院全体教师参加了此次活动。

活动以“不忘初心”为主题，通过歌唱、朗诵、情景剧等多种形式为现场师生献上了一场丰盛的思想文化盛宴。活动以庄严的入党宣誓开场，以清丽高昂的《不忘初心》旋律引发现场对初心的叩问和思考；小合唱《人民军队忠于党》生动再现中国军队听党指挥跟党走的坚定立场，而《国家》则通过青年学生与儿童的合力演绎，体现“家是最小国，国是千万家”的真挚情感；经过思想政治理论课实践教学环节推选出的 2016 级学生自编自演的历史情景剧《南昌起义》《刘胡兰》和《香港回归》以紧凑的剧情设置、精彩的现场表现、积极向上的精神号召，展现了新一代青年人不忘历史、永葆初心、继往开来的使命与担当，赢得现场的阵阵喝彩。马克思主义学院教师的合唱《没有共产党就没有新中国》将熟悉的旋律与改革开放的成果联系起来，与诗朗诵《历史在证明》一起追溯我国发展道路上的“苦难”、展望中国特色社会主义新时代的累累硕果；马克思主义基本原理教研室老师自编自演的情景剧《“马”老师的烦恼》以教研室集体备课为背景，以生动的剧情设置还原思想政治理论课在教学上遇到的压力与挑战，展现了新的思想政治理论课授课方式带来的利好形势。视频《我们》以时间节点的形式，再现“红色旋律”系列活动自创办以来的发展历程，展现思想政治理论课实践教学环节所取得的丰硕成果，获得了现场的阵阵掌声。最后此次活动在现场激昂的《歌唱祖国》旋律中圆满结束。

第一百二十四期 “红色旋律”讲坛 直挂云帆济沧海——2018年全国两会精神解读

2018年3月29日晚7：30在东校区四教109，柴勇老师主讲了第一百二十四期“红色旋律”讲坛《直挂云帆济沧海——2018年全国两会精神解读》。首先，柴老师结合习近平总书记参观《复兴之路》展览和瞻仰中共一大会址的两次出行经历，指出“宗庙”和“产床”的结合构成了我们的精神家园，并从“不忘初心”的角度分析了此次两会召开的重大意义。其次，柴老师结合《宪法》的相关规定，对两会的主要议程进行了说明，同时以自身驻村扶贫的工作经历为证，对2018年政府工作报告进行了生动的解读；在对《中华人民共和国宪法修正案》进行解释时，柴老师指出修正案的提出有利于维护以习近平同志为核心的党中央集中统一领导，彰显了中国特色社会主义的制度自信。再次，柴老师对国家机构改革以及国家领导人产生的程序进行解释，并向大家介绍新一届国家机构和全国政协领导人员产生的情况。最后，柴老师分析了《中华人民共和国监察法》的部分内容，认为监察法的出台有利于推进全面依法治国、全面从严治党。在师生互动环节，柴勇老师回答了现场同学关于宪法修正案修改内容等多个提问。

第一百二十五期 “红色旋律”讲坛 后进国家如何建设社会主义——党的十九大报告解读

2018年4月27日晚7：30在东校区第四教学楼109，林锋教授主讲了第一百二十五期“红色旋律”讲坛《后进国家如何建设社会主义——党的十九大报告解读》。首先，林锋教授从马克思对社会主义的构想入手，讲解了列宁与第一个社会主义国家缔造的过程，让我们了解到社会主义的强大生命力，并在此基础上引出讲座“经济文化落后的国家如何建设社会主义”这个主题。其次，林锋教授分析社会主义国家的发展历程和世界社会主义运动一百年中两个生死攸关的问题，总结世界社会主义运动要大力发展生产力、改善党群关系和坚持不断改革的基本经验，同时就如何看待和评价资本主义、如何对待马克思主义等问题进行了交流和探讨。再次，林锋教授以我们国家历届领导人对中国社会主义道路和建设做出的努力为出发点，分析了马克思主义中国化与中国特色社会主义的进程，展示了中国特色社会主义的独特之处。最后，林锋教授通过党的十九大报告部分内容分别讲述了中国发展新的历史方位、我国主要矛盾的变化、我国现阶段的基本国情和新时代党的历史使命以及党的十九大对未来社会主义现代化进程的战略构想，为我们展示了马克思主义中国化的最新成果，并对如何正确认识新时代中国特色社会主义提出了自己的见解。在师生互动环节，林锋教授回答了现场同学关于按劳分配、马克思主义理想与现实的考究、阶级固化等多个提问。

第一百二十六期 “红色旋律”讲坛 马克思为什么是对的——隆重纪念马克思诞辰200周年

2018年5月17日晚7：00在西校区里仁学院阶梯教室J106，马克思主义学院9位教师——黄娟、李海艳、任文启、王华、吴建良、徐阳、张汉生、张亚娜、张云飞，主讲了第一百二十六期“红色旋律”讲坛《马克思为什么是对的——隆重纪念马克思诞辰200周年》。首先，他们从多个角度深入剖析了马克思为什么是对的。马克思是全世界无产阶级和劳动人民的革命导师，是近代以来最伟大的思想家。马克思和恩格斯共同创立的马克思主义是关于无产阶级和人类解放的科学，是指引全世界无产阶级为实现共产主义伟大理想而进行斗争的理论武器和行动指南。其次，他们阐述了马克思主义受到了数不尽的抨击与污蔑：终结论、有害论、宿命论等观点层出不穷，但两个世纪过去了，马克思主义依然闪烁着耀眼的真理光芒。马克思主义并没有过时，真理性、发展性、实践性是马克思主义的强大生命力所在。最后，他们讲述了对待科学的理论要有科学的态度，我们自始至终都要高度清醒地认识到马克思主义不是教条，而是方法，在不同的时代具有不同的形式和内容。随着历史的不断进步，各国杰出的马克思主义者也在结合本国的革命与建设实践的基础上不断地丰富和发展马克思主义的科学体系，在新的历史条件下为马克思主义的科学体系注入了新鲜血液。在师生互动环节，各位老师回答了现场同学关于马克思主义相关的多个提问。

第一百二十七期 "红色旋律"讲坛"核"去"和"来——朝鲜半岛形势分析

2018 年 5 月 31 日晚 7：30 在东校区四教 109，魏黎波老师主讲了第一百二十七期"红色旋律"讲坛《"核"去"和"来——朝鲜半岛形势分析》。首先，魏老师回顾了他在以往讲坛中对朝鲜半岛形势分析的内容，指出朝鲜半岛问题的症结所在。通过介绍 2017 年朝美"核导对军演"剑拔弩张和 2018 年朝鲜半岛风云突变的局势，引出"核"去"和"来的讲坛主题。其次，魏老师梳理了从 2018 年 3 月 25 日的"习金会"后朝鲜半岛发生的三件大事：金正恩宣布朝鲜放弃核试验、美国总统特朗普初步宣布要进行"金特会"、朝韩两国历史性会晤，其中着重讲到从特朗普单方面宣布"金特会"到取消"金特会"再到朝韩两国表示希望举行第二次"金特会"的历程，并深刻解读了朝鲜主张大翻转的原因。魏老师在讲解过程中多次提到中国在朝鲜半岛形势中发挥的重要作用，用事实证明了中国关于以谈判方式解决朝鲜半岛问题的主张是完全正确的。最后，魏老师提出只有把中朝传统友谊继续传承下去，中朝两国以及世界局势才能向更好方向发展。在师生互动环节，魏老师回答了现场同学关于朝鲜未来发展趋势等多个提问。

第一百二十八期 "红色旋律"讲坛 别样的视听盛宴：80 岁老放映员讲过去的故事

2018 年 6 月 7 日晚 7：30 在东校区四教 109，张子诚老先生主讲了第一百二十八期"红色旋律"讲坛《别样的视听盛宴：80 岁老放映员讲过去的故事》。首先，张老先生饱含激情地讲述了他从一个电影放映员到被树为全国典型的生活经历。其次，张老先生将党的十九大精神与电影海报所反映的时代背景紧密结合起来，从《开天辟地》到《遵义会议》《万水千山》再到《大决战》《开国大典》等，带领我们回顾了中国共产党的抗战岁月和新中国成立的历程；通过《创业》《横空出世》《惊天动地》《红海行动》《厉害了 我的国》等电影，生动地诠释和歌颂了中国共产党在领导人民开展的波澜壮阔的伟大斗争中取得的伟大胜利和成就；通过"英雄赞歌"为题彰显了优秀共产党员勇敢无畏、视死如归的高尚爱国情怀。最后，张老先生指出："中国梦是上一代人的，更是青年一代的，学生时代的我们恰逢其时风华正茂，重任在肩，只有脚踏实地、不懈奋斗，中华民族伟大复兴的中国梦才能变为现实。"在师生互动环节，张老先生回答了现场同学关于中国共产党抗战岁月等多个提问。

第一百二十九期 "红色旋律"讲坛 这盛世如你所愿——走进周恩来

2018 年 6 月 14 日晚 7：30 在东校区四教 109，潘敬国老师主讲了第一百二十九期"红色旋律"讲坛《这盛世如你所愿——走进周恩来》。首先，潘老师结合具体事例从初心、读书、谈恋爱、提高自身修养、对待金钱、做自我批评以及应对突发事件与困难问题等方面，讲述了一个具有独特人格魅力的周恩来。其次，潘老师以西安事变和万隆会议等事件为例，为我们展现了周总理在解决突发问题和开展外交工作中的智慧和魅力。最后，潘老师提出我们要学习周总理的"精神和方法"，不忘初心，继续前进。在师生互动环节，潘老师回答了现场同学关于周恩来总理的人格魅力对当下青年的启示等多个提问。

第一百三十期 "红色旋律"讲坛 中美贸易摩擦：冤冤相报何时了

2018 年 9 月 20 日晚 7：30 在东校区四教 109，魏黎波老师主讲了第一百三十期"红色旋律"讲坛《中美贸易摩擦：冤冤相报何时了》。首先，魏老师讲到改革开放 40 年来，我国 GDP 总量增长到世界第二，并对我国提出的"构建人类命运共同体，实现共赢共享"的中国方案、"一带一路"倡议构想、建立新型大国关系的主张进行了梳理和讲解，与美国总统特朗普处理其他国家关系的政策和行为进行了对比，提出美国将中国视为主要战略竞争对手并引出中美贸易摩擦的原因。其次，魏老师按日期详细列出美国对中国商品征税的一系列动作，分析了中美贸易摩擦如何节节升级，运用数据分析以及 ARM 公司、高通和中兴的事例说明了美国对中国商品加征关税的做法，实际上是搬起石头砸自己的脚。再次，魏老师强调了中国的实力和底气，并列出特朗普上任以来四面树敌的行为，指出特朗普不仅仅是与中国为敌，而是与全世界对抗。相比之下，中国将继续坚持以"和"为贵的态度，推进开放合作，继续丰富打造人类命运共同体。

最后，魏老师就当前中美贸易形势作出了几点判断，其中包括：中国会在贸易摩擦中调整经贸结构、世界格局向“去美国化”方向变动等，提到美国只有“建立共同朋友圈”才能越走越近。在师生互动环节，魏老师回答了现场同学关于特朗普发起贸易战的目的以及对美国打贸易战如何理解等多个提问。

第一百三十一期 “红色旋律”讲坛 冀东抗战与红色回忆

2018 年 9 月 27 日晚 7：30 在东校区四教 109，由方玲玲老师主持，刘建国、高小平、石立新和董连辉四位老师主讲了第一百三十一期“红色旋律”讲坛《冀东抗战与红色回忆》。首先，举行了五位老师对马克思主义学院的图书捐赠仪式以及对贫困学生代表的资助捐赠仪式。其次，刘建国老师通过对长城抗战的缘起、经过和意义从宏观上生动地为我们勾勒出长城抗战的整个历程；高小平老师通过介绍自己的祖父卖地筹款招募义勇军支援长城抗战、参与发动领导冀东人民抗日武装起义以及最后牺牲的过程，向现场师生展现冀东抗日那段波澜壮阔的历史；石立新老师讲述了他外祖父在冀东人民抗日武装起义为营救战友而在同日伪军彻夜激战中壮烈牺牲的故事，赞扬了烈士们视死如归、无私奉献的高尚品格；董连辉老师讲述了他十余年来挖掘先辈英烈为抗战捐躯的悲壮故事，并以冀东抗战时期冀东八路军十二团参谋长兼一营长、神枪手欧阳波平的真实而又震撼的故事带我们深入了解了冀东抗战的残酷。最后，方玲玲老师对本次讲座作了总结，提到“只有崇尚自己民族英雄的民族，才是一个有希望的民族，才是一个伟大的民族”，寄语同学们要努力学习，争取在未来成为祖国的栋梁之材。在师生互动环节，四位老师回答了现场同学关于抗战故事等多个提问。

第一百三十二期 “红色旋律”讲坛 生态文明：开启美丽中国建设新时代

2018 年 10 月 25 日晚 7：30 在西校区二教 208，黄娟老师主讲了第一百三十二期“红色旋律”讲坛《生态文明：开启美丽中国建设新时代》。首先，黄老师以燕山大学的秋季美景切入，引出“生态文明”这一主题，并以人与自然的关系、西方国家的现代化发展道路、我国社会主要矛盾的转化以及《巴黎协定》

为例，对我国为何如此重视美丽中国建设进行了深入解读，提到美丽中国建设不仅是对人类文明规律的思考、顺应人民对美好生活的需要，而且能够为全球生态安全作出贡献，彰显对人类福祉的责任担当。其次，黄老师对习近平总书记的“两山理论”进行了梳理，提到美丽中国建设的总体要求是要树立社会主义生态文明观，同时列举了部分事例和数据，阐释了党的十九大提出的建设美丽中国的重要措施。再次，黄老师通过对三代塞罕坝人“艰苦育林”“用心护林”“持续兴林”事迹的讲解介绍了生态文明建设的范例——塞罕坝，认为塞罕坝是将荒原沙地变为绿水青山、再将绿水青山转化为金山银山的典型，是对习近平总书记“两山理论”的生动诠释。最后，黄老师指出作为新一代环保人的大学生，重任在肩，责无旁贷，要为美丽中国建设作出自己的贡献。在师生互动环节，黄老师回答了现场同学关于建设美丽中国等多个提问。

第一百三十三期“红色旋律”讲坛 区别对待苏联改革原因与解体原因——兼谈中国改革开放 40 年的成功经验

2018 年 11 月 15 日晚 7：30 在东校区四教 109，刘舸老师主讲了第一百三十三期“红色旋律”讲坛《区别对待苏联改革原因与解体原因——兼谈中国改革开放 40 年的成功经验》。首先，刘老师通过概述苏联改革原因和解体原因这两种不同的矛盾，指出了将苏联改革原因与解体原因混为一谈的认知误区，强调区别对待两者的重要意义在于正确对待社会主义改革的必要性和风险性。其次，刘老师分别对苏联改革原因与解体原因进行了深入解读，具体讲解了苏共弱化乃至人为放弃党的集中统一领导对改革的消极影响、单一计划经济体制对加盟共和国、企业和个人生产劳动积极性和主动性的制约及其对民生发展的不利影响、苏共党内官僚主义长期得不到消除、苏共马克思主义意识形态日趋软弱无力以及苏联在民族问题上出现的政策失误等因素对苏联改革的压力和推动作用；而苏联共产党发生变质、西方反共势力针对苏联“和平演变”战略的得逞、苏共马克思主义意识形态的崩溃以及戈尔巴乔夫的“改革”走上邪路等因素从根本上导致了苏联解体。在此基础上，刘老师将苏联改革原因与解体原因进行对比分析，使现场同学对这两种不同性质的矛盾有了进一步的认识。最后，刘老师从四个方面总结了中国改革开放 40 年的成功经验，主要体现在坚持用马克思主义的基本立场、观点和方法加强了党的领导核心建设、回归了列宁当年关于社会主义“新经济政策”的理论与实践探索、形成了以社会主义初级阶段为核心范畴的中国特色社会主义理论体系以及中国共产党不断加强自身建设并在改革中不断改善民生等因素，对中国改革开放的成功发挥了根本性作用。刘老师进一步总结了国际共产主义运动迄今170年的历史经验，提出社会主义改革必须具有坚持马克思主义的理论定力和不断克服自身弱点的实践魄力，并以习近平总书记关于改革的主要论述作结，提出要“不忘改革开放初心”。在师生互动环节，刘老师回答了现场同学关于列宁“新经济政策”和苏联民族政策等多个提问。

第一百三十四期“红色旋律”讲坛 伟大的历程
——纪念改革开放40周年

2018年12月13日晚7:30在西校区里仁学院阶梯教室J205，李晔、齐凯君、包巍、颜世晔、王华、侯卓沅六位老师主讲了第一百三十四期“红色旋律”讲坛《伟大的历程——纪念改革开放40周年》。齐凯君老师主讲第一阶段：革故鼎新——改革开放的起点与破题，针对1978年到1992年间对内改革和对外开放的措施两个方面介绍了改革开放的启动和目标探索阶段的内容，并指出这个阶段以所有制结构的调整和经济运行机制的转轨为两条主线。王华老师主讲第二阶段：扬帆起航——改革开放的坚持和突破，从1992年到2002年间改革大事记入手，重点讲到邓小平南方谈话、增量体制改革向整体配套改革的转变、抓大放小与国有企业的复苏、中国加入世贸组织等事件，深刻解读了社会主义市场经济体制的初步建立。包巍老师主讲第三阶段：日新月异——改革开放的完善和发展，从自己大学时购买手机的亲身经历出发，列举了2002年到2012年十年间移动手机的变化、航空技术水平的提高、海航设备的升级以及经济总量和国际地位的提升等各方面的进步，并论及党带领全国人民战胜非典、低温冰冻灾难和汶川大地震等重大挑战的艰辛。颜世晔老师主讲第四阶段：攻坚克难——新时代的全面深化改革，对新时代我国社会主要矛盾的变化、全面从严治党、精准脱贫和人类命运共同体等多个方面进行了阐释，使同学们对以习近平同志为核心的党中央引领改革开放的奋斗历程有了进一步的了解。李晔老师主讲第五阶段：沧桑巨变——中国40年改革开放的经验总结，提到要坚持四个不变，即坚持党对改革的集中统一领导、坚持以人民为中心的改革价值取向、坚持社会主义市场经济改革方向、坚持中国特色社会主义为根本的政治方向这四个方面绝不动摇。侯卓沅老师主讲第六阶段：光明未来——改革开放的前景展望，分别从深入落实五大战略、坚持四个强起来、完成三大节点性任务、用好两大驱动、全力实现一个梦想五个方面陈述了未来如何把改革开放推向纵深，并寄语在场同学要为实现中华民族伟大复兴的中国梦而努力学习。在师生互动环节，六位老师回答了现场同学关于中国文化发展和社会主义市场经济等多个提问。

第一百三十五期 “红色旋律”讲坛 2018 年岁末回眸“走向复兴——庆祝改革开放 40 周年”

2018 年 12 月 27 日晚 7:30 在东校区四教 108，马克思主义学院主办了“2018 年‘红色旋律’岁末回眸”活动。校党委书记孟卫东参加活动并讲话。

本次活动以“走向复兴——庆祝改革开放 40 周年”为主题，通过“站起来”“富起来”“强起来”三个篇章，以歌曲、师生情景剧、时装秀、诗朗诵等形式，展现了新中国成立以来特别是改革开放 40 年中华民族走向复兴的波澜壮阔的历史，讴歌了改革开放 40 年中国特色社会主义建设取得的辉煌成就，突出展现了当代大学生坚定的中国特色社会主义道路、理论、制度和文化自信。《我们工人有力量》《年轻的朋友来相会》《走向复兴》《共筑中国梦》等歌曲充满时代感，催人奋进。吴仁宝、林鸣等改革开放先锋人物鲜活感人。活动实现了思想性、艺术性、大众化的完美统一。

活动进行中，孟卫东书记向广大师生传达了全国教育大会、河北省教育大会精神，突出强调了马克思主义理论以及社会主义核心价值观教育在高校人才培养中的地位和作用，肯定了马克思主义学院和“红色旋律”活动九年取得的显著成绩，鼓励全体师生再接再厉，坚定中国特色社会主义办学方向，坚持立德树人的办学宗旨，坚守高校马克思主义意识形态阵地，为创造燕山大学新时代的辉煌，为实现中华民族两个一百年奋斗目标不懈努力！

从 2010 年至今，“红色旋律”活动已开展九年，实现了特色活动与思想政治理论课实践教学、弘扬主旋律的校园文化的有机结合。本次“岁末回眸”展示的大多是燕山大学思政课实践教学的成果。

第一百三十六期 "红色旋律"讲坛 稳中求进——聚焦2019年《政府工作报告》经济热点问题

2019年3月21日晚7：30在东校区四教309，徐阳老师主讲了第一百三十六期"红色旋律"讲坛《稳中求进——聚焦2019年〈政府工作报告〉经济热点问题》。首先，徐老师分析了"全球经济增速减缓""全球化遭遇波折""地缘政治冲突"等国际问题带来的压力和"内需不足""实体经济困难""金融风险加大"等经济转型期的挑战。其次，徐老师讲解了美、日、德、韩等国曾采取的经济政策，结合1990年以后我国的财政政策和货币政策，深刻解读了2019年《政府工作报告》经济热点问题。要处理好防风险与稳就业的关系，去杠杆不能一蹴而就，强调创新和改革的重要性。最后，徐老师指出我们每个人都是中国梦的实践者和受益者，未来的中国梦需要每位青年学子的努力奋斗。在师生互动环节，徐老师回答了现场同学关于稳增长与调结构的关系、减税降负与财政收入的来源等多个提问。

第一百三十七期 "红色旋律"讲坛 走向深蓝的70年——人民海军建立七十周年专题

2019年4月25日晚7：30在西校区里仁学院阶梯教室J205，郭祥俊老师主讲了第一百三十七期"红色旋律"讲坛《走向深蓝的70年——人民海军建立七十周年专题》。首先，郭老师将人民海军的建设发展与我国工业化建设相结合，运用大量数据详细讲述了我国人民海军波澜壮阔的70年。70年来，随着我国工业化相对落后到逐步发展再到逐渐实现工业化，我国人民海军也经历了黄水海军到绿水海军再到蓝水海军的三个发展阶段。黄水海军阶段主要发展以"空、潜、快"为重点的轻型兵力，绿水海军阶段主要发展以"中型导弹舰艇"为重点的中型兵力，蓝水海军阶段主要发展以航母编队、大型导弹驱逐舰、核动力潜艇为重点的大型兵力，并逐步完成了由"近岸防御"到"近海防御"再到"远海防卫"战略的转变。其次，郭老师阐释了适应军事变革的需要与在海洋方面代表着的国家利益不断增大这两个方面是我国建立蓝水海军的必要性，并指出我国拥有雄厚的经济基础、完善的工业化体系，这为建立蓝水海军提供了物质技术的保障，人民海军有条件、有优势逐步走向深蓝。最后，郭老师以航母编队、导弹驱逐舰、核潜艇、反舰导弹、潜基洲际弹道导弹等大型兵力介绍了我国蓝水海军的建设成就，使现场同学对人民海军走向深蓝、全面建成世界一流海军有了更加坚定的信心。郭老师强调，尽管我国人民海军建设取得了举世瞩目的伟大成就，但仍然存在舰船之间磨合不足、战斗力欠缺等短板，不能盲目自信。在师生互动环节，郭老师回答了现场同学关于人民海军走向深蓝的未来前景、航母战斗群的建设和依据以及人民海军发展是否构成“中国威胁”等多个提问。

第一百三十八期 “红色旋律”讲坛 百年激荡——五四面面观

2019 年 5 月 9 日晚 7 : 30 在东校区四教 309，李小东、齐凯君、崔冠华、魏忠强老师主讲了第一百三十八期“红色旋律”讲坛《百年激荡——五四面面观》。首先，李小东老师以一张叙利亚外交官无奈与无助的照片引出“弱国无外交”这一观点，指出巴黎和会外交失败是五四运动的导火索，并对学生游行、工人罢工的过程和场景进行了详细介绍，使现场观众对五四运动的背景与过程有了更加深刻的理解。其次，齐凯君老师从政治角度对五四运动是一场伟大的爱国革命运动这一重要意义进行解读，主要表现为中国的现代民族与国家意识形成、以彻底的反帝反封建革命建立现代国家、促进了马克思主义的广泛传播和中国共产党的诞生三个方面。再次，崔冠华老师从“妇女的解放”这一角度出发分析了五四运动的社会影响，分别从“批判封建旧道德，推动了女性的解放与人的解放”“批判封建婚姻制度，主张婚姻自由，将女性从封建婚姻制度里解放出来”“女性要求进步，追求教育的平等”“广大女性投入到社会革命之中”四个方面对五四运动作为伟大社会革命运动进行了详细阐释。最后，魏忠强老师从思想文化的角度对五四运动的影响进行深入剖析，主要从五四运动与新文化运动的关系、白话文运动、五四时期知识分子对儒学的批判以及对批判的回应三个方面，指出五四运动破旧立新、推陈出新，是一场思想启蒙运动和新文化运动。在师生互动环节，几位老师回答了现场同学关于青年学生应如何报效祖国等多个问题。

第一百三十九期 "红色旋律"讲坛 大视野下的中国古代历史与文化

2019年6月14日晚7：30在西校区里仁学院阶梯教室J205，黄朴民老师主讲了第一百三十九期"红色旋律"讲坛《大视野下的中国古代历史与文化》。首先，黄老师分享了自己对研习历史的意义的思考，认为任何一个国家的发展，都需要梳理传统、回归历史，尊重历史大规律，要在学习历史中寻找智慧和启迪。其次，黄老师指出中国历史发展主要分为"政治格局上的东与西""思想文化上的分与合""精神风尚上的文与武"三大主轴，并结合历史事实进行了深入分析。最后，黄老师通过对三大主轴的分析提出中国历史是在东部与西部的不断角逐中发展而来的，讲解了中国思想文化思潮的大势，表达了对于当今"尚武"精神缺失的担忧，希望文武并重达到整个社会的阴阳平衡。在师生互动环节，黄老师回答了现场同学关于中国古代东西方互相角逐的历史对当代的启示等多个提问。

第一百四十期 "红色旋律"讲坛 中美关系与世界大变局

2019年6月27日晚7：30在东校区四教309，魏黎波老师主讲了第一百四十期"红色旋律"讲坛《中美关系与世界大变局》。首先，魏老师对过去一年的中美贸易战进行了回顾。从习近平主席2013年提出建立新型大国关系入手，以时间为主线梳理了美国对中国发动贸易战的整个过程，并指出中美两国经贸早已密不可分，美国发起贸易战是毫不明智的做法。其次，魏老师列举了2018年5月谈判开始前美国政府给中国提出的条件清单，结合两国对彼此国家加征关税领域的不同，指出中美两国的贸易战实际上是一场高科技战。再次，魏老师提到我国拥有完善的工业体系、庞大的市场、举国体制和深厚文化底蕴以及赢得道义人心这几大优势，并以习近平主席在金砖国家工商论坛上的讲话对"当今世界正面临百年未有之大变局"进行了具体说明。最后，魏老师具体介绍了《关于中美经贸磋商的中方立场》白皮书中中方的八大立场，指出其中最关键的是守住底线即国家尊严和核心利益，并提出了我国应对中美贸易战的对策。在师生互动环节，魏老师回答了现场同学关于战争决定格局、美元与人民币的相互角逐等多个提问。

第一百四十一期 “红色旋律”讲坛 中国现代教育从这里走来

2019 年 9 月 17 日晚 7：30 在东校区四教 108，安明法教授主讲了第一百四十一期“红色旋律”讲坛《中国现代教育从这里走来》。首先，安教授介绍了中国教育经历的四个发展阶段，并就现代教育的创建展开讲座。从石门战役的缘起经过，到华北人民政府在河北平山县创立；从华北军区电讯工程专科学校、华北军政大学、华北大学、中央外事学校的建立，再到荣臻小学、育才小学的整合，安教授讲述了中国共产党在解放区进行学校整合以及建立“大党校大军校”的历程。其次，安教授指出创办现代学校要解决的主要问题，即创办全国新式最高学府校长人选问题、解放区师资短缺问题以及当时形势下的教育方针问题，为当代教育办学模式提供了许多宝贵的经验。安教授还用许多珍贵的图片资料展示出创办学校的艰辛历程，中国共产党从最初的白手起家到逐渐建立起一所所纪律严明的学校，冲破了重重困难与阻碍。艰苦奋斗、自强不息、顽强拼搏的中华民族精神在其中得到深刻体现。最后，安教授从三个方面总结了创办现代学校的主要举措，即继承和发扬解放区学校的优良传统和作风、努力向正规化专业化方向发展以及积极探索现代办学方式。在师生互动环节，安教授回答了现场同学关于中国现代教育的发展与走向等多个提问。

第一百四十二期 “红色旋律”讲坛 筚路蓝缕 走向辉煌
——庆祝中华人民共和国成立 70 周年

2019 年 9 月 26 日晚 7：30 在西校区里仁学院阶梯教室 J103，王新华老师主讲了第一百四十二期“红色旋律”讲坛《筚路蓝缕 走向辉煌——庆祝中华人民共和国成立 70 周年》。首先，王新华老师评价了改革开放前 30 年的历程，改革开放前与改革开放后是相互联系又有重大区别的两个时期，我们不能用改革开放后的历史否定改革开放前的历史。其次，王新华老师指出，中国特色社会主义道路是我们的必由之路，我们必须坚持“制度自信、理论自信、道路自信、文化自信”四个自信。最后，王老师对中国 70 年以来的经验作了总结，准确地回答了“中国共产党为什么能？马克思主义为什么行？中国特色社会主义为什么好？”的问题，阐释了中国 70 年来的沧桑巨变。在师生互动环节，王老师回答了现场同学关于中华人民共和国成立 70 周年等多个提问。

第一百四十三期 "红色旋律"讲坛 初心•本色
——国家勋章和国家荣誉称号背后的故事

2019 年 10 月 31 日晚 7：30 在东校区四教 109，杨新宾、王建洲、马慧婷、李建芳四位老师主讲了第一百四十三期"红色旋律"讲坛《初心•本色——国家勋章和国家荣誉称号背后的故事》。首先，马克思主义学院研究生于秋丽同学带领大家回顾国家勋章和国家荣誉称号获得者名单，启发大家思考英雄本色。其次，杨新宾老师通过讲述中国第一代核潜艇总设计师黄旭华矢志不渝的家国情怀，解读了英雄模范的忠诚品格。黄旭华为国立志、为党尽责、在岗尽职，始终把国家需要作为一生追求，隐姓埋名三十年铸就深海重器，诠释了"我的一生属于祖国"的无悔誓言。王建洲老师通过讲述"523"抗疟研究任务课题组组长屠呦呦研究青蒿素的艰难历程，解读了英雄模范的执着品格。屠呦呦潜心钻研、不慕浮华，不畏挫折、执着耕耘，攻坚克难、不辱使命，在全球特别是发展中国家挽救了数百万人的生命，为中国科学家赢得世界荣誉。马慧婷老师通过讲述战斗英雄张富清的传奇经历解读英雄模范的朴实。战争年代，枪林弹雨冲锋在前屡立战功；和平时期，封存荣誉扎根山区为民造福，用自己的朴实纯粹、淡泊名利，立起了共产党人的精神标杆。最后，李建芳老师结合英雄模范的鲜明品格，从马克思主义信仰的真理性、实践性、人民性三方面特点出发，论证了当代英雄模范的底色是科学崇高信仰的结论，进一步坚定同学们的马克思主义信仰。在师生互动环节，四位老师回答了现场同学关于英雄的个性与共性、如何结合自身实际学习英雄模范等多个提问。

第一百四十四期 "红色旋律"讲坛 中国之治的制度密码
——十九届四中全会解读

2019 年 11 月 21 日晚 7：30 在西校区里仁学院阶梯教室 J207，陈步伟老师主讲了第一百四十四期"红色旋律"讲坛《中国之治的制度密码——十九届四中全会解读》。首先，陈步伟老师对十九届四中全会的概况进行了总体梳理，就"中央全会"的相关内容以及十八大以来历次中央全会的精神进行了阐述，加深学生对全会的认识。陈老师指出，从坚持和完善人民当家作主制度体系，到坚持和完善中国特色社会主义行政体制，从坚持和完善统筹城乡的民生保障制度，到坚持和完善共建共治共享的社会治理制度，无一不充分体现出我国国家制度和国家治理体系以人民为中心的发展思想，彰显出我们党治国理政的不变初心与使命担当，十九届四中全会无疑是新时代中国共产党人写下的新的璀璨篇章。接着，陈老师从概念和命题两大方面对全会的亮点作了分析。从概念方面来看，十九届四中全会丰富了中国特色社会主义制度的内涵，对“根本制度”“基本制度”“重要制度”“具体制度”等概念作了更加详尽准确的定义，凸显了中国共产党对中国特色社会主义制度认识的不断深化与创新。从命题方面来看，全会提出的诸多重要命题可细化为宏观方面的六个“明确”和微观方面的三个“首次”，充分展现了我们党先进的执政理念、高度的制度自信和强大的改革勇气。陈老师强调，无论是概念还是命题，都体现出十九届四中全会丰富的精神意蕴：世界百年未有之大变局下，固化根基、彰显优势，是对时代之变的应对；复杂矛盾思潮激荡形势下，完善制度、坚持制度，是对制度自信的坚定；人民对美好需要同发展不充分冲突时，实现个人全面发展、民族伟大复兴，是对人民期待的满足。最后，陈老师指出，本次会议审议通过的《决定》作为实现“中国之治”的“制度密码”必将增进人民福祉，推动国家治理体系和治理能力更加现代化，助力中华民族伟大复兴中国梦的早日实现。在现场互动环节，陈老师回答了现场同学关于中国特色社会主义制度的优越性等多个提问。

第一百四十五期 “红色旋律”讲坛 红色根脉：播火者李大钊

2019 年 12 月 12 日晚 7：30 在东校区四教 109，侯卓沅老师主讲了第一百四十五期“红色旋律”讲坛《红色根脉：播火者李大钊》。首先，侯卓沅老师从李大钊同志的人生经历、历史贡献以及李大钊的精神传承三大部分，讲述了李大钊作为中国马克思主义播火者伟大的一生。讲坛开篇，侯卓沅老师从李大钊的家乡讲起，点明正是自古多慷慨悲歌之士的燕赵大地孕育了具有强烈担当精神的李大钊，虽生逢国势危迫之际，却心怀捐躯救国之志。从北洋法政学校到留洋日本，从编辑《晨钟报》到《甲寅》日刊，从就任北大图书馆主任到成为新文化运动领袖，他将自己的命运与国家前途紧密结合，忧天下之所忧，哀民生之所哀，矢志创造一个青春的中国。接着，侯老师讲道，李大钊这一生都致力于探索救国之法，传播共产主义火种。自北大红楼播种，遂成星火燎原之势，国共合作北伐，工人运动蓬勃兴起，越来越多的人认识并坚定共产主义的信仰。然军阀反动，叛变革命，李大钊被捕，绞刑架下，他高呼"中国共产党万岁"慷慨赴死，从容就义，结束了自己短暂而又伟大的一生。最后，侯老师强调，李大钊同志播撒的革命种子已经在中国大地上生根、开花、结果，他开创的伟大事业和留下的思想遗产永远不可磨灭。正因如此，今天，我们更加感受到李大钊同志历史眼光的深邃和思想价值的珍贵，更应学习李大钊同志矢志不移追求理想信念的崇高精神，公而忘私、廉洁奉公的高尚风范，以及迎难而上、挺身而出的担当精神。在师生互动环节，侯老师回答了现场同学关于本次讲坛的主题内容的多个提问。

第一百四十六期 "红色旋律"讲坛 2019 年岁末回眸"我们走在大路上——庆祝中华人民共和国成立 70 周年"

2019 年 12 月 26 日晚 7：30，由马克思主义学院主办、马克思主义研究会承办的"我们走在大路上——庆祝中华人民共和国成立 70 周年"岁末回眸活动在东校区四教 108 举行。学校相关职能部门、学院领导以及马克思主义学院全体教师参加了此次活动。

活动紧紧围绕中华人民共和国成立 70 周年，通过歌曲、情景剧、互动问答等多种形式展现了中国人民在共产党的领导下，披荆斩棘，建设新中国的伟大征程，为现场师生献上了一场丰富的思想文化盛宴。开场合唱《我们走在大路上》，用激昂的旋律展现中华人民共和国 70 年筚路蓝缕、砥砺奋进的辉煌历程。情景剧《我在天堂等你》诉说进藏女兵为国献身的故事，歌颂纯真而动人的爱情圣歌，展示出"中华儿女多奇志，不爱红装爱武装"的飒爽英姿。《初心如炬——张富清》回顾老英雄张富清朴实纯粹、淡泊名利的一生，展现了共产党人保家卫国、无私奉献的英雄本色。合唱《我和我的祖国》为祖国深情献唱，用歌声向祖国告白。情景剧《兵心依旧》用精炼传神的表演讲述退伍老兵虽退伍多年，却仍不忘初心、情系家国的感人故事。情景剧《一带一路世界青年说》通过不同国家青年对"一带一路"倡议的精彩演说，彰显当今中国的责任担当与世界情怀。马克思主义研究会同学自编自演的情景剧《燕园情》以"溯源建校一百年，独立办学一甲子”的百年校庆为线索，讲述我校由东北重型机械学院南迁秦皇岛独立办学的艰辛历程，展现出燕大学子“家国天下”的赤子情怀。《强军战歌》《不忘初心》《天耀中华》等慷慨激昂的旋律唱响时代赞歌，中场互动环节穿插其中带领我们学习时政、了解校史，活动实现了思想性、艺术性、大众化的完美统一。最后，此次活动在激昂的《歌唱祖国》旋律中圆满结束。

红色旋律

读书会

第一期 "红色旋律"读书会 穿越历史——走进真实的毛泽东

2011 年 3 月 30 日晚 7：30 在人文馆 303，杨绍维、王玉荣和张汉生三位老师主讲了第一期"红色旋律"读书会。本期读书会以"穿越历史——走近真实的毛泽东"为主题。首先，张明老师对"红色旋律"的系列活动作了简要介绍，声明了读书会的目的与宗旨。其次，杨绍维老师解答了同学们关于毛泽东的种种疑问，纠正了关于毛泽东与"文革"的一些不正确看法。最后，王玉荣老师和张汉生老师分别从毛泽东的青年成长经历和毛泽东的卓越才能两个角度回答了同学们的提问。在师生互动环节，同学们围绕毛泽东功与过的话题与老师进行了深入交流，现场气氛十分热烈，茶香袅袅，妙语连珠，学术的严谨与交流的愉悦碰撞出智慧的火花。

第二期 "红色旋律"读书会 传统与现代的激荡——从中东北非看世界局势

2011 年 4 月 29 日晚 7：30 在人文馆 303，王新华、黄娟两位老师主讲了第二期"红色旋律"读书会。本期读书会以"传统与现代的激荡——从中东北非看世界局势"为主题。首先，王新华老师向大家介绍了突尼斯、埃及、也门、苏丹到利比亚的局势，此处狼烟未已而彼处又已是剑拔弩张，像是打开了潘多拉魔盒，绝不是偶然巧合，而是蓄意为之。其次，大国态度各异，无心参战抑或另有计算、等待时机。王新华老师站在国际视角剖析了战火为何而起，美国等西方资本主义国家所主张的自由、民主、人权的虚伪性，也指出中国应从当下局势中总结教训。随后，黄娟老师也总结了这些事件给我们的启示："一是国不能弱，落后就要挨打；二是独裁不得人心，必须要搞好自己国家的民主，让更多的人参政议政；三是要坚决维护国家安全、主权和领土完整，不让西方霸权主义有机可乘。"最后，老师和同学们进行了深入交流，此次读书会在热烈的掌声中顺利结束。

第三期 “红色旋律”读书会 寻找中国人的精神家园

2011 年 5 月 25 日晚 7：30 在人文馆 214，王玉荣、马慧婷、张云飞、柴勇四位老师主讲了第三期“红色旋律”读书会。本期读书会以“寻找中国人的精神家园”为主题。首先，在读书会上，各位老师分别就信仰是什么、信仰危机的产生与化解，坚持马克思主义信仰的必要性与重要性等问题发表了各自的观点。随后，随着互动环节的展开，读书会进入高潮。同学们积极发言，提出了马克思主义信仰是什么、为什么不能将马克思主义边缘化、当代大学生应该有怎样的追求等问题。最后，老师们立足现实，深入浅出地为同学们解答心中疑惑，坚定了同学们的马克思主义信仰。现场思想交锋，闪耀着智慧火花，师生各抒己见，平等而不失庄重，整场读书会被炽热的青春激情和浓厚的学术氛围所笼罩。此次读书会在热烈的掌声中结束。

第四期 “红色旋律”读书会 得民心者得天下
——纪念建党 90 周年

2011 年 6 月 22 日晚 7：30 在人文馆 501，颜世晔、包巍两位老师主讲了第四期“红色旋律”读书会。本期读书会以“得民心者得天下——纪念建党 90 周年”为题。首先，李晔老师对本次读书会主题进行了总体介绍。其次，包巍老师就中国共产党为什么能够在与国民党的斗争中得天下作了细致解读，并分析了国民党失去民心的根本原因。最后，颜世晔老师就中国共产党为什么可以在新中国成立后守住天下发表了自己的看法，对于新中国成立后党的各项利民政策作了详细说明。两位老师深入分析了“得民心者得天下”这一观点，并分析了什么才是真正的民主、人民的主人翁意识是否已经觉醒等一系列问题。在师生讨论环节，三位老师就本次主题及相关内容进行了深入的交流与探讨，回答了关于新时期如何加强党的建设方面的多个问题。

第五期 “红色旋律”读书会 评说 20 世纪中国三位历史伟人

2011 年 9 月 14 日晚 7：30 在人文馆 303，王新华、颜世晔和刘永志三位老师主讲了第五期"红色旋律"读书会。本期读书会以"评说20世纪中国三位历史伟人"为主题。首先，王新华老师指出，百年中国，可谓沧桑巨变，时势造英雄，孙中山、毛泽东、邓小平，都是深刻影响了中国的历史进程的伟人，在民族复兴的路上他们作出了独特的贡献。其次，颜世晔老师指出了这些伟人所具有的共性：其一，崇高的爱国主义精神，毕生致力于为祖国的统一而奋斗，反对分裂祖国；其二，坚韧不拔的意志，从革命和改革中看出，几位伟人始终不卑不亢，不离不弃，一直战斗到生命的最后一刻；其三，心系人民，有"大公无私"的自我牺牲精神。最后，刘永志老师启示我们当代青年学子：首先，要立志高远、胸怀天下，关注国家兴亡和民生疾苦；其次，要有严谨刻苦的求学精神和科学深入的实践精神；最后，要有可贵的批判、探索和牺牲精神。读书会结束后，同学们进行了深入交流，此次读书会在热烈的掌声中顺利结束。

第六期 "红色旋律"读书会 热血铸就的青春

2011年10月12日晚7：30在人文馆303，杨绍维、王新华、江泉、包巍四位老师主讲了第六期"红色旋律"读书会。本期读书会以"热血铸就的青春"为主题。首先，杨绍维老师讲青年是祖国的未来、民族的希望。他说李大钊先生曾经讲过"为世界进文明，为人类造幸福，以青春之我，创建青春之人类"，这是中国共产党创始人李大钊对青年的热切期望。中国共产党90年的风雨历程，就是"一部凝结了无数青年热血的青春史诗"。在纪念建党90周年的大会上，胡锦涛总书记再一次表达了党和人民对青年一代的殷切希望。其次，王新华老师带大家品读李大钊的《青春》、杨沫的《青春之歌》、高志中的《向党旗宣誓——老一辈革命家入党故事》，引导大家在这些书中去寻找青春的答案，讨论青年人自己的话题。王新华老师指出，青春关乎每个人、民族和国家的未来，在中国的近代史上无数热血青年投身于革命的历史洪流。中国共产党人赢得了无数青年的支持，这个充满青春朝气的政党书写了一部青春壮丽的诗篇。读书会结束后，同学们进行了深入交流，此次读书会在热烈的掌声中顺利结束。

第七期 “红色旋律”读书会 中国社会的“信仰危机”与重建

2011 年 11 月 16 日晚 7：30 在人文馆 303，魏黎波、张云飞和李海艳三位老师主讲了第七期“红色旋律”读书会。本期读书会以“中国社会的‘信仰危机’与重建”为主题。首先，李晔老师讲解了有关信仰的基本理论，让同学们了解了什么是信仰，信仰的分类及重要性。其次，魏黎波老师率先发言并阐述了自己的观点。他表示，信仰可分为世俗信仰和宗教信仰，宗教产生的根源是人类有思想，要探寻究竟，便将自身解决不了的问题归结于“神”。王新华老师认为，马克思主义之所以科学是因为它运用了辩证否定的逻辑关系，对未来社会主义的预见建立在理性批判现实资本主义的基础上。张云飞老师则通过将马克思主义与宗教的对比，说明了二者的区别，认为马克思主义的科学性体现在它的预见性，能够科学地预见人类社会发展的趋势。最后，李海艳老师认为，马克思主义与宗教都体现了人类“向善”的共同追求，而前者的科学性则体现在它具有较强的实践性，为人类指出了实现美好社会的科学途径。读书会结束后，同学们进行了深入交流，此次读书会在热烈的掌声中顺利结束。

第八期 “红色旋律”读书会 从《红岩》的故事看信仰的力量

2011 年 12 月 21 日晚 7：30 在人文馆 303，杨绍维和马慧婷两位老师主讲了第八期“红色旋律”读书会。本期读书会以“从《红岩》的故事看信仰的力量”为主题。首先，杨绍维老师比较详细地介绍了《红岩》这部著名红色经典的人物和故事情节。其次，马慧婷老师讲解了如何在红岩英烈精神的感召下树立科学信仰。再次，王新华老师指出当今中国社会出现的诸多问题根源就在于理想和信仰的缺失，关注中华民族精神家园的建设已经成为当务之急。最后，王玉荣老师和同学们分享了暑期马克思主义学院老师“红色之旅”的感受。各位老师分别就当代大学生需不需要信仰、需要什么样的信仰、信仰到底能带来什么样的力量等问题展开讨论。在师生互动环节，老师们结合时事，风趣幽默地为同学们解开了思想困惑，从而坚定了马克思主义的科学信仰，现场氛围达到了高潮。

第九期 “红色旋律”读书会 从《C 形包围——内忧外患下的中国突围》看维护国家安全

2012 年 3 月 14 日晚 7：30 在人文馆 303，李晔老师主讲了第九期“红色旋律”读书会。本期读书会以“从《C 形包围——内忧外患下的中国突围》看维护国家安全”为主题。首先，李晔老师首先向同学们介绍了《C 形包围——内忧外患下的中国突围》一书的基本情况。其次，王玉荣、柴勇、王媚三位老师各自阐述了对本书的看法。两位同学现场发言，表达了自己读书后的感想，提出了与作者不同的观点。随后学生们立足现实，提出自己的困惑。现场同学争先恐后地表达自己的观点，师生间展开了激烈的讨论。最后，大家共同认为：《C 形包围——内忧外患下的中国突围》这本书最大的启示是要在太平盛世警醒中国人的忧患意识，树立正确的国家安全观念。读书会现场，气氛自由而热烈，师生各抒己见，思想在辩论中擦出火花，大家在交流中学习进步！

第十期 “红色旋律”读书会 《文明的冲突与世界秩序的重建》——中美关系的文化解读

2012 年 4 月 11 日晚 7：30 在人文馆 303，王新华、魏忠强和杜鹃三位老师主讲了第十期“红色旋律”读书会。本期读书会以“《文明的冲突与世界秩序的重建》——中美关系的文化解读”为主题。首先，李晔老师向同学们介绍了中美关系的发展脉络，分析了影响美国对华政策的各种因素，概括了中美关系的规律和特点。其次，魏忠强老师从学术的角度，阐述了对《文明的冲突与世界秩序的重建》一书的看法。在回答“文明的差异是否真的导致国家之间的冲突”时，杜鹃老师认为，在苏联解体的后冷战时代，美国在重新划分世界格局时，亨廷顿提出“文明冲突”的真实目的是让西方世界明确“谁是敌人，谁是朋友”。最后，王新华老师则从理论的角度，讲解了“文明”与“文化”两个概念的区别，什么是西方的“普世价值”。在轻松而热烈的气氛下，师生之间讨论了中美之间文化与价值观的差异，中华文化的独特性和优势等问题。通过这次读书会的讨论，使同学们树立了中华民族文化的自信心，自觉提高了对西方文化“陷阱”的辨别能力。

第十一期 “红色旋律”读书会 红太阳升起的地方——读《西行漫记》有感

2012年5月9日晚7：30在人文馆303，张云飞、颜世晔和包巍三位老师主讲了第十一期“红色旋律”读书会。本期读书会以“红太阳升起的地方——读《西行漫记》有感”为主题。首先，李晔老师向同学们介绍了《西行漫记》的主要内容和重要意义。张云飞老师也对该书给予了充分肯定，指出了西方人观察中国共产党的独特视角。包巍老师详细地讲解了书中的细节。其次，读书会进行过程中，师生之间讨论了“中国共产党强大的生命力来自何方”“今天我们能从当年延安共产党人的身上学到什么”等问题。最后，在谈到南海问题时，张云飞老师表示，中国政府非常重视南海问题，收回主权只是时机问题。在谈到食品安全问题时，颜世晔老师认为，目前体制的漏洞、权力部门监管不力是导致问题的主要原因。通过这次读书会，同学们认识到在中国共产党90年的辉煌历程中，中国社会一直在发展、进步，虽然在前进中遇到一些问题，但这些都是发展中的问题，我们应该对党中央、对中国未来充满信心。

第十二期 “红色旋律”读书会 美元神话的衰落——《货币战争》

2012年6月13日晚7：30在人文馆303，魏黎波、江泉和李晔三位老师主讲了第十二期“红色旋律”读书会。本期读书会以“美元神话的衰落——《货币战争》”为主题。首先，李晔老师向同学们介绍了《货币战争》这本书的作者、内容、观点及不同评价，分析了如何认识“阴谋论”，提出培养国际化的金融人才是当务之急。其次，江泉老师指出该书立足于自英格兰银行成立以来300年间的西方近代史与金融发展史，旨在告诫逐步开放的中国金融市场要警惕潜在的金融打击，为迎接一场“不流血”的战争做好准备。最后，魏黎波老师则向大家讲述了自己在美国的所见所闻，介绍了美国的经济现状及普通百姓的生活状况，生动而幽默的语言赢得了同学们的阵阵掌声，现场气氛十分热烈。通过这次读书会，同学们了解了一些金融知识，自觉增强了国家金融风险的防范意识，也学会了从平衡眼前利益和长远利益的科学角度，去认识中国国家战略层面的大政方针。

第十三期“红色旋律”读书会 与邻为善VS与邻为恶——中日关系话百年

2012年9月12日晚7：30在人文馆303，王新华和王玉荣两位老师主讲了第十三期“红色旋律”读书会。本期读书会以“与邻为善VS与邻为恶——中日关系话百年”为主题。首先，李晔老师向同学们介绍和推荐了《菊与刀》和《铁与犁——百年中日关系沉思录》两本书，简述了中日关系的曲折发展历史。其次，王新华老师总结了中日两国关系的历史规律，并对当前钓鱼岛争端进行了客观而理性的分析。最后，王玉荣老师讲述了日本文化和日本国民性格对于日本对外政策的影响。同学们踊跃发言，积极提问，围绕如何“才是真正爱国”这一问题，同学们进行了深入交流，此次读书会在现场热烈的掌声中顺利结束。

第十四期 “红色旋律”读书会 迎接党的十八大专题系列之光明与曲折——中国复兴之路

2012年10月24日晚7：30在人文馆303，杨绍维、王新华和王华三位老师主讲了第十四期“红色旋律”读书会。本期读书会以“光明与曲折——中国复兴之路”为主题。首先，李晔老师向同学们介绍了《大国复兴之路》的主要内容及其对中国复兴的借鉴意义，同时也推荐了《复兴之路——中国崛起的30个历史关键》等相关书目。其次，王新华老师从中国共产党的建设说起，分析了中国崛起面临的复杂的国内外形势。杨绍维老师阐述了“中国复兴”的含义，认为中国复兴道路包括三个关键：坚持中国共产党的领导、坚持社会主义道路、坚持改革开放。最后，王华老师从哲学角度，认为实现民族复兴要从复兴民族精神开始。此外，在师生互动环节，同学踊跃发言，针对大家关心的党的十八大、反腐败、科学创新等问题，各位老师给予细心的讲解。在轻松活跃的气氛中，读书会成功结束。

第十五期 “红色旋律”读书会 从《共产党宣言》看共产党人的使命

2012年10月21日晚7：30在人文馆303，魏黎波、王玉荣和李晔老师三位老师主讲了第十五期“红色旋律”读书会。本期读书会以“从《共产党宣言》看共产党人的使命”为主题。首先，李晔老师向同学们介绍了《共产党宣言》这本书的主要内容和篇章结构。其次，魏黎波老师从自己读书的感受出发，为同学们阐释了《共产党宣言》的精神意义和深刻内涵，同时也向同学们提出了读该书时应注意的问题。最后，王华老师讲述了自己对马克思关于社会主义理论理解的思想历程并分享了该书给他的启示。在师生互动过程中，同学们踊跃发言，积极提出心中的疑问，四位老师给出了耐心细致的解答。最后李晔老师作总结发言，活动在活跃的氛围中结束。

第十六期 “红色旋律”读书会 共产党员是怎样炼成的

2012 年 12 月 19 日晚 7：30 在人文馆 303，柴勇和王媚两位老师主讲了第十六期“红色旋律”读书会。本期读书会以“共产党员是怎样炼成的”为主题。首先，李晔老师向同学们展示了“红色旋律”读书会荣获教育部 2012 年高校校园文化建设优秀成果一等奖的可喜成果，并根据本次读书会主题向同学们推荐了《做最好的共产党员》《优秀的共产党员是这样炼成的》等相关书籍。其次，柴勇老师从哲学的视角解读了无产阶级正是在不断地自我否定中实现着人类解放的目标，中国共产党正是在不断地坚持真理、修正错误中实现了从胜利走向胜利，而每一名共产党员也应该在时刻与自己的各种非无产阶级思想作最坚决的斗争中锻炼成长为一名合格的共产主义战士。最后，王媚老师对读书会活动取得的成绩表示祝贺，然后以对《少年派的奇幻漂流记》影片的内容分析作为开始，阐释人自身的善恶较量和信仰的重要性，强调党员必须有对党的忠诚信仰。在师生互动环节，老师针对同学们提出的官员如何在人情社会“独善其身”、从老一辈党员身上我们能学到什么、正式合格党员的标准是什么等问题作出了详细的解答，获得了同学们的阵阵掌声。

第十七期 “红色旋律”读书会 积蓄正能量——改革为民生

2013 年 4 月 2 日晚 7：30 在人文馆 303，魏忠强和黄娟两位老师主讲了第十七期“红色旋律”读书会。本期读书会以“积蓄正能量——改革为民生”为主题。首先，黄娟老师介绍了《当代中国民生》《提问 2013——中国百姓关注的十大民生问题》《社会热点面对面——百姓最关注的热点问题》《我眼里的百姓民生》等几本书。其次，两位老师和现场学生就当前中国政治改革问题展开了激烈讨论，总结出政治体制改革的目标就是实现公平与平等的社会正义，让人们过上有质量并且有尊严的生活等观点。最后，两位老师与同学们还讨论了改革与民生的关系，老师们从现实出发，深刻分析了中国民众当前面临的住房、教育、就业、分配等问题。经过讨论，师生一致认为，中国需要一个强有力的中央政府领导我们正确改革，进而改善民生。

第十八期 "红色旋律"读书会 一个未解之题——钱学森之问

2013 年 5 月 3 日晚 7：30 在人文馆 303，王华和谢丽萍两位老师主讲了第十八期"红色旋律"读书会。本期读书会以"一个未解之题——钱学森之问"为主题。首先，李晔老师发言引出所讲话题："钱学森之问"——为什么中国出不了大师。其次，谢丽萍老师为在场的大学生介绍了与本次读书会相关的书籍，并对钱学森其人以及"钱学森之问"进行介绍。谢丽萍老师还深入地提出了有关教育、大学、大师等问题，启发在场大学生思考。最后，王华老师针对初入大学学生的迷茫与困惑现象，现身说法，鼓励学生"成为你自己"。在师生互动环节，老师们热情地解答同学们的问题，赢得了现场的阵阵掌声。

第十九期 "红色旋律"读书会 中国力量——海洋强国

2013 年 5 月 29 日晚 7：30 在人文馆 303，魏黎波、江泉和李晔三位老师主讲了第十九期"红色旋律"读书会。本期读书会以"中国力量——海洋强国"为主题。首先，李晔老师向大家介绍了读书会取得的成绩及往期读书会的主题。李晔老师还向同学们介绍了《中国梦》《中国航母》《海权论》等几本关于海洋方面的书。其次，魏黎波老师分析了中国人的传统海洋观念，结合近代中国受侵略的历史教训，指出今日的中国应放开眼界，加强海洋力量。魏老师还就中国为什么要走向海洋的问题进行了剖析，中国必须控制南海，我们有必要走向海洋。在谈及中美抗衡的问题时，老师们深入分析了中国面临的挑战和机遇，总结出中国终将走向海洋，争取属于我们自己的海洋权益。最后，李晔老师提出“做有信仰、有立场、有思想、会思考的人”。读书会结束后，同学们进行了深入交流，此次读书会在热烈的掌声中顺利结束。

第二十期 “红色旋律”读书会 超越“左”与右
——当代中国社会思潮辨析

2013 年 6 月 26 日晚 7：30 在人文馆 303，刘永志、颜世晔和崔冠华三位老师主讲了第二十期“红色旋律”读书会。本期读书会的主题是“超越‘左’与右——当代中国社会思潮辨析”。首先，李晔老师对本次读书会的主题和内容进行了介绍。随后，王华老师解释了“左”与右的含义。随后，颜世晔老师解答并分析了当代中国的几种主要的社会思潮。在如何对待社会思潮的问题上，老师认为应当尊重差异，包容多样，最大限度地达成社会思潮共识，当代大学生应提高自我辨析能力，理性地进行价值选择。师生们还就道德问题展开了热烈的讨论，大家都踊跃表达了自己的观点。

第二十一期 “红色旋律”读书会 中国人的日本观

2013 年 9 月 17 日晚 7：30 在人文馆 501，包巍、李晔和王华三位老师主讲了第二十一期“红色旋律”读书会。本期读书会以“中国人的日本观”为主题。首先，李晔老师介绍了几本关于研究日本的书。其次，包巍老师从日本概况、日本核心文化的影响、靖国神社问题，以及中日关系演变与中国人日本观的变化，还有中日关系的前景分别进行了讲述。最后，王华老师谈了谈对名著《菊与刀》的看法，评析了日本的文化观。在师生互动环节，老师们耐心地回答了同学们提出的多个问题。此次读书会在热烈的掌声中顺利结束。

第二十二期 “红色旋律”读书会 天堂？地狱？——我们如何看美国

2013 年 10 月 16 日晚 7：30 在人文馆 501，魏黎波、王华和李晔三位老师主讲了第二十二期“红色旋律”读书会。本期读书会的主题是“天堂？地狱？——我们如何看美国"。首先，王华老师向同学介绍和推荐了《论美国的民主》《民主的细节》《从另一侧看美国》《岩松和美国》这几本书，简述了美国各方面的具体情况和利弊。其次，魏黎波老师讲述了他在美国的所见所识以及美国教育的优越性，并且揭示了美国贫富差距的弊端，对其进行了客观而理性的分析。最后，李晔老师对美国利弊也作出了独到的见解。活动中，全场座无虚席，场面异常火爆，同学们踊跃发言、提问，围绕"美国与中国对比是天堂还是地狱"这一问题，同学们展开讨论，老师们也热情耐心地予以解答。

第二十三期 "红色旋律"读书会 共产主义是"乌托邦"吗

2013 年 11 月 13 日晚 7：30 在人文馆 501，黄娟和张云飞两位老师主讲了第二十三期"红色旋律"读书会。本期读书会以"共产主义是'乌托邦'吗"为主题。首先，黄娟老师向同学们提出了有关本期主题的几个问题，其间介绍了本次推荐的《共产党宣言》《马克思为什么是对的》《什么是共产主义？怎样实现共产主义》《资本主义为什么会自我崩溃？——新自由主义者的忏悔》四本书。其次，张云飞老师给同学们讲解了他对本期主题的理解，并从四本书里推荐了一些便于同学理解主题的篇章。在师生互动环节，同学们踊跃发言，积极提出疑问，几位老师给出了耐心细致的解答，此次读书会在热烈的掌声中顺利结束。

第二十四期 "红色旋律"读书会 纪念毛泽东诞辰 120 周年·谁主沉浮——毛泽东与蒋介石

2013 年 12 月 11 日晚 7：30 在人文馆 501，江泉、李晔和陈步伟三位老师主讲了第二十四期"红色旋律"读书会。本期读书会的主题是"纪念毛泽东诞辰 120 周年·谁主沉浮——毛泽东与蒋介石"。首先，李晔老师向在座同学，特别是大一新生介绍了"红色旋律"读书会的相关情况，并向大家推荐了《毛泽东传》《蒋介石传》《毛泽东与蒋介石》等书。然后，江泉老师介绍了他对毛泽东的研究和认识及与蒋介石的对比，让同学们对伟人有了更深入的了解。最后，陈老师也就本期主题讲述了自己独特的见解，并指出本次读书会是今年的最后一期，恰逢毛主席诞辰120周年，意义非凡。在师生互动过程中，同学们踊跃发言，积极提出心中的疑问，三位老师给出了耐心细致的解答。活动在活跃的氛围中结束。

第二十五期 “红色旋律”读书会 中国如何应对“恐怖主义”

2014年4月2日晚7：30在人文馆501，包巍、江泉和李晔三位老师主讲了第二十五期“红色旋律”读书会。本期读书会以“中国如何应对‘恐怖主义’”为主题。首先，包巍老师以“荆轲刺秦”“国民党的白色恐怖”“9•11事件”，以及最近的“昆明事件”等古今中外的大事件引出“恐怖主义”的前世今生，一针见血地指出“恐怖主义”的根源和中国愈发严峻的反恐态势。其次，各位老师分别对“恐怖主义”进行了精准详细的分析并发表了自己的见解。最后，三位老师向同学们表达了“好好学习、多读书、多参加读书会”的殷切期冀。在师生互动环节，讨论十分激烈，涉及政治、经济、文化、民族、宗教、外交等多方面的问题。此次读书会在热烈的掌声中顺利结束。

第二十六期 “红色旋律”读书会 青春无悔——我们的大学时光

2014年5月14日晚7：30在人文馆501，王玉荣、张汉生两位老师主讲了第二十六期“红色旋律”读书会。本期读书会以“青春无悔——我们的大学时光”为主题。首先王玉荣老师指出，大学时光可以说是人生中最美的年华，大学四载，弥足珍贵。每位同学都正当风华正茂，怀着青春梦想，有着对知识的渴望、对未来的憧憬、对爱情的向往。在此期间，能否描绘出一幅浓墨重彩、五彩缤纷的人生画卷，主要取决于每一位同学自身。其次，张汉生老师带领大家一起品读了世界经典名著高尔基的《童年》《在人间》《我的大学》中的经典片段。最后，两位老师告诫大家一定要珍惜大学时光，大学时光是人生成长的关键，要认真把握好大学时光，为未来人生道路奠基，每一个人都要努力编织梦想，做到青春无悔。读书会结束后，同学们进行了深入交流，此次读书会在热烈的掌声中顺利结束。

第二十七期 "红色旋律"读书会 中国传统文化系列之一——儒学怎样重生

2014 年 6 月 11 日晚 7：30 在人文馆 501，魏忠强、崔冠华、杨新宾和魏黎波四位老师主讲了第二十七期"红色旋律"读书会。本期读书会以"儒学怎样重生"为主题。首先，魏忠强老师向同学们推荐了《孔子传》《儒学引论》《传统与现代》三本书。其次，崔冠华老师谈论了大家对于儒学或赞美或批评的态度，接着讲了儒学"修身、齐家、治国、平天下"的基本思想，并谈到儒学发展的三个阶段，总结了现代儒学发展面临的困境在于社会普遍对儒学形成先入为主的批判思想，以及儒家文化与现代缺乏对接。对于"儒学如何重生"的问题，崔老师提出：首先要全面系统地研究、阐述、振兴和普及儒学；二要梳理和阐发儒学完整的学术体系；三是要从国家层面上恢复儒学的地位；四是儒学要进一步走出中国，面向世界。在讨论环节，同学们提出了"儒学为什么要重生，儒学有死过吗？""儒学对于其他学说有哪些优点？""儒学重生有什么意义？"等问题。魏忠强、崔冠华、杨新宾和魏黎波四位老师对这些问题进行了分析和解答。魏黎波老师还讲了文化软实力的重要性和儒学在中国传统文化中的重要地位。同学们在讨论中受益良多。

第二十八期 "红色旋律"读书会 庆祝建党 93 周年·地平线上的曙光——读李大钊《我的马克思主义观》

2014 年 6 月 25 日晚 7：30 在人文馆 501，葛亚坤和陈步伟两位老师主讲了第二十八期"红色旋律"读书会。本期读书会以"庆祝建党 93 周年·地平线上的曙光——读李大钊《我的马克思主义观》"为主题。首先，葛亚坤老师介绍了《我的马克思主义观》这篇文章的写作背景，简单地解读了文章的主要内容，并分析了它的当代价值和启示。其次，陈步伟老师分析了文章是如何科学对待马克思主义的，并对马克思主义进行详尽的学术解读，分析马克思主义对我们的启示。陈步伟老师还谈到了当今世界的一些对马克思主义的研究。最后，葛亚坤老师建议大家要有选择性地读书，多读一些经典名著，陈步伟老师则以"天道酬勤"激励大家。在师生互动环节，老师们认真解答了共产主义是不是"乌托邦"、马克思主义研究如何焕发新的生机等问题。此次读书会在热烈的掌声中顺利结束。

第二十九期 “红色旋律”读书会 纪念甲午战争120周年·抗战胜利69周年·九一八事变83周年之日本怎么看中国
——读《近代以来日本的中国观》

2014年9月17日晚7：30在人文馆501，陈步伟、江泉和李晔三位老师主讲了第二十九期“红色旋律”读书会。本期读书会以“纪念甲午战争120周年·抗战胜利69周年·九一八事变83周年之日本怎么看中国——读《近代以来日本的中国观》”为主题。首先，李晔老师向同学介绍了《近代以来日本的中国观》这一套书。然后，陈步伟老师概括了不同时期日本对中国不同的态度：“崇敬”中国——鸦片战争以前；“平视”中国——从鸦片战争到甲午战争；蔑视中国——甲午战争到抗日战争；重识中国——“二战”之后到中日建交；敬畏中国——1972年至今，并用“好学”“自卑”“势利”“健忘”四个词来总结形容日本。随后，江泉老师认为日本对中国态度的转变与日本人的心态有关，中日实力的转变是根本。在最后的讨论环节，同学们纷纷提出了自己的见解和疑问，三位老师热心地给予了解答，现场气氛热烈。

第三十期 “红色旋律”读书会 生命的意义何在
——马克思主义的生死观

2014年10月15日晚7：30在人文馆501，王华、张汉生和崔冠华三位老师主讲了第三十期“红色旋律”。本期读书会以“生命的意义何在——马克思主义的生死观”为主题。本期读书会的推荐书目是《守望的距离》《各自的朝圣路》和《向死而生》。首先，王华老师引述了马克思“类生活”的概念，指出人类以其独特的思想和理解能力生存于世界，并区别于动物。接着他分析了死亡与自由、真理、宗教的辩证关系。继而通过儒、道、佛三教以及中外先哲对死亡的理解，分析“向死而生”这一话题。张汉生老师从传统文化与中医养生的角度入手，结合当下社会浮躁与信仰缺失的现象，提出人要学会奉献、清净身心、养德行善的观点。崔冠华老师以儒家思想为中心，分析到每一个生命都要有其责任和义务。在最后的讨论环节，同学们纷纷提出了自己的见解和疑问，三位老师热心地给予了解答，现场气氛热烈。

第三十一期 "红色旋律"读书会 亲情·友情·爱情——塑造幸福人生

2014年11月26日晚7：30在人文馆501室，颜世晔、黄娟、李海艳三位老师主讲了第三十一期"红色旋律"读书会。本期读书会以"亲情·友情·爱情——塑造幸福人生"为主题。首先，黄娟老师针对本次读书会"亲情·友情·爱情"的主题向大家介绍了《新孝道》《此生遇你已很美：有一种深情叫友情》《爱是光着脚的哲学》这三本书。其次，颜世晔老师结合推荐书目的内容，引用古今名句，列举相关的影视资料，阐述了自己对亲情、友情、爱情的理解。最后，李海艳老师以马克思为例，从其所受家庭环境的影响、与妻子燕妮纯粹美好的爱情、与恩格斯伟大的革命友谊三方面对该主题进行了诠释。此外，在师生互动环节，同学们纷纷提出了自己的见解和疑问，三位老师热心地给予了解答，现场气氛热烈。

第三十二期 "红色旋律"读书会 读《论语》谈人生的修为

2014年12月18日晚7：30在人文馆501，杨新宾、魏忠强和崔冠华三位老师主讲了第三十二期"红色旋律"读书会。本期读书会以"读《论语》谈人生的修为"为主题。首先，杨新宾老师指出"仁"是《论语》中的一个核心词，并就《论语》与孔子、《论语》与中国人的关系作出了说明，解释了它成为儒学经典的原因。在《论语》中，道德修养以血缘亲情为起点，以处理与他人的关系为核心，以政治道德为最高指向和终极价值。杨新宾老师还指出在《论语》中修身方法有三种：自省、学习和交友。其中学习不仅是知识的丰富，更是品德修养的提升。《论语》中所阐释的知行关系、言行关系、文质关系等都体现出儒家思想重视精神富足的特点。其次，魏忠强老师和崔冠华老师分别介绍了《论语》的成书过程和阅读方法。最后，三位老师都特别强调了《论语》对人的成长发展的重要性。在当代《论语》对品德修养的提升仍具有十分深远的意义。

在师生互动环节，三位老师热心地解答了同学们提出的见解和疑问，此次读书会在热烈的掌声中顺利结束。

第三十三期 “红色旋律”读书会 好东西？坏东西？——民主的真谛

2015年4月1日晚7：30在人文馆501，葛亚坤、王华和陈步伟三位老师主讲了第三十三期“红色旋律”读书会。本期读书会以“好东西？坏东西？——民主的真谛”为主题。首先，葛亚坤老师从四方面为大家讲解了民主的相关问题：一是问题的缘起；二是民主的起源与发展；三是西方民主的乱象；四是民主是社会主义的本质。葛亚坤老师还在这一部分中介绍了面式、体式两种权力结构，然后比较了中美两种不同制度下权力结构的不同形式。其次，陈步伟老师按时间顺序为我们梳理了西方上层社会对民主认识的转变，谈到马克思主义的民主时，陈步伟老师指出民主是社会主义的生命，而且民主和国家一样也是会消亡的。最后，王华老师提出民主的本质是实现人的自由。同时，他还谈到了君主制、贵族制、民主制的区别，以及自由、民主与平等的关系。在师生互动环节，三位老师回答了当下中国的社会现状和生活实际等问题。本次读书会在热烈的掌声中顺利结束。

第三十四期 “红色旋律”读书会 传统文化在港台的传承与发展

2015年4月29日晚7：30在人文馆501，王玉荣、魏忠强和崔冠华三位老师主讲了第三十四期“红色旋律”读书会。本期读书会以“传统文化在港台的传承和发展”为主题。首先，王玉荣老师为我们讲解了她对传统文化的看法。王老师曾去过香港和台湾，这些亲身经历使得她对当地的传统文化氛围颇为欣赏。她认为这种文化氛围有着一种净化社会不良习气的作用，如果这种传统文化能够渗透在我们的骨子里，那么我们的社会将欣欣向荣。然后，魏忠强老师分析了大陆传统文化“丧失”的缘由以及港台儒家文化的发展，着重介绍了经历日本“奴化”教育的台湾在国民党当政后，如何依据当局的一系列相关政策传承儒家文化的情况。针对老师们的分析，同学们纷纷提出疑问和见解，三位老师分别对其作出了精确的回答，本次读书会在热烈的掌声中圆满结束。

第三十五期 “红色旋律”读书会 揭底抗日神剧——还原真实抗战

2015年6月10日晚7：30在人文馆501，齐凯君、包巍两位老师主讲了第三十五期“红色旋律”读书会。本期读书会以“揭底抗日神剧——还原真实抗战”为主题。首先，齐凯君老师列举了目前“抗日神剧”存在的问题：第一，抗日英雄武侠化；第二，抗日英雄偶像化；第三，日本军人脸谱化。接下来齐凯君老师分析了“抗日神剧”产生的原因是“抗日生产线”和“爱国生意场”，并指出，抗战神剧带来的影响是极其恶劣的，抗日战争是中华民族应当铭记的血泪史，真实残酷，绝不能让历史虚无主义大行其道。其次，包巍老师以翔实的历史文献为根据，对许多抗日真相进行了还原，还给大家推荐了美籍华裔女作家张纯如撰写的《南京大屠杀》一书，该书一经发表便登上了《纽约时报》畅销书榜，被翻译成15种语言，轰动世界。最后，两位老师都呼吁大家要铭记历史，珍爱和平，勤奋学习，砥砺前行。读书会结束后，同学们进行了深入交流，此次读书会在热烈的掌声中顺利结束。

第三十六期 “红色旋律”读书会 读《中国共产党章程》谈党员的修养

2015年7月1日晚7：30在人文馆501，黄娟、马慧婷和张云飞三位老师主讲了第三十六期“红色旋律”读书会。本期读书会以“读《中国共产党章程》谈党员的修养”为主题。首先，黄娟老师从党章的“总纲”和“条文”两方面介绍了《中国共产党章程》的组成，并具体论述了党员需要具备的基本修养。这些修养包括坚定的理想信念、坚实的理论修养、崇高的道德修养、严格的纪律修养、优良的作风修养和渊博的知识修养等。其次，马慧婷老师谈到共产党员与普通民众的区别时指出，共产党员与普通人是不一样的，他们本身就具有先进性；只有党员有先进性，我们的党才有威信。最后，张云飞老师以其独特的视角为我们分析了《中国共产党章程》的文本，结合具体案例解析党章的具体条例，语言诙谐幽默却又发人深省。在师生互动环节，同学们就老师们提出的问题进行了深入的讨论，本次读书会在热烈的掌声中圆满结束。

第三十七期 “红色旋律”读书会 美国人怎么看中国
——读基辛格的《论中国》

2015 年 10 月 28 日晚 7：30 在人文馆 501，魏黎波、李晔和王华三位老师主讲了第三十七期“红色旋律”读书会。本期读书会以“美国人怎么看中国——读基辛格的《论中国》”为主题。首先，李晔老师介绍了举办读书会的重要意义，并结合本期读书会的主题详细介绍了基辛格《论中国》一书的主要章节和内容，阐述了作为美国人的基辛格对中国的基本态度，并重点推荐了其中有关《孙子兵法》等内容的精彩章节。然后，魏黎波老师根据自己的亲身经历和感受还原了美国人眼中的中国：安全系数极高、拥有灿烂文化和美食，同时也缺乏社会公德意识、“民主”意识相对薄弱，等等。最后，王华老师结合自己的研究方向和《论中国》一书，解读了美国式民主与中国式民主的差异，分析了基辛格的家庭环境对其世界观的树立所产生的巨大影响。在师生问答环节，老师们专业而又不失风趣地解答了同学们提出的问题，本次读书会在热烈的掌声中结束。

第三十八期 “红色旋律”读书会 毛泽东的问题意识
——读《毛泽东选集》（1～4 卷）

2015 年 11 月 25 日晚 7：30 在人文馆 501，陈步伟、齐凯君和李晔三位老师主讲了第三十八期“红色旋律”读书会。本期读书会以“毛泽东的问题意识——读《毛泽东选集》（1～4 卷）”为主题。首先，陈步伟老师结合当前中国发展的现状阐述了选题缘由。陈老师认为“问题意识”包括观察（提出）问题、分析问题、解决问题三个阶段；问题的提出源于对现状的沉思，对既有论断的反思，更是对未来趋势的展望。陈老师结合《毛泽东选集》中的具体内容深入讲解了毛泽东同志分析问题的五个方法，即阶级分析方法、历史分析方法、经济（利益）分析方法、矛盾分析方法、实践分析方法。他指出，探求“问题意识”的目的就是以问题为指导来分析中国问题、解决中国问题，构建中国气派的话语范式。随后，李晔老师通过讲述自己和《毛泽东选集》之间的感人故事来勉励青年学子，并分析了《为人民服务》《纪念白求恩》《愚公移山》的精神内涵。最后，齐凯君老师着重分析了《论持久战》一文，告诉我们要回到那个时代去体会文章的价值，同时告诫我们在这个喧嚣的时代要静心读书，不忘初心。在师生讨论环节，老师们就同学们提出的问题进行了深刻的解答，语言幽默风趣。本次读书会在热烈的掌声中圆满结束。

第三十九期 "红色旋律"读书会 中国人怎样看待洋节日

2015年12月16日晚7∶30在人文馆501，魏忠强、颜世晔和葛亚坤三位老师主讲了第三十九期"红色旋律"读书会。本期读书会以"中国人怎样看待洋节日"为主题。首先，魏忠强老师围绕这次主题向同学们推荐了《中华传统节庆文化研究》《中外传统节日》《中国节庆》《闲聊美国节日的历史和文化》等书。其次，魏老师详细介绍了中、西方的主要节日，并从节日的名称、起源以及文化价值等方面分析了中西方节日的差异。针对国人热衷于过洋节日的现状，魏老师认为这源于文化失衡问题，即西方的经济强势和中国本土文化在社会变革中受重视程度不够。颜世晔老师分析了年轻人喜欢过西方节日的原因，以及过西方节日给他们带来的"精神享受"。葛亚坤老师指出，传统节日的未来不仅在于如何应对西方节日的冲击，更在于自身的发展与革新。在师生讨论环节，老师们就同学们提出的问题进行了深入的讨论。

第四十期 "红色旋律"读书会 科学精神与人文情怀——读《钱学森传》

2016年3月16日晚7∶30在人文馆501，孙金生、葛亚坤和李晔老师主讲了第四十期"红色旋律"读书会。本期读书会以"科学精神与人文情怀——读《钱学森传》"为主题。首先，孙金生老师高度肯定了钱学森的优秀品质，即求真务实的科学精神、治学严谨的科学态度、勤奋坚强的意志品质和广纳天下的胸怀。孙老师用诚挚的语言教导青年学子要向钱学森学习，心系祖国、建设国家。其次，葛亚坤老师从赤子之心、好学不倦、幸福家庭、执着能干四个方面入手，简要介绍了钱学森不凡的一生，并从科学精神和人文情怀相融合的角度对其精神品质进行了凝炼，为我们青年学子如何成长为国家需要的复合型人才提供了方向。在现场讨论环节，师生们就大学生的专业选择、理科生和文科生的不同特点、如何培养自己的人文情怀等问题进行了交流，本次读书会在现场热烈的掌声中圆满结束。

第四十一期 “红色旋律”读书会 自信与包容——读《中国人的精神》

2016年4月13日晚7；30在人文馆501，王玉荣、崔冠华和魏忠强三位老师主讲了第四十一期“红色旋律”读书会。本期读书会以“自信与包容——读《中国人的精神》”为主题。首先，王玉荣老师对整本书的内容进行了简要的概括。《中国人的精神》这本书是“晚清怪杰”辜鸿铭的一部具有世界影响的名著，揭示了中国人的精神生活，阐发了中国传统文化的永恒价值。其次，崔冠华老师指出，这本书最值得赞誉的地方就是辜鸿铭先生对“中国人的精神”的赞美，这是一种文化自信的表现，真正的中国人性中存在着心平气和、清醒淡定、成熟笃定、宛如纯钢的气质。最后，魏忠强老师发表了自己的看法，他认为这部巨作有历史前瞻性，改革开放以来，我们一直在强调吸收和借鉴外来文化的优秀成果，却忽视了对本民族文化的继承和发展，而重温这本书，让我们明白了，我们不仅需要对外来优秀文化进行包容，而且要对我们的民族文化充满自信。在讨论环节，同学们纷纷发表了自己的看法，现场气氛融洽。

第四十二期 “红色旋律”读书会 穿越金钱的幻想
——马克思《资本论》导读

2016年5月25日7：30在人文馆501，张云飞、吴建良和王华三位教师主讲了第四十二期“红色旋律”读书会。本期读书会以“穿越金钱的幻象——马克思《资本论》导读”为主题。首先，王华老师对《资本论》的创作过程以及时代背景进行了详细的介绍，深入阐述了自己对《资本论》的理解，并且列举了多本对《资本论》进行解读的书籍，供同学们作进一步的阅读。随后，吴建良老师从《资本论》的意义切入，告诉我们要怀着对原著敬畏之心去阅读；读此书的意义在于运用唯物史观的观点和方法，“把属于人的世界归还给人”，从而为探索具体的物质生产和社会运动规律打下坚实基础。随后，张云飞老师指出，“资本论”三个字具有极大的冲击力，具有极高的含金量，这也是《资本论》的精华所在;《资本论》是马克思主义的精神实质所在，充分体现了批判性和革命性。最后，现场同学围绕"《资本论》与实现全面小康的关系""《资本论》与信仰之间的关系"" 在今天如何阅读马克思主义原著"等问题与三位主讲老师进行了深入的探讨和交流，本次读书会在热烈的掌声中圆满结束。

第四十三期 "红色旋律"读书会 纪念建党95周年·人间正道是沧桑——读金一南《苦难辉煌》

2016年6月22日晚7:30在人文馆501，包巍、齐凯君和颜世晔三位老师主讲了第四十三期"红色旋律"读书会。本期读书会以"纪念建党95周年·人间正道是沧桑——读金一南《苦难辉煌》"为主题。首先，包巍老师介绍了《苦难辉煌》的创作背景和作者的相关资料。其次，包巍老师从《苦难辉煌》"大散文"式的写作方法入手，结合书中的内容，分析了中国共产党韧性的三个来源：第一是信仰的力量；第二是集体智慧的力量；第三是鲜明纪律性和组织性。这些都是中国共产党之所以能够带领中华民族从苦难走向辉煌的重要因素。最后，在师生讨论环节，同学们围绕"纪念建党95周年"这一话题纷纷提出自己的问题和阅读感受，三位主讲老师给予了积极的回应。此次读书会在热烈的掌声中顺利结束。

第四十四期 "红色旋律"读书会 不朽的传奇——读《长征》

2016年10月19日晚7:30在人文馆501，颜世晔、齐凯君和李晔三位老师主讲了第四十四期"红色旋律"读书会。本期读书会以"不朽的传奇——读《长征》"为主题。首先，李晔老师通过肯定长征所体现出来的信仰精神，论证了当代继续传承长征精神的必要性，引出本期的话题。其次，颜世晔老师以"历史上的长征"为题，介绍了几部与长征有关的书籍、影视作品和纪录片，并以军旅作家王树增的《长征》为蓝本，引申出对长征精神的阐述，即信念不移、勇往直前、百折不挠、坚持不懈。最后，齐凯君老师为大家介绍了《人民日报》署名为"任仲平"的文章《铸就我们民族的精神航道》，表达了对长征精神坚持不懈的继承和发扬，并对长征精神在人们心中的重要地位进行了分析。嘉宾观众王建洲老师、李小东老师作了补充发言，表达了各自的认识。在师生讨论环节，五位老师同现场同学们就本次主题及相关内容进行了深入的交流与探讨。

第四十五期 “红色旋律”读书会 倾听历史之谜背后的英雄主义挽歌——读福山的《历史的终结及最后之人》

2016 年 11 月 30 日晚 7：30 在人文馆 501，王华、陈步伟和金玉秋三位老师主讲了第四十五期“红色旋律”读书会。本期读书会以“倾听历史之谜背后的英雄主义挽歌——读福山的《历史的终结及最后之人》”为主题。首先，王华老师简单介绍了《历史的终结及最后之人》一书的作者弗朗西斯·福山及其思想渊源，指出其所谓历史的终结是指到目前为止所能找到的最完美的政治制度框架，并分析了福山认为历史会终结于自由民主制度的观点深受科耶夫的影响。王华老师认为福山没有真正读懂马克思，对马克思存在着诸多误解。随后，陈步伟老师对王华老师的讲解作了补充，从总体上介绍了历史的逻辑性，对福山认为资本主义制度是不可超越的观点进行了批判分析，并谈了自己对欲望、理性及激情的认识。此外，金玉秋老师和特约而至的魏黎波老师结合中国现状也作了凝练的讲述。在现场讨论环节，师生们就人性本源与人的激情等问题进行了深入透彻的交流，本次读书会在现场热烈的掌声中圆满结束。

第四十六期 “红色旋律”读书会 追星那些事——打开追星的正确方式

2017 年 3 月 29 日晚 7：30 在人文馆 501，颜世晔、张云飞两位老师主讲了第四十六期“红色旋律”读书会。本期读书会以“追星那些事——打开追星的正确方式”为主题。首先，颜世晔老师向同学们介绍了目前在青少年中存在盲目追星的现象，并分析了盲目追星的心理因素。其次，颜世晔老师分析了盲目追星的三大危害：其一，花费大量的时间和精力，给日常生活造成不良影响；其二，会使人出现心理问题，盲目追星，把偶像作为精神寄托，会导致精神恍惚，心理失去平衡；其三，不利于青年人形成正确的价值观。最后，张云飞老师指出，年轻人必须要做到以下几点：其一，不要盲目追星，真正值得你崇拜的人绝非那些徒有其表的人，他们应该是具有高尚的人品和超凡气度的人，他们不仅能吸引你的目光，还能震撼你的心灵。其二，不要疯狂追星，青年人的时间宝贵，生活费用也是父母的辛勤劳动所得，不要将时间和金钱滥花在追星上，更不能将追星当成自己的一种生活方式。其三，要善于从那些真正值得我们崇拜的偶像身上吸取积极的人生经验，让优秀的偶像成为自己的榜样。读书会结束后，同学们进行了深入交流，此次读书会在热烈的掌声中顺利结束。

第四十七期 “红色旋律”读书会 亘古如生，永怀先哲 ——品读《列宁传》

2017年4月26日晚7：30在人文馆501，陈步伟、吴建良和葛亚坤三位老师主讲了第四十七期“红色旋律”读书会，本期读书会以“亘古如生，永怀先哲——品读《列宁传》”为主题。首先，陈步伟老师首先向我们推荐了《列宁传》一书，并且详细地介绍了列宁波澜壮阔的人生历程，分析了列宁对于马克思主义的创新之处。其次，吴建良老师从哲学的角度解读列宁，指出列宁在哲学方面的造诣奠定了其在政治、经济等各方面理论的基础。最后，葛亚坤老师基于中国历史解读列宁主义，她讲述了列宁主义在中国的传播过程及其对当今中国的重要影响，并介绍了国内有关列宁的学术著作。在现场讨论环节，师生们就列宁以及列宁主义进行了充分探讨，本次读书会在热烈的掌声中圆满结束。

第四十八期 “红色旋律”读书会 抗日战争与民族复兴相关问题

2017年7月5日晚7：30在人文馆502，包巍、李小东和王华三位老师主讲了第四十八期“红色旋律”读书会。本期读书会以“抗日战争与民族复兴相关问题”为主题。首先，包巍老师介绍了“中华民族”一词的由来以及国共两党对此的不同阐释，彰显出了中国共产党在抗日民族统一战线上的独特见解与卓越贡献。其次，李小东老师抛出了“何为民族？何为国家？”的问题，引发大家广泛的思考。李小东老师还从概念上解读了民族与国家的深层意义。正是我们凭借对中华民族的民族认同，中华儿女们由一盘散沙逐渐走向众志成城，最终取得了抗日战争的伟大胜利。最后，王华老师则从西方哲学的角度解释了什么是民族精神以及民族精神的意义所在。在师生互动环节，老师们回答了如何实现民族复兴等多个问题。此次读书会在热烈的掌声中顺利结束。

第四十九期 “红色旋律”读书会 南渡：抗日战争中的大学与大师

2017 年 9 月 13 日晚 7：30 在人文馆 501，魏忠强、李小东和侯卓沅三位老师主讲了第四十九期“红色旋律”读书会。本期读书会以“南渡：抗日战争中的大学与大师”为主题。首先，魏老师介绍了岳南所作《南渡北归》三部曲是纪实文学性质的作品。魏老师提出民国时期知识分子所具有的强烈爱国情怀值得后人学习，同时也应注意到民国知识分子群体彰显出的对“独立精神”“自由思想”的不懈追求。随后，李小东老师指出这部著作中的人物和内容有相当一部分已湮没于历史的风尘之中，在世纪之初，突然将消失的人物与湮没的故事发掘出土，自然使读者眼睛一亮，并抱有对那段往事怀念的温情与敬意。这部以抗战为主轴，反映中国知识分子理想、追求与不同命运的著作，引起了海峡两岸知识分子的共鸣。最后，侯卓沅老师提出当今大学生应当学好专业技能、完善知识结构、筑牢理想信念，将自己的奋斗与民族的振兴密切关联起来。在师生互动环节，老师们与同学们就相关问题展开热烈讨论。

第五十期 “红色旋律”读书会 青春与初心
——品读《习近平的七年知青岁月》

2017 年 11 月 2 日晚 7：30 在人文馆 501，侯卓沅、王建洲和李小东三位老师主讲了第五十期“红色旋律”读书会。本期读书会以“青春与初心——品读《习近平的七年知青岁月》”为主题。首先，侯卓沅老师向大家介绍了《习近平的七年知青岁月》创作背景，通过举例详细向同学们讲述了习近平总书记在梁家河的七年知青岁月。其次，王建洲老师向同学们介绍了习近平知青岁月中所体现的精神品质以及给予我们的启示，一是坚定理想信念，二是铸造吃苦精神，三是时刻不忘学习。最后，李小东老师以新时代的青年为主题，从历史的使命以及新时代大学生的初心和使命两个方面来解读青年人的初心，启示青年一代怎样保持初心。在师生互动环节，老师们回答了同学们围绕"青春与初心"这一话题提出的问题，此次读书会在热烈的掌声中顺利结束。

第五十一期 "红色旋律"读书会 一切坚固的东西都烟消云散了——《共产党宣言》的思想世界

2018年4月12日晚7：00在人文馆501，李晔、李小东和王华三位老师主讲了第五十一期"红色旋律"读书会。本期读书会以"一切坚固的东西都烟消云散了——《共产党宣言》的思想世界"为主题。首先，李晔老师介绍了马克思主义学院红色旋律读书会的活动历程，对本次活动主题作了简单介绍，并和同学们分享了《共产党宣言》文件。其次，李小东老师介绍了《共产党宣言》在中国的传播。中国最开始接触的《共产党宣言》是由日文版翻译过来的，它在中国的发展传播经历了三个阶段：资产阶级革命派的探索阶段、五四运动时期的传播阶段以及《共产党宣言》的最终出版阶段。本书的传入为中国革命道路指明了方向并对中国的发展产生了深刻的影响。然后，王华老师从写作背景、篇章结构、主要观点三个方面对《共产党宣言》的思想世界进行了深入讲解，重点分析了《共产党宣言》的三个观点：有文字记载的全部历史都是阶级斗争的历史；一切等级的和坚固的东西都烟消云散了；每个人的自由发展是一切人自由发展的条件。王华老师以自己身边的事件为例，形象地解读了《共产党宣言》中资本主义的弊端以及对共产主义每个人自由发展的向往。在师生讨论环节，同学们就老师们提出的问题进行了深入的交流讨论，本次读书会在热烈的掌声中圆满结束。

第五十二期 "红色旋律"读书会 行程万里，不忘初心——品读《历史选择了毛泽东》

2018年5月24日晚7：00在人文馆501，侯卓沅、江泉和魏忠强三位老师主讲了第五十二期"红色旋律"读书会。本期读书会以"行程万里，不忘初心——品读《历史选择了毛泽东》”为主题。首先，侯卓沅老师从三个方面简单介绍了《历史选择了毛泽东》一书的推荐理由。侯卓沅老师还分别从建党初期、大革命时期、土地革命时期、全面抗战时期以及解放战争时期五个历史时期对毛泽东的奋斗史进行了深入讲解，然后从个体应该学习毛泽东哪些方面和党应当如何继承和发扬毛泽东思想两个角度进行了总结。其次，魏忠强老师分别从毛泽东与湖湘文化、好学特性、个人性格和传统文化的关系四个方面对毛泽东的人生历程作了分析。魏忠强老师指出毛泽东向来注重调查与实事求是，他热爱读书并从中学会能够作用于现实的内容，因此才能取得如此辉煌的成就。最后，江泉老师提到了毛泽东的凌云之志，他立志改造中国和世界，为将理想变成现实，不畏惧艰难险阻毅然向前，这是一种十分宝贵的奋斗精神。在师生讨论环节，三位主讲老师以及王新华院长、李小东老师就同学们提出的问题进行了深入的交流与探讨。本次读书会在热烈的掌声中圆满结束。

第五十三期 “红色旋律”读书会 强国理论与中国话语
——读《强国时代》

2018 年 6 月 28 日晚 7：00 在人文馆 501，李小东、陈步伟和侯卓沅三位老师主讲了第五十三期“红色旋律”读书会。本期读书会以“强国理论与中国话语——读《强国时代》”为主题。首先，侯卓沅老师对本次读书会的主题进行了简单的介绍。其次，李小东老师讲了党的十九大，做出了中国站在实现强起来新的历史起点的伟大判断，这意味着我国进入了全面建成社会主义现代化强国的新时代。李小东老师还重点以中国话语权越来越重要为主要内容，深入分析了中国不仅要有学术话语权，还要重视政治、经济、科技等各个方面话语权的提升。最后，陈步伟老师分别从主要内容、核心观点及重要启示三个方面对《强国时代》一书进行了系统介绍。在启示方面，陈步伟老师提到要深入理解习近平新时代中国特色社会主义思想的丰富内涵、以强国时代为分析范式可以生发出许多学术生长点以及当前问题是如何在强国时代树立强国形象和强国话语等三个方面。在师生互动环节，三位主讲老师就本次主题及相关内容与同学们进行了深入的交流与探讨，此次读书会在热烈的掌声中顺利结束。

第五十四期 “红色旋律”读书会 读《邓小平时代》——纪念改革开放40周年

2018年10月18日晚7：00在人文馆501，颜世晔、李晓东、王华三位老师主讲了第五十四期“红色旋律”读书会。本期读书会以“读《邓小平时代》——纪念改革开放40周年”为主题。首先，李晔老师对本次读书会主题进行了简单的介绍。颜世晔老师以《邓小平时代》一书的目录为主线从宏观上介绍了书中的主要内容，让我们对邓小平的执政生涯和中国的改革开放有了进一步的了解。其次，李小东老师主要从思想和文化层面解读了中国改革开放对推动社会主义现代化进程的重要作用，重点对改革开放中思想解放下的“传统文化的离异与回归”这一观点进行了深入分析。最后，王华老师主要从哲学的角度针对“传统文化的回归”“物质与精神”“市场经济”等方面发表了自己的见解。此外，师生展开了热烈的讨论，三位老师就本次主题及相关内容进行了深入的交流与探讨，现场气氛热烈。

第五十五期 “红色旋律”读书会 治国理政的传统文化智慧——读《习近平用典》

2018年11月29日晚7：00在人文馆501，魏忠强、崔冠华和颜世晔三位老师主讲了第五十五期“红色旋律”读书会。本期读书会以“治国理政的传统文化智慧——读《习近平用典》”为主题。首先，魏忠强老师分别从简介、评价及高频引用的典故等方面对《习近平用典》进行了分析，并重点对不同时期中国共产党人的传统文化观进行了阐释，提到要以“批判继承、兼容并蓄、创新发展”的态度对待传统文化。其次，崔冠华老师在魏老师讲解的基础上，从中国共产党人的传统文化观的变化、古代王朝更替以及儒家文化的特性三个角度发表了自己的看法。再次，颜世晔老师主要从大学生自身“修身”“笃行”等方面对书中部分典故加以说明，并告诫大学生要做好自身本分的事情。最后，主持人李晔老师对本次读书会的内容作了总结，提出要将马克思主义中国化、将马克思主义与中国优秀传统文化有机结合，真正做到使社会主义核心价值观内化于心、外化于行。在师生讨论环节，四位老师与同学们就本次主题及相关内容进行了深入的交流与探讨。

第五十六期 “红色旋律”读书会 谁主沉浮——毛泽东的人生与哲思

2019 年 4 月 18 日晚 7：00 在人文馆 501，李小东、王华和沈德昌三位老师主讲了第五十六期“红色旋律”读书会。本期读书会以“谁主沉浮——毛泽东的人生与哲思”为主题。老师们带领大家品读了《毛泽东传》《矛盾论》《实践论》。首先，李小东老师从“你眼中的毛泽东是什么形象？”这一问题出发，引发大家的思考，详细讲述了毛泽东从少年求学到投入革命阶段以及晚年的一些重要事件和人生经历，使同学们对毛泽东革命思想的转变和实践有了进一步的了解。继而，王华老师从毛泽东的两篇哲学著作《实践论》与《矛盾论》阐述了毛泽东对矛盾和实践的理解，提到毛泽东坚持“认识来源于实践”这一观点，从自身出发、从中国传统文化出发，理解和发展马克思主义。最后，沈德昌老师从毛泽东的个性与新中国成立后的外交思想两个角度分析了毛泽东不同时期的性格特点，提到毛泽东不拘一格、具有冒险精神这一特征，并倡导大家向毛泽东学习。此外，列席本次读书会的张树明老师提及毛泽东既有宏伟的诗词意向又有用兵作战的谋略，为理解和研究毛泽东提供了启发。在师生互动环节，老师们就本次主题及相关内容与同学们进行了深入的交流与探讨。

第五十七期 “红色旋律”读书会 青年人的家国情怀
——读《五四运动史》

2019 年 6 月 12 日晚 7：00 在人文馆 501，包巍、颜世晔、侯卓沅三位老师主讲了第五十七期“红色旋律”读书会。本期读书会以“青年人的家国情怀——读《五四运动史》”为主题。首先，包巍老师介绍了五四运动的背景和意义，五四运动是新民主主义革命的开端，是中国革命史上划时代的事件。其次，颜世晔老师介绍了《五四运动史》这本著作，它是著名历史学家周策纵先生的代表作，全书分为上、下两编，上编集中细致地描述了五四运动的成因、社会支持力量和发展经过，全面而系统地论述了新文化运动、文学革命以及当时的各种社会政治思潮。最后，侯卓沅老师详细介绍了五四运动的资料，对新式知识分子的社会功能和历史命运进行了深入的分析和研究，对新时代青年了解五四运动、激发爱国主义精神具有重要启迪作用。在师生讨论环节，三位老师与同学们就本次主题及相关内容进行了深入的交流与探讨。

第五十八期 "红色旋律"读书会 纪念李大钊诞辰 130 周年 • 牢记共产党人的初心和使命——重读《我的马克思主义观》

2019 年 10 月 30 日晚 7：30 在人文馆 501，李晔、王华、徐阳三位老师主讲了第五十八期"红色旋律"读书会。本期读书会以"纪念李大钊诞辰 130 周年 • 牢记共产党人的初心和使命——重读《我的马克思主义观》"为主题。首先，李晔老师说明历史上的昨天多么的不同寻常，2019 年 10 月 29 日，是中国共产党的主要创始人之一李大钊先生诞辰 130 周年纪念日。李大钊先生为中国共产党人作出了表率，他的革命思想、崇高精神、伟大人格值得我们永远学习。其次，王华老师介绍了李大钊先生不仅是信仰坚定、对党忠诚的表率，也是坚守初心、为民造福的表率。他将毕生精力都献给了为"中国人民谋幸福、为中华民族谋复兴"的伟大事业。最后，徐阳老师对李大钊的一生进行总结，李大钊先生短暂的一生孕育着伟大和崇高。在师生讨论环节，三位老师与同学们就本次主题及相关内容进行了深入的交流与探讨。

第五十九期"红色旋律"读书会 不忘初心——跟随习总书记重读《共产党宣言》

2019 年 11 月 27 日晚 7：30 在人文馆 501，王华、张云飞、张亚娜三位老师主讲了第五十九期"红色旋律"读书会。本期读书会以"不忘初心——跟随习总书记重读《共产党宣言》"为主题。首先，王华老师介绍了《共产党宣言》这本书对于中国的影响力。自 1848 年 2 月问世以来，《共产党宣言》已被译成 200 多种文字出版数千个版本。这本书影响了一代又一代的中国共产党人。他们在这本书的启示下，改变了中国的命运、中华民族的命运。其次，张云飞老师指出习近平总书记在十九届中央政治局第五次集体学习时的重要讲话——《学习马克思主义基本理论是共产党人的必修课》，为我们解答了为何在当今中国，

《共产党宣言》仍有如此重要的地位。最后，张亚娜老师就如何深刻认识《共产党宣言》的重大理论贡献和如何理解《共产党宣言》提出的唯物史观、无产阶级历史使命、共产主义新社会、人的全面发展、世界市场等一些重要思想在人类思想史上所具有革命性、开创性、突破性意义表达了自己的观点。在师生讨论环节，三位老师与同学们就本次主题及相关内容进行了深入的交流与探讨。

红色旋律

影苑

第一期 “红色旋律”影苑 以“历史洪流中的大浪淘沙”为主题评《大浪淘沙》

2011 年 3 月 18 日晚 7：30 在东校区三教 213，魏黎波老师主讲了第一期“红色旋律”影苑。本期影苑以“历史洪流中的大浪淘沙”为主题。魏老师对影片《大浪淘沙》进行了点评。首先，魏老师讲解了五四时期知识分子和青年们所走的不同道路。波澜壮阔的“五四运动”把数以万计的青年学生汇聚在一起，英勇地出现于革命的潮头。但是，由于参加者有着不同的政治要求和人生理想，随着政治形势的急骤变化，潮流的涨落，这些人很快就发生了分化，走上了不同的道路。随后，魏老师引用了电影中的经典台词：“滔滔滚滚的潮流，实非现在资本家的政府所能防遏得住的，将来的环球，必是赤旗的世界”并指出，其中许多知识分子都对革命的未来充满了信心。他们积极投身于工农群众之中，参加革命活动，并与形形色色的社会主义敌人进行了斗争。他们甘做革命洪流中的一朵浪花，随着革命洪流，奔腾向前。后来他们成为我国北方共产主义运动中最早的一批成员和奠基者，成为我们党的伟大的无产阶级革命家。最后，魏老师启发大家，要有坚定的科学信仰，继承“五四”的光荣传统，在社会主义现代化建设道路上继续勇往直前。影评结束后，同学们围绕电影与魏老师进行了深入的交流，此次影苑在热烈的掌声中顺利结束。

第二期 “红色旋律”影苑 以“典型的主旋律”为主题评《惊沙》

2011 年 4 月 1 日晚 7：30 在人文馆 502，王玉荣老师主讲了第二期“红色旋律”影苑。本期影苑以“典型的主旋律”为主题。王玉荣老师对影片《惊沙》进行了点评。首先，王玉荣老师介绍了影片的时代背景，作为一部典型的树碑立传式的主旋律教育片，整部片子的基调、颜色和西路军的悲壮遭遇很是相配，本片灰头土脸、衣衫褴褛的外表下坚毅决绝的红军将士更是符合历史真实。其次，王玉荣老师分析了影片最让人感动的几个片段，例如：山西民工韩三明的眼睛传递出三峡的生活气息，巾帼英雄桂芳，尽管怀孕了也奋勇战斗，为了胜利，不惜牺牲自己的性命以及肚子里仅三个月的孩子，最终英勇就义等情节。最后，王玉荣老师以电影《惊沙》的影评为切入点，深度剖析了安战军所导演的《惊沙》隐含的社会意义，此部电影成功地表现了红军西路军将士顽强杀敌、奋战到底的不屈精神，体现了那种有我无敌、视死如归的钢铁意志。此外，师生展开了热烈的讨论，大家深刻地感受到新时代生活的来之不易，表示将会更加珍惜先烈们用鲜血换来的美好生活。影评结束后，同学们围绕电影与王玉荣老师进行了深入的交流，此次影苑在热烈的掌声中顺利结束。

第三期 “红色旋律”影苑 以“典型的主旋律”为主题评《惊沙》

2011 年 4 月 8 日晚 7：30 在东校区三教 213，王玉荣老师主评了第三期“红色旋律”影苑《惊沙》，本期影苑以“典型的主旋律”为主题。首先，王玉荣老师歌颂了西路军的精神——坚定不移的理想信念，忠贞不渝的政治情操，如钢似铁的革命意志和英勇顽强、有我无敌、勇于牺牲、一往无前的革命主义气概。其次，王玉荣老师分享了影片中让自己最难忘的一句台词“战场上只有战士和烈士，没有伤员”。这体现了革命前辈对胜利的渴望和一种忘我的精神，王老师指出，我们生活在和平年代，虽然没有经历过那种战火纷飞的场面，但是我们不能忘记革命先辈们为我们安定生活所作出的贡献。最后，同学们对影片进行了热烈的讨论，并纷纷表达了自己的观点和感受，认为生活在和平年代的我们要珍惜这来之不易的幸福，继承革命先烈顽强拼搏、英勇献身的精神，用精神支撑起现在国家的繁荣景象，勤奋学习，努力成才，为国家富强和民族复兴作出自己应有的贡献。影评结束后，同学们围绕着理想与奉献的话题与老师进行了深入的交流，此次影苑在热烈的掌声中顺利结束。

第四期 “红色旋律”影苑 以“敌人从哪里进攻，我们就让他在哪里灭亡”为主题评《太行山上》

2011 年 4 月 22 日晚 7:30 在东校区三教 317，孙金生老师主讲了第四期“红色旋律”影苑。本期影苑以“敌人从哪里进攻，我们就让他在哪里灭亡”为主题。孙老师对影片《太行山上》进行了点评。首先，孙金生老师以抗日战争为背景，通过两次国共合作展示出抗日民族统一战线的正确。其次，孙老师根据历史背景分析了八路军与人民群众的血肉联系，成功塑造了朱德等老一辈革命家的光辉形象，颂扬了战士们与人民群众在抗战中的顽强奋斗和勇于牺牲精神。最后，孙老师分析了平型关大捷、阿明煲战役到击毙阿部规秀中将的黄土岭战役等几次重大战役，正面歌颂了我党领导的武装力量是民族抗日的中流砥柱。影片中军民团结抗日、共同奋斗，使同学们认识到无数革命先烈们抛头颅、洒热血，为中国的和平解放不惜牺牲一切的抗战精神，在当今时代更应该端正态度，明确肩上的重任。在互动讨论环节，师生对爱国问题积极表达自己的看法，共同进行了深入的交流与探讨。

第五期 "红色旋律"影苑 以"敌人从哪里进攻，我们就让他在哪里灭亡"为主题评《太行山上》

2011 年 5 月 6 日晚 7：30 在东校区三教 213，冯圣冰同学主讲了第五期"红色旋律"影苑。本期影苑以"敌人从哪里进攻，我们就让他在哪里灭亡"为主题。冯圣冰同学对电影《太行山上》进行了点评。首先，冯圣冰同学将该电影内容分为平型关大捷、阳明堡战役和击毙阿部规秀中将的黄土岭战役三个部分，讲述了八路军总司令朱德率领刚刚改编完的八路军三个主力师东渡黄河，挺进抗日前线，建立太行山根据地的光辉历程。其次，冯圣冰同学分析了日本帝国主义的野蛮侵略，使中华民族处于生死存亡的严重关头，民族矛盾上升为主要矛盾这一时期的严峻形势。最后，冯圣冰同学深度剖析了韦廉所导演的《太行山上》隐含的社会意义。他指出，中国在面对帝国主义的贪婪、威吓与挑衅的时候，绝不会退缩，它会用自己的意志、用自己的身躯、用中华民族百折不挠的精神抗争到底。影评结束后，同学们围绕该电影以及爱国的话题进行了深入交流，此次影苑在热烈的掌声中顺利结束。

第六期 "红色旋律"影苑 以"拯救人类和平的英雄史诗，闪耀人性光芒的鸿篇巨制"为主题评《东风雨》

2011 年 5 月 20 日晚 7:30 在东校区三教 317，杨文华老师主讲了第六期"红色旋律"影苑。本期影苑以"拯救人类和平的英雄史诗，闪耀人性光芒的鸿篇巨制"为主题。杨文华老师对影片《东风雨》进行了背景介绍与点评。首先，杨文华老师介绍了电影发生的历史背景及相关的真实历史细节。《东风雨》以山雨欲来、暗流涌动的抗战时期老上海为背景，以夺取日军偷袭珍珠港的密件为主线，诠释了谍战工作者为共产主义事业不惜牺牲生命的崇高精神。影片以恢宏的气势、扣人心弦的较量再现了 1941 年在老上海上演的“谍战风云”，具有极强的教育性和艺术感染力。其次，在观看影片的过程中，杨文华老师对影片中难以理解的片段进行了讲解。最后，在影片放映结束后杨老师又作了精彩的点评并高度评价了谍报工作者的牺牲奉献精神。影评结束后，同学们围绕着英雄的话题与老师进行了深入的交流，此次影苑在热烈的掌声中顺利结束。

第七期 “红色旋律”影苑 以“《让子弹飞》中的革命隐喻”为主题评《让子弹飞》

2011 年 6 月 3 日晚 7：30 在东校区四教 108，柴勇老师主讲了第七期“红色旋律”影苑。本期影苑以“《让子弹飞》中的革命隐喻”为主题。柴勇老师对影片《让子弹飞》进行了点评。影片放映开始前，柴老师介绍了影片背景，即影片讲述的是一个发生在北洋年间南部中国“土匪”张牧之发动和领导鹅城人民与恶霸黄四郎斗智斗勇的故事；影片的立意是导演姜文借用这一传奇故事，以他对中国革命理解的独特视角，向人们揭示了革命的必要性，总结了革命的方向和策略，提出并解答了革命胜利之后继续前进的道路问题；影片的主旨是植根于革命历史与社会现实，制作一部非常优秀的红色经典电影。影片放映结束后，柴老师结合中国共产党的革命历程和中国社会的未来道路对剧中的经典台词作了深刻的评析。在师生互动环节，柴老师回答了现场同学关于中国革命历程的多个提问。

第八期 “红色旋律”影苑 以“雷惊天荡震寰宇，书写民族崛起新篇章”为主题评《横空出世》

2011 年 6 月 18 日晚 7：30 在东校区三教 317，谢丽萍老师主讲了第八期“红色旋律”影苑。本期影苑以“雷惊天荡震寰宇，书写民族崛起新篇章”为主题。谢丽萍老师对影片《横空出世》进行了点评。首先，谢丽萍老师介绍了电影的观赏价值及其时代背景。《横空出世》讲述了20世纪中期，在荒无人烟的戈壁滩，一群热血青年在物资极度匮乏、科技水平比较落后的情况下，成功研制出第一颗原子弹的故事。随后，同学们认真观看了影片，并进行了激烈的讨论。大家认为这个影片再现了中国核工业的艰难起步，以高超的技巧诠释了科研人员的敬业精神和中华儿女的坚韧意志，具有极强的教育性和艺术感染力。最后，谢丽萍老师又深刻剖析了主人公的奉献精神，并高度评价了影片所传达出的浓浓的爱国情怀。影评结束后，同学们围绕着民族崛起的话题与老师进行了深入的交流，此次影苑在热烈的掌声中顺利结束。

第九期 “红色旋律”影苑 以“马列主义的高贵信仰”为主题评《建党伟业》

2011年7月1日晚7:30在东校区三教317，王媚老师主讲了第九期“红色旋律”影苑。本期影苑以“马列主义的高贵信仰”为主题。王媚老师对影片《建党伟业》进行了点评。首先，王媚老师为同学们介绍了与电影相关的历史背景，指出该影片所讲述的主要是从1911年辛亥革命后到1921年中国共产党成立这段时间内发生的历史故事。其次，王媚老师指出，该影片主要以毛泽东、李大钊、陈独秀等第一批中国共产党党员为中心，再现了他们为中国共产党成立赴汤蹈火的奉献精神，具有很强的现实教育意义。最后，王媚老师结合现实鼓励大学生要坚定理想信念，勤奋学习，力争成为国家的栋梁之材。影评结束后，同学们围绕电影进行了深入交流，此次影苑在热烈的掌声中顺利结束。

第十期 “红色旋律”影苑 以“铭记历史，缅怀先辈”为主题评《十月围城》

2011年9月16日晚7:30在东校区三教317，刘永志老师主讲了第十期“红色旋律”影苑。本期影苑以“铭记历史，缅怀先辈”为主题。刘永志老师对影片《十月围城》进行了点评。首先，刘永志老师简单介绍了电影的来龙去脉，《十月围城》讲述了1906年，一群来自五湖四海的革命义士，在清政府和英政府的双重高压下，浴血拼搏、保护孙中山的故事。刘老师认为影片以高超的技巧，传神的笔法刻画出了一个个顶天立地的革命豪杰，具有强有力的震撼效果和社会历史意义。其次，刘老师对影片中的人物角色进行了剖析，认为他们“拯中华于危难之际，救万民于愚昧之渊”，这些革命先烈以自己强大的人格魅力唤醒了民众沉睡的意识，值得所有人仰望和铭记。最后，刘老师与现场同学就影片所传达的精神问题进行了深入的讨论，此次影苑在热烈的掌声中顺利结束。

第十一期 “红色旋律”影苑 以“革封建腐朽之命，铸民主共和之魂”为主题评《辛亥革命》

2011 年 10 月 14 日晚 7：30 在东校区三教 317，杨文华老师主讲了第十一期“红色旋律”影苑。本期影苑以“革封建腐朽之命，铸民主共和之魂”为主题，杨文华老师对影片《辛亥革命》进行了点评。首先，影片放映前杨文华老师简单地介绍了电影人物的原型以及该影片的故事梗概。《辛亥革命》再现了同盟会为共和政府的成立而赴汤蹈火的革命精神，以及我们的先驱是如何在一个风雨飘摇、血雨腥风的社会中为我们争取到现在的和平、安详而幸福的生活的，具有较强的现实教育意义和艺术感染力。然后，同学们认真观看影片，并在影片放映结束后进行了激烈的讨论，杨文华老师对同学们所提出的问题进行了一一解答，并鼓励大家要迎难而上、共创辉煌。

第十二期 “红色旋律”影苑 以“体味人间至爱，演绎动人传奇”为主题评《秋之白华》

2011 年 10 月 28 日晚 7:30 在东校区三教 317，王媚老师主讲了第十二期“红色旋律”影苑。本期影苑以“体味人间至爱，演绎动人传奇”为主题。王媚老师对影片《秋之白华》进行了点评。首先，王媚老师在电影放映之前简单介绍了这部电影。《秋之白华》以传奇革命情侣瞿秋白和杨之华浪漫唯美的爱情故事为切入点，着重描绘了瞿秋白传奇而短暂的一生，再现了仁人志士“鞠躬尽瘁，死而后已”的伟大精神，具有一定的艺术感染力和教育意义。其次，王媚老师简要地介绍了瞿秋白和杨之华的传奇一生，他们的故事既是一首美丽而动人的爱情诗，也是一段震憾心灵的革命史。最后，王老师又对瞿、杨之间这段传奇的爱情经历作了深度的剖析，并高度评价了他们敢于牺牲"小我"成全"大我"的奉献精神。影评结束后，同学们围绕着瞿秋白的革命故事与老师进行了深入的交流，此次影苑在热烈的掌声中顺利结束。

第十三期 "红色旋律"影苑 以"观民族振兴之华彩，品大国崛起之荣光"为主题评《飞天》

2011年11月4日晚7：30在东校区三教213，李明超同学主讲了第十三期"红色旋律"影苑。本期影苑以"观民族振兴之华彩，品大国崛起之荣光"为主题。李明超同学对影片《飞天》进行了点评。首先，李明超同学通过影片《飞天》介绍了张天聪作为中国第一代航天员，面对宇航员选拔失利、战友离去和自身年龄偏大等境况，没有放弃飞天梦想，毅然选择留在航天员大队继续拼搏的故事，具有较大的现实意义和较强的感染力。其次，李明超同学通过对于影片的解读，提出民族的振兴是每一位中国人的责任。张天聪始终如一、永不言弃、为了大我而牺牲小我的精神值得我们每一位学习，我们每一个人都应该将个人的梦想与国家、民族的梦想统一起来，并且要能够为了理想目标的实现而百折不挠，勇往直前，不断地进行自我超越。影评结束后，同学们围绕民族振兴问题进行了深入的交流，此次影苑在热烈的掌声中顺利结束。

第十四期 "红色旋律"影苑 以"青春的抉择"为主题评《湘江北去》

2011年11月18日晚7：30在东校区三教213，金玉秋老师主讲了第十四期"红色旋律"影苑。本期影苑以"青春的抉择"为主题。金玉秋老师对影片《湘江北去》进行了点评。首先，金玉秋老师介绍了关于《湘江北去》的时代背景，1918年，中华大地军阀割据，乱象丛生。毛泽东等一批湖南热血青年来到北京，筹备赴法勤工俭学之事。在这里，毛泽东第一次接触了马克思主义。为了声援五四运动爆发之际的北京学生运动，毛泽东等人创立《湘江评论》，一时间轰动全国。其次，金老师介绍了"驱张运动"的前因后果，并指出当年毛泽东对"究竟什么是一条行之有效的救国救民之道"这一问题思考了很长时间。当倡导教育救国的陶斯咏选择了离开、从法国回来的肖子升更加坚定无政府主义、激进的彭璜四处碰壁之时，毛泽东与何叔衡则毅然踏上了赴上海参加中共“一大”的征途。最后，师生展开了热烈的互动讨论，同学们积极参与其中，发表自己的意见，场面十分热烈。

第十五期 “红色旋律”影苑 以“革命因梦想而伟大，民族因信仰而坚强”为主题评《风声》

2011 年 12 月 9 日晚 7：30 在东校区三教 317，王玉荣老师主讲了第十五期“红色旋律”影苑。本期影苑以“革命因梦想而伟大，民族因信仰而坚强”为主题。王玉荣老师对电影《风声》进行了点评。首先，王玉荣老师对这部电影的内容进行了简单的概括。《风声》讲述了 1940 年春，汪伪高官被暗杀，日军展开了对 5 名官员的审查与逼供，面对日本和伪国民政府的严刑拷打，我党地下工作者秉着捍卫国家、打倒敌寇的信念，为中华民族存亡而努力奋斗。其次，王玉荣老师评析了该影片中吴志国这个人物，他认为人有时候的精神力量是强大到无法想象的，尤其是战争时代里的热血青年，因为他们有着常人一般没有的信仰，有着对信仰无限坚持的动力。最后，王玉荣老师呼吁青年学生，内心要长存信仰，对信仰要有一定的追求和坚持，因为只有人民有了信仰，民族才会有希望。影评结束后，同学们围绕着信仰的话题与老师进行了深入的交流，此次影苑在热烈的掌声中顺利结束。

第十六期 “红色旋律”影苑 以“以平凡演绎精彩，用信念缔造感动”为主题评《别拿自己不当干部》

2011 年 12 月 23 日晚 7:30 在东校区三教 317，柴勇老师主讲了第十六期“红色旋律”影苑。本期影苑以“以平凡演绎精彩，用信念缔造感动”为主题。柴勇老师对影片《别拿自己不当干部》进行了点评。首先，柴老师对本次影苑的主题进行了简要介绍。其次，柴老师通过对影片《别拿自己不当干部》进行分析，指出影片没有曲折离奇的情节和惊心动魄的冲突，而是通过白描的手法把发生在某纺织厂工段长王喜身上的几个波澜不惊的故事串连起来。最后，柴老师提到尽管王喜只是一个最小的基层干部，但他时时以干部的标准来衡量和约束自己，朴实而又真挚感人，具有一定的代表性和现实意义。在师生互动环节，柴老师回答了现场同学关于如何成为一个合格的干部的多个提问。

第十七期 “红色旋律”影苑 以“一个人和一个国家”为主题 评《钱学森》

2012年4月16日晚7：30在东校区三教213，魏黎波老师主讲了第十七期“红色旋律”影苑。本期影苑以“一个人和一个国家”为主题。魏立波老师对影片《钱学森》进行了点评。《钱学森》讲述了钱学森青年时期远赴美国求学，学成后回国参加“两弹一星”建设的故事。魏黎波老师从钱学森由美国返回祖国的曲折经历讲起，简要介绍了钱学森坎坷而光荣的一生，高度概括了钱学森的爱国情怀和奉献精神，并寄托了对新时代大学生建设强大国家的希望。在师生互动环节，魏老师回答了现场同学关于爱国的多个提问，现场气氛活跃，本期影苑在热烈的掌声中顺利结束。

第十八期 “红色旋律”影苑 以“快把那炉火烧得通红”为主题 评《钢的琴》

2012年5月18日晚7:30在东校区三教317，柴勇老师主讲了第十八期“红色旋律”影苑。本期影苑以“快把那炉火烧得通红”为主题。柴勇老师对影片《钢的琴》进行了点评。首先，柴老师介绍了以“谁的车床，谁的琴房，谁的狂欢，谁的哀伤”为主题的《钢的琴》内容，即东北某铸造厂下岗工人陈桂林，为了学琴的女儿，被逼无奈，邀集其他的下岗工友一起打造一架钢铁制造的“钢琴”的故事。其次，柴老师从电影中的三次葬礼入手，从阶级的角度深度剖析了片中下岗工人的生存状态，父亲的悲剧，是关于一个阶级的故事，一个酷烈却不可见的时代的背影，一个遭遗忘的年代的神奇再现。最后，柴老师指出《钢的琴》是工人阶级找回昔日尊严的一种尝试，呼吁我们要关注现实、要把握正确的方向，找到自己的“组织”。在师生互动环节，柴老师回答了现场同学关于当时工人阶级发展情况的多个提问。

第十九期 “红色旋律”影苑 以“现代史”为主题评《三峡好人》

2012年6月8日晚7：30在东校区三教213，柴勇老师主持了第十九期“红色旋律”影苑。本期影苑以“现代史”为主题。柴勇老师对影片《三峡好人》进行了点评。首先，柴老师将《三峡好人》分为“烟”“酒”“茶”“糖”四个部分，用现实主义的笔法描述了处于不同阶级的人的生命体验。其次，柴老师分析了山西民工韩三明的眼睛传递出三峡的生活气息以及人们对新生活的自我调适，借此引发人们对奉节人民生活方式的深层次思考。最后，柴老师以《满城尽带黄金甲》为对照，深度剖析了贾樟柯所导演的《三峡好人》隐含的社会意义，并从“家”的角度批判了现代社会对权力、金钱的盲目崇拜，具有一定的社会现实性。在师生互动环节，柴老师回答了现场同学关于现代社会与正确生活方式的多个提问。

第二十期 “红色旋律”影苑 以“最完美的人”为主题评《切·格瓦拉》

2012年9月14日晚7:30在东校区三教213，颜世晔老师主讲了第二十期“红色旋律”影苑。本期影苑以“最完美的人”为主题。颜世晔老师对话剧《切·格瓦拉》进行了点评。首先，颜世晔老师简单介绍了话剧《切·格瓦拉》。这部影片以讨论和讲述的方式再现了埃内斯托·格瓦拉传奇而又短暂的一生，多方位地对当今中国和世界的焦点话题展开辩论，重新唤起了人们对于世界大同的温暖梦想和对弱势群体的关注，并且间接推动了“和谐社会”理念的确立与深入人心。其次，颜老师从“史诗”二字入手，高度评价了话剧《切·格瓦拉》的艺术价值。这部剧以独特的手法勾起观众的情感共鸣，找到了观众情感领域中最为敏感的部位，拨动了观众的心弦。最后，颜老师以“符号”作比，号召我们要向格瓦拉学习那种纯粹、真实的精神。影评结束后，同学们围绕着切·格瓦拉这个人物与老师进行了深入的交流，此次影苑在热烈的掌声中顺利结束。

第二十一期 "红色旋律"影苑 以"一切从未改变"为主题 评《雨水危机》

2012年10月19日晚7：30在东校区三教213，张云飞老师主讲了第二十一期"红色旋律"影苑。本期影苑以"一切从未改变"为主题。张云飞老师对影片《雨水危机》进行了点评。首先，影片放映前张云飞老师从导演、编剧、演员以及故事情节等方面对电影作了详细介绍。其次，张云飞老师给大家介绍了《雨水危机》银幕内外的故事。张老师指出，影片《雨水危机》以戏中戏的形式，把15世纪哥伦布发现美洲后对印第安土著居民采用灭绝政策、进行残酷的压迫，与公元2000年美洲玻利维亚科恰巴班市政府将水资源私有化后，对当地居民进行的疯狂剥削进行了比照，前后跨越500年，事情的结果却如出一辙。放映结束后，张云飞老师又对人物性格进行了深度剖析，并总结出"每个人的自由发展是一切人自由发展的条件"这一深刻结论。在师生互动环节，张老师回答了同学们提出的关于阶级压迫和种族歧视的多个问题，现场气氛热烈，本期影苑活动取得了圆满成功。

第二十二期 "红色旋律"影苑 以"战争的背面"为主题 评《士兵之歌》

2012年11月16日晚7：30在东校区三教213，李海艳老师主讲了第二十二期"红色旋律"影苑。本期影苑以"战争的背面"为主题。李海艳老师对《士兵之歌》进行了点评。首先，李海艳老师着重对影片《士兵之歌》独特的拍摄角度、表达方式以及人物刻画手法方面进行了讲解。其次，李海艳老师通过分析导演"一人一事一线"的结构，让同学们了解到该电影是以主人公阿廖沙探亲途中的所见所闻作为依托，塑造了一个有血有肉的、阳光向上的士兵形象。最后，李海艳老师指出，该电影突破了以往苏联电影塑造英雄人物高大全的特点，改变了苏联主旋律电影以往以典型人物为主角的基调，但是却取得了极大的成功，这非常引人深思，并指出当今的中国导演应从该部影片中吸取经验。在师生互动环节，李老师耐心地解答了同学们提出的系列问题，本次影苑在现场热烈的掌声中顺利结束。

第二十三期 “红色旋律”影苑 以“生命与美丽”为主题评《家园》

2012 年 12 月 7 日晚 7：30 在东校区三教 213，马慧婷、柴勇老师主讲了第二十三期“红色旋律”影苑。本期影苑以“生命与美丽”为主题。马慧婷老师对影片《家园》进行了点评。首先，马慧婷老师介绍了纪录片《家园》的环保题材和主要内容，指出生命和人类相继出现的自然发展历史，以及自人类诞生之日起至今人类活动对地球面貌的改变。其次，马慧婷老师从“家园”“生命”“和谐”“美丽”等词语跟同学们交流了观看影片的感受，进一步为我们解释了十八大中关于美丽中国的含义，进一步提出了对在校的青年学生未来建设美丽中国的新期待。最后，柴勇老师为整个影片作结，他认为造成地球环境现状的根源是对物质的极度追求，而人类的唯一出路便是改变人类的生活方式，鼓励学生从学习红色经典、红色记忆入手，传递红色薪火，开拓红色未来。在师生互动环节，两位老师回答了同学们提出的系列问题，并要求同学们从自我做起，从身边的小事做起，为守护人类共同的家园尽到自己的职责。影评结束后，同学们围绕着生命主题与老师进行了深入的交流，此次影苑在热烈的掌声中顺利结束。

第二十四期 “红色旋律”影苑 以“马克思与奥斯卡”为主题评《少年派的奇幻漂流》《林肯》《逃离德黑兰》

2013 年 4 月 12 日晚 7：30 在人文馆 M303，张云飞、马慧婷、柴勇三位老师主讲了第二十四期“红色旋律”影苑。本期影苑以“马克思与奥斯卡”为主题。张云飞、马慧婷、柴勇三位老师分别对《少年派的奇幻漂流》《林肯》《逃离德黑兰》三部影片进行了点评。首先，在对电影进行点评之前，柴勇老师介绍了新学期“红色旋律”影苑模式的改变：由原来的以放电影为主改成形式更加活泼的以师生相互讨论为主，并介绍了奥斯卡奖的相关常识。其次，马慧婷老师对作为奥斯卡最佳导演奖得主的影片《少年派的奇幻漂流》进行了点评。马老师深入分析了影片的故事发展脉络，并结合其家人的观影感受全面剖析了关于人性的问题。随后，张云飞老师在点评电影《林肯》时指出，《林肯》实则是美国版本的《建国大业》，影片旨在输出美国的价值理念。最后，柴勇老师对影片《逃离德黑兰》进行了点评，他认为这是一部典型的好莱坞式的商业片。他将电影中所谓的“史实”与真正现实作了比较，并指出导演是在避重就轻地谈尊重史实，其实电影的多数内容都是虚构。影评结束后，同学们围绕三部电影与三位老师进行了深入交流，此次影苑在热烈的掌声中顺利结束。

第二十五期 “红色旋律”影苑以“种族与文明”为主题评《阿凡达》《云图》《赛德克巴莱》

2013年5月10日晚7:30在人文馆M303，李海艳、张亚娜、柴勇三位老师主讲了第二十五期“红色旋律”影苑。本期影苑以“种族与文明”为主题。李海艳、张亚娜、柴勇三位老师分别对《阿凡达》《云图》《赛德克巴莱》三部影片进行了点评。首先，李海艳老师以“艺术与现实的反差”为题讲述了她对影片《阿凡达》的观后感，将当今的美国、中国与其历史上的现实进行了对比。其次，张亚娜老师点评了电影《云图》，解析了“洞察人性的光辉”，指出该影片中心线索是“轮回（相似性）”，启示人们反观现实去看地球的未来。最后，柴勇老师点评了电影《赛德克巴莱》，他指出该电影复原史实的意图十分明显，并提出了两种评价文明的方法。在师生互动环节，同学们积极参与了讨论，场面十分热烈。

第二十六期 “红色旋律”影苑以“日常生活中的阶级”为主题评《撞车》《一次别离》《钢的琴》

2013年6月7日晚7:30在人文馆502，王媚、吴建良、柴勇三位老师主讲了第二十六期“红色旋律”影苑。本期影苑以“日常生活中的阶级”为主题。三位老师分别对《撞车》《一次别离》《钢的琴》三部电影进行了点评。首先，王媚老师从“多民族文化”这个角度来评析电影《撞车》。王老师指出，在观看这部影片时希望大家都能从自己的内心检测一下，看看自己有没有类似影片中的心态，洛杉矶这个城市多民族文化碰撞，更容易引发新的冲突。随后，吴建良老师对电影《一次别离》进行了点评，吴老师指出，在这部影片中所出现的角色代表着伊朗社会的绝大多数人，他们处于不同的阶级，有着不可克服的各种矛盾和内在张力，宗教信仰在不同阶层有着不同的影响力，阶层之间也存在着不信任感，伊朗社会存在多重分离。最后，柴勇老师点评了电影《钢的琴》，柴老师指出，我们的社会是由精英和平民组成的，平民不一定是小人物，但小人物一定混在平民里面，平凡中却闪耀着人性的光辉。影评结束后，同学们围绕着电影内容与三位老师进行了深入的交流，此次影苑在热烈的掌声中顺利结束。

第二十七期 “红色旋律”影苑 以“动画里的人类未来”为主题 评《机器人总动员》《千与千寻》

2013 年 6 月 28 日晚 7：30 在人文馆 303，黄娟、柴勇两位老师主讲了第二十七期“红色旋律”影苑。本期影苑以“动画里的人类未来”为主题。两位老师分别对《机器人总动员》《千与千寻》这两部电影进行了点评。 首先，黄娟老师向大家介绍了获奖颇多，且技术上有多项突破的《机器人总动员》，回顾了电影情节、主角情况后，重点分析了这部电影吸引人的原因。其次，柴勇老师采用一张张图片为大家串联起《千与千寻》的整个故事，深刻剖析了宫崎骏表达的贪婪、金钱、劳动及情感主题，并点明沼底、鞋子、名字好几个意象的含义，告诉我们人类不能失去本真，要在不断跋涉中拯救自己。最后，柴老师向大家推荐了八分钟短片《前进！达瓦里希》，认为片中站起来的小女孩代表的是一个集体，前行是真正的救赎之道！在师生互动环节，围绕“问题与主义”“觉悟”“解救”等问题，大家参与讨论十分热烈积极。

第二十八期 “红色旋律”影苑 以“美国梦面面观”为主题 评《拉合尔茶馆的陌生人》

2013 年 10 月 11 日晚 7:30 在人文馆 502，魏忠强老师主讲了第二十八期“红色旋律”影苑。本期影苑以“美国梦面面观”为主题。首先，魏老师介绍了电影《拉合尔茶馆的陌生人》的故事情节，讲述一个巴基斯坦青年追寻美国梦最终破灭的经历。他指出电影中主人公的名字很耐人寻味，男主角昌盖兹的名字暗指"change"，女主角艾丽卡的名字暗指"America"。其次，魏老师分析此影片折射出的问题，美国对于异质文化并非全盘接受，双方在进行浅层交流时由于好奇心理，尚可以相安无事。但是，在进行文化的深层交流时，美国对异质文化的冲突与排斥便会显现出来。美国文化的包容性是形式大于内容。男主角的"二进制思维"，即非黑即白的性格使得他的美国梦最终破碎。最后，魏老师回答了同学们关于美国梦的相关提问。

第二十九期 "红色旋律"影苑 以"贫民窟里的人们"为主题 评《贫民窟里的百万富翁》《上帝之城》《龙须沟》

2013年11月8日晚7：30在人文馆502，张亚娜、杨新宾、柴勇三位老师主讲了第二十九期"红色旋律"影苑。本期影苑以"贫民窟里的人们"为主题。三位老师分别对《贫民窟里的百万富翁》《上帝之城》《龙须沟》这三部影片进行了点评。首先，张亚娜老师分析了电影《贫民窟里的百万富翁》，提出希望在人间，要通过与命运的抗争而救赎自己。其次，杨新宾老师对电影《上帝之城》进行了点评，剖析走出上帝之城，不仅有人人自由平等背后的挫折，还有环境对个人成长的影响，提出抉择既需要智慧，更需要勇气，一个人要对自己的前途负责。最后，柴勇老师点评了电影《龙须沟》，通过"无雨之城"的故事，表达人们对美好生活的期许，得出美好生活需要社会的根本变迁。在师生互动环节，同学们踊跃发言提问，老师们耐心讲解，现场氛围活跃。

第三十期 "红色旋律"影苑 以"法治中国的困惑与跋涉"为主题 评《马背上的法庭》《秋菊打官司》

2013年12月6日晚7：30在人文馆502，马慧婷、柴勇两位老师主讲了第三十期"红色旋律"影苑。本期影苑以"法治中国的困惑与跋涉"为主题。两位老师分别对《马背上的法庭》《秋菊打官司》这两部电影进行了点评。首先，马慧婷老师对电影《马背上的法庭》进行点评，引领同学们共同思考这个真实而感人的故事，分析了中国法治前行中的冲突与艰难，展望中国法治发展的未来。其次，柴勇老师点评了电影《秋菊打官司》，根据影片的诸多细节提出问题："是传统与现代，还是中国与西方？"视角独特，耐人寻味，继而切入主题——如何看待"法治中国的困惑与跋涉"。点评结束后，同学们围绕两部电影发表了自己的观点，并与两位老师进行了深入交流。

第三十一期 "红色旋律"影苑 以"中国武侠国际化中的话语表达"为主题评《英雄》《一代宗师》《卧虎藏龙》

2014 年 3 月 28 日晚 7：30 在人文馆 502，杨新宾、杜鹃、柴勇三位老师主讲了第三十一期"红色旋律"影苑。本期影苑以"中国武侠国际化中的话语表达"为主题。杨新宾、杜鹃、柴勇老师分别对《英雄》《一代宗师》《卧虎藏龙》三部电影进行了点评。首先，杨新宾老师对我们眼中的"侠"和中国历史中的"侠"进行了概括，并总结出了中国"侠"的特点。其次，杜鹃老师在对剧情进行简述后，提出了自己对于中国武侠精神的看法：一部分为"一横一竖"，即反智主义；另一部分则为为民造福，爱护百姓。最后，柴勇老师通过放映《卧虎藏龙》几个小片段，表现出了中国文化的深奥与包容，正是影片这种对中国文化的极致追求才使其获得了西方的认可。此外，在师生互动环节，同学们踊跃发言提问，老师们耐心讲解，现场气氛活跃。

第三十二期 "红色旋律"影苑 以"关于父亲"为主题评《大鱼》《内部拉斯加》《饮食男女》

2014 年 4 月 25 日晚 7：30 在人文馆 502，张汉生、柴勇、李海艳三位老师主讲了第三十二期"红色旋律"影苑。本期影苑以"关于父亲"为主题。三位老师分别对《大鱼》《内部拉斯加》《饮食男女》这三部影片进行了点评。首先，张汉生老师分析了《大鱼》这部电影，以亲情、爱情、生命、梦想为线索，解读了儿子从年少到青年与父亲的关系，并结合自身经历阐述父爱一直在我们身边。其次，柴勇老师对电影《内部拉斯加》进行点评，通过电影中"一张假的百万奖券"展现出父亲与儿子的点滴，以"直到结束，依然是普通人、普通事"概括整部电影，体现出平凡却令人感动的父子之情。最后，李海艳老师点评了电影《饮食男女》，分析了父亲与三个女儿的相处生活，对于"真正的人生中国情结"，李老师从矛盾点入手，在"传统与现代""东方与西方""个人与家庭""道德与欲望"之间解读浓浓的亲情。在互动讨论环节，老师们回答了关于父爱的多个问题。

第三十三期 "红色旋律"影苑 以"灾难面前的我们"为主题 评《美丽人生》《生生长流》《活着》

2014年5月23日晚7：30在人文馆502，包巍、张亚娜、柴勇三位老师主讲了第三十三期"红色旋律"影苑。本期影苑以"灾难面前的我们"为主题。首先，包巍老师对影片《美丽人生》进行了点评。该片讲述的是犹太人圭多一家在纳粹集中营中的生活。在亲情和爱情遭到威胁时，身为意大利人的妻子毅然随犹太人丈夫和儿子去了纳粹集中营生活；在亲情面前，任何事物都是渺小而卑微的，父亲不忍年仅五岁的儿子饱受惊吓，假借游戏之名为爱牺牲生命。包巍老师特意向同学们重新展现了两个片段，并启示同学们在灾难面前要选择坚决与乐观，在亲情和爱情遭到威胁时要勇敢地去保卫它们。其次，张亚娜对影片《生生长流》进行了点评。该片讲述的是导演阿巴斯·基亚罗斯塔米在1990年伊朗大地震后寻找前一部影片主演的故事，故事描写了大地震后，幸存者的日常生活等。张老师认为灾区中的人们有一种乐观和妥协的态度，并引用余华的《活着》向同学们讲述了"人是为了活着本身而活，不是为了活着以外的事而活着"的深刻含义，认为生命本身就是一种力量。最后，柴勇老师对影片《卡桑德拉大桥》进行了点评。该片讲述的是恐怖分子袭击日内瓦的世界卫生组织总部，逃亡时却导致鼠疫病毒在一列火车中蔓延，国际警局为阻止病毒传播使火车改道波兰，途中经过年久失修的卡桑德拉大桥，最终桥毁人亡的故事，柴老师由此提出中西方观念的不同：西方国家遇到灾难时，首先考虑的不是解决灾难而是转移灾难。柴老师认为生命本身是有韧性的，如果有正确的引导，灾难中的人们会团结起来，共同抵抗灾难。在师生互动环节，三位老师回答了现场同学关于灾难与人类的多个问题。

第三十四期 “红色旋律”影苑 以“女人的坚强”为主题 评《时时刻刻》《万箭穿心》《蓝》

2014年6月18日晚7：30在人文馆502室，马慧婷、张云飞、柴勇三位老师主讲了第三十四期“红色旋律”影苑。本期影苑以“女人的坚强”为主题。马慧婷、张云飞、柴勇三位老师分别对《时时刻刻》《万箭穿心》《蓝》这三部影片进行了点评。首先，马慧婷老师以时间为线索对影片《时时刻刻》的故事情节进行了简要的介绍，并提出了一个引人深思的问题：“女人的坚强从何而来？”在马老师看来，女性的坚强主要是来自其自身的价值观、信仰及乐观的心态。其次，张云飞老师认为《万箭穿心》这个故事中的李宝莉面临最多的就是选择：对待丈夫、捉奸、婆婆来了、丈夫跳江之后、找工作、交朋友等方方面面都面临不同的选择，但她一直在向前走。最后，柴勇老师在对影片《蓝》进行了简要的评析后，与同学们深入地讨论了男女平等怎么实现的问题，并指出男女实现平等的关键在于女性要有一定的经济地位。此外，老师们还回答了同学们提出的一系列问题，现场气氛活跃，互动热烈，老师们的点评获得了同学们的阵阵掌声。

第三十五期 “红色旋律”影苑 以“抗战岁月里的老百姓”为主题 评《林家铺子》《四世同堂》《一江春水向东流》

2014年9月26日晚7：30在人文馆502室，陈步伟、齐凯君、柴勇三位老师主讲了第三十五期“红色旋律”影苑。本期影苑以“抗战岁月里的老百姓”为主题。三位老师分别对《林家铺子》《四世同堂》《一江春水向东流》这三部影片进行了点评。首先，陈步伟老师点评了《林家铺子》这部电影，以“利益为上，胆小妥协”来概括林老板的性格特征，提出尊严的实现源于责任的履行、生活的原则是道德底线的坚守这一思考。其次，齐凯君老师分析了电影《四世同堂》，从传统文化中的“家国情怀”入手，指出其既体现了中华民族生生不息的坚韧，同时也体现了民族精神的再造和重生。最后，柴勇老师点评了电影

《一江春水向东流》，指出片中人物的性格特点是由他们的阶级本性和社会地位所决定的，对于历史我们既要站在时代的角度去看待，同时也要回溯到当时去评判。在师生互动环节，三位老师以广博的知识和独到的见解赢得现场同学的阵阵掌声。

第三十六期 "红色旋律"影苑以"香港往事"为主题评《岁月神偷》《麦兜故事》《笼民》

2014年10月31日晚7：30在人文馆502，王媚、张云飞、柴勇三位老师主讲了第三十六期"红色旋律"影苑。本期影苑以"香港往事"为主题。三位老师分别对《岁月神偷》《麦兜故事》《笼民》这三部影片进行了点评。首先，王媚老师点评了电影《岁月神偷》，以女性的视角来透析影片，通过二儿子眼中的家庭变迁说明了香港来之不易的一切都应该被珍惜。故事笑中带泪，也不乏纯美的爱情；影片很悲，却无时无刻不给予我们坚强活下去的勇气。其次，张云飞老师对电影《麦兜故事》进行了点评，分析麦兜的形象代表着香港底层的草根阶层，麦兜的经历展示了香港基层生活的不易，鼓励人们要有梦想，即便会失败，也要像麦兜一样生活。通过影片中中英文混合的台词联系实际，指出香港存在着的中西文化冲突现象。最后，柴勇老师点评了电影《笼民》，通过分析其中主要人物的性格把我们带向影片的更深处，而林警官的公事公办，则让我们看到了香港的一线希望。在师生互动环节，同学们积极表达自己对三部电影的看法，现场气氛活跃。

第三十七期 "红色旋律"影苑以"腐败，我们该对你怎么办？"为主题评《破局》《金钱帝国》《痛击》

2014年11月28日晚7：30在人文馆502，颜世晔、魏忠强、柴勇三位老师主讲了第三十七期"红色旋律"影苑。本期影苑以"腐败，我们该对你怎么办？"为主题。三位老师分别对《破局》《金钱帝国》《痛击》这三部影片进行了点评。首先，颜世晔老师从道德与法律的角度入手点评《破局》这部影片，觉得为官固然需要良心，但是在外界的诱惑下，良心只能是一种相对脆弱的支撑，根本上还是要靠制度来约束。其次，魏忠强老师点评了《金钱帝国》，他从横向和纵向两个角度解析腐败问题。横向，魏老师列举了苏联斯大林时期的“大信封”制度、朝鲜的“礼物政治”这两个例子，其相同点都是收买人心的方式；纵向，魏老师认为这个问题与中华传统“升官发财”的官本位意识息息相关，是中国传统思想文化的惯性。最后，柴勇老师评析影片《痛击》，围绕“如何看待个人英雄主义的反腐”这一话题进行阐释，他认为反腐要充分发挥人民的力量，使人民知晓腐败关乎自身的切实利益并积极投入到反腐中去，而那些个人英雄就是人民的先锋。影评结束后，同学们围绕着腐败的话题与老师进行了深入的交流，此次影苑在热烈的掌声中顺利结束。

第三十八期 “红色旋律”影苑 以“热爱生命”为主题 评《入殓师》《相约星期二》《开心家族》

2014 年 12 月 26 日晚 7：30 在人文馆 502，杜娟、王华、柴勇三位老师主讲了第三十八期“红色旋律”影苑。本期影苑以“热爱生命”为主题。三位老师分别对《入殓师》《相约星期二》《开心家族》这三部影片进行了点评。首先，杜鹃老师以“日本式的非典型死亡观”引出现代世界的典型特征——对死亡的厌恶和漠视。其次，王华老师称赞了老教授对死亡的看法，提出学会死恰是学会如何更好地生。人是一种时间的存在，金钱看似无所不能，可是爱才是永恒的。爱是一种理性的选择，要学会宽容、原谅和倾听，最后，柴勇老师认为活着是一种责任，也是一种生活态度。柴老师通过东西方以鬼神为题材的电影的对比，提出了我们东方电影表达的是情文化，尤其是血浓于水的亲情的观点，这份情才是我们生命的归属。在互动讨论环节，师生对生死问题积极表达自己的看法，三位老师以他们广博的知识和独到的见解赢得了现场同学的阵阵掌声。

第三十九期 “红色旋律”影苑 以“回家过年”为主题 评《一年到头》《过年》

2015 年 3 月 20 日晚 7：30 在人文馆 502，杨新宾、柴勇两位老师主讲了第三十九期“红色旋律”影苑。本期影苑以“回家过年”为主题。两位老师分别对《一年到头》《过年》这两部影片进行了点评。首先，杨新宾老师点评《一年到头》这部影片，他以"乡关何处？"为主题，结合自己的童年经历指出，只有真正背井离乡时，才会体会到"家"的意义；过年、回家，其实春节的纽带就是家庭。其次，柴勇老师对《过年》这部影片进行了点评，他以"年"的由来入手，指明在农耕文明下，年的价值在于实现社会差距的最小化，为了家庭成员的亲近；而在工业化、物质丰富的现代，我们保存并珍惜着那些用双手、用心创造出来的东西，我们要找寻的恰恰是生活最本真的状态。在最后的讨论环节，同学们积极发言，纷纷提出自己对"年"的认识和感受；两位老师对其进行了深度的挖掘和阐释，并以广博的知识和独到的见解赢得了现场同学的阵阵掌声。

第四十期 "红色旋律"影苑 以"机器的革命？"为主题 评《超能陆战队》《我，机器人》《黑客帝国》

2015 年 4 月 17 日晚 7：30 在人文馆 502，王娜、张亚娜、柴勇三位老师主讲了第四十期"红色旋律"影苑。本期影苑以"机器的革命"为主题。三位老师分别对《超能陆战队》《我，机器人》《黑客帝国》这三部影片进行了点评。首先，王娜老师以"现代技术"为评论《超能陆战队》的切入点，提出技术的发展是具有目的指向的强制进步，绝非价值中立。其次，张亚娜老师点评了电影《我，机器人》，分析了人与机器人的不同，机器人是理性的，而且它可以自我进化，提出对于人工智能，我们不应反对，却要小心。最后，柴勇老师对电影《黑客帝国》进行了点评，提到人要"认识自己"，才能脱离工业时代物对人的"控制"。在最后的讨论环节，同学们就"情感与理智""人工智能与人脑的关系"等问题进行了热烈的讨论，三位老师对其一一进行了分析和总结。

第四十一期 "红色旋律"影苑 以"寻找舆论的主人"为主题 评《搜索》《一步之遥》《楚门的世界》

2015 年 5 月 22 日晚 7：30 在人文馆 502，马慧婷、张云飞、柴勇三位老师主讲了第四十一期"红色旋律"影苑。本期影苑以"寻找舆论的主人"为主题。三位老师分别对《搜索》《一步之遥》《楚门的世界》三部影片进行了点评。首先，马慧婷老师对电影《搜索》进行了点评，马老师从分析电影中的“让座事件”切入，指出树立舆论引导者的社会责任感非常重要，切不可因私心而失去道德，要传播正能量。其次，张云飞老师点评了电影《一步之遥》，张老师对影片中“to be or not to be”这句话进行了深度分析，指出舆论的影响至关重要，言语也是一种行动。最后，柴勇老师点评了电影《楚门的世界》，柴老师以片中台词“其实外面的世界跟我给你的世界一样虚假”切入，指出我们需要明辨是非、判断正误、分清主次，站在正确的立场上，对理想信念进行永恒的追求。点评结束后，同学们积极发言，提出问题，三位老师与同学们进行了深入交流。

第四十二期 “红色旋律”影苑 以“神圣的战争”为主题
评《这里的黎明静悄悄》《伊万的童年》《士兵之歌》

2015年6月26日晚7：30在人文馆502，杜娟、吴建良、柴勇三位老师主讲了第四十二期“红色旋律”影苑。本期影苑以“神圣的战争”为主题。杜娟、吴建良、柴勇三位老师分别对《这里的黎明静悄悄》《伊万的童年》《士兵之歌》这三部影片进行了点评。首先，杜娟老师从“战争”与“人道”的角度解读电影《这里的黎明静悄悄》，她指出在战争中，人性的弱点会暴露无遗，但是我们的战士，我们的信仰，永远不会磨灭，并且会照耀我们每一个人。其次，吴建良老师将电影《伊万的童年》的主旨归纳为三个方面，即控诉战争的罪恶、展现人性的美善、反思人类的文明。电影以小见大向我们展现了战争对伊万的摧残，突出战争带给人们的沉痛灾难。最后，在点评电影《士兵之歌》时，柴勇老师认为主人公阿廖沙的经历、意想不到的人物碰撞展现了俄罗斯民族对英雄的尊重与崇拜。在讨论互动环节，同学们积极发言，提出问题，三位老师进行了认真解答，并以他们广博的知识和独到的见解赢得现场同学的阵阵掌声。

第四十三期 “红色旋律”影苑 以“大学时光”为主题
评《我的太阳》《三傻大闹宝莱坞》《力争上游》

2015年10月9日晚7：30在东校区三教213，齐凯君、李海艳、柴勇三位老师主讲了第四十三期“红色旋律”影苑。本期影苑以“大学时光”为主题。

齐凯君、李海艳、柴勇三位老师分别对《三傻大闹宝莱坞》《我的太阳》《力争上游》三部影片进行了点评。首先，齐凯君老师从“共鸣”一词出发对电影《三傻大闹宝莱坞》进行解读，指出应试教育虽然有流水线式的弊端，但它是当前相对公平的人才选拔方式。其次，李海艳老师从三个方面分析了电影《我的太阳》，大学里我们都要面对学习、爱情和求职；但是对此持有的态度不尽相同，因而未来也是不同的。最后，在点评电影《力争上游》时，柴勇老师结合自己的经历分析了电影中哈佛大学的苏格拉底式教学方法，提醒我们在大众创业、万众创新的“众创时代”不能保守，要学会适应，创造自己的价值。此外，同学们积极发言，提出自己大学里的困惑，三位老师结合自己的大学时代一一作了解答，并以幽默的方式和独到的见解赢得了现场同学的阵阵掌声。

第四十四期 “红色旋律”影苑 以“奔跑吧，人生”为主题评《阿甘正传》《罗拉快跑》《小鞋子》

2015 年 11 月 6 日晚 7：30 在人文馆 502，张亚娜、王华、柴勇三位老师主讲了第四十四期“红色旋律”影苑。本期影苑以“奔跑吧，人生”为主题。三位老师分别对《阿甘正传》《罗拉快跑》《小鞋子》三部影片进行了点评。首先，张亚娜老师以分析阿甘奔跑的动力和目标为切入点解读《阿甘正传》，提出在人与命运这一矛盾关系中，我们要一方面不忘初心，坚持目标；另一方面也要做好同命运讲和的准备，用“奔跑”塑造积极的心态。其次，王华老师点评了《罗拉快跑》这部电影，通过罗拉的孤独反映了现实中碎片化的生活和当代人对人生方向模糊迷茫的困局。最后，柴勇老师对电影《小鞋子》进行了点评，指出影片寄托着主人公对真善美的憧憬和向往，启示人们要明确目标、学会感恩、为生活注入活力。在讨论互动环节，同学们积极地提出问题，三位老师进行了认真的解答，以他们广博的知识和独到的见解赢得了现场同学的阵阵掌声。

第四十五期 “红色旋律”影苑 以“罪与罚”为主题评《白日焰火》《烈日灼心》《无间道》

2015 年 12 月 4 日晚 7：30 在人文馆 502，谢丽萍、马慧婷、柴勇三位老师主讲了第四十五期“红色旋律”影苑。本期影苑以“罪与罚”为主题。三位老师分别对《白日焰火》《烈日灼心》《无间道》三部电影进行了点评。首先，谢丽萍老师从“嫌疑、犯罪、感情”的角度出发点评电影《白日焰火》。谢丽萍老师指出遇到事情，如果不能选择正确的方式去处理，就有可能采取更多的错误手段去掩盖；主人公之间的惺惺相惜胜过爱情，白日里的焰火预示着女主角的解脱。其次，马慧婷老师以电影《烈日灼心》中辛晓峰的角色定位为线索，分析了三位年轻人内心的自我惩罚与自我救赎，告诉同学们心中要有法，做人要有底线。最后，柴勇老师详细梳理了电影《无间道》错综复杂的人物关系，通过对“名分”和“无间”的分析阐明了“罪与罚”这一主题的深刻内涵。在现场讨论环节，同学们就三部电影的主题和细节与三位主讲老师进行了交流，现场掌声不断、气氛活跃。

第四十六期 “红色旋律”影苑 以“大圣归来”为主题
评《大闹天宫》《大话西游之大圣娶亲》《西游记之大圣归来》

2016 年 3 月 25 日晚 7：30 在人文馆 502，王娜、马慧婷、张云飞三位老师主讲了第四十六期“红色旋律”影苑。本期影苑以“大圣归来”为主题。三位老师分别对《大闹天宫》《大话西游之大圣娶亲》《西游记之大圣归来》三部影片进行了点评，柴勇老师作为主评嘉宾参与讨论。首先，王娜老师对电影《大闹天宫》进行了点评，王老师指出《大闹天宫》是具有中国民族特色的优秀动画电影，其创作手法运用了大量的民族文化元素，在当时达到了鼓舞人心、彰显时代精神的效果。其次，马慧婷老师点评了电影《大话西游之大圣娶亲》，马老师从“至尊宝的心”和影片中两段经典台词入手，分析了如何认识自己以及如何确立积极的人生态度等问题。最后，张云飞老师点评了电影《西游记之大圣归来》，张老师以“我和别人有什么不同”为主题展开分析，从不同的唐僧、不同的悟空、不同的故事情节三个角度揭示了大圣文化的深厚内涵，同时也对中国动画电影制作技艺的进步进行了肯定。点评结束后，同学们就三部电影的主题和细节与主评老师进行了交流，现场掌声不断、气氛活跃，柴勇老师最后锦上添花，阐释了选择本期三部电影的深远意义，通过大圣的形象展示出了中国在不同年代对梦想的追求。

第四十七期 "红色旋律"影苑 以"读懂规矩"为主题 评《师父》《十二怒汉》《老炮儿》

2016年4月29日晚7：30在人文馆502，李海艳、齐凯君、魏忠强三位老师主讲了第四十七期"红色旋律"影苑。本期影苑以"读懂规矩"为主题。李海艳、齐凯君、魏忠强三位老师分别对《师父》《十二怒汉》《老炮儿》三部影片进行了点评。首先，李海艳老师从中西文化的碰撞、新旧文化的交替入手，认为影片《师父》探讨了规矩与人的关系对"什么样的行为才算守规矩"这一问题进行了充分阐述。其次，齐凯君老师指出，影片《十二怒汉》是对美国陪审团制度的一次特写，通过影片的场景设置和人物群像来突出"规矩"在陪审团制度中的重要地位和作用。最后，魏忠强老师从"新规矩，老规矩"的主题出发，分析了影片《老炮儿》的文本含义，并论述了规矩更迭、接受改变的重要性。同学们围绕"规矩是金钟罩还是紧箍咒"这一问题与三位主讲老师进行了深入的探讨和交流，三位老师对其进行了积极的回应，并以他们独到的见解赢得了现场同学的阵阵掌声。

第四十八期 "红色旋律"影苑 以"青春故事"为主题 评《牯岭街少年杀人事件》《阳光灿烂的日子》《蓝色大门》

2016年5月27日晚7：30人文馆502，王玉荣、张亚娜、杨新宾三位老师主讲了第四十八期"红色旋律"影苑。本期影苑以"青春故事"为主题。三位老师分别对《牯岭街少年杀人事件》《阳光灿烂的日子》《蓝色大门》这三部影片进行了点评。首先，王玉荣老师在点评影片《牯岭街少年杀人事件》时，以1961年台湾的社会状况为切入点，指出人在成长的过程中会受到各方因素的综合影响，不能简单地用善恶对立的方法来评价一个人。其次，张亚娜老师以"寻找青春期的记忆"为主题分析影片《阳光灿烂的日子》，以王朔的《动物凶猛》为蓝本，从矛盾与过渡的青春期、个体命运与社会意识、现实与梦幻的反差三个方面进行阐述。最后，在分析影片《蓝色大门》时，杨新宾老师从蓝色的代表意义出发，指出青春有懵懂与稚嫩、热情与冲动，也有困惑与迷茫，但只有走好脚下的路，才能走向真正的成熟。影评结束后，同学们围绕着青春的话题与老师们进行了深入的交流，此次影苑在热烈的掌声中顺利结束。

第四十九期 “红色旋律”影苑 以“关注家庭”为主题 评《洗澡》《一一》《杀戮》

2016年6月24日晚7：30在人文馆502，王媚、黄娟、王华三位老师主讲了第四十九期“红色旋律”影苑。本期影苑以“关注家庭”为主题。王媚、黄娟、王华三位老师分别对《洗澡》《一一》《杀戮》三部影片进行了点评。首先，王媚老师从“落伍与入时”“温暖与寒冷”“落后与发达”三对矛盾入手来点评影片《洗澡》，分析了影片存在的传统与现代的隔阂，影片最后的结局彰显了传统与温情的回归、价值观的迷失与找寻。其次，黄娟老师从《一一》片名的深刻含义入手，抓住影片所反映的几对矛盾来对现实的家庭困惑进行揭示，如物质富足与精神空虚的矛盾、理想与现实的矛盾、价值观的矛盾等。最后，在分析电影《杀戮》时，王华老师从故事起因入手，分析了“道德与自利”“女权与男权”“暴力与文明”“语言与巴别塔”几对关系在影片中的具体表现，认为当四位主人公在价值观方面的矛盾达到了难以调和的程度时，便成了“杀戮”。影评结束后，同学们围绕三部电影以及家庭的话题与三位老师进行了深入交流，此次影苑在现场热烈的掌声中顺利结束。

第五十期 “红色旋律”影苑 以“2008，读懂”为主题 评《大空头》《资本主义：一个爱情故事》《监守自盗》

2016年10月28日晚7：30在人文馆502，包巍、颜世晔、陈步伟老师主讲了第五十期“红色旋律”影苑。本期影苑以“2008，读懂”为主题。三位老师分别对《大空头》《资本主义：一个爱情故事》《监守自盗》三部影片进行了点评。首先，2008年的金融危机席卷了美国，也波及了全世界，包巍老师从影片《大空头》的剧情入手，由主角们的房地产投机行为扩展到美国的评级证券、金融高管的贪婪腐败，为我们详细分析了美国金融危机爆发的背景，又进一步引申出中国对虚拟经济做出的相应举措，步步深入，引发思考。其次，颜世晔老师在对纪录片《资本主义：一个爱情故事》的讲评中，通过讲述片中主人公的真实原型来反映美国资本家的百态，并结合爱情故事由美好憧憬到矛盾摩擦、思而不得的三个历程详细分析了美国人民对资本主义又爱又恨的矛盾心理。最后，在对电影《监守自盗》的分析中，陈步伟老师以“‘监守自盗’是金融危机产生的根本原因吗”为中心，对金融危机爆发的根本原因进行了学理层面的探讨，并从制度层面提出了应对金融危机的对策，引导同学们运用马克思主义的视角去认识资本主义经济。在师生互动环节，三位老师回答了现场同学关于就资本主义与社会主义经济体制的差异所引出的各种问题。

第五十一期 “红色旋律”影苑 以“乡土中国”为主题
评《碧罗雪山》《天狗》《秋菊打官司》

2016 年 12 月 2 日晚 7：30 在人文馆 502，张亚娜、吴建良、马慧婷三位老师主讲了第五十一期“红色旋律”影苑。本期影苑以“乡土中国”为主题。三位老师分别对《碧罗雪山》《天狗》《秋菊打官司》这三部影片进行了点评。首先，张亚娜老师点评了电影《碧罗雪山》，指出当前我们需要做的是实现传统文明与生态文明的契合，以及共建诗意乡村与田园城市的美丽中国。其次，吴建良老师分析了电影《天狗》，指出李天狗守护山林，也在守护着国家的未来，当地村民前后的态度转变恰是社会转型期矛盾的集中体现。最后，马慧婷老师对电影《秋菊打官司》进行了点评，通过对秋菊和村长形象的立体解析，展现出社会变革转型期出现的矛盾与冲突。在师生讨论环节，同学们围绕本期主题与三位老师进行深入的交流和探讨。

第五十二期 “红色旋律”影苑 以“战争美国”为主题
评《野战排》《拆弹部队》《比利·林恩的中场战事》

2017 年 3 月 31 日晚 7：30 在人文馆 502，葛亚坤、王建洲、齐凯君三位老师主讲了第五十二期“红色旋律”影苑。本期影苑以“战争美国”为主题。三位老师分别对《野战排》《拆弹部队》《比利·林恩的中场战事》这三部影片进行了点评。首先，葛亚坤老师点评了《野战排》这部电影，分析了影片中战争的残酷，反思了战争对人心灵上的伤害，也为我们解决了“战争为谁而战”的迷茫与困惑。其次，王建洲老师对电影《拆弹部队》进行了点评，通过对美国意识形态宣传四种策略的剖析，指出美国为发动伊拉克战争进行道义上的辩护，为陷入各种丑闻的驻伊美军进行形象上的重塑。最后，齐凯君老师分析了电影《比利·林恩的中场战事》，通过繁华秀场与残酷现场的对比，使我们认识到了战争对人们在思想与行为上的异化。影评结束后，同学们围绕三部电影与三位老师进行了深入交流。

第五十三期 “红色旋律”影苑 以“改革·工厂·工人”为主题评《二十四城记》《钢的琴》《别拿自己不当干部》

2017 年 4 月 28 日晚 7：30 在人文馆 502，王媚、李婕、马慧婷三位老师主讲了第五十三期“红色旋律”影苑。本期影苑以“改革·工厂·工人”为主题。三位老师分别对《钢的琴》《别拿自己不当干部》《二十四城记》三部影片进行了点评。首先，王媚老师对电影《钢的琴》进行点评，剖析了剧中工人们锲而不舍、精益求精、勤恳务实的工匠精神。其次，李婕老师分析了《别拿自己不当干部》这部电影，李老师从剧情入手，分析了纺织厂工长有血有肉、一心为民的形象，并从心理学的专业视角剖析了工作地位与工作态度的关系问题。最后，马慧婷老师点评了电影《二十四城记》，马老师结合自身经历，为同学们讲述了国企改革给工人生活带来的变化与影响。点评结束后，同学们围绕三部电影与三位老师进行了深入交流，此次影苑在热烈的掌声中顺利结束。

第五十四期 “红色旋律”影苑 以“面对腐败”为主题评《光荣的愤怒》《我不是潘金莲》《我是植物人》

2017 年 5 月 26 日晚 7：30 在人文馆 502，颜世晔、王华、杨新宾三位老师主讲了第五十四期“红色旋律”影苑。本期影苑以“面对腐败”为主题。三位老师分别对《光荣的愤怒》《我不是潘金莲》《我是植物人》三部影片进行了点评。首先颜世晔老师在分析影片《光荣的愤怒》时，重点谈到了"关于基层反腐"的问题，颜老师用农村腐败数据让我们认识到农村地区腐败问题的严重性，提出"行动让腐败无所遁形"，从多个角度解决基层反腐问题。其次，王华老师从影片《我不是潘金莲》的细节开始讲起，对镜头变换反映现实意义、影片人名极具讽刺等表达了看法，并提出"这是一部思考现代中国政治问题的良心之作"。最后，在分析电影《我是植物人》时，杨新宾老师从"莫让金钱裹挟权力""莫让金钱裹挟道德""换位思考下的意义寻找""亡羊补牢，心灵救赎"四个方面进行深度剖析，希望每个人能够唤醒沉睡中的自己。影评结束后，同学们围绕着现代社会存在的腐败问题与老师们进行了深入的交流，此次影苑在热烈的掌声中顺利结束。

第五十五期 "红色旋律"影苑 以"音乐改变人生"为主题评《放牛班的春天》《四分钟》《欢乐好声音》

2017 年 6 月 23 日晚 7：30 在人文馆 502，李小东、陈步伟、侯卓沅三位老师主持第五十五期"红色旋律"影苑。本期影苑以"音乐改变人生"为主题。三位老师分别对《放牛班的春天》《四分钟》《欢乐好声音》三部影片进行了点评。在影评的一开始，老师们引导大家讨论了音乐与生活的影响以及大家对音乐的认知和热爱。提及《放牛班的春天》时，李小东老师为同学们讲解了她对影片的认知和理解。通过分析老师与学生们用音乐作为桥梁进行交流的故事，告诉同学们艺术是人们心灵交流的最快最有效途径，是灵魂的对话。紧接着陈步伟老师讲解影片《四分钟》。陈老师为同学们再现了女犯人的心路旅程，再现了一个监狱中的心灵饱受压抑的女犯人形象，并指出女主人公在音乐会上的出色演奏，意味着其隐藏于内心的世界已经被打开。侯卓沅老师在评论《欢乐好声音》时真诚地呼吁同学们，要敢于追寻自己内心的梦想并为之不懈奋斗。他指出，青年人也应该向影片中的考拉一样，用自己不懈的努力去证明自己的梦想与实力，将美丽的人生带给绚丽的世界。影评结束后，同学们围绕三部电影以及艺术对人生的启迪等话题与三位老师进行了深入交流。

第五十六期 “红色旋律”影苑 以“铁血荣光”为主题 评《建军大业》《战狼》《湄公河行动》

2017 年 10 月 13 日晚 7：30 在人文馆 502，张汉生、张云飞和李海艳三位老师主讲了第五十六期“红色旋律”影苑。本期影苑以“铁血荣光”为主题。三位老师分别对《湄公河行动》《建军大业》《战狼》这三部影片进行了点评。首先，张汉生老师介绍了《湄公河行动》发生的背景，该片根据“中国船员金三角遇害事件”改编，讲述了一支行动小组为解开中国商船船员遇难所隐藏的阴谋，揪出运毒案件幕后黑手的故事。张汉生老师分析道，该片以夸张的艺术手法，生动展示了弱国无外交、强国才有话语权这一真理，如果中国不强大，糯卡就不会被押到中国来审判。其次，张云飞老师介绍了《建军大业》这部影片，张云飞老师提出了枪杆子是否能压制人心等问题。张老师从赵高的“指鹿为马”等历史事件入手，得出权力即真理或许在一定的时间段内行得通，但枪杆子压制人心肯定是办不到的，而且非暴力不合作在中国是行不通的，这也恰恰是毛泽东从“无血革命”到“枪杆子里出政权”思想的改变。最后，李海艳老师以一句“想说爱你不容易”幽默地表达了《战狼》中所含的爱国之情，当我们没有实力时无法爱国，所以爱国是不容易的，我们只有变强，中国才会变强。而且，这部影片中，最令人感动的不是小情小爱，而是“犯我中华者，虽远必诛”这样的人间大爱！影评结束后，同学们围绕三部电影与三位老师进行了深入交流，此次影苑在现场热烈的掌声中顺利结束。

第五十七期 “红色旋律”影苑 以“大道之行”为主题 评《钱学森》《杨善洲》《忠诚与背叛》

2017 年 11 月 10 日晚 7：30 在人文馆 502，王玉荣、魏忠强、王建洲三位老师主讲了第五十七期“红色旋律”影苑。本期影苑以“大道之行”为主题。三位老师分别对《钱学森》《杨善洲》《忠诚与背叛》三部影片进行了点评。首先，王玉荣老师从科学与良知、科学与艺术、科学与哲学三个方面入手点评影片《钱学森》，在总结他身上具有的爱国主义情怀、奉献精神和创新精神的同时，呼吁我们树立正确世界观与方法论，将逻辑思维与形象思维结合起来，不断充实自己。其次，魏忠强老师另辟蹊径，以杨善洲同志的先进事迹为切入点，从而引出共产党人的理想信念，通过分析儒家士人与共产党的不同，阐释出从“小我”到“大我”的人生境界。最后，在分析影片《忠诚与背叛》时，王建洲老师从事业与责任、信仰与正义、胆识与智慧、纪律与监督、嗜好与生命、苦难与辉煌六个层次揭示出其背后的深刻内涵，或许未来会有许多阻碍，但只有坚定的信仰，我们才能屹立不倒，实现梦想。影评结束后，同学们围绕着道义与老师进行了深入的交流，此次影苑在热烈的掌声中顺利结束。

第五十八期 “红色旋律”影苑 以“亲的暖阳”为主题评《七号房的礼物》《失孤》《摔跤吧！爸爸》

2017 年 12 月 7 日晚 7：30 在人文馆 502，侯卓沅、黄娟、徐阳三位老师主讲了第五十八期“红色旋律”影苑。本期影苑以“亲的暖阳”为主题。三位老师分别对《七号房的礼物》《失孤》《摔跤吧！爸爸》三部影片进行了点评。首先，侯卓沅老师以电影情节为主题，在以时间线索梳理电影的同时融入了自己的观点和感悟，围绕亲情、友情、爱情、正义全面剖析了《七号房的礼物》背后最柔软的爱与正义的守护。其次，黄娟老师主要从人物心理方面分析了《失孤》这部电影，通过分析雷泽宽、曾帅等几个主要人物的心理，深刻剖析了每个人物内心的人生两难，点明了在失孤战争中谁也不是赢家的道理，点出了人性之恶，也彰显了人性之善。最后，徐阳老师从现实层面分析了《摔跤吧！爸爸》，从电影引申到生活，从现实角度深刻剖析了父亲的形象，真正让大家认识到父爱如山的道理。影评结束后，同学们围绕三部电影以及亲情的话题与三位老师进行了深入交流，此次影苑在现场热烈的掌声中顺利结束。

第五十九期 “红色旋律”影苑 以“奋斗是幸福的”为主题评《十八洞村》《无问西东》《叫我第一名》

2018 年 3 月 23 日晚 7：30 在人文馆 502，李婕、颜世晔、杨新宾三位老师主讲了第五十九期“红色旋律”影苑。本期影苑以“奋斗是幸福的”为主题。三位老师分别对《十八洞村》《无问西东》《叫我第一名》这三部影片进行了点评。首先，李婕老师在点评影片《十八洞村》时，提出“何为贫困”“如何扶贫”“扶贫是否应该考虑被扶助者的尊严”三个问题，以不同主人公的经历为切入点，剖析了当代中国农村扶贫工作所遇的困难，并提出了自己的见解。其次，颜世晔老师以“忠于内心的奋斗是幸福的”为主题分析影片《无问西东》，点评以影片四代清华学子的奋斗历程为切入点，告诫我们身为新一代青年，要时刻反思自己的选择。最后，在分析影片《叫我第一名》时，杨新宾老师从不同角度分析了影片主人公布莱德个人奋斗的艰难历程，指出唯有对别人多一份宽容，对自己多一份审视，对理想多一份追求，对生活多一份坚守，方能创造属于自己的辉煌。影评结束后，同学们围绕着奋斗的话题与老师们进行了深入的交流，此次影苑在热烈的掌声中顺利结束。

第六十期 “红色旋律”影苑 以“青春在左，梦想在右”为主题 评《七十七天》《疯狂动物城》《神秘巨星》

2018 年 4 月 26 日晚 7：30 在人文馆 502，王建洲、李海艳、王媚三位老师主讲了第六十期“红色旋律”影苑。本期影苑以“青春在左，梦想在右”为主题。三位老师分别对《七十七天》《疯狂动物城》《神秘巨星》三部影片进行了点评。首先，王建洲老师从电影的简介、剧情、性质和主题四个方面对《七十七天》进行了点评，提出人与动物最大的不同就是人有着强烈意志力的观点。其次，李海艳老师对《疯狂动物城》进行了点评，李老师以“小梦想背后的大梦想”为题，提出了追梦者的标配，即创新意识、执着精神、认真态度、反思品格，并延伸出对理想社会的思考。最后，王媚老师从印度的社会舆论、印度男权至上以及电影中主人公母亲的隐忍三个不同角度分析了电影《神秘巨星》，赞扬了主人公勇于尝试、敢于反抗的精神。影评结束后，同学们围绕三部电影以及梦想的话题与三位老师进行了深入交流，此次影苑在现场热烈的掌声中顺利结束。

第六十一期 "红色旋律"影苑 以"走向复兴的精神密码"为主题评《青年马克思》《血战湘江》《厉害了，我的国》

2018 年 5 月 25 日晚 7：30 在人文馆 502，吴建良、侯卓沅、李小东三位老师主讲了第六十一期"红色旋律"影苑。本期影苑以"走向复兴的精神密码"为主题。三位老师分别对《青年马克思》《血战湘江》《厉害了，我的国》三部影片进行了点评。首先，吴建良老师从马克思与恩格斯的友情、马克思与燕妮的爱情出发，运用哲学批判性思维深入剖析了影片《青年马克思》，为我们呈现了一个平凡而又伟大的马克思。当他人空谈理想主义、虚无主义时，马克思却深刻地认识到了腐朽世界并试图去改变它。马克思为了人类的幸福而不惜牺牲了自己的健康、幸福和家庭。在马克思身上我们能够看到人性的光辉。继而，侯卓沅老师用平实的语言为我们叙述"血战湘江"那一段刻骨铭心的历史。湘江战役由王明"左"倾路线而致，发人深思，启示我们始终要实事求是，一切从实际出发，走自己的路。最后，李小东老师由浅入深，为同学们讲解了影片《厉害了，我的国》，以及在中国奇迹、中国制造不断涌现背后的"创新、协调、绿色、开放、共享"五大新发展理念。在师生互动环节，同学们围绕三部电影以及本期主题与三位老师进行了讨论交流。

第六十二期 "红色旋律"影苑 以"异化・人化：人与科技的对话"为主题评《头号玩家》《月球》《虚拟革命》

2018 年 6 月 29 日晚 7：30 在人文馆 502，任文启、张亚娜、王华三位老师主讲了第六十二期"红色旋律"影苑。本期影苑以"异化・人化：人与科技的对话"为主题。三位老师分别对《头号玩家》《月球》《虚拟革命》这三部影片进行了点评。首先，任文启老师分析了《头号玩家》这部电影，以谷歌眼镜、iPhone 手机、Facebook 等为例介绍了 AR 和 VR，并从世界技术发展史变迁的角度分析了科技的发展进步影响经济发展的过程。其次，张亚娜老师对电影《月球》进行了点评，提出资本的逻辑运作使科技异化，但科技应该关心人的存在并最终回归人本身。最后，王华老师点评了电影《虚拟革命》，从哲学高度分析了随着科学技术的发展，科技异化所带来的一系列问题，指出科技自始至终当从人的需要出发，以造福人类为本位，使科技真正成为人的科技。影评结束后，同学们围绕三部电影与三位老师进行了深入交流。

第六十三期 “红色旋律”影苑 以“历史的隐喻”为主题 评《潘神的迷宫》《回归》《一步之遥》

2018 年 11 月 9 日晚 7：30 在人文馆 502，张亚娜、吴建良、柴勇三位老师主讲了第六十三期“红色旋律”影苑。本期影苑以“历史的隐喻”为主题。三位老师分别对《潘神的迷宫》《回归》《一步之遥》这三部影片进行了点评。首先，张亚娜老师从哲学的角度对电影《潘神的迷宫》进行了点评，分析影片的最终落脚点是慈爱之心和善的寻求，并点明寻求历史本真的重要性。其次，吴建良老师点评了电影《回归》，分析出影片不仅仅是一种父爱的回归，更是对苏联解体后的俄罗斯国家未来发展道路的一种政治隐喻。最后，柴勇老师对《一步之遥》这部电影进行了点评，以系列电影海报入手，结合多个重要情节进行了解读，通过分析影片中的历史隐喻给了现场同学以众多启发。影评结束后，同学们围绕三部电影与三位老师进行了深入交流。

第六十四期 “红色旋律”影苑 以“开启我们的文学情缘”为主题 评《哈姆雷特》《茶馆》《悲惨世界》

2018 年 12 月 7 日晚 7：30 在人文馆 502，张亚娜、李小东、柴勇三位老师主讲了第六十四期“红色旋律”影苑。本期影苑以“开启我们的文学情缘”为主题。三位老师分别对《哈姆雷特》《茶馆》《悲惨世界》三部影片进行了点评。首先，张亚娜老师以“视角的转换”为切入点点评了《哈姆雷特》，分析了不同时期俄罗斯国家的艺术与政治的关系，提出“命运和选择”“内在和外在”“个人和社会”“人的本质”等思考。其次，李小东老师分析了《茶馆》这部电影，以对时代与命运的思考告诫同学们要了解时代，要将个人梦想与国家社会的梦想相结合。最后，柴勇老师点评了电影《悲惨世界》，结合电影中主要群体的具体表现和社会根源，对个体之间的爱与人类社会发展规律的关系等问题展开思考。点评结束后，三位老师与同学们围绕经典著作所反映出的宏大叙事与伟大形象对当代社会发展及人的成长的意义进行了深入交流。

第六十五期 “红色旋律”影苑 以“飞向太空，宇宙无限”为主题 评《火星救援》《2001 太空漫游》《星际穿越》

2018 年 3 月 22 日晚 7：30 在人文馆 502，张亚娜、王华、柴勇三位老师主讲了第六十五期“红色旋律”影苑。本期影苑以“飞向太空，宇宙无限”为主题。三位老师分别对《火星救援》《2001 太空漫游》《星际穿越》这三部影片进行了点评。首先，张亚娜老师从马克思主义关于“人类的本性”的论述出发，对电影《火星救援》进行了点评。张老师指出影片中科学技术的运用体现了工具理性和价值理性的统一、科学精神与人文精神的统一，最后得出了人本身就是目的这一观点。其次，王华老师对电影《2001 太空漫游》进行点评，分析了影片中所体现的人类意识与工具理性的矛盾，指出影片是以后现代的视角对人类理性的沉思，人类的最终归宿是回归自我。最后，柴勇老师点评了《星际穿越》这部电影，以人工智能为例分析了人类与科技之间的关系，以影片中父女亲情说明了人的社会性，引发同学们对人存在的意义的思索。点评结束后，三位老师和同学们围绕科学的诞生与发展、科技与未来社会以及人类社会的发展趋势等问题进行了深入交流。

第六十六期 “红色旋律”影苑 以“面对基因”为主题 评《月球》《千钧一发》《侏罗纪世界》

2019 年 4 月 26 日晚 7：30 在人文馆 502，刘伟、张亚娜、柴勇三位老师主讲了第六十六期“红色旋律”影苑。本期影苑以“面对基因”为主题。三位老师分别对《月球》《千钧一发》《侏罗纪世界》三部影片进行了点评。首先，刘伟老师以“克隆人的自我觉醒”为主题分享了对影片《月球》的思考，从“人是什么”“克隆人是什么”引出影片主人公山姆对“我是谁”“我从哪里来”“我往哪里去”等问题的追问，并结合影片故事情节得出人是目的而不是手段这一结论，最后从哲学的角度总结出人类发展的历史由奴隶的解放、农民的解放、无产阶级的解放再到克隆人的解放这一过程。其次，张亚娜老师以“技术的自主与人性的选择”为主题点评了影片《千钧一发》。张老师通过对影片中各个人物的讲解提出对“技术进步有没有带来更大的自由”“有没有消灭阶级”“有没有带来社会的真正进步”“每个人是否是真正自由而全面的发展”等问题的思考，同时结合贺建奎基因编辑婴儿事件与技术自主论观点进行分析，表示技术的本质是人与自然的实践关系，影片最终表达要回归人的本质即自由自觉的活动。最后，柴勇老师以精彩的电影海报入手，将三部《侏罗纪公园》和两部《侏罗纪世界》结合在一起共同进行讲解。他从恐龙与人类的关系、恐龙基因编辑和人的基因编辑等角度对影片《侏罗纪世界》进行深入解读，并以面对基因技术“制度是否管得住”“伦理是否滞后”“科技是不是随着发现和认识越多越难以掌控”这三个问题引发同学们的思考。影评结束后，同学们围绕人性的核心是什么、人与技术的关系以及科技与未来社会发展等问题与三位老师进行了深入交流。此次影苑在热烈的掌声中顺利结束。

第六十七期 “红色旋律”影苑 以“把最好的青春献给祖国和人民”为主题评《秋之白华》《可爱的中国》《百年情书》

2019 年 6 月 13 日晚 7：30 在人文馆 502，徐阳、马慧婷、柴勇三位老师主讲了第六十七期“红色旋律”影苑。本期影苑以“把最好的青春献给祖国和人民”为主题。三位老师分别对《秋之白华》《可爱的中国》《百年情书》三部影片进行了点评。首先，徐阳老师从三个部分对影片《秋之白华》进行了点评。第一，通过梳理瞿秋白从贫寒学子、政论文章到成为领袖、武装工农，再到从容就义的生平经历，展现了其独特的人格力量；第二，列举了中国共产党人的革命精神，使现场同学对瞿秋白及共产党员的革命意志有了进一步的了解和感悟；第三，以瞿秋白为革命事业甘愿奉献的精神提出新时代青年应该坚定理想信念、坚持四个“正确认识”，并以具体事例告诫同学们要有责任与担当，传承革命精神。其次，马慧婷老师以“信仰”为主题点评影片《可爱的中国》，以方志敏同志三篇文章为基础，结合影片具体故事情节，展现了方志敏同志清贫朴素的生活以及宁死不屈的意志品质，高度肯定了方志敏同志伟大而坚定的信仰，并从当前全面从严治党的现实情况出发，提出共产党员应将政治标准放在首位，要有坚定的信仰。最后，柴勇老师对影片《百年情书》作了深入细致的分析，“少年不望万户侯”的理想抱负、“我去趟香港就回来”的坚定诀别以及为国献身的义无反顾，展现了林觉民视死如归的豪侠气概。同时，柴老师对洋溢着为国尽忠的豪情和难以为父尽孝的悲痛《禀父书》、缠绵与壮烈和豪侠与柔情相交错《与妻书》的深度解读，高度诠释了林觉民为国为民慷慨赴死的家国情怀。影评结束后，同学们围绕革命的诗意及如何坚定信仰等问题与三位老师进行了深入交流。此次影苑在热烈的掌声中顺利结束。

第六十八期 “红色旋律”影苑 以“中国人民从此站起来了”为主题评《决战之后》《横空出世》《周恩来外交风云》

2019年11月22日晚7：30在人文馆502，柴勇、黄娟、齐凯君三位老师主讲了第六十八期“红色旋律”影苑。本期影苑以“中国人民从此站起来了”为主题。三位老师分别对《决战之后》《横空出世》《周恩来外交风云》三部电影进行了点评。首先，柴勇老师以“改造灵魂，塑造新人”为主题点评了影片《决战之后》，通过节选多个电影镜头，以人物介绍为线索，展现中国共产党人用真诚、博大的情怀改造国民党将领，改造昔日里人民的敌人灵魂的故事，并结合史实从地位、基础、能力三方面分析中国人民在中国共产党的领导下为实现人民当家作主所付出的艰辛努力和取得的非凡成就。其次，黄娟老师以“爱国情怀始于心，奉献精神践于行”为主题点评了影片《横空出世》，通过分析影片所处的时代背景，带领大家深入了解原子弹事业进展中的种种困难，分析还原影片中军人们自力更生、艰苦奋斗以及科学家们大力协同、勇于攀登的拳拳报国之心，展现了热爱祖国、无私奉献的中国精神，并以此勉励大家要在新时代成为有理想、有信念的爱国青年。最后，齐凯君老师以“独行快，众行远”为主题点评了影片《周恩来外交风云》，以剖析艺术手法为线索对影片进行了介绍，展示了在周恩来总理参与制定的独立自主的和平外交政策指引下，新中国艰难而又辉煌的外交历史，让同学们了解到周恩来总理非凡的外交能力与温文尔雅的人格魅力。影评结束后同学们围绕弘扬主旋律、坚定理想信念、人民当家作主等问题与三位老师进行了深入的交流与探讨。此次影苑在热烈的掌声中顺利结束。

第六十九期 “红色旋律”影苑 以“在希望的田野上”为主题评《李双双》《咱们的牛百岁》《十八洞村》

2019 年 12 月 20 日晚 7：30 在人文馆 502，李小东、柴勇、杨新宾三位老师主讲了第六十九期“红色旋律”影苑。本期影苑以“在希望的田野上”为主题。三位老师分别对《李双双》《咱们的牛百岁》《十八洞村》三部电影进行了点评。首先，李小东老师以“思想解放、集体与个人”为主题点评了影片《李双双》，通过分析人民公社化时期的历史背景，结合剧中人物的台词，向大家展现了一个勤劳独立、思想解放的新中国劳动女性，并结合农村合作化、集体化的演变历程，深入剖析了集体与个人、大我与小我的内在关系。其次，柴勇老师结合改革开放初期的时代背景点评影片《咱们的牛百岁》，通过节选影片的多个镜头，以影片的故事情节为线索，展示了农村实行联产承包责任制的过程中崭新的社会风貌，并分析指出公有制的深刻内涵，使大家对公有制有了进一步的了解。最后，杨新宾老师以“精准扶贫”为切入点对影片《十八洞村》进行了点评，通过剖析影片拍摄的艺术手法带我们领略当代农村生活现状，展现了国家精准扶贫战略的作用与影响，并总结指出农民、土地、脱贫三者之间密不可分的关系，加深了同学们对于影片的认识。影评结束后，同学们围绕精准扶贫等一系列问题与三位老师进行了深入的交流与探讨。此次影苑在热烈的掌声中顺利结束。

红色旋律

《红色旋律报》

《红色旋律报》宣言

杨绍维（马克思主义学院）

一部乐曲，尽管它可能声部众多，音符繁复，但必有一个主旋律。

一幅画作，尽管它可能色彩斑斓，五光十色，但必有一个主色调。

一篇小说，尽管它可能信息浩瀚，思想重重，但必有一个中心主题。

一条大河，尽管它可能千回百转，左冲右突，但必有一个主流向。

同理，一个社会尽管它可能多元并存，百花齐放，但必有一个统领全局的核心价值体系。

世界是复杂的，往往黑与白混淆，对与错交织，正与误纠结，真与伪交错，善与恶并存，美与丑同在。甚至，狗肉挂羊头以售出，炮弹借糖衣而惑世。

但是，谬误终究不能长久，黑暗必定不能永存！

于是，在这万物萌生的春季，作为社会主义核心价值体系在大学校园的具体展现，《红色旋律报》应运而生了。

《红色旋律报》涉猎的范围——追溯英烈足迹，关注中国发展，注视国际风云，透视复杂人生。

我们的宗旨——宣传真理，反映真实，揭示真相，表达真情。

我们的目标——力求篇篇言之有物，争取人人喜读爱读。

我们的自我要求——不事卖弄，不屑浮夸，不说谎话，不尚浮华。

我们的愿望——争做大学生的知心朋友，构建大学生的精神家园。

早在五四时期，青年毛泽东主编《湘江评论》时就说过："天下者，我们的天下；国家者，我们的国家；社会者，我们的社会。我们不说谁说？我们不干谁干？！"

5月5日，1818年的今天，无产阶级的伟大导师卡尔·马克思诞生了；2011年的今天，《红色旋律报》诞生了。

大学生朋友们，就让我们共同携手，共同努力，共同奏响红色旋律吧！

（本文发表于2011年5月5日第1期《红色旋律报》第一版）

“我是共产党员！”

柴勇（马克思主义学院）

面对“四一二”血淋淋的屠刀，面对围剿黑洞洞的枪口，面对大扫荡明晃晃的刺刀，面对渣滓洞里冒着白烟并呲呲作响的滚烫烙铁，面对上甘岭上疯狂而又掩饰不住内心恐惧的那躲在工事里的机关枪……他们只说一句话：“我是共产党员！”

在看到北京的公共汽车因为缺油都不得不顶着大大的煤气包而失声痛哭时，在寒冬腊月天、吃着冰碴饭却热火朝天地一锤一锤大战狼窝掌时，在放弃城里优裕生活、主动奔赴农村、致力用自己的一生改变山乡落后面貌时，在茫茫戈壁滩上、远离家人、隐姓埋名、白手起家研发原子弹时，在遭受同志的误解、被关押在“牛棚”而依然告诉自己的子女要“相信党中央，相信毛主席”时，在身为地委书记却坚决不让自己的妻儿蹭一口公家的饭、搭一次公家的车、沾自己所任领导职务的一点儿光、坚定地要求妻儿一生留在农村时……他们还是只说那句话：“我是共产党员！”

“我是共产党员！”一句话亮明了一个身份，这身份承载了太重太重的历史；一句话昭示了一种精神，这精神包含了太多太多的感动；一句话体现了一份力量，这力量汇聚在一起让山河动容，令日月增光。

在改革开放取得举世瞩目的重大成就之时，我们也必须看到，一些所谓的“共产党员”顶着这被许多人无比珍视且倍加呵护的光荣而崇高的身份却做着危害祖国、背离人民的罪恶。这群信奉“人不为己，天诛地灭”的败类严重损害着人民的利益，破坏了党在人民群众中的形象。他们也可能会说出“我是共产党员”的话，但在说这句话时，他们的内心不会有一丁点儿的感动、震撼与自豪。这些情感与他们没有丝毫关系。他们对于这句从自己嘴里说出来的话，有的只会是宵小们见不得阳光的嘲笑与猥琐。

自己曾经作过这样的思考：“假如有一天，由于种种原因，我离开了讲台，去从事教学楼的清洁工作，我该如何面对这样的变化呢？我想，如果到那时，我把这份清洁工作为我生命中的一份事业去对待，那么我就是一名合格的共产党员！如果我不能把这份工作视为我的事业，那我就不是一名合格的共产党员！

当你饱含深情地从心底里说出“我是共产党员！”的那一天，就是你成为一名真正的共产党人的那一天！

（本文发表于2011年5月5日第1期《红色旋律报》第二版"惊沙"专栏）

让革命飞

贾凡（文法学院）

姜文的电影《让子弹飞》上映后，引起了广泛关注，大家纷纷对其中的隐喻作出自己的解释，我不再赘述他人的考据，仅仅就其中的革命意向阐述一下自己的观点。

这部电影其实很红，一正一反两大主角隐秘而传奇的身世注定了影片纯正的红色。

我们先来看看这两个人。

张麻子只是土匪吗？当然不是。从他和汤师爷的对话中我们了解到，他早年追随松坡将军（蔡锷），17岁时即为其麾下手枪队队长，是讲武堂出来的。蔡锷何人？民国开国元勋，护国军神。张牧之也算是辛亥革命的老资格了。

黄四郎是什么样的人呢？从他的双胞胎地雷大概可以看出来，他以前也是一个革命者。黄说："二十年前，我和张麻子曾有一面之缘。"而且他们还都对"介错"很熟，说不定都曾远渡过日本，做过革命战友哩！

可是现在的他们产生了分化，张麻子还是一个革命者，黄四郎这个前革命者，成为既得利益者，堕落腐化。也正是辛亥革命的不彻底性，产生了一个权贵代替另一个权贵的闹剧，现在的他又成了阻碍革命的力量。1925年，孙中山溘然长逝，留下的遗嘱浓缩为两句话"革命尚未成功，同志仍需努力"。既然革命未成功，就要继续革命。孙中山继续革命，手段是联俄联共，而张麻子继续革命，目标盯紧了黄四郎。

张麻子在县衙门口举枪怒吼："我来鹅城只办三件事：公平，公平，还是公平！"

半个多世纪之前，黄炎培与毛泽东在延安有一段著名的谈话，后人称之为"窑洞对"。黄炎培提出了一个著名的周期率——"其兴也勃焉，其亡也忽焉"。毛泽东回答说："我们已经找到新路，我们能跳出这周期率。这条新路，就是民主。只有让人民来监督政府，政府才不敢松懈。只有人人起来负责，才不会人亡政息。”

要想真正的公平，就要做到两点。要人人安宁幸福平等，不仅在物质上，而且要在精神上。张麻子说：“皇上都没了，没有人值得你们跪，我也不值你们跪！”可是鹅城人民还是要跪。这是什么？精神上的不革命。

文化的实质是塑造时代做人的标准。在资本主义文化核心“金钱至上”和中国封建腐朽文化核心“权力至上”影响下的鹅城，没有理由能革命得起来。于是老张坐不住了，他有了钱，不走了，发钱，谁穷发给谁。他跟六子的亡魂说：“我必须玩得起！还得玩得赢！”张麻子问黄四郎：“你说钱对我重要，还是你对我重要？”张的一句话透露出了天机：“没有你对我很重要！”他有了更高的目标，他要革命了。

按照群众史观理论分析，人民群众不仅是物质精神财富的创造者，也是社会变革的决定力量。那么这种正义的反抗压迫的力量的最终源泉就在人民群众之中。

张麻子对老汤说：“这个（醒木）不好使，得使这个（枪）。”老张很懂暴力是革命胜利的保障。这就无怪他在街上撒满了银子撒满了枪。

老黄说：“拿银子是贪，拿枪是反！”老张说：“他们为什么交银子？他们怕呀！这怕里有什么？有怒！我一定把他们心里的怒给勾出来！”“没打中？”“不急，让子弹飞一会儿！”

事实证明老张胸有成竹了，自己激化了矛盾，自己筹备了革命，自己提供了导火索，自己又领导人民完成了革命。是鹅城人民用自己手中的枪推翻了黄四郎的腐朽暴政。

西历 1920 年，鹅城人民从此站起来了！

要是没有将公平的思想观念推广到每一个人的心中去，那么革命完成之后，建立政权也只是隔靴搔痒，实质问题没有解决，一切都是徒劳。我们试想，黄四郎是死了，可是在老张走后，保不齐两大家族继续独裁。还记得影片结尾中向远处驶去的火车后门那个白色身影吗？敌人已经追上我们了！夺取政权之后，还要不要革命？答案是肯定的。只有将革命进行到底，持续不断地自我反省与自我提高，才能够保持政权的新鲜性。

毛泽东说：“不要迷信一切！”马列未能看到的、毛邓看到了却尚未彻底解决的问题，要靠我们这一代人来解决！

发现真理和捍卫真理的路途远没有走完。

最后改编一句台词："结束了吗？我怎么觉得才刚刚开始啊！"

（本文发表于2011年5月5日第1期《红色旋律报》第三版"雕刻时光"专栏）

我们背叛了吗

杨绍维（马克思主义学院）

列宁说过，忘记过去就意味着背叛。这句话确实是至理名言。

52年前的春季，中国青年出版社出版了一本书。此书一问世便引起极大的轰动和抢购潮。一时间，整个中国洛阳纸贵，呈现一册难求的空前盛况。

这本书，就是《革命烈士诗抄》。

《革命烈士诗抄》共收录了新民主主义革命时期89位烈士的194首遗诗。诸烈士中，既有李大钊、方志敏、叶挺这样彪炳史册的革命领袖，也有默默无闻的牺牲者；诸诗中，既有"砍头不要紧，只要主义真"这些早就脍炙人口的名篇，也有自面世来长期不为人知的诗作。虽然他们不尽是诗人，它们不尽是珍品，但《诗抄》却造成了空前的轰动。

为什么？

因为，那是一个崇尚革命的时代，那是一个崇尚英雄的时代。革命烈士们坚如磐石的坚定信仰，视死如归的牺牲精神，使得他们的诗作，字字读来都是血，句句都有惊心动魄的感召力、冲击力、震撼力！

为了中华民族的独立，为了中国人民的解放，中国先后牺牲了几千万人。虽然烈士倒下了，但中国人民站起来了。1959年新中国成立十周年时，祖国和人民没有忘记这些烈士。我不知道现在的中国人，是否还记得这些烈士以及他们的不朽诗篇？如果忘记了，那真是莫大的悲哀，我们就真成了忘恩负义之徒，就真是可耻的背叛！

我真怀疑，在很多人只认钱只为自己的今天，在很多人听到"共产主义"字样就发出根本不相信甚至是讥讽的笑声的今天，在有的人公然宣称如果哪一天美国大兵像"解放"伊拉克一样来"解放"中国时他要为美国大兵带路的今天，我们还有多少人记得为人民牺牲的革命烈士和他们的诗作！

50多年前我就拜读过《诗抄》，那是真正的"拜读"。虽然那时我还少不经事，但我年幼的心已受到了巨大的震撼。今年是中国共产党成立90周年，我再次拜读了这本《革命烈士诗抄》。尽管我的心经过半个世纪的沧桑磨砺已变得有些麻木，尽管我已经经受了30多年商品和金钱的侵蚀，但是我心依旧，仍受到极大的震动。除了50多年前的感受外，我还有两点新发现。

首先是烈士们的年轻。80多位烈士，除了少数几个年龄超过40岁，绝大多数都是二三十岁就献出了自己宝贵的生命。

李大钊被绞死时，年仅38岁；

彭湃，壮烈牺牲时仅33岁；

夏明翰，牺牲时年仅28岁；

鲁迅先生专门撰文《为了忘却的记念》追悼的柔石，牺牲时年仅30岁；

临刑前大声朗诵“满天风雪满天愁，革命何须怕断头”的杨超，牺牲时年仅23岁；

中国左翼作家联盟盟员、高呼“我们的前面是世界共产主义”的殷夫，牺牲时年仅22岁；

还有一位女烈士张锦辉，福建永定地区土地革命时期热情的党的红色歌手，牺牲时年仅15岁；

……

二三十岁呀！那是真正的风华正茂啊！我们的心灵不能不为之震颤，我们的热血不能不为之沸腾！他们不热爱生命吗？“芸芸众生，孰不爱生；爱生之极，进而爱群。”（秋瑾女士语）为了“群”，即人民，今天的我们，他们献出了自己的年轻生命。我常想，今天的二三十岁的青年人，在想什么？我们是否忘记了他们？我们是否背叛了他们，背叛了他们为之献出生命的事业？

第二点发现是，《革命烈士诗抄》中的许多诗，竟都是烈士们在敌人刑场上的遗作。

“满天风雪满天愁，革命何须怕断头？留得子胥豪气在，三年归报楚王仇！”这是杨超烈士在刑场上就义时高声朗诵的；

“恨不抗日死，留作今日羞。国破尚如此，我何惜此头。”这是吉鸿昌烈士在刑场上就义前用树枝在雪地上奋笔疾书的；

“打起红旗呼呼响，工农红军有力量；共产党万年走天下，反动派总是不久长。”这是女烈士张锦辉被敌人押赴刑场途中高声朗诵的；

……

面对黑洞洞的枪口，面对血淋淋的屠刀，面对顷刻就要降临的死神，他们是那样的豪情满怀，他们是那样的镇定自若，他们是那样的从容不迫！

他们真正是"对着死亡我放声大笑"（陈然烈士诗），他们真正是"为着共产主义牺牲，为着苏维埃流血，那是我们十分情愿的啊"（方志敏烈士诗）。这是何等崇高的人格，这是何等伟大的品性，这是何等不朽的精神！我不知道，这种人格、品性和精神，在今天的人们中还剩存多少？我不知道，我们是否还记得这些烈士，是否还记得这些烈士的就义诗、绝命诗？如果忘记了，那我们不是背叛是什么？

我校的红色旋律系列活动正在开展"四个一"工程，其中就有"读一部红色题材书籍"。我在此极力推荐《革命烈士诗抄》，并高声呐喊：年轻的朋友们，请读一读这本50多年前的畅销书吧。只要我们人性犹存，只要我们天良未泯，我们肯定会受益匪浅！

因为，我们不会忘记历史；我们不做背叛者！

（本文发表于2011年5月5日第1期《红色旋律报》第四版"饮水思源"专栏）

纪念毛泽东

张伟（文法学院）

"他是冷峻果敢与无限宽容的结合，眼光远大与学究似的注意细节的结合，坚定的意志与极端的敏感的结合，外在的超凡的魅力与内在的谋略的结合。"这是英国作家菲力普·肖特在他的《毛泽东传》中对于毛泽东的评价。1893年12月26日（农历蛇年十一月十九日）毛泽东出生在湖南省长沙府湘潭县韶山冲。他是中国共产党的创始人之一，是人民军队的创建者，是中华人民共和国的缔造者，他被视为现代世界历史中最重要的人物之一。有人说他那一套过时了，对于当今的现代化社会用处不大，而我认为他的思想放之四海而皆准，俟万世而不惑。

一、学生的任务

我们当了这么多年的学生，学生到底有什么用呢？难道学生只是为了个人体面、出人头地而念书吗？有人要问了，那我们要干什么？难道每个人都要关心国家大事，做一个愤青吗？当然不是！毛泽东在青年时代就曾经主张在人民群众与国家文化精英之间形成一种团结一致、休戚相关的感情。而学生的任务正在于此。他当时有一段话来阐释这个过程：“社会之人视学生如耳目，依其指导而得繁荣发展之益；学生视社会之人如手足，凭其辅生而得实施所志之益。久之，社会之人皆学校毕业之人，学校之局部为一时之小学校，社会之全体实为永久之大学校。”由此可以看出，只有学生群体密切联系广大劳苦大众，则我全社会之素质方可提高，只有学生群体不腐化，则我国家必有希望。也正如梁启超所说：“少年强则国强。”

二、民主

“世界是我们的，做事要大家来”，这是毛泽东在担任湖南第一师范附小主事（校长）时，曾写下的一副对联。我们的民主要从小时候抓起，毛泽东在当小学校长时就提倡民主，其实民主也是一种公平。而我们现在的社会呢？小学时谁是班长，很多都是由老师说了算，社会上的托关系、走后门现象就更是屡见不鲜了，这样的环境怎么能在孩子们的心中树立起民主意识？只会让他们见怪不怪，随波逐流。没有民主怎么办？我们要争取民主，如果我们漠然视之，则这个社会永远也不会有真正的公平，永远也不会有真正的正义。

三、责任

严格地说，与多数人相比，毛泽东在为人子、为人父、为人夫、为人兄上做得并不是很好，父母去世时他不在身边，妻子儿女弟妹跟随他闹革命付出了巨大的牺牲。但是他绝对尽到了对人民的责任。所以他特别痛恨贪官，凡是对人民做出伤害的人他都绝不会放过。而我们当代的大学生也应时常反思自己，是不是尽到了各种责任。人活着就要负责，否则不能称之为人。我们肩负着历史与人民给我们的使命与责任，因为我们是中华民族的子孙。

四、气魄

毛泽东的气魄超人，敢与天奋斗，与地奋斗，与人奋斗。这一点从他的诗词中可以体现出来：“自信人生二百年，会当水击三千里”“世上无难事，只要肯登攀”“问苍茫大地，谁主沉浮”“数风流人物，还看今朝”……我们在日常生活中也应培养出一种气魄，一种气度，更加自信。毛泽东在《心之力》中写道：人之心力与体力合成一事，事未有难成者。而我们当前的文化，我们当前的国人似乎都失掉了自信力，失掉了气魄。而另一方面，我们又在犯着小心眼，有才能的人会遭到妒忌，为了一点小利就会有很多人趋之若鹜，争来争去。这种又没气魄又没胸襟的氛围必将给社会带来灾难。

毛泽东一生踏遍了大半个中国，他有过错误，但他对中国劳苦大众的赤子之心是没有错的。正是源于这份赤子之心，使他用一生领导着中国人民取得了民族独立、人民解放与国家富强。今天，我们必须纪念毛泽东，因为如果我们放弃了毛泽东的旗帜，如果我们抛弃了毛泽东的思想，历史的星空将失去北斗星。

（本文发表于2011年12月26日第4期《红色旋律报》第二版）

人，是要有点精神的

高尚（文法学院）

现在有些大学生太“务实”了，还未进入社会，就已经“摸透”了社会。当前世界范围内流行着“接轨”，学生与社会“接轨”也无可厚非，把个人价值与社会需要相结合这是值得肯定的，然而一味地投合社会，就未免有些过了。观今日之大学，除了应付一门门的考试，还有多少人是为追求智慧、追求真知、追求中华之崛起而读书？除了关注影、视、乐坛明星，还有多少人真正地了解王进喜、雷锋、焦裕禄等先进人物的事迹？除了埋头于所谓“有用”的英语、计算机的学习，还有多少人能静下心来品一品经典，读一读名著？除了为获得学分而参加活动，还有多少人在踏实地做一些公益？除了想去得到点什么，还有多少人在试着为这个社会做点什么？除了去“适应”社会，还有多少人在想着改造社会？大学生逐渐变成了投机者，在投社会之机，在投“利益”所好，却失去了对现实的思考。所以，现在的大学里多了些物质，少了些精神。

人，是要有点精神的。大学里有不少这样的学生，他们调侃榜样，鄙视高尚，谈到崇高会嗤之以鼻，甚者还会撇撇嘴，不屑地道“他们是人，不是神”，其潜在的逻辑就是：自私自利的才是人，崇高无私就不是人。我们当然不能把榜样神化，可也见不得一群“苍蝇”去玷污我们的战士，要知道“有缺点的战士终竟是战士，完美的苍蝇也终究不过是苍蝇”。他们之间也“羞于”谈人生、谈理想，一提到人生、理想就觉得矫情、虚伪、难以启齿，仿佛只有站在经济人的立场大喊“我在追求利益最大化”，才合情合理。我们不能把眼睛只盯在“利益”上，还需要学会“务虚”，还要培养一种崇高的精神。在一个缺少务实的年代，空谈精神没有任何意义，不过，在讲究实用的年代，缺乏的恰恰是真正的精神。

蓬勃的朝气，昂扬的斗志，青春的活力，这本该是大学生应有的精神面貌，可是很多人却摆出一种世故老成的姿态，一副洞悉世事规则的面孔，他们从未尝试改变就做出了无奈的妥协，身旁有很多这样的人，他们总是哀叹“唉，这就是现实的社会”……他们少了些青年人应有的精神，少了些年轻人应有的魄力，少了些改造社会与改造世界的冲动。当然，精神理想是高远的，实践的过程是具体的。很多人总爱在做一件事之前，问一问做这事对自己有什么用呢？有没有想过起一大早，到操场上跑上个七八圈，感受一下释放的激情？有没有想过一人漫步在林荫道上，捧着书本静静地享受那一份静谧？有没有想过抓住一处疑惑，思来想去，有着刨根问底的执着？有没有想过三五好友一起爬山踏青，大家席地而坐，品评经典文章，共同探讨人生的智慧？人，是要有点精神的，这精神不是大、虚、空和不着边际的东西，它是一种高昂的激情、一种奋进的思维、一种向上的状态。

希望青年学生不要再谈“精神”色变，不要做一切事只是为了有用而失去了一种情怀、一种精神，一种青年人应有的积极的、热情的、乐观的、向上的精神。

人，是要有点精神的；人绝对不能成为金钱和物欲的奴隶。

（本文发表于2012年5月25日第5期《红色旋律报》第四版“青春似火”专栏）

不能忘却的纪念

郭璐（文法学院）

1999年5月8日，以美国为首的北约对我国驻南斯拉夫大使馆进行了多角度的导弹袭击，造成3人死亡，多人受伤，使馆受到严重毁坏。这种行径是对我国主权的公然挑衅和践踏。事件发生后中国政府立即做出反应，采取了一系列强硬而有效的抗议和反对措施；与此同时，更值得关注的是，中国青年再次涌上历史的潮头，他们自发地组织起来，团结一致，强烈地表达了自己民族的尊严不容侮辱，并且与海外华人相互配合，对美国的野蛮行径进行了严厉的斥责。正义之剑紧握在手，心中怒气直冲霄汉，义正词严，“中国人民应团结起来，抵抗侵略，让世人知道中国人不可欺，中国人不是东亚病夫”！理智与热血在此刻并不矛盾，这正体现出了中国青年强烈的爱国主义思想和坚定的人民立场。中国人民的团结一致、同仇敌忾给美国造成了很大压力，促使它向中国公开道歉并作出必要的赔偿。国家责任、爱国主义情操在当代青年身上展露无遗。当年承载着抗议与强国之梦的BBS演变为今日青年渊集的人民网强国论坛，“百万网民百万兵”，五四精神没有遗失，而是得到了很好的传承。

然而，大使馆的被炸和使馆人员的伤亡却永远遗留在历史的道路上，鲜明而刺眼，像一道永远无法痊愈的伤疤，是每个中国人心中挥之不去的痛楚。历史就是这样无情地向我们展示着“强权即公理”的逻辑，宣扬着“人权高于主权”的普世价值口号就可以肆无忌惮、堂而皇之地践踏、侮辱其他国家和地区的人权和尊严，彻底揭露了以美国为首的北约国际强盗的真实嘴脸。这给当时一些正迷醉于西方国家尤其是美国政治价值理念的中国青年一记耳光，而这耳光恰是来自他们的崇拜对象。于是，青年们清醒了，振奋了，行动起来了，认识到“哪里有压迫，哪里就有反抗”才是历史的最高逻辑。

弱肉强食的达尔文法则和价值观念的普及是强者的有意为之和一厢情愿，这是专门为弱者设计的紧箍咒，让他们承认这样的强盗逻辑，承认作为弱者就应该被无条件地剥削，于是乎便自觉地、“心服口服”地顺下头颅甘当奴隶，甚至当得理直气壮、当得得意扬扬，汉奸文化就此形成。在反抗压迫的历史阶段，他们总是自我标榜为“中立者”“独立者”“理性者”，并对前进的青年进行“莫要激动”“莫要生气”的调和甚至言辞俱厉的批评，俨然真理的守护者，但我们清楚的是，他们已经失去了立场，卸下了责任和担当，骨头已然被奴化的“地沟油”炸得又酥又烂了。

自秦末陈胜振臂一呼“王侯将相宁有种乎”起，反抗压迫的历史斗争就从未停止，20世纪初，当资本主义国家通过世界体系的剥削养肥了国内的贵族阶级时，世界历史前进的重任就已落在了亚非拉等正在受殖民掠夺和压榨的国家身上。亚非拉人民扛起了民族主义的大旗，掀起了反帝反封建的革命运动，推动了世界历史的发展进步。中国共产党领导中国人民实现民族独立人民解放的目标并建立起社会主义制度，开辟了历史的新阶段。在抗议美国轰炸中国驻南使馆的风潮之后，有些西方人士批评这是“狭隘的民族主义行为”。我认为用词不当，应当说这是理性的民族主义与爱国主义的完美结合的表现。在国际还存在着发达国家按照利己主义操纵市场规则、压榨和剥削发展中国家的现象，在西方国家还盛行民族利己主义的意识形态，还在紧锣密鼓地推行文化殖民主义时，发展中国家的民族主义革命就还有其未完成的历史任务，它主张的独立自主，是与帝国主义斗争的重要手段。

以整个国家利益为前提的爱国主义理应高于一切。美国轰炸中国驻南大使馆的影响，无论从行动方面还是从思想认识方面，对我们当代青年人意义重大，它引起了新时代爱国主义的崛起。我们不应忘却、不能忘却，我们要永记，永记这鲜红的血色和沉重的悲哀，为自己、为后人留下一笔宝贵的精神财富。

（本文发表于2012年5月25日第5期《红色旋律报》第三版“铭记”专栏）

大学有道“墙”

柴勇（马克思主义学院）

“我们的一些大学，包括北京大学，正在培养一些‘精致的利己主义者’，他们高智商，世俗，老道，善于表演，懂得配合，更善于利用体制达到自己的目的。这种人一旦掌握权力，比一般的贪官污吏危害更大。”这段北大钱理群教授的话说的正是你我——大学墙中人。

固然，社会大环境用了几十年的时间早已浸润到密度本不尽如人意的象牙塔中。这些高智商人群有着后来居上、赶超社会其他任何领域的强大智力支持乃至物质保障。当个性仅仅源自时尚资讯时，差异消失的本质便是自由的彻底沦丧。异化成为资本逻辑下的癌细胞，无孔不入地涤荡着一切。无所顾忌的同质化令年轻的我们从窒息走向麻木甚至走向自我陶醉。

的确，大学并不危险。社会对它的需求持续猛增，敞阔的校园、崭新的校舍，还有不断扩张的生源，生机勃勃。“越办越好”是大学的时代宿命。可这是我们心中的大学吗？物质的基础，身体的本钱，不可缺少，但我们却都深深感觉到缺了点儿什么……

价值观为每个人提供了角膜，标准化的社会用数量化的标准衡量着一切。我们在调整着自己的焦距，试图让自己跟上时代的“步伐”。数字下的合理渐趋成为“真理”，角膜与晶状体之间的趋同焦距支配下的大脑为我们全身发出指令，一个个由数字累计的“壳子”生产出来。纵使你“终身DIY”，人生的唯一意义依然是资本永不停歇的量变。"人是要有点儿精神的"，我们不愿轻易将这不会再有的几十年交给他人。"要创造人类的幸福，全靠我们自己"，但如果大学都放弃了这最起码的追求，我们就不要再"失望"了。因为大学就是你和我，失望的客体永远不应该是自己！

昨夜10点48分的一条不知姓名的学生短信："……但是的确个体的力量很是薄弱，就像每天在餐厅吃饭，看见一麻袋一麻袋的塑料袋子被装起来，我总感觉对大自然的愧疚，可是我自己选择不用了，丝毫不能改变什么。"

不！你正在改变！改变着自己！改变着大学！改变着社会！笃信之！践行之！鼓动之！坚守之！这就是大学的精神！不是照搬西方的普世价值，不是大而无当的华丽辞藻，不是漂浮，不是玄虚，大学精神很简单，大学精神就是：你我要"做人"！"千教万教，教人求真；千学万学，学做真人""不管风吹浪打，胜似闲庭信步"，这样的大学才是真正的大学，你我才是真正的你我！

万里长城阻挡的是侵略者，而善良人民的交往、劳动财富的交易、优秀文化的交流在万里长城的庇护下欣欣向荣。大学的"墙"不是禁锢我们的象牙塔，它是武器，是与污浊、虚伪、邪恶进行战斗的武器。武器不是对准人民的，武器是为了我们能以一颗更纯净而强大的心扎根社会，服务人民。

昨夜那条短信的结尾："真诚地希望这个社会能在我们每个人的关怀下健康发展。"

筑起大学的那道"墙"，"大学之道，在明明德，在亲民，在止于至善"；筑起大学的那道"墙"，继承"五四"，"担负起天下的兴亡"；筑起大学的那道"墙"，热爱人生，拥抱社会，改造世界！

（本文发表于2012年6月25日第6期《红色旋律报》第三版"惊沙"专栏）

飞得更高

李海艳（马克思主义学院）

非常喜欢汪峰的一首歌——《飞得更高》。喜欢它不只是因为它动听的旋律，更因为它朴实却富有哲理的歌词。每次听这首歌的时候，都像在和一个老朋友倾心交谈。这个朋友既感性又理性，既纯真又成熟，既直面人生又坚守希望。它不只是一首简单的励志歌曲，更像是一篇不卑不亢的人生宣言。当你焦躁烦闷时，它劝说你一定要平心静气；当你受挫不振时，它能重燃你人生的希望之火；当你自甘平庸时，它又提醒你要不断超越自我。

“生命就像一条大河，时而宁静，时而疯狂；现实就像一把枷锁，把我捆住，无法挣脱。这谜样的生活锋利如刀，一次次将我重伤。我知道我要的那种幸福，就在那片更高的天空。”如果你正在抱怨命运的不公平，如果你正在羡慕别人的成功与幸福，如果你正在慨叹理想太丰满，现实太骨感，那就细细品味一下这段歌词吧。

生活其实是公平的，对于每个人来讲，它都不会只有一张笑脸，而是多面且善变的。我们每个人所面对的都是这条时而宁静时而疯狂的生命之河。谁的生活都不可能一帆风顺，谁的命运都不可能一片坦途。谁不曾志得意满享受过生活的甘甜？谁不曾历经坎坷饮尽生活的辛酸？谁不曾年少轻狂指点江山？谁不曾违心背意委曲求全？一样的是生活本身，不一样的是我们对待生活的态度和方式。同样的境遇和不同的行为结合就会产生天壤之别的结果。同样高考落榜，有人一蹶不振，有人再度出征；同样失业下岗，有人怨天尤人，有人从头再来；同样家境优越，有人飞扬跋扈，有人惜老怜贫；同样地位显赫，有人目空一切，有人平易近人。别把自己的失败只托词为命运不济，别把自己的错误完全归咎于生活不公。在任何情况下我们都有一定的选择自由，“没有办法”或者“身不由己”更多的时候只是一种冠冕堂皇的借口，是为了逃避责任或者在明知不可为而为之时求得一种心灵解脱，归根结底是“利”字当头。试想一下，当我们觉得只能这样时是不是我们正执迷于某种利益不肯舍弃呢？我们受限不是因为生活禁锢了我们，而是我们单面化了生活。如果我们能放下这种执迷，就会“退一步海阔天空”。

生活的公平不是仅仅通过例证法就可以认识到，它更需要抽象辩证的思考。生活中会有这样的情况：有人考试作弊没被发现获得高分，有人凭借特殊背景不加努力青云直上，有人无良少德违法犯罪却逍遥自在。相反，有人努力学习诚实答卷结果不及格，有人勤勤恳恳兢兢业业一辈子默默无闻，有人遵纪守法乐于助人反倒官司缠身。但是，我们必须承认，没有一个人能每次考试都作弊成功，没有一个人能永远凭借家庭背景得到承认，没有一个人能一直肆意妄为始终不受制裁。正所谓“常在河边走，哪有不湿鞋”“三十年河东，三十年河西”“法网恢恢，疏而不漏”。而坚持不懈努力诚实的人终将证明自己，勤奋工作踏实奉献的人终将赢得尊重，问心无愧热心助人的人也终将得到理解和支持。正所谓“天道酬勤”“是金子总会发光”“付出终有回报”。生活中会有偶然性，但偶然之中必定包含必然。寄希望于偶然的幸运像守株待兔一样可笑，顺应必然性的要求才能扼住命运的喉咙，获得幸福的生活。

到哪里才能找到幸福的生活呢？“一直在飞，一直在找，可我发现无法找到。若真想要是一次解放，要先剪碎这诱惑的网。我要的一种生命更灿烂，我要的一片天空更蔚蓝，我知道我要的那种幸福，就在那片更高的天空。”人的幸福不是生活自动给予的，它需要我们主动地创造。这种创造需要执着追求的意志，需要打破现状的勇气，也需要清楚正确的方向。有人缺乏意志，遇到阻碍就轻易放弃；有人缺少勇气，怀疑自己改变现实的能力；有人缺失方向，误打误撞徒劳无功。李嘉诚在微博里曾写下这样的话：觉得自己做得到和做不到，其实只在一念之间。自己要先看得起自己，别人才会看得起你。一切伟大的行动和思想，都有一个微不足道的开始。有理想在的地方，地狱就是天堂；有希望在的地方，痛苦也成欢乐。乐观者在困难中看到机会，悲观者在机会中看到苦难。理想的路总为有信心的人预备着。

人作为一种特殊的存在，永远要面对现实与理想的矛盾。一味地与现实妥协是生活的奴隶，毫无自由和乐趣；不切实际地空谈理想是吸食精神的鸦片，用麻痹自己的方式忘掉不满；只有正视现实，用理想去改造现实，像“狂风一样舞蹈”，让“翅膀卷起风暴，心生呼啸”，生命才能获得真正的自由和意义，我们才能越飞越高。

（本文发表于2012年6月25日第6期《红色旋律报》第三版“瞭望”专栏）

献给少数幸福者

——纪念中国共青团成立九十周年

刘子旺（文法学院）

本文最初题为“献给幸福者”，经过反复揣摩，个人深觉不妥。自过去到现在，以至可预见的未来，幸福者总是少数的。至于未来是否会出现一个“多数幸福者”的社会，这是一个大问题。另一个大问题是，“幸福”的内涵是否会随社会的变迁而变化？如果是这样，我们又该如何“捕捉”当下的幸福者？

先不必去奢谈那两个令人棘手头痛的“大问题”，若先能较充分地认识“幸福”本身，或许是一个更佳的解困思路。幸福本身是一个价值概念，而价值又是主观与客观的统一。当人们身处的客观环境不同、主观认识不一时，其所追求的价值就会纷繁复杂，其所理解的幸福就会千差万别。司汤达说过：“一个人的幸福不取决于智者眼中的事物的表象，而取决于他自己眼中的事物的表象。”这种基于自己的价值选择的幸福即是“平凡的幸福”，即“免除一切后顾之忧后的状态”！人生于世，要么忙着活，要么忙着死。然而，现在世上忙着活的多数人也仅是少数人获得“平凡的幸福”。因为，“有才智的人，应该获得他绝对必需的东西，才能不依赖任何人；然而如果这种保证已经获得，他还把时间用在增加财富上，那他就是一个可怜虫”。这意味着，幸福即便平凡也绝不平庸！

虽然，对于多数人来说，“平凡的幸福”切实可行，但我们所追求的幸福却绝不会到此便戛然而止。因为，“如果人只是为自己而劳动，他也许能成为有名的学者，绝顶聪明的人，出色的诗人，但他绝不能成为真正的完人和伟人”。而“如果我们选择了最能为人类福利而劳动的职业，那么，重担就不能将我们压倒。因为这是为大家而献身，那时我们所感到的就不是可怜的、有限的、自私的乐趣，我们的幸福将属于千百万人，我们的事业将默默地但是永恒发挥作用地存在下去。而面对我们的骨灰，高尚的人们将洒下热泪”。这便是“高尚的幸福者”——幸福属于全人类的同时也属于自己！

这些少数的“高尚的幸福者”才是真正的幸福者！

过去几千年的人类文明中，掌握绝大部分社会资源的少数人基本上能获得个人的比较全面的发展，他们中的一些人成就了少数的“平凡的幸福”。然而，绝大多数的人民大众身处“悲惨世界”。更可怜的是他们没有“自觉的阶级意识”，就像尼采所说的“他们没有记忆，只是非历史地活着”。谁能“自觉”地拯救他们，谁就注定拥有“高尚的幸福”！事实证明，唯有站在无产阶级和人民大众立场上的知识分子才能成为首批“高尚的幸福者”——在一个信仰和真理资源都稀缺的时代，无条件地拥有必然是不可能的！而这样的知识分子就是杰出的社会主义者和共产主义者，就是他们领导亿万劳苦大众打破一个旧世界，开创一个新世界！

在当今世界上，能以共产主义为最终追求和目标的政党寥寥无几，而能够长期执政的共产主义政党更是凤毛麟角！以共产主义为目标，这意味着这个执政党以及里面的每个人都要去做"高尚的幸福者"，即为全人类的福利而劳动，为千百万人民的幸福而献身。这是一项伟大而光荣，同时也是充满挫折与艰险的事业，希望我们国家的每一位共产主义者能够坚定信念，有始有终。

青年是民族的未来，是早晨八九点钟的太阳。"少年强则中国强！"然而少年如何强？对于我们青年知识分子来说，不将自己的命运同祖国和人民的命运联系起来，就没有出路。毫无疑问，具有共产主义觉悟的当代先进青年注定要成为中华民族复兴的"脊梁"！

中国共产主义青年团，已在中国共产党的领导下经历了九十载风雨，为中华民族的独立与复兴作出了应有的贡献。当代中国共青团员，不仅要拥有成就"高尚幸福"的价值追求，更应该将自己的价值落实在实践上。我们不仅会"仰望星空"，更应善于"脚踏实地"。能否成就"高尚的幸福"，不在于你做什么事，而在于你做事是为了谁。

历史是为现实服务的。我们缅怀过去，更是为了再接再厉，展望未来。当我们的眼光足够深邃，我们能够明确目标，继往开来；而当我们的眼光足够广阔，你会发现欧美日也有共产党，也有共青团。你会发觉，原来自己从不孤独！

（本文发表于2012年6月25日第6期《红色旋律报》第四版"铭记"专栏）

俄行漫记

陈春利（燕山大学党委副书记）

2008年1月14日 星期一

莫斯科阴天，飞机透过云层下降到莫斯科上空。鸟瞰莫斯科，其仿佛在森林中区域分布，大片的白桦林、冷杉树和城市居民区交错分布，像城市中的森林，更像森林中的城市，白雪覆盖在房顶上、大地上，我们在丛林中着陆了。

莫斯科机场给人感觉不是很大。进入航站楼给大家共同的感觉是低矮、昏暗，这可能是我们刚刚从首都机场停留的缘故。机场内的装修十分简约，一水网格的棚顶，缺乏线条的变化。令人感慨的是，这曾是20世纪两个超级大国之一的首都机场，而我们曾经是人家的"小兄弟"，但今天的莫斯科机场同北京的首都机场比较起来，可以说规模、豪华、美观均不在一个层次上（机场是一个国家形象的缩影）。大家无不为我国的今天感到自豪，更觉得邓小平的伟大，改革开放的正确。今天世界上流行着所谓“中国威胁论”，好像若站在对方的角度上也就可以理解了。是啊，世界就是一个小村子，老华家当年的破屋烂瓦，谁曾拿它当回事。这些年，他发了，小楼盖起来了，小汽车停在了门口，真令人不可思议，是不是发了不义之财？村里他其他人，何尝不是这种心态？

2008年1月15日 星期二

晴空万里，莫斯科时间早晨六时醒来，北京时间仍是凌晨一点，时间尚早，睡意仍在，时差还未倒过来，出门真的很难。今天首先参观了红场、列宁墓、无名烈士墓。无名烈士墓中央燃烧的火焰从“二战”胜利那一天点燃起从未停息过，显示着人民永远不会忘记那些牺牲的英烈。墓碑上写着：“你们的名字无人知晓，但你们的英灵在人民的心中永存。”红场位于莫斯科市中心，克里姆林宫东侧，大概因克里姆林宫的墙体为红色得名。克里姆林宫的东墙外安放着列宁墓，南侧为圣瓦西里大教堂，东侧是莫斯科中央商场，北侧是俄罗斯国家博物馆。

列宁墓由红黑相间的花岗岩砌成，红色代表列宁领导的无产阶级革命，黑色代表苏联人民对失去这一革命领袖的沉重心情。我凝视着列宁的遗体，依然是那样果敢坚毅，他仿佛仍目视着远方，为无产阶级和人类的解放探寻着出路。作为一名共产党员在自己的领袖面前，自豪、景仰、钦佩之情油然而生，不由驻足，肃立在列宁身前鞠躬致敬，这可能是我除了祭拜自己父母之外的第三次膜拜（前两次是在毛主席纪念堂和黄帝陵）。据说俄罗斯政府有迁出列宁墓的计划，我想究其原因无非是苏联党自斯大林以后几代领导人犯了那么多错误，失去了民心，把一个好端端的社会主义国家葬送了，使无产阶级革命的理论和社会主义道路在一部分苏联人民心中丧失了信心才造成今天这种局面吧。但我觉得退一万步讲，列宁所代表开创的事业至少称得上是探索人类社会进步的一个尝试。十月革命后，俄国战胜了十四国的武装干涉，在不到30年时间里，在原来封建农奴制的国家基础上，开展社会主义建设，极大地提升了综合国力。又在此后20年内，成为社会主义阵营之首，并成为世界上唯一能与美国抗衡的超级大国。这其中有多少社会的、历史的必然或进步因素在发挥着作用？今天全世界仍有许多的政治家、理论家对其进行探讨和研究，若将列宁所代表的这个理论和事业放在历史发展的长河中去度量，应远远并未结束，就像一个蹒跚学步的幼童在路上摔倒了，应该不会有人下此结论——"这个孩子未来一生将不会走路"。此处引用中国一句古语"出水才见两脚泥"。

2008年1月17日 星期四

一夜火车，来到俄罗斯西北部的圣彼得堡，它是17世纪初彼得大帝一世经过21年与瑞典人的战争夺取过来的。那时，这里是一片沼泽，西方的王公、国王们当时谈论说彼得一世准是个疯子，费那么大劲夺回一洼沼泽，但当时的彼得一世看中的是这里是通往波罗的海和北海的出海口，对俄罗斯的经济、军事意义重大。历史证明，他确是高瞻远瞩的。为此，俄罗斯人将这里称为彼得格勒。在彼得一世在位期间，还为了争夺黑海出海口不惜和土耳其进行了一场战争。他的血液里似乎有一种天生的对外扩张基因。1917年2月在这里还爆发了资产阶级民主革命，沙皇尼古拉二世被推翻，代表封建农奴制的罗曼诺夫王朝成为了历史。

早晨，我们首先登上了停靠在涅瓦河上的阿芙勒尔号巡洋舰。1917年11月7日就是这艘巡洋舰向当时资产阶级临时政府所在地冬宫开了炮，在列宁领导下无产阶级夺取了政权，建立了世界上第一个社会主义国家。也就是这艘巡洋舰的炮声为我们中国送去了马克思列宁主义。十月革命胜利后，这里改称列宁格勒。1991年苏联解体后，这里又改名为圣彼得堡。

2008年1月18日 星期五

怀着崇敬的心情前往圣彼得堡以北约60公里的普希金小镇。这里是俄罗斯大文豪普希金少年时代上学的地方。有人说普希金虽年仅30多岁就早亡，但他在俄罗斯人心目中的地位超过了鲁迅在中国人心目中的地位。据说普希金在少年时期不是一个好学上进、规规矩矩的好孩子，他夜不归宿、酗酒、早恋、放荡不羁。但他在文字语言、文学上的天赋却是无人可比，其实如果用循规蹈矩的眼光来看人很可能会埋没人才，而人才往往不是全才。

2008年1月19日 星期六

乘火车返回到莫斯科，利用回国前的最后一个白天参观了位于市中心的救世主教堂。这个教堂建于苏联解体后的1995年，是叶利钦总统下令由原莫斯科市市长卢日科夫主持建造的。本以为克里姆林宫、冬宫、圣瓦西里教堂应该是俄罗斯最宏伟辉煌的建筑，谁料这个新建的教堂与前者比较起来其规模和豪华程度有过之而无不及。令人疑惑的是，1995年苏联解体不久，国家经济状况和人民生活水平都处于比较困难的时期，俄罗斯人在思想上、意识上也应该是处在困惑迷茫之中，在此情态之下国家出巨资兴建这样一个教堂意从何来？无非是宣布从此不信奉马克思主义而改信东正教或救世主，靠它来进一步麻醉已经麻木了的俄罗斯人民。叶利钦和卢日科夫都曾是苏联共产党党员。《国际歌》中唱道："从来就没有救世主，也不靠神仙皇帝，要创造人类幸福全靠我们自己。"具有讽刺意义的是，就是这些所谓的共产党员在本没有救世主的地方造出来救世主，在没有神仙的地方造出个神仙，靠它们稳定自己的统治。苏联亡党亡国的悲剧不是起源于苏联人民不信奉马克思列宁主义和共产党，而是根源于共产党内部的人，发生了信仰危机，或者一些根本就不是马克思主义者的人混入了共产党内部。现在我们中国共产党有此类人吗？回答是肯定有。那些倒下去的高官，虽多因腐败而倒，而未搞腐败但也不真的信仰马克思主义的人（如叶利钦之流）就没有吗？七千多万名共产党员里有多少真的共产党人（为国家和人民办事情的人），虽然我们搞了很多党内的运动或教育活动，但所发挥的作用是不明显的，现在有些党员连党费都不愿意上缴，这些都说明着什么？毛泽东同志讲，一个政党如果不吐故纳新，就将丧失活力。我看中国共产党急待搞一次清党活动。将本不愿信仰马克思主义的人劝退或清退，党员的数量少了，但党的纯洁性、战斗力会更高更强。

苏联解体、苏共交权、普京上台之后，原来的所谓社会主义阵营瓦解，俄美之间没有了意识形态的分歧，俄罗斯刀枪入库，并主动向西方靠拢示好，但冷战结束后，国际形势的发展并未遂了俄罗斯人的意愿，西方国家得寸进尺，步步紧逼，除在东欧国家搞了一个个的颜色革命，把北约组织步步东扩，搞到了俄罗斯的家门口，又借口防备伊朗导弹威胁，在东欧大搞导弹防御系统，使俄罗斯人逐步看清了以美国为首的西方国家的真实意图，进而奋起恢复了冷战时期的战略巡航飞行，可见意识形态往往是在国际关系、民族利益中常常被借用的幌子和借口。

傍晚在莫斯科师范大学的中餐馆里，看到了中央电视台国际频道的电视节目，其中的一条重要新闻是俄军总参谋长巴卢耶夫斯基发表言论，对北约组织在波兰部署反导装置，提出要不惜动用核武器给予坚决回击，并不排除采取先发制人的行动。此种言论，即使在冷战时期除古巴加勒比海导弹危机也绝无仅有。落后就要挨欺负，落后就要挨打，是放之四海而皆准的真理。在国际关系中霸权主义、强权政治，不会轻易退出历史舞台，民族利益、资源市场才是发挥作用的根本东西，综合实力才是立国之根本。

看完电视，催促同伴赶快打点行装奔赴机场，只想尽快早早回国。俄罗斯已经提出不惜先发制人使用核武器，谁敢肯定，对方不会也来此一招，要知道机场可是一个国家在战争状态下，首先攻击的目标。归国的飞机准时起航了，我怀着景仰、怀念、庆幸的复杂心情结束了8天的俄罗斯之行。眺望夜晚的莫斯科，整个城市仍是那样的迷人，斯巴克斯的钟声仍然按时敲响，是在宣布一个历史时代的结束，还是在不厌其烦地警示着世界人民。历史真的是面镜子，"秦人不暇自哀而后人哀之，后人哀之而不鉴之，亦使后人复哀之也"。我们中国共产党和中国人民一定要汲取苏联和苏共的深刻教训，建好我们的党，走好自己的路，富强起我们的国家和民族。不管怎样，俄罗斯人民是伟大的人民，俄罗斯民族是伟大的民族，祝愿我们这个伟大的邻居与我们中华民族和平相处，共同繁荣。再见了，俄罗斯，再见了，莫斯科，再见了，仍在坚定信仰马克思列宁主义的俄共的同志们。

（本文发表于2012年11月7日第7期《红色旋律报》第三版"行者无疆"专栏）

列宁是怎样学习的

杨文华（马克思主义学院）

列宁（1870—1924），原名弗拉基米尔·伊里奇·乌里扬诺夫，列宁是其笔名。列宁被公认为是20世纪最伟大的人物之一。其伟大之处，不仅在于他取得了卓越的革命功绩，也在于他取得了斐然的学术成就。

在一次共产国际的重要会议上，列宁发表讲话。他起先用德语发言，但当他发现并不是所有到会的人都懂德语时，便改讲法语。后来，在谈到与意大利共产党人有关的问题时，他又改用了意大利语。到会者都为列宁能如此流利地运用多国语言演讲而感到十分惊奇。事实上，列宁掌握的外语有九种之多。他精通英语、德语和法语，能够自由地用波兰文、意大利文、捷克文和瑞典文讲话和阅读，他还会希腊文和拉丁文。列宁不仅是语言上的多面手和演讲奇才，还是全世界公认的著书立说的巨匠，是列宁主义理论体系的创立者。他一生撰写了几千篇著作，仅中文版《列宁全集》第二版就达70册、约2000多万字。他的著作迄今已在 70 多个国家翻译成 118 种文字出版，出版总数达六七亿册之多。列宁之所以能够取得如此丰硕的成果，与他孜孜不倦地学习有直接关联。列宁的学习有几个特点。

一、自学成才

纵观其一生，列宁在校的学习时间很短。1887 年秋，列宁中学毕业进入喀山大学法律系学习。然而，在大学一年级，他就因为参加学生运动而被学校开除，遭到逮捕和流放。既然大学不能上，列宁就开始了自学。他自学的时间抓得非常紧。每天吃完早饭，就坐下来学习大学的功课；下午，读马克思和恩格斯的著作，然后看报纸、杂志。夏天，他把桌凳搬到院子里，在菩提树的浓荫下看书。累了，练一会儿单杠，或者在草地上散一会儿步，每天至少还要到附近的池塘去两次，以“清醒一下头脑”。列宁只用了一年时间就把大学四年的课程学完了。1892 年，他以校外生的资格，参加了彼得堡大学法律系的毕业考试，门门功课都得到最高分数，获得金质毕业奖章与大学毕业证书。教授们非常惊异，问列宁：“是谁帮助你的？”列宁耸耸肩膀回答说：“有谁帮助我呢？我是自己学的。”

二、博览群书

列宁酷爱读书，在紧张的革命斗争生活中，甚至在被捕、流放中仍然手不释卷。列宁一生读书无数。据统计，仅在《列宁全集》中，列宁引用自己看过的书就有 16000 册，其中俄语书 12000 册，各种外语书 4000 多册。1920 年 9 月 17 日，列宁在填写《俄共（布）莫斯科组织党员重新登记表》时，在“您读过哪些马克思、恩格斯、列宁、考茨基和普列汉诺夫的著作”一栏里，先在马克思、恩格斯、考茨基和普列汉诺夫的名字下面各划了两道线，然后写上“几乎全部”几个字。列宁的办公室没有华丽的摆设，最引人注目的是装满书籍的书架，上面摆着 2000 多本各种各样的书。列宁的私人图书馆收藏着 10000 多册图书和杂志，列宁亲自把它们分成 88 个部分，以便于学习时查找。即使他在病榻上，还请夫人给他朗读美国著名作家杰克·伦敦的小说《热爱生命》。据不完全统计，在列宁的文章、札记和报告中，引用了 80 多个国内外著名作家的名言警句，引用的作品达 230 多种。这个数目，迄今为止在全世界都是罕见的。

三、笔耕不辍

列宁一生写作无数。他每写一篇文章或作一次报告，都要查阅大量的参考书籍和资料。他一生查看过的书刊材料共有22种文字，包括数以万计的图书以及定期出版物、文件、信等，阅读量超过常人的几倍，甚至几十倍。也正是由于这个原因，他能够将所学知识融会贯通。每当文思涌来，激情不可抑的时候，他连吃饭睡觉都不在意。他的《俄国资本主义的发展》等重要著作，是在监狱里躲过看守监视，用面包当墨水瓶，用牛奶当墨水写成的。这一切，既是列宁实践自己誓言“学习，学习，再学习”的真实写照，又是对著名科学家爱迪生的“天才是百分之一的灵感，百分之九十九的汗水”这一名言的印证。

四、独辟蹊径

列宁学业有成，与他灵活多样的读书方法有关。

一是速读法。列宁养成了一种快速看书的习惯。当他看书的时候，视力沿着书页快速移动，好似纵向阅读。他不是一行行地看，而是一页页地看，并且很快地掌握所读的内容。列宁一目数十行，过目能熟记的快速学习方法，使旁人也感到诧异。有一次，一位老布尔什维克见列宁捧着一本很厚的外文书在快速翻阅，便问他要把一首诗背下来需要读多少遍，列宁回答说：只要读两遍就可以了。这样的速度和理解力异常惊人。

二是精读法。列宁对一些特别喜爱的书，要反复学习，有时要读几遍，几十遍，甚至一百多遍。车尔尼雪夫斯基的《怎么办？》是列宁青年时代最喜欢读的一本书，这本书对他革命人生观的形成起了很大启蒙作用。列宁一个夏天就把该书一连看了五遍。他对托尔斯泰的作品也很喜爱，在他侨居瑞士日内瓦时，曾把一本托尔斯泰的破旧书反反复复地读了一百余遍，直至将书中的内容和句子都能背诵出来。列宁之所以具有如此强的记忆力，是与他读书过程中的专心致志分不开的。他读起书来，对周围的一切就理会不到了。有一次，他的几个姐妹恶作剧，用6把椅子在他身后搭了一个不稳定的三角塔，只要列宁一动，塔就会倾倒。然而，正专心读书的列宁毫未察觉，纹丝不动。直到半小时后，他读完了预定要读的一章书，才抬起头来，木塔轰然倒塌。

三是批注法。列宁读书时很喜欢在书页的空白处随手写下内容丰富的评论、注释和心得体会。有时还在书的封面上标出最值得注意的观点或材料。一旦读到具有较高学术价值的著作，他还在书的扉页上或封面上写下书目索引，特别注明书中的好见解、好素材及具有代表性的错误论断的所在页码。列宁把做批注视为一种创造性劳动，非常认真地加以对待，从不马虎草率。他一般使用铅笔批注，很少用钢笔。他写批注的过程，可以说是与书的作者探讨甚至激烈争论的过程。每当读到精辟处，他就批上"非常重要""机智灵活""妙不可言"等，读到谬误处，就批上"废话！""莫名其妙！"等等，有的地方则干脆写上"哦，哦！""嗯，是吗？！""哈哈！""原来如此！"等等。其读书入神之态，跃然纸上。列宁的重要著作《哲学笔记》就是在读哲学书籍时写的批注和笔记汇编而成的。它被公认为马克思主义哲学的经典著作之一。此外，列宁曾用十年时间研究土地问题，详细摘录了美国、法国、比利时、德国等国的大量文献和统计资料。仅这方面的笔记材料，在《列宁全集》中，就有三卷之多。

第四是啃词典。在列宁办公桌旁的书架上，摆着各种各样的词典。百科词典在列宁的藏书中占有很大部分，他经常津津有味地翻阅这些词典。列宁在写作中，从各种百科词典里，汲取了他所需要的事实、材料和必要的数据。

列宁的一生是勤奋学习的一生，他的学习精神和学习方法在当代仍然具有重要的价值。

（本文发表于2012年11月7日第7期《红色旋律报》第四版"饮水思源"专栏）

青年人，中国心

宫俐（文法学院）

"你披北国雪，我踏南海浪，神州处处是家乡；我们青年人，胸怀中国心，万仞华夏作栋梁。"——张明敏《青年人中国心》

5月4日，中共中央总书记习近平来到中国航天科技集团公司中国空间技术研究院，参加"实现中国梦、青春勇担当"主题团日活动，同各界优秀青年代表座谈并发表重要讲话，下面仅就讲话谈谈我的个人观点。

首先我们要注意讲话的时间，2013年5月4日，这是中央正式确立五月四日为中国青年节的第64个年头，五四运动爆发的第94个年头。作为新民主主义革命的开端，以"爱国、进步、民主、科学"为核心内容的五四运动给中国带来新的转机和希望——工人阶级成为独立的政治力量，知识分子也深入群众中，为马克思主义与工人阶级的结合创造了良好的文化条件；同时，中国的文化战线也出现了新的生力军，出现了代表中华民族文化前进方向的“鲁迅方向”，打破了中国文化战线新旧之争的界限，为中华文化的发展迎来了新的转机。

可以说“五四精神”是青年人中国梦的最初萌芽，是青年人在社会大动荡时期表现出来的主人翁精神的升华，既是对历史承诺的担当，也是对实现社会与人生的叩访，更是对未来历史的观照。

其次，我们还要注意到活动的地点——中国航天城。中华民族是一个富有想象力的民族，我们的历史上很早就有了关于“月亮”、关于“嫦娥”的传说和故事，但是中国真正的航天事业直至1956年才提上日程。一个古老的传说，一个千古的飞天梦，时隔数十个世纪，终于在2007年得以奔向月宫、梦圆太空。

航天事业，中华民族的摇篮，伟大复兴的坚实根基；“而我国航天事业的发展历程则充分说明，创新的制高点在科技、科技创新的希望在青年”，所以，航天城不仅仅是一个实体的存在，更是一个文明符号的象征、一个梦想的象征。

中国的近现代史是一部民族抗争史，是无数仁人志士的奋斗史，更是青年人的成长史。振兴中华，重振雄风，主力军是我们广大青年人。战火纷飞的战场、一穷二白的经济、阻力重重的改革、危机四伏的发展，无论何时何地，都有我们青年人临危不惧、迎难而上的身影，都有我们坚定信念、捍卫人民利益的呼喊，都有我们艰苦劳动、团结一心的一点一滴。

“——中国梦是历史的、现实的，也是未来的。中国梦凝结着无数仁人志士的不懈努力，承载着全体中华儿女的共同向往，昭示着国家富强、民族振兴、人民幸福的美好前景。

“——中国梦是国家的、民族的，也是每一个中国人的。国家好、民族好，大家才会好。只有每个人都为美好梦想而奋斗，才能汇聚起实现中国梦的磅礴力量。

“——中国梦是我们的，更是你们青年一代的。中华民族伟大复兴终将在广大青年的接力奋斗中变为现实。”

因为中国梦是历史的，所以我们有理由扛起时代的大旗，创造美好的未来；因为中国梦是民族的，所以我们要把个人的小溪汇聚成实现中国梦的大海，为中国梦积累力量；因为中国梦是我们的，所以我们不能懈怠，要本着为自己、为后人、为国家负责的态度，为中华民族伟大复兴的实现不懈奋斗。

实现中国梦，首先要明确什么是中国梦。一个没有梦想的人，如鸟儿没有翅膀；一个没有梦想的民族，注定没有前途和希望。鸦片战争，我们从“天朝上邦”沦为“半殖民地半封建”社会；五四运动，我们开始觉醒、开始斗争，我们的民族进入了新民主主义革命阶段。从国民大革命到抗日战争，从解放战争到改革开放，我们一步步地向梦想靠近，一步步地实现着我们的中国梦。

中国梦，是中华民族的富国梦，而不是标榜“自由、民主、平等”的美国梦。中国梦不仅仅是实现全面小康、实现物质的富足，同时还是一种对于现实的超越，一种在不断的自我否定中不断强大的自我超越。

中国梦，是三位一体的民族复兴梦。中国梦，不可能是一维的梦，必须是一种立体的梦，一种个人、国家、民族相互作用和影响的梦。在中国梦这一个关系链中，富民梦、强国梦、复兴梦一个不能少，必须共同作用于我们的中国梦。

“展望未来，我国青年一代必将大有可为，也必将大有作为。这是‘长江后浪推前浪’的历史规律，也是‘一代更比一代强’的青春责任。”就像当年毛主席对留苏大学生们寄予的期待：“世界是我们的，也是你们的，但归根结底是你们的。你们青年人朝气蓬勃，正在兴旺时期，好像早晨八九点钟的太阳。希望寄托在你们身上。”因为我们是“八九点钟的太阳”，因为我们是民族的希望，所以我们要勇敢肩负起时代赋予的重任，志存高远，脚踏实地，努力“在实现中国梦的生动实践中放飞青春梦想，在为人民利益的不懈奋斗中书写人生华章”。

青年人，中国心，民族梦，复兴梦。

第一，我们要坚定信念，坚定理想。《尚书》说“功崇惟志，业广惟勤”，理想指引人生的方向，信念决定事业的成败。没有理想信念，就会导致精神上“缺钙”。中国梦是全国各族人民的共同理想，也是我们青年一代应该牢固树立的远大理想。理想，看似虚无缥缈，实则有迹可循，我们现在所走的每一步、所做的每一件都是在为实现理想做准备。无论我们是普通学生，社团成员，还是组织干部，我们都可以自豪地对自己说：“我正走在实现理想的路上。”

第二，我们要努力学习，打牢基础。不管我们现在从事的是什么专业、学的是什么课程，我们都会从中获得一些被称为“knowledge”的东西，而这些东西就叫作“知识”。当我们在某一天“观物取象”的过程中得到与我们既有知识结构相契合的满足时，一种使无数哲人时时陷入“狂喜”的精神根源就产生了。我们不仅要为解决现实的问题而学习，还要坚决抵制那些自己认为很“酷”实则毫无意义的颓废和故作姿态的堕落。

第三，我们要勇于创造，求真务实。作为民族未来的支撑，我们青年要有敢为人先的锐气，要有“以青春之我，创建青春之家庭，青春之国家，青春之民族”的魄力，要有逢山开路、遇水搭桥的意志。我们不仅是传统的继承者，还是未来的开创者，我们要站在时代的浪尖，发出属于我们自己的声音。

第四，我们要艰苦奋斗。“宝剑锋自磨砺出，梅花香自苦寒来”，中华民族从积贫积弱到今日的繁荣富强，靠的就是这种自强不息的精神。历史已经证明，空谈只能误国，实干方能兴邦。我们除了要勇于创新之外，还要有一种坚韧不拔、艰苦奋斗的品格，要脚踏实地、从小处做起——一个微笑、一个手势可以温暖整个世界；一个弯腰、一个驻足可以清洁整个社会；一本书、一支笔可以改变整个人生。

第五，我们要锤炼高尚的品格。讲话中说“一个没有精神力量的民族难以自立自强，一项没有文化支撑的事业难以持续长久”。我们要牢记“从善如登，从恶如崩”的道理，既要“接过雷锋的枪”，又要沿着伟人的足迹，不断砥砺自我，我们不仅要为英雄歌唱，也要学会为自己的高尚品格而歌。

“青年兴则国家兴，青年强则国家强”，人生之路，有坦途也有陡坡，有平川也有险滩，有直道也有弯路。现在，青春是用来奋斗的，不是用来荒废的，更不是用来惺惺作态、自我欣赏的，青春理应拒绝暮气的侵蚀。

中国少年缔造了少年中国。我是少年，你是少年，我们都是少年。“埋骨何须桑梓地，人生无处不青山”，让青山长青，让忠骨不朽，因为我们是青年。

（本文发表于 2013 年 6 月 28 日第 9 期《红色旋律报》第四版）

追忆家风

贾继航（文法学院）

“你的家风是什么？”现已成为热议话题，与当年的“你幸福吗？”相比有了些许不同。改革开放 30 多年来，我国人民物质生活水平大为提高，伴随而来的价值观、人生观和生活方式的变迁对当代中国人特别是青年人的生活观念形成产生了重大影响，中国人产生了新的选择困惑和幸福困惑。在这个国人普遍缺乏信仰的时代，“你幸福吗？”“你的家风是什么？”等调查反思好似几缕清风，吹走了人们心间的浓浓雾霾。

那么到底何谓家风？从字面上讲，家风就是一个家庭里的风尚。然而家风是一个非常庞大的概念，它包含了修养、气质、智慧、人品等太多太多的东西，并与家训、家教、家规紧密相连。有的已经约定俗成，通过一定的仪式、载体相传；有的通过父母的言传身教，在潜移默化中继承。无论以何种方式相传，千家万户的家风就这样汇聚成了中国风。一个家庭的家风对一个人安身立命、处世为人的影响难以估量，一定程度上决定了其成员的事业能走多远。不管走到何方，孩子们总忘不了小时候爸爸妈妈的教诲。好的家风，是指引一个家族站在历史舞台的明灯，是中国式家族的文化核心，是血脉传承的精神纽带，是民族精神的具体表现。

具体说来，中国最有名的家风，莫过于《颜氏家训》了。作者颜之推，好饮酒，多任纵，不修边幅，但其贤敏有才，虽身逢乱世，却历事三朝，率为高官，这离不开他的家庭风气的影响。颜氏一门，后来英才辈出，与这是分不开的。林文忠公曾言："子孙若如我，留钱做什么？贤而多财，财损其志；子孙不如我，留钱做什么？愚而多财，益增其过。"这话虽不是他原创，也足以让我们看到林家的家风。曾文正公更不必说，《曾国藩家书》最为我们熟知，勤奋、俭朴、求学、务实的家训家风，一直为曾家后人所传承，如今也使得曾家在中国各个领域占有重要地位。不止中国，犹太人的"摩西十诫"作为整个民族的规范，在每个犹太家庭里传承并深深地融入民族血液里，使这个流浪了几千年的民族虽饱受磨难，仍能自立于世界，并发挥重大作用。可见家风力量之强大。

从古至今中国的家风都是以孝为先。《三字经》有言："孝经通，四书熟。如六经，始可读。"在中国人看来，人启蒙之后，最先要学的就是孝道，其次才是处世之理。报答父母养育之恩是必须的。我们汉族有以孝治国的传统，大汉朝的天子们，除了高祖外，每个人的谥号都带个孝字。最忘不了那句"臣无祖母，无以至今日；祖母无臣，无以终余年。母孙二人，更相为命，是以区区不能废远。"这是多么诚挚的拳拳之心啊，每每读此，不禁落泪。董永卖身葬父，黄香扇枕温衾，孟宇哭竹生笋……这才是支撑华夏前进的力量啊！今年回家，才得知姥爷病重，母亲一直瞒着我。我急忙赶去，临床守候。在担忧中，姥爷几番反复，万幸，病情暂时稳定了，不过，时隔几个月他还是去了天堂。"树欲静而风不止，子欲养而亲不待。"这是世上最大的无奈。正如央视最近的那则公益广告一样，不要让等待成为遗憾。

孝道之外，节俭也是家风亘古不变的一环。树立勤俭家风，可以使全民节俭行动事半功倍。今日，中国已成为全球最大的奢侈品消费国，推崇节俭之风更是势在必行。诸葛亮曾言："静以修身，俭以养德。"回想当年赤眉进长安，挖了大汉十余座陵墓，唯独没有文帝的，因为他们知道，那里没什么好东西。唯有勤俭才能持家，才能使家族长久。英国女王伊丽莎白二世经常说的一句英国谚语是"节约便士，英镑自来"，每天深夜她都亲自熄灭白金汉宫小厅堂和走廊的灯，她坚持皇家用的牙膏要挤到一点不剩。伟人尚且如此，更何况我们呢。

"一粥一饭，当思来之不易；半丝半缕，恒念物力维艰。"中国是一个人口大国，水资源、耕地资源、矿产资源等的紧缺日益成为经济发展的瓶颈，我们没有任何理由奢侈浪费。人无俭不立，家无俭不旺；党无俭必败，国无俭必亡。勤俭家风，当深思之。

忧国忧民，有国才有家。十八大报告指出："教育是中华民族振兴和社会进步的基石。"习近平同志在海淀区民族小学座谈会上讲道："家庭是孩子的第一个课堂，父母是孩子的第一个老师。"要真正实现民族振兴和社会进步，全社会都应该重视家庭教育。好的家风是家庭教育的直接反映，千百年来家风的内涵不断变化但其核心价值流传至今，处处彰显着中华文明的厚重与博大。继承并弘扬家风中的传统文化，取其精华去其糟粕的同时，推陈出新、革故鼎新，让家风在这个时代迸发出凝聚人心的力量，

（本文发表于2014年4月25日第12期《红色旋律报》第四版"饮水思源"专栏）

无愧于心，无愧于行

——游花厂峪有感

黄格（文法学院）

从燕园出发，将近两个小时后，大巴车缓缓驶入花厂峪村。一路的颠簸摇晃使大多数人情绪恹恹，这时车内突然响起了激昂的旋律，惊醒了昏昏欲睡的同学们，窗外的绵绵山峦已步入眼帘，"中国，中国，壮丽的山河，长江奔腾，昆仑巍峨……"此刻情与景的交融使大家激动不已，情绪又像开水般沸腾起来。不过，花厂峪村的上午却是深沉的。

我们参观了抗日纪念馆，到烈士陵园祭奠，与花厂峪村村长座谈，短短几小时却感悟良多，有震惊、悲哀，有感动、欣慰，也有思考、无措。心中滋味难以言表。谁能想到与市区车程仅数小时之隔的这片土地有着那么痛彻心扉的曾经，也在经历着困难重重的现在。小桥流水，云淡风轻。这里的景色真的很美，片片花瓣随风而落，仿佛置身世外桃源。原来环境真的可以影响人，在这里我的心灵被一点点放空，头脑却越发清醒。听着抗日英雄的儿子，也是现任花厂峪纪念馆的馆长亲身讲述父辈的故事，在场者无不动容。明明只有一代人的距离，为什么却觉得离我们那么遥远。硝烟弥漫的战场、抗日英雄的事迹、惨绝人寰的侵华暴行从小到大听过千百遍，却没想到触动我最深的竟是在这样一次春游中。这个纪念馆并不大，馆长用低沉沙哑的声音讲述着，声音中带着说不出的压抑。之前我总在刻意回避着这段过于悲壮的历史，觉得我不能或不想承受那血淋淋事实的重量。可是这段历史怎能被轻易跳过，它不能被原谅，也不会被遗忘。这小小的纪念馆就是有着这样的力量，它撕裂中国人心中早已结痂的伤口，让疼痛蔓延，它狠狠地撞击着每一个麻木的灵魂，让良心受到谴责。这里让每一个中国人都脆弱得不堪一击，虚伪的谎言遭到唾弃，每个人都看到了最真实的自己。那段罪恶的历史有着荡涤灵魂的力量，让每一个从这里走出的中国人都受到了涅槃般的洗礼。

随着队伍一路向上，过了桥便到了烈士陵园。从踏入这片土地开始，每个人的行动都变得小心翼翼，一群人好像提线木偶般进行着预定的行程。但我知道不能责怪这群可爱的孩子们，因为这里对他们来说是那么肃穆神圣，唯恐稍有不慎惊扰了长眠的亡灵。同行的杨老师之后的一句话不断在我脑袋里出现，他问：“我们的心真的是热的吗？”也许我们的心并不像我们想象得那么炽热，我们的所作所为抛开形式是那么冷漠。我们今天是否真的有资格站在这里，站在抛头颅洒热血终换来新中国的他们的面前。有人说他们的大义凛然，他们的牺牲是为形势所迫不得已而为之，是那个时代必须肩负的使命。那么如果用生命换和平是他们要完成的历史任务，活在当下的我们是否完成了当今中国的梦想，实现中华民族的伟大复兴？这不是一句空话，之所以会觉得这宏伟蓝图太过虚无是因为你根本没有为它认真付出过。对待革命烈士，必须尊重，只要良知尚未泯灭。今天，缅怀先烈，祭奠亡灵只是又一个开始，是又一次对自我的反思。希望来年，当怀着感恩的心面对他们时，我们可以微笑着说：“我无愧于心，无愧于行。"

（本文发表于2014年4月25日第12期《红色旋律报》第二版"清明赴花厂峪扫墓"专版）

尊　重

柴勇（马克思主义学院）

4月8日，《光明日报》的头版，一张照片让人注目。这是《"让人敬重的老人家！"——湖南工业大学义务保洁员邝日麟感动校园》一文的配图。

复制时，以为照片变了形，转回报纸，发现就是原始配图……这位老人太矮小了，和两只大筐很不相称。但是，一天，两天，三天……一年，两年，三年……数十载……时间改写了空间，背影铸就着烙印，矮小的身材衬托的是伟大的灵魂。读文章时，鼻子酸了。第一次："'她矮小的身材，背弓成90度，一点一点很慢地扫地，看着很让人心疼。'网名'山人有恙'的学生这样说道。"第二次："'有年夏天看她渴了，我把一瓶水悄悄塞到老人的竹筐里，不让她看到。'大四学生郭佳回忆。"为这位让人敬重的老人，也为这些让人温暖的同学。先不要谈感恩，先不要谈更大更高的道德概念，只说两个字——尊重。

"这是小学生的规范，不是大学生的话题"，但也许我们都感觉到这是大学生中广泛存在的问题。快上课了，教室里坐满了同学，大家谈吐兴奋，活力十足。可处处粉笔头和粉笔灰的讲台、满满粉笔字和粉笔画的黑板与一屋子的学子仿佛毫无关联。"老师讲得不好""我交了学费的""这是我的权利"——这是没有长大却自以为成熟的妄见！"精致的利己主义者"不曾想到他正在摧残着自己的青春。一张整洁的讲台，一块干净的黑板，带来的是老师受到尊重的愉悦和自加压力的回报。"人心都是肉长的"，"己欲立而立人，己欲达而达人"，将心比心、推己及人，实现的叫作双赢、共赢。从待人接物做起，但不是要机械重复礼仪规范。"万物皆备于我。反身而诚，乐莫大焉。"不是形式，而是内容；不是面子，而是里子；不是虚言，而是真心。欣赏他人，理解他人，尊重他人，学习他人，你将成为真正的强者。

当你真心地认识到楼道教室的清洁工师傅辛苦时，满地的瓜子皮、碎纸屑就消失了；当你真诚地感受到每一位劳动者生产、搬运、销售中的汗水时，吃了两口的面包、破了洞的袜子就不会哭泣着躺在垃圾堆里了；当你真情地体会到我们的爸妈养育我们的几十年的含笑的疲惫时，“烦死了”“忙着呢”就不会一再地刺痛他们那越来越需要温暖的心了；当你真挚地理解到为了新中国而在前进中倒下的英烈们对未来的美好憧憬时，“为中华之崛起而读书”就不再是空谈，而成为行动！

尊重，让我们长大……

（本文发表于 2014 年 5 月 20 日第 13 期《红色旋律报》第二版“尊重”专版）

梦想 成长 明天

马鑫宇（机械工程学院）

一、大学

大学是一场修行，一场旅途。

什么是修行，字典里这样解释，修行是指具有自我意识的客观存在为了实现自主进化这一目的而主动对自身施加的一系列约束的总称。

为什么大学是一场修行，因为大学很痛。

在极其混沌的高中三年，我们居然完成了人格心智的蜕变，建立了对事物和世界的看法，这不得不说是巨大的成功。尤其是每个人的人格都独立了起来，在精神世界上我们桀骜，狂放，自由……

在那个时候，每个人都是一片精神王国的上帝。我们享受着上帝的感觉，我们觉得我们懂得了生活，但是生活，才刚刚开始。

大学很痛，因为大学使我们渐渐接近平庸。

很多人以为大学可以肆意地施展自己，享受自己，可是在形形色色的校园活动背后，在各种为了不同目标而奋斗的人背后，在各种稀奇古怪的评价模式背后，有着一套固定的价值观。而这套价值观，就是以那社会上所谓的成功所展开的。

上了大学，视野开阔了，你会发现，能人有的是，你的精神上的超然地位会变得越来越可笑，你会渐渐认识到自己原来不是无所不能的，这就是迷茫的阶段。

你开始思考，我能做什么，我该做什么？

有的人觉得，应该先找到方向，然后再奔着方向努力。但是你的实际行动却可笑得很，或是自欺欺人，一事无成，或是找方向找得太久，时间就溜走了。

有的人觉得应该先行动起来，觉得起码知识越多越接近真理吧，然后就随便定个方向，比如说决心把精力放在学术上。看见人家有创业赚钱的，有抱得美人归的，有在学生工作上大展风云的，就按捺不住了，开始怀疑起自己的选择，开始改变，开始紊乱，开始崩溃……然后一事无成。

时间又溜走了……

当这个时候，我们怎么去寻找那份冲动，那股力量？

当我们站在世纪楼眺望时，亲爱的你是否想过，哪座城市，哪个地方，哪处灯火通明，哪家其乐融融，属于将来的你呢？

唯有回归梦想。

二、成长

一个初生的婴儿是不懂得什么叫苦恼的。因为他的世界里只有疼痛，而没有苦恼。疼痛了他会哭出来。随着哭声渐弱，疼痛渐消，哭累了，便睡着。醒来之后，先前的疼痛记忆完全抹去，无论是肉体还是精神上，伤痕完全平复，光洁如初。

但是，随着成长，他就慢慢地理解了什么叫苦恼。苦恼源于自身对这个世界理解的深入。当一个人越理解这个世界，他就越觉得自己无能为力，手足无措。

作为一个婴儿，当他饥饿的时候，他的一声啼哭会即刻唤来母亲将奶嘴放进他的口中。当他燥热的时候，他的一声啼哭会即刻让母亲明白他被包裹得太严实了。婴儿是威力无比的，他仅仅用简单的一声啼哭，便能让整个世界来满足他所有的欲求。因此，他不会有苦恼。当他在床上爬动打滚的时候，他不会觉得是自己在爬动打滚，他觉得是全世界在爬动打滚。他的"自我"就是整个世界。

而在他逐渐分辨出"自我"和"世界"的界限时，很不幸，他的苦恼就要来临了。苦恼一旦来临，则终其一生挥之不去。在他第一次想亲自伸手够桌子上的苹果时，发现手臂太短桌子太高而失败的时候。他就会明白，手臂是属于自己的，桌子不是属于自己的。这一刻，他开始发觉自身的局限性。而知识之门一旦开启，他便越来越多地察觉到自身的局限和无能为力。至此，苦恼有如洪水猛兽般铺天盖地袭来，直至将他吞没。

那些苦恼，是生、老、病、死、怨憎会、爱别离、求不得、五阴炽盛……它们自涓涓细流而起，漫过草地，涨过山坡，先如蒸腾之湖，再如决堤之河，最终变成汪洋大海，于是天下一片滔滔。而那能拯救你而出的诺亚方舟，只有梦想。

三、梦想

你可能是个喜欢一个人的孩子，但是随着成长，你必须习惯人来人往。

你可能是个有着强烈自尊的孩子，有人不由分说把你否定，有人跟你同行最终分道扬镳。

你可能会想把所有都记在心里，但很多年后，当你回忆过去，一定会把很多都忘了，唯一能证明你存在的，只有你曾经用力走过的路。

这条路上你注定会孤单一人，你必须走到底，才对得起你经历的孤独和挫折。当你下定决心无论如何都要坚持到坚持不下去为止时，才有资格任性。

九把刀在书里说过："有些梦想，纵使永远也没办法实现，纵使光是连说出来都很奢侈。但如果没有说出来温暖自己一下，就无法获得前进的动力。"

人为什么要背负梦想？是因为梦想这东西，即使你脆弱得随时会倒下，也没有人能夺走他。即使你真的是一条咸鱼，也没人能夺走你做梦的自由。

所有的辉煌和伟大，一定伴随着挫折和跌倒。佛家说，命由己造，相由心生，境随心转。你是一个什么样的人，就会遇到什么样的人。你会遇到正好的人，你会相信那些"温暖""信念""梦想""坚持"等看起来老掉牙的字眼，是因为你就是这样子的人。

你相信梦想，梦想自然会相信你。千真万确。

在很大的一部分时间里，你能依靠的只有你自己。

因而在梦想的道路上，我们孤独地走着。而越孤独，就越需要梦想。

（本文发表于2014年5月20日第13期《红色旋律报》第四版"青春似火"专栏）

从国家能力到中国梦

马鑫宇（机械工程学院）

整书读罢，无话可说，唯有俯首思考。

过去读历史总感觉很含混，就从书中所引《桃花扇》一般：眼看他起高楼，眼看他宴宾客——眼看他楼塌了。但就是不明白缘何如此？果真是皇帝昏庸，小人当道？但几千年来这周期为什么就打不破呢？肯定有深层次的原因。过去读黄仁宇先生的《万历十五年》，初时觉得挺悲凉，万历如此，张居正如此，申时行如此，海瑞如此，戚继光亦如此。一个个想作为而不得，理想要想照进现实还挺难。再读之时有感于国之大但却无力，乃是因为基层组织薄弱的原因。

而书中则是点明了这一点，即“国家能力”的问题。近500年来，我们身处的这个世界发生了两件大事：一是欧美霸权的形成与横扫世界；二是占人类四分之一的中华民族，由逐渐衰落而再次走向伟大复兴。最简捷地解释这500年来世界史的消长，其核心实际上还是在于“国家能力”这一点上。在西方现代兴衰的过程中起支配作用的，从根本上说是现代民族国家这种组织形式的奠基。

看中国500年兴衰的，其实就是在于经济的发展与国家组织能力下降这个矛盾现象，经济发达的宋，反而打不过立足于军事组织的辽、金、西夏部落，这里的关键并不在经济，而在社会组织能力。宋代以来的政策，反而是将组织社会的任务一概交由商人和地方土豪，国家更从商业、运输乃至军需供应中全盘退出，国家采取“无为”和“不干涉主义”政策，而这就是“开中法”的弊端。不但基层没有组织，而且上层的货币财政也十分混乱，货币短缺，“多币制”的问题一直没有解决。到了明隆庆元年（1567年）之后，一纸“开银禁”的诏书将货币出路委之于进口美洲白银，而这又成了财政货币政策的最大失败。世宗、穆宗和神宗在位期间，皇权与六部之间的冲突，终于达到不可化解的僵持阶段，竟造成这三任皇帝几乎不见六部官员的局面，这是何其罕见。

作者在序言中写道：“1500年以降的中国，国家体制的上中下结构却开始走向脱节，以至于国家的一切改革非但不能动员官吏，反而总是被庞大的官吏集团所阻碍，国家组织效率的严重下降，使得一切政治经济改革都不能真正实行，实际上，最终导致明王朝瓦解的，不但有皇权专制的原因，更有作为社会精英的士大夫阶级的颟顸独断。无能而颟顸的士大夫阶级为了一己之私，妄图以道学的专制垄断社会权利，这种‘士大夫阶级的道学专制’，更促成了体制从内部的解体。”

作为一名富有正义感的中国知识分子，作者在充分发掘史实和严密论证的基础上，从金融货币体系和国家能力这个新颖的角度，再次验证了中国共产党和毛泽东把中国亿万农民发动起来，进行自下而上的革命和建设的伟大历史意义和现实意义。由于西方反华势力和国内一些别有用心的精英的配合，在目前的中国存在着一股非常不好的思潮：有些人一看到“毛泽东”这三个字就大倒胃口，毛泽东领导中国革命和社会主义建设的年代被蓄意描绘成一片漆黑、一无可取之处。然而，韩毓海却以无懈可击的论证，再次揭示了新中国独立自主搞建设，在八面封锁的恶劣环境下，建立起独立的金融经济体系和国防工业体系的历史必然性，以及这种历史必然性对改革开放以来中国经济腾飞的无可抹杀的基础作用。

这本书的书名起得非常有深意——《五百年来谁著史》。从1500年到现在，主导世界价值标准的恰恰是西方列强。伴随着全球化的浪潮，中国有些人开始屈就于西方确立的贸易标准、人权标准、全球化标准。而西方为什么能够取得标准的制定权？依靠的就是资本主义的血腥掠夺与侵略。作者在无情揭露这一事实的同时，以优美的文笔赞美中华文化的顽强的生命力和广博的包容力。而人民，勤劳的中国人民，正在共产党的领导下，创造着历史。

实现中华民族的伟大复兴，要的是真正的大国崛起，而非一时表象的“大国乍起”。中国的农村问题解决好了，农民问题解决好了，百姓们安居乐业了，才有底气说大国崛起，才有底气谈中华民族的伟大复兴。如果中国的百姓只出现在春运前后的版面上，出现在矿难后的版面上，出现在“蜗居”中，我们又有何底气谈大国崛起？回首中国梦，谈到的是人民，人民，人民，不就是国家能力的最好体现吗？

知史而鉴今，中国梦绝不会成为空谈，我们正在前进！

（本文发表于2014年6月25日第14期《红色旋律报》第三版“简素成言”专栏）

广西印象

——2014年暑期社会考察纪行

杨绍维（马克思主义学院）

赴广西途中

车外风光车内人，车外酷夏车内春。

聚议工作争高下，纵论时事评古今。

棋枰斗兵分彼此，纸杯饮酒讲均匀。
群众路线应如此，无官无民一家亲。

长　相　思

——访百色起义纪念馆

山重重，水重重，
急向桂西那厢行，去访英雄城。
百色城，龙州城，
当年遍地起雷霆，赤帜任纵横。
山亦青，水亦清，
昔日战场变葱茏，步步向繁荣。

参谒兴安湘江战役纪念碑（一）

当年血战在湘江，三万烈士为国殇。
热血轻洒何慷慨，头颅笑陨自轩昂。
信仰实虚关进退，路线正误系存亡。
一从遵义会议后，革命始得跨康庄。

参谒兴安湘江战役纪念碑（二）

湘江两岸碧血凝，至今犹闻喊杀声。
十送红军成绝唱，三万英烈为鬼雄。
世上长留八角帽，人心永悬红五星。
我今千里来凭吊，一瓣心香慰英灵。

参观南宁邓颖超纪念馆

一生来去赤条条，不谋私利半分毫。
身躯为民全捐献，骨灰同夫共撒抛。
德配天地真赫赫，勋炳日月自昭昭。
南宁女儿非虚饰，伟哉壮哉邓颖超。

咏南国榕树

纵是孤木亦成林，须藤着地即生根。
枝叶葳蕤装点美，伞盖浓密荫蔽人。
枯槁燃火发光热，腐朽化泥归璞真。
我辈一生应如此，扎根大地为人民。

（本文发表于 2014 年 10 月第 15 期《红色旋律报》第四版）

“丧家狗”和他的乌托邦

宫俐（马克思主义学院）

孔子，这位生于先秦却“活在当下”的圣人，其思想从最初的文人之学到今日泱泱中华的传统基因，朝代的更迭、时代的变幻，孔子已不再是那个名丘字仲尼的鲁国文化人，他早已成为中华民族的一个象征、一个文化核心基因所在。

一、“丧家狗”之说

北大教授李零有书名曰《丧家狗》，封面上有三行小字——“任何怀抱理想，在现实世界找不到精神家园的人都是丧家狗”。

1. 孔子是孤独的。孔子的思想意识中带有极强复古主义色彩。“述而不作，信而好古”，只继承而不作，信古同时好古。他心中的圣人是尧舜，同时也推崇夏禹商汤、周公文武，这似乎成为“致君尧舜上，再使风俗淳”的前代呼应。可是，在那样一个群雄争霸、此起彼伏的朝代，这种文人式的设想未能得到当政者的重视和采纳。故而孔子只是个孤独的精英，而不是政客。

2. 孔子的思想带有空想成分。鲁国十二公，孔子赶上了三分之一，重要的人生经历都奉献给了昭、定、哀三公时期，也就是我们所说的春秋晚期。此时，周天子已无力号令天下。孔子想挽救东周，挽救齐、鲁、卫三国，可是他失败了。失败之一，想法天真，他认为古法可因而来世缥缈虚浮，东周的政坛气候太冷，他想回到如春的西周；失败之二，他的政见无人认可，他也对三国国君失望透顶，这样的不肯委曲求全只能让他的治国理政之道变为空想。失败之三，逆时代之潮流，事物是向前发展的，但孔夫子似乎没有意识到这点。

3. “孔子”，不再是孔子。孔子在世，设想了一个“君君臣臣父父子子”的礼仪“乌托邦”，最后却因理想难以实现，郁郁而终。但是他不知道，去了天国的自己却会成为历代统治者最重视的"大"人物，或褒或贬。恰如周树人先生所言，"孔夫子之在中国，是权势者们捧起来的，是那些权势者或者想做权势者的圣人，和一般民众并无什么关系"。而这个"孔子"，早已不再是当初那个因政治失意而苦心孤诣搞学术的孔子，而是政客们干禄的工具，成为所谓的"上层建筑"的一部分。

"孔子"不再是孔子，精神家园因此而丧失。

二、仁、德之谓

孔子的思想是以"仁"为核心，同时主张礼，为政以德。

1. 仁者爱人。许慎的《说文解字》，"仁，亲也，从二人"，人与人，以爱相连，友善相亲，真诚相助。这里的仁"爱"不同于墨家的兼"爱"，它是一种有等差的、先己后人、先内后外的，既有先后顺序又有厚薄之分的"爱"。"己欲立而立人，己欲达而达人"似乎也是如此。《丧家狗》一书对此的解释是，以己为人，以他人为人，修己而后安人。这里的"人"也不是民，而是上流人物，是"贵族"。

2. 克己复礼。克制自己，以恢复礼仪之邦。我们熟知的"四非"，非礼勿视、非礼勿听、非礼勿言、非礼勿动，强调的大抵就是主体自身的克制和约束，自觉守礼。而这个"礼"包括：第一，社稷层面，即国家政治，"务国家，定社稷，序人民，利后嗣"而已；第二，社会秩序和社会制度的具体形式，类同于我们今天的"政策"一词。

3. 为政以德。以德治国，以共同的价值取向凝聚力量。德与法相对，春风化雨，润物无声；打破了"礼不下庶人"的圭臬，冲击了固有的"贵族 - 平民"之间那道铜墙铁壁。德治，重教化轻刑罚；凡事要有度，正己而后为德。"道之以政，齐之以刑，民免而无耻；道之以德，齐之以礼，有耻且格"；"不患寡而患不均，不患贫而患不安"；"其身正，不令而行；其身不正，虽令不从"。

4. 君子之道。修行、习礼、教化、干禄，最终目的为了什么呢？生存与富贵！君子，正心诚意，格物致知，修身齐家，治国平天下；"学而优则仕"。孔子一辈子都在寻找自己的定位，官场定位。学，为了干政，然后为政以德、以礼、以仁。

三、"乌托邦"之辩

1. 理想主义者的挫败。孔子是个理想主义者，妄图以文人的三寸不烂之舌改变东周凋敝的现状，回溯到那个分邦建国、礼乐征伐自天子出的西周“盛世”。可是，他却忘了遥远的西方国度，一位叫作马克思的思想“圣人”曾经得出的结论：社会存在决定社会意识。不，当时没有马克思，故而只能感慨：夫子生不逢时啊！

先秦诸子，以古非今，却从不奢望未来，而单纯的“复古”是不存在的。于是，孔子挽救东周注定要失败。举世皆浊而圣人独醒，弃鲁去卫、弃卫奔陈、弃陈往楚，一番周折又回到鲁国。现实让他失望，而他却不想当隐士。于是，一个理想主义者的悲剧就产生了：抓不住的却总想抓住，最终不过一场云烟。

2. 假作真时真亦假。泱泱中华五千年，谁还记得我们当初的模样？大一统国家两千年，谁还依循古训、以古治今？孔夫子 2565 岁诞辰，可谁又识得他的庐山真面？半部《论语》足以治天下，这是古人告知我们的箴言，可那被治国者利用了的《论语》还是孔门弟子所作的《论语》吗？

3. 儒学的几次命运转折。这一切，还要从始皇帝开始。汉武帝罢黜百家，完成了学术思想领域的统一；宋明理学，再次复兴的儒学被蒙上了“存天理，灭人欲”的面纱；清末托古改制，儒家不是“家”，成为“教”，宗教，却也未能使其信徒免于历史的惩罚。后来，“打倒孔家店”，一场闹剧最终也不过是历史的障眼法。

2014 年，孔子诞辰 2565 周年，这一次的孔子实现了与世界的接轨。

……

这一切似乎都在有意无意之间、隐隐约约地喻示着孔子及其代表的儒学的旺盛生命力。可是，这个时候的孔圣人还是孔丘吗？

“任何怀抱理想，在现实世界找不到精神家园的人都是丧家狗。”

注：《丧家狗》，山西人民出版社，2007 年出版，作者：李零。

（本文发表于 2014 年 10 月 25 日第 15 期《红色旋律报》第三版“书田润渥”专栏）

心与灵的对话

——“红军长征突破湘江烈士纪念碑园”遐想

魏黎波（马克思主义学院）

2014 年 7 月 25 日，我们燕山大学马克思主义学院的红色考察团来到了位于广西兴安县城西南的"红军长征突破湘江烈士纪念碑园"。园中最醒目的是狮子山顶上由三支步枪组合而成的主碑和山脚下的红军将士英雄群雕，这些雕塑让我们的肃穆敬仰之感油然而生。沿 184 级台阶而上，登顶回望，艳阳高照，水秀山清，稻菽半熟，安泰祥和。谁能想象 80 年前这里有一场惨烈的大血战呢？

遥想 1934 年年底的湘江两岸，装备低劣的 6 万多红军与 30 多万拥有飞机重炮的国民党军大战七天七夜。以牺牲 3 万多人的代价"惨胜"突破湘江。一个多月后，遵义会议召开，毛主席重掌军权，红军再无大败。

下山途中，我浮想联翩：那数万红军将士的英灵若在，他们会在哪里？干什么呢？大概还在这片他们洒尽了热血的大地山川间徘徊，护佑着我们的国家和人民吧！一时神飞天外，眼前的景物倒有些模糊了。

恍惚间，似乎看见林间游荡着几个红军战士的身影，不知怎么我就到了他们中间，大家席地而坐了。我顾不上细想事情的根由，就向他们提了个有点儿愚蠢的问题："你们当年为什么要当红军？不知道打仗危险吗？"一个二十多岁的小战士奇怪地看着我说："这还用问，上战场要死人谁不知道？但没办法，政府的捐税、地主的地租层层加码，活不下去呀！要是有安生日子过，谁愿意过刀头舐血的日子。"我有点尴尬。是呀，过惯了安宁日子的局外人，很难体会他们要死里求生的心情和感受。我自认为聪明地换了个话题："你们很多人都参加过五次反围剿，有功于人民，如果能活到革命胜利，一定能当上将军、部长什么的。可是那时年纪轻轻就战死沙场，会不会觉得有点儿委屈？或者是惋惜？"一位年长些的红军战士大概看出了我的不可救药，不急不忙地对我说："我说几句吧，我们这些人都是农民，就会种地，后来被逼无奈又学会了打仗。如果这样打完了，我们会什么？还是就会种地，当然是回家种地去。我们当不了官，也不想当官，那是读书人做的事。"另一位似乎读过些书的战士，接过话头说："我们打仗不是为了当官发财，但我们要打倒那些只为自己发财而欺压老百姓的官老爷，要换个政府。如果是像当年苏区政府那样的官员掌了权，真心为我们老百姓办事，我们都会是好老百姓。"我猛然醒悟：对这些为了后人把命都搭上的人谈"当官"，谈"委屈"真的是亵渎了他们。这时有一个士兵一字一顿地说："我要做一个好官，做包老爷那样的清官，谁要欺负咱们穷兄弟，我就用铡刀剁了他！"我心中一凛，大家也都不再说话。

静默了片刻，那位年长的红军对我说："说点儿高兴的吧。你们爱新中国吗？”我刚说了句：“当然爱！”突然觉得有点儿不对：他问的是“你们”，不是“你”。我能代表我们这代人回答这个问题吗？我们这代人都会回答：“当然爱”吗？想到这儿，我吞吞吐吐地补充说：“但是也有些人不太爱。”“为什么？”几个战士几乎是同时盯着我问，好像我就是那些人。我慌慌地说：“有人觉得中国太穷，有人认为西方国家更自由更民主。还有人说自己‘爱国不爱党’。”“这叫什么话！”“他们见过西方列强到别的国家、到我们中国杀人抢劫吗？”“怎么能把共产党和今天的国家分开来呢？”“你问问他们：满清政府的中国、军阀政府的中国和共产党领导的新中国，他们爱哪一个？”战士们个个义愤填膺。我觉得很惭愧，红军们想说的“高兴的”话题竟惹来了他们的愤怒，我本来想说“有些人还鼓动外国制裁中国”的话也就不便再说出口了。

可能是我“当然爱”的态度起了作用，红军战士们终于停下了对“那些人”的议论。其中一个人大概是想转变话题，微笑着问了我一句：“你们觉得生活在新中国幸福吗？”“很幸福”三个字刚要冲口而出，我突然想起来他问的还是“你们”。我一下子想起了央视关于“你幸福吗”的街头调查，想起了网上的诸多相关评论。迟疑了一下，我谨慎地斟酌着词句说：“大多数的老百姓是有幸福感的，但也有些人觉得不那么幸福。”“为什么？”又是异口同声地问。我回答说：“有些人还不够富裕，甚至生活还有困难。还有部分官员利用权力谋私，让许多老百姓心里不平衡。”那位较有文化的战士说：“国家大，发展起来要克服许多困难，不能一下子都富裕起来，可以理解。”那个“想当官”的战士坚定地说：“那些黑了心的贪官要用虎头铡、龙头铡！”我心中默默地说：你们放心吧，党中央已经在做了，一定会好的！

最先向我提问的那个小战士好久没说话了，这时突然问：“你有梦想吗？”不等回答又自言自语地说：“我的梦想就是能生活在老百姓当家作主的新中国。”其他人都不自觉地点了点头。听到这个问题，一直在对话中被愧疚和尴尬困住的我突然来了精神，不顾他问的是“你”，就直接以“我们”的身份响亮地回答：“有！我们有个‘中国梦’。就是要在中国共产党成立100年时实现全面小康，在新中国成立100年时建成富强民主文明和谐的社会主义现代化国家，实现我们中华民族的伟大复兴。”红军战士都兴奋起来，个个眼睛里闪着光，脸上流露出羡慕和骄傲。不知道是谁说了一句：“你们已经生活在我们的梦里了。但你们的梦比我们的更美、更大气。”大家都纷纷说：“这个梦一定要实现！一定，一定！”

我闭上眼睛，陷入天马行空般的遐想，思绪不知飘到了哪里……

不知过了多久，我忽然意识到身边很安静。睁眼一看，我已身在山脚下的红军战士群雕像前，那些红军战士已不知去向，似乎从来就没出现过。石像中巨大的男红军俯视着我，好像要把对话继续下去。

我知道，有没有过这场对话已经不重要了，重要的是：我们面对先烈的英灵，能不能问心无愧……

（本文发表于2014年12月20日第16期《红色旋律报》第四版"饮水思源"专栏）

嫩江边的守护者

张海鸥（文法学院）

绵长的嫩江从富拉尔基缓缓穿过，留下了一片肥沃的黑土地。这片黑土地上有一群人坚守在他们的岗位上，他们默默无闻、悄无声息地为这片旧时的热土站好最后一班岗。

从齐齐哈尔出发坐着齐富专线的出租车，我们来到了小镇富拉尔基。富拉尔基这个名字取自当地的达斡尔语，意思是红色的江岸。顺着绵延数里的嫩江，车子越走越慢，外面变得越来越荒芜，只剩下一望无际的田野和路边飞驰而过的树木。渐渐地，远处浮现出一排暖黄色的小平房和几栋老楼，小平房门口的四棵大树遮住了一半的视线，如果不是门边的牌子，我不可能想到这里就是燕山大学留守处。

留守处是为了照顾那些留在富拉尔基的退休老人而设立的。来之前听说整个留守处只有十个人，而且一半以上都是女性的时候，我有些惊讶，我在脑海里想象出来的留守处起码也得有几十人才"守得住"。走进留守处感到一丝暖意，这里的环境用留守处的张凤琴主任的话来说，就是麻雀虽小五脏俱全。会议室、台球厅、活动室、办公室都是干净利索、温馨简朴、像模像样。这里的东西和外面的不大相同，从脸盆架上的斑斑锈迹和磨损的军绿色沙发套上就读得出岁月的痕迹，这里的很多用品都是当时东重搬走留下的，留守处的同志从外面把这些旧物重新找回来继续在这里发挥余热，留下记忆。东西虽然都是旧的但是看得出来这里每天都有人擦拭，一尘不染，窗明几净。

留守处只有十个人，但这十个人却个个都是精英，都是能打硬仗的人。留守的老干部们住的居民楼是老楼，冬天的天气寒冷，暖气管、下水管爆裂都是常事，老人们没有办法只有向留守处救助。留守处的工作人员一接到电话就会马上赶过去，有时还是晚上，披上衣服拿上家伙什儿就去帮忙。不管是什么样的活儿，不分男女，都亲自动手解决问题。各种大事小情他们都得操心张罗，上到整个社区的水电供暖，下到买菜做饭晒太阳，地基下陷、线路老化、房屋确权、收缴税费，雨天的一场场奋战，冬天的一例例巡查……类似这样的“小事”还有很多，琐碎而繁杂。然而这一群人在这一守就是二十几年甚至三十年。留守处就是东重退休老干部的管家，也是他们的堡垒和靠山。

在采访一个老教师的时候我们听说，留守处的张主任家在大连，而她自己因为工作的缘故常年在富拉尔基生活，她在这里一工作就是十年，老人说张主任这个人不容易，一个女人没有义务非要远离家庭守在留守处，为这些老人操心费神，她家里的经济条件很好，什么都不缺，留在这里并不图什么。换届的时候是这些老教师联名写信，要求让张主任留在富拉尔基的。老人说我们这些人离不开她呀！她真是一心一意地为我们这些老人办事，我们得留住她。听到这，我鼻子酸酸的，联想到和张主任聊天时，她这个从外表看起来坚强执着的女人流泪了，常年工作在外觉得愧对家庭愧对孩子，好在有丈夫的理解和支持。

我们不能忘记在遥远的齐齐哈尔富拉尔基的留守处，那里有一群默默付出的人，他们没有人前的光鲜亮丽，也没有值得称道的丰功伟绩，他们走在人群中只是普通人，毫不起眼。然而就是这样的一群人守在我们的大后方，凭借几个人的力量保障着几十名老干部的基本权益，为曾经给东重作出贡献的百余户老教师们保驾护航。虽然只有短短几天，我却实实在在地感受到了东重人身上的宝贵品质，尽管时事变迁，但是东重人的精神还在，它像人的灵魂一样给所有的东重人以一生的影响。

（本文发表于2015年5月25日第17期《红色旋律报》第四版“星火访谈”专栏）

讲不完的“古田故事”

王新华（马克思主义学院）

带着对井冈山、瑞金挥之不去的眷恋，穿过巍巍武夷山，7月25日，我们一行来到了古田小镇。这里刚刚经历一场暴雨，山上云雾缭绕，山下河水奔流。

小镇街道整洁，房屋装饰一新，热情地迎接着远道而来的客人。

本来，约定的参观日期是从第二天开始。但是，大家哪还等得及。下榻之后，我们迫不及待地来到古田会议旧址。隔着一条小河和广场树木，“古田会议永放光芒”几个大字格外显眼。走进旧址，一件件、一幕幕往事让我们心潮澎湃！

一、缘起

1928 年 4 月，毛泽东率领的工农革命军与朱德、陈毅率领的湘南起义部队在井冈山胜利会师，合编为工农革命军第四军，5 月改编为中国工农红军第四军，简称红四军，朱德任军长，毛泽东任党代表，陈毅任政治部主任。11 月，红四军前敌委员会成立，毛泽东任书记。随后，红四军在朱德、毛泽东、陈毅等领导下，打破了敌人对井冈山革命根据地的多次围攻，并于 1929 年 1 月起向赣南、闽西进军，开创了赣南、闽西革命根据地，奠定了后来的中央革命根据地的基础。随着形势的发展和革命队伍的扩大，红四军及其党组织内加入了大量农民和其他小资产阶级出身的同志，加上环境险恶，战斗频繁，生活艰苦，部队得不到及时教育和整训。因此，极端民主化、重军事轻政治、不重视建立巩固的根据地、流寇思想和军阀主义等非无产阶级思想在红四军内滋长严重。作为红四军党的前委书记的毛泽东曾力图纠正这些错误的思想倾向。但是，由于当时的历史条件，红四军党内特别是领导层内在创建根据地、在红军中实行民主集中等原则问题上存在着认识上的分歧和争论。因而，毛泽东的正确主张没有能够为红四军领导层的大多数同志所接受。1929 年 8 月下旬，陈毅抵达上海，向党中央如实汇报了红四军的工作。29 日，中央政治局专门召开会议，听取了陈毅关于红四军全部情况的详细汇报，决定由周恩来、李立三、陈毅 3 人组成专门委员会，深入研究讨论红四军的问题。经过 1 个月的讨论，形成了陈毅起草、周恩来审定的《中共中央给红四军前委的指示信》，即著名的九月来信。九月来信肯定了红四军建立以来所取得的成绩和经验，要求红四军前委和全体干部战士拥护朱德、毛泽东的领导，明确指出毛泽东“应仍为前委书记”。

二、经过

1929 年 12 月 28 日大会在上杭县古田召开，由陈毅主持。出席会议的代表 100 多人。这次会议的主要任务在于克服由于红四军的组织成分和长期处于艰苦的战斗环境而出现的各种非无产阶级思想，加强党对军队的领导。会议期间，毛泽东作了政治报告，并作了多次讲话；朱德作了军事报告；陈毅传达了中央的九月来信，并作了反对枪毙逃兵的讲话。大会根据中央九月来信的精神，认真总结了红四军建军以来的经验，批判了各种错误思想，坚持以无产阶级思想建设人民军队的原则。大会经过讨论，一致通过了毛泽东代表前委起草的三万余字的八个决议案，其中第一部分也是最为核心的内容是《关于纠正党内的错误思想》。会议选举毛泽东、朱德、陈毅等 11 人为中共红四军前委委员，毛泽东重新当选为书记。

三、意义

会议所通过的决议案明确规定了红军的性质，指出“中国的红军是一个执行革命的政治任务的武装集团”，这个军队必须是服从于无产阶级思想领导，服务于人民革命斗争和根据地建设的工具。这个规定，从根本上划清了新型人民军队同一切旧式军队的界限。从这个基本观点出发，决议案阐明了军队同党的关系，指出军队必须绝对服从党的领导，必须全心全意地为党的纲领、路线和政策而奋斗，批评了那种认为军事和政治是对立的，军事不要服从政治，或者以军事来指挥政治的单纯军事观点。

决议案着重强调加强党的思想建设的重要性，并从红四军党组织的实际出发，全面地指出党内各种非无产阶级思想的表现、来源及其纠正的办法。决议案在着重强调党的思想建设的同时，又指出必须加强党的组织建设，必须坚持民主集中制，反对极端民主化、非组织观点等错误倾向；并且提出了注意提高党员质量，加强各级党组织的工作等要求。

古田会议总结了红四军成立以来军队建设方面的经验教训，确立了人民军队建设的基本原则，规定了红军的性质、宗旨和任务，重申了共产党对红军实行绝对领导的原则，反对以任何借口削弱共产党对红军的领导，必须使共产党成为军队中的坚强领导和团结核心。

古田会议决议的中心内容强调要重视加强思想政治建设，要用无产阶级思想进行党的建设和军队建设，即在经济文化落后的半殖民地半封建的中国社会，在农村革命战争的环境中，在党和军队的主要成分是农民的条件下，如何克服来自农民和小资产阶级及其他非无产阶级的思想影响把党建设成为无产阶级先锋队，把军队建设成为无产阶级领导的新型人民军队。这是事关党的事业兴衰成败的根本性问题。

四、跨越

2014 年 10 月 30 日，在习近平主席的提议下，全军政治工作会议在古田镇召开。习近平出席会议并发表重要讲话。会议主要任务是，贯彻整风精神，研究解决新的历史条件下党从思想上政治上建设军队的重大问题。据报道，这次全军政治工作会议，是习近平亲自提议在古田召开的。早在福建工作期间，习近平先后七次来到这里，大力倡导和弘扬古田会议精神。

有哲人说，“历史不是简单的重复，但却有惊人的相似”。中国共产党 95 年的历程，人民军队 90 年的峥嵘岁月。党内、人民军队内部有雷锋、董存瑞、黄继光、焦裕禄那样的英模人物，也出现了周永康、郭伯雄、徐才厚那样的旷世“老虎”。在全党全军全国人民共筑中国梦，打造强军梦，致力于实现伟大民族复兴新的历史节点上，全军政治工作会议在古田召开具有特殊意义。它昭示，在新的历史条件下，党和军队要继续保持发扬古田会议精神，继承和发展毛泽东军事思想，坚持“党对军队的绝对领导”，大力发挥我党我军思想政治工作的优势，为实现党在新形势下的强军目标提供坚强政治保证，努力把军队建设提高到一个新水平。

这次全军政治工作会议在古田召开，被称为“新古田会议”，继往开来，与时俱进，同样意义重大、非同凡响。据报道，习近平总书记当日上午亲切接见了出席全军政治工作会议的全体代表，并带领全体中央军委委员参观了会址和毛主席纪念园，中午还同部队基层干部一起吃了“红军饭”。下午，习近平总书记在讲话中强调，加强和改进新形势下我军政治工作，当前最紧要的就是要把理想信念、党性原则、战斗力标准、政治工作四个根本性的东西建立起来。他强调重点抓好铸军魂、中高级干部管理、作风建设和反腐败斗争、战斗精神培育和政治工作创新发展五个方面的问题，切实把人民解放军政治工作的优良传统恢复和发扬起来，把军队各项建设和工作更好推向前进。

毋庸置疑，“革命的政治工作是革命军队的生命线。实行革命的政治工作，保证了我军始终是党的绝对领导下的革命军队，为我军战胜强大敌人和艰难险阻提供了不竭力量，使我军始终保持了人民军队的本色和作风”。85 年前的古田会议，确立了“党指挥枪”的原则，85 年后的新古田会议，强调“党对军队的绝对领导”，二者一脉相承，相得益彰，血脉传承，暖意萦怀，全军政治工作会议在古田召开的确别开生面，具有特殊意义。

（本文发表于 2015 年 10 月 20 日第 18 期《红色旋律》第四版“教师实践研修”专栏）

开往春天的列车

——赴来太沟村调研实践有感

侯卓沅（马克思主义学院）

毛主席曾说，广阔天地，大有作为。

带着些许好奇、些许兴奋，背上一本书，我踏上了去往远方的车。

漫长的车程消磨着时光，从晨光熹微到斜阳西垂。径直地拥入重山的怀抱，终于看见了这个村庄——来太沟。

土路，枯河，老旧的平房，空气里夹杂着泥土的清香与牛粪的味道。一切看上去似乎有些寂寥，但这也正是贫困村的气质所在。

这里是来太沟，全省经济最困难的 592 个村子之一，脱贫攻坚的难点、重点。这里驻扎着燕山大学的工作组，柴勇老师、伦海波老师、段盛杰老师在这里奉献着他们的智慧与汗水，散发着自己的光与热。这样的干部，全省还有 2.2 万人，全国那就更多了。

毛主席诗云："喜看稻菽千重浪，遍地英雄下夕烟。"此景，正合此情。在全面建成小康社会的号角下，几十万青年干部离开了家庭、离开了单位，扎根农村，为的是一群与自己原本关联不大的人，放弃小我，追求大我，这不就是一种社会主义的情怀吗？

"六个精准""五个一批"，中央有着翔实的顶层设计。任务分解，压力传导，逐级立下"军令状"，一签就是五年。再加上一支奉献自我、服务人民的干部队伍，打赢这场脱贫攻坚战，我们有信心！

共同富裕是社会主义的本质要求，是共产党人的不懈追求。旧社会的农民，以"负资产"居多，一年的辛勤劳作，自己却并不能占有什么，而且还经常欠有外债。正是中国共产党所发起的意义重大的社会革命，使农民从"负资产"状态中摆脱了出来，走向温饱，再走向小康。这是一个动态的、持续的历史过程，前人的伟大功绩，我们必须铭记。

在村里，我们的主要工作就是协助驻村工作组的老师们开展入户调查，几天下来，共走访贫困户二十余家。见闻不一样的疾苦，领略不一样的人生，这样的经历，对于我这个始终生活在城市里的人来说，是非常宝贵的，也是很受教育的。

我看到了农民的勤劳。在走访的过程中，村里的一个小组长，形象粗犷，不修边幅，伸出手来，手指竟也是残缺的。原来，多年前的一场意外将他烧伤致残。然而，就是这样一个人，种了几十亩地，养了十多头牛，凭借残疾的双手成为生产大户，前一年的纯收入高达十多万元。幸福不会从天而降，梦想不会自动成真，唯有劳动才是财富与幸福的源泉。勤劳的中国农民，用自己的汗水，保障着整个社会的基本运转，面对他们的劳动成果，我们应当心怀敬意、心怀感恩。

在脱贫攻坚的过程中，我们应当使农民树立起正确的劳动观念，须知“等、要、靠”思想是要不得的，幸福的生活要通过自己的双手去创造，一个残疾人都能做到如此，更何况一个正常人呢？

我还看到了农民的纠结。从没有想过，蔬菜种植竟蕴含着巨大的市场风险，甚至会让农民赔掉几年的积蓄。在市场经济的风浪中，分散经营的农民，就像一叶扁舟一样，只能无助地承受着汹涌的波涛。而且，在来太沟村，地分九等，过于分散、狭小的土地已然制约了先进的生产方式的采用，阻碍了生产力的进一步发展。因此，分散化的经营状态绝不是长久之计，面向未来，必须要重新配置农业资源，使农业向着专业化、集中化、现代化的方向发展。

我也关注到了农村的“空心化”问题。年轻人为了追求更好的生活条件纷纷进城，村子里留下的大多是老人。按照这样的发展趋势，不难预见，在现代化的浪潮中，中国的农村必然会有一个巨大的变化，要么我们任其凋敝，要么我们抢抓先机。“怎么种地？”“谁来种地？”这样的问题执政党也在慎重考虑，提前布局。在党的十八届五中全会上，已经明确提出了“大力推进农业现代化，加快转变农业发展方式”“培育新型职业农民”等战略设想。那么，这是否意味着广袤的中国农村即将成为一片全面深化改革的沃土呢？我想是的，中国的农村要起大的变化，而且就在不远的将来。

全面建成小康社会是我们今后五年的奋斗目标，但这并不是终点，它仅仅是一个起点。它为中国农村未来的深化改革奠定了必要的物质基础，我们要在这个基础之上，继续探索、继续耕耘，向着农业现代化的目标迈进。“广阔天地，大有作为”，中国的农村，像开往春天的列车，令人看到希望，今日的寂寥，似乎是在等待那一声春雷的响起。相信在不远的将来，我们会看到，亿万张幸福的笑脸绽放在这个波澜壮阔的时代！

（本文发表于2016年6月20日第21期《红色旋律报》第四版“学生社会实践”专版）

充满自信“跟着走”

东方滢（文法学院）

“红军不怕远征难，万水千山只等闲。五岭逶迤腾细浪，乌蒙磅礴走泥丸。”在红军长征80年后的今天，当我们放声吟诵毛主席的这首《七律·长征》时，别有一番滋味上心头。

习近平总书记在纪念长征胜利80周年讲话中一语中的：“每一代人有每一代人的长征路，每一代人都要走好自己的长征路”，“我们这一代人的长征，就是要实现‘两个一百年’奋斗目标、实现中华民族伟大复兴的中国梦。”

那么，我们这一代应该怎样走好自己的长征路呢？

新华社10月13日报道了三位年轻人重走万里长征路的故事。红军后代秦子恒，28岁；解放军南京政治学院研究生郭领领，22岁；广西大学大二学生刘欣然，19岁。他们从长征出发地——我的家乡江西于都出发，一路行至宁夏将台堡。这是一场三位年轻人与亿万网友共同走完的长征路。他们三个人连续11天，做了12场《红色追寻》系列网络直播，有超过5500万网友观看了直播节目或视频短片，留下了30多万条感动的评论。

看到这里不禁让我想起那一段刻骨铭心的红色记忆：34师6000名将士为红军主力突围断后，舍生取义；17位壮士勇猛无畏，强渡大渡河；22名战士前仆后继，飞夺泸定桥；翻雪山过草地，忍饥克难。而今他们三个人穿草鞋，负重行，真切感受当年的长征，感受当年的险象环生。

在兴安湘江界渡口，平静的河水下，长眠着万千红军将士的英魂。这三位年轻人登上摇晃的竹筏，在河上酹酒撒花，举行了一场庄严的祭奠仪式。秦子恒大声说：“你们当年没有走完的路，我们替你们走下去！”

我深深地记得红二方面军总指挥贺龙的女儿贺晓明老人的一句话：“我们把接力棒交到你们手上了！”

我想，我找到答案了，那就是充满自信“跟着走”。因为，长征魂是中国梦的自信，中国梦是长征魂的当代践行。充满自信“跟着走”，就是重启长征记忆、重振长征精神去圆我们新世纪长征的中国梦。

相信党，就是理想信念的自信。这是长征的核心要义——万水千山只等闲，这是多么从容淡定的自信；跟着走，就是行动举措的自信。这是长征的精神瑰宝——红军不怕远征难，这是多么坚定不移的自信。

跟着走，这曾是前辈先烈们对长征魂的自信。人生自信二百年，会当击水三千里。前辈先烈们胸怀一颗为实现民族独立和人民解放的“初心”一路走去，走出了“中国人民从此站起来了”的崭新中国。跟着走，也是我们后来人对长征魂的承诺。今天复兴路上的改革攻坚，丝毫不亚于当年的万里长征。我们时代青年一诺千金，一定要走好今天的长征路，走出中华民族伟大复兴的富强中国。

我们今天不用再为粮食短缺而吃草根、啃皮带，也不必再为战火纷飞，奔波避难，流离失所了。时代在发展，社会在进步，中国在前进，一切都在变革当中。唯一不变的是我们依然行走在长征路上，我们依然充满自信“跟着走”！

（本文发表于2016年10月第23期《红色旋律报》第二、三版“纪念红军长征胜利80周年”专版）

团结凝聚民心，实现民族复兴

包巍（马克思主义学院）

中国共产党第十九次全国代表大会在全面建成小康社会的决胜阶段隆重召开，本次大会的主题是：不忘初心，牢记使命，高举中国特色社会主义伟大旗帜，决胜全面建成小康社会，夺取新时代中国特色社会主义伟大胜利，为实现中华民族伟大复兴的中国梦不懈奋斗。在开幕式上，习近平总书记代表十八届中央委员会所作的政治报告中提到：“中国共产党人的初心和使命，就是为中国人民谋幸福，为中华民族谋复兴。”报告中多次提到“人民”，指出“五年来的成就，是党中央坚持领导的结果，更是全党全国各族人民共同奋斗的结果。”这一论述，指出了实现中华民族伟大复兴的坚实力量。团结凝聚民心，只有在党的领导下才能实现，只有民心的团结与凝聚，才能最终实现中华民族的伟大复兴。

近代以来，中华民族经历了百年的抗争与努力，最终实现了彻底解放，摆脱了受奴役、受剥削、受压迫的悲惨命运。纵观历史发展，中华民族之所以能够从衰落中走出，从低谷中上升，在于全体民众改变了之前麻木不仁、一盘散沙的状态。这一转变在抗日战争时期表现得尤其明显，全体国人实现了最深刻、最彻底的觉醒与团结，取得了抗日战争的伟大胜利。而这种觉醒与团结之所以能够实现，在于中国共产党能以其科学的指导思想分析中国的实际情况，从民族矛盾出发，以民族利益为大，放下阶级对立，倡导并巩固全民族统一战线；在于中国共产党能以其自身严密的组织机构深入村落进行每家每户的细致动员；在于中国共产党能以其强大的政治能力对民众进行全方位的发动；在于中国共产党始终以人民利益至上，以严明纪律约束自己并带领民众攻克艰难险阻，使处于底层的、人数最多的，也是最不容易觉醒的民众实现了彻底的觉醒。因此，如果没有中国共产党的动员和领导，就不会有民众的觉醒与团结；没有民众的觉醒与团结，中华民族就不会在伟大复兴的征程中迈出关键性的步伐并勇往直前。

新中国成立后，中国共产党由革命党变成了执政党，但是为人民服务的宗旨没有变，以人民为中心的价值追求没有变。正是因为中国共产党的一切工作都是以人民的根本利益为出发点，所以在探索社会主义建设道路上尽管有过挫折、走过弯路，但是依然能够凝聚住民心，团结住民众。“大跃进”之后，毛泽东首先代表中央进行自我检讨，在很长一段时间里放弃了自己最喜爱的红烧肉而与人民同甘共苦。“文革”之后，也是为了解决民众吃不饱的问题，有了家庭联产承包责任制的实行，拉开了改革开放的序幕。今天的中国，迎来了前所未有的机遇与挑战，我们成就的取得，我们国际地位的彰显，这些成就都来自全国人民的共同奋斗，而这种共同奋斗不可能自动实现，根本原因在于中国共产党的领导。同样，中华民族的伟大复兴，需要一代又一代的中国人为之努力与奋斗。而坚持党的领导则是确保中华民族伟大复兴能否最终实现的关键。

在中华民族伟大复兴征程中，在党的领导之下，团结凝聚民心又应该如何实现？

习近平总书记在十九大开幕式报告中指出：“党政军民学，东西南北中，党是领导一切的。”因此，要实现中华民族伟大复兴，需要将党政军民学紧紧团结在一起，形成最大的合力。首先，要做好党心凝聚工作，坚持群众路线，继续完善党群关系，进一步实现党与群众的紧密团结。以政治建设为出发点，用远大理想和共同理想武装党，以专业化干部队伍、基层组织建设为突破，充分调动党员的积极性、主动性和创造性，使党员有信仰、有担当、有归属感，形成普通党员与党员干部之间的良性互动，并以此推动党群关系的进步发展。

其次，要加强党的执政能力建设，增强执政本领。通过党对国家政权机关的领导，提升国家政权机构增强群众工作本领的能力，依法执政，为民执政，在规范中凝聚人心，在努力中团结力量。

最后，要继续走军民团结道路。中国人民解放军是党领导下的军队，时刻受党指挥，因为党的宗旨是全心全意为人民服务，所以人民军队的宗旨也是全心全意为人民服务。中国人民解放军有着悠久的军民团结传统，在实现中华民族伟大复兴的征程中，更要发挥军民一家的优良传统，始终寓军于民，军民结合，实现优势互补和优势共享，促进深层次的军民团结。

中华民族伟大复兴是需要依靠"党政军民学"所代表的各级、各部门、各领域所有人的共同努力来实现的，党民关系、政民关系、军民关系是实现党政军民学大团结的关键。时代在发展，情况在变化，但是只要坚持党的为人民服务的宗旨，牢牢把握团结凝聚民心的方法，就一定会实现中华民族伟大复兴的中国梦！

（本文发表于2017年11月2日第25期《红色旋律报》第二、三版"学习党的十九大精神"专版）

路途尚远，不忘初心

——读《我是黄土地的儿子》有感

胥晴（文法学院）

"无论近平当年是我们村的支部书记，还是现在是全党的总书记，他的心一直都在我们老百姓中间。"这是梁家河村民在多年后回忆习近平插队经历时说的话。

1969年1月，习近平15岁时来到陕西省延川县文安驿公社梁家河大队插队落户，直至1975年10月。这片土地植被稀疏，气候干旱，漫漫黄沙时刻提醒着人们这里是世界上黄土覆盖面积最大的高原。从15岁到22岁，这沟壑纵横、山梁如刀削斧劈的黄土高原，见证了习近平的成人礼。

这是四点零八分的北京，一片手的海洋翻动；
这是四点零八分的北京，一声雄伟的汽笛长鸣。
北京车站高大的建筑，突然一阵剧烈的抖动。
我双眼吃惊地望着窗外，不知发生了什么事情。

诗人诗句描述的正是1968年末至1969年初北京知识青年启程下乡的情景。15岁的习近平，就在其中一列开往陕北的火车上。和其他知青一样，这位初到延安的北京少年内心时常迷茫，在陌生环境中，周围又是不信任的目光，他感到十分孤独。日子久了，他渐渐克服了艰巨的饮食关、生活关、劳动关、跳蚤关和思想关。拉粪、掏地、锄地、挑担子、山上挑麦子，什么都能做。习近平在这篇回忆文章中写道：我的成长、进步应该说起始于陕北的七年。最大的收获有两点：一是我懂得了什么叫实际、什么叫实事求是、什么叫群众；二是培养了我的自信心。这时候，为百姓做实事、谋福利是他的初心。

40 多年过去了，那个皮肤黝黑、面部瘦削的村支部书记如今成为党的总书记，他的心里装下的，除了梁家河的人民，还增加了千千万万中国基层群众。他强调精准扶贫，努力寻找指导脱贫攻坚的金钥匙以及改变贫困村的命运；他关注就业，做好民生之本、社会之基；他让 2.2 亿老人健康幸福地安度晚年，完成了这项世界上绝无仅有的大工程，他提倡全面建成小康社会，13 亿多的中国人民一个都不能少！在 2017 年 10 月 18 日召开的中国十九大上，他站在台上向亿万观众发出中国共产党的声音，同时也是他的心声：从 2020 年到 2035 年，在全面建成小康社会的基础上，基本实现社会主义现代化；从 2035 年到 21 世纪中叶，在基本实现现代化的基础上把我国建成富强民主文明和谐美丽的社会现代化强国！他的声音掷地有声、铿锵有力，响在每一位与会者的耳边，落在了每一个中国人的心上。

“无论我走到哪里，永远是黄土地的儿子。”插队这七年，是习近平难忘的七年，更是他治国理政的起点，他在这里接触到了群众，并以此为初心，在此后的工作经历中，时时想着老百姓。这里是共产党在红船里就有的精神，更是共产党人在各个工作岗位上应有的信仰。未来的路途尚且很长，习近平总书记不忘初心，定将带领中国以更坚定的步伐迈向新时代！

（本文发表于 2017 年 12 月 21 日第 26 期《红色旋律报》第四版）

汲取苏共历史教训，办好新时代思想政治理论课

刘舸（马克思主义学院）

在新中国成立 70 周年之际，在中国共产党即将建党 100 周年之际，习近平总书记亲自主持学校思想政治理论课教师座谈会，不仅充分体现了党中央对学校思想政治理论课教学的高度重视，而且是一次在重要的历史发展时期作出的重大历史性提醒，具有极其重要的时代意义。

没有比较，就没有发现。

1991年，在苏联行将建国74周年之际，苏联亡党亡国了。当仔细研究苏联亡党亡国之前的意识形态之后，我们发现，早在苏联建国60周年的时候，苏共变质，国家脱离社会主义制度的风险就已经相当严重了。这主要是因为赫鲁晓夫执政时期，苏共开始轻视思想政治理论教育，抛弃马克思主义基本立场、观点和方法，特别是其中的阶级立场、阶级观点和阶级分析方法，这种情况经过几十年的积累，不仅使苏共意识形态丧失了核心战斗力，而且模糊了党的阶级立场，改变了党的阶级本色，从而导致党严重脱离群众，丧失立党的合理性与合法性，致使苏联人民越来越失去对党的信任、对社会主义制度的信仰。这种状况，到勃列日涅夫执政后期，几乎成为难以根本扭转的问题。当时也就是在苏联建国60周年前后，苏斯洛夫作为勃列日涅夫执政时期苏共最重要的理论家，曾经注意到苏共面临意识形态和政治危机，并在1976年和1979年先后主持苏共中央通过了《关于进一步完善党和苏维埃领导干部提高思想理论水平和业务能力的培训系统》的决议，以及《关于进一步改进政治思想教育工作》的决议，并积极推动决议的落实，但由于苏共最高领导人勃列日涅夫缺乏理论素养，看不到这一问题的严重性，既不重视，也不支持，致使苏斯洛夫的很多推动措施基本上流于形式，收效不大。后来，苏斯洛夫也放弃了努力，致使苏联加速滑向亡党亡国的深渊，到了戈尔巴乔夫执政时期，他不仅很难而且也不愿意去阻挡这一趋势，而是相反，顺势将苏联彻底推向亡党亡国的深渊。

苏联的历史教训，我们一定要记取。实际上，思想政治教育工作，是无产阶级政党的一大发明，创造是凝聚人民力量、捍卫人民利益的法宝，是共产主义事业的有效保障之一，已经并将继续贯穿于国际共产主义运动的整个历史过程。历史经验表明，无产阶级政党，什么时候能够从人民群众的思想实际和生活实际出发，把思想政治教育工作做好，什么时候党和社会主义事业才能兴旺发达，才能真正做到人民有信仰，国家有力量。相反，什么时候思想政治教育工作做得不好，脱离人民群众的思想实际和生活实际，党和社会主义事业就会出现风险和曲折。

今天，我们党带领全国各族人民，在40年改革开放中，取得了巨大的历史成就，特别是物质文明取得长足的发展。目前，既是引导人民群众在一定的物质文明基础上，特别加强精神文明、政治文明和生态文明等软实力建设的大好时期，也是物质主义和个人主义可能进一步泛滥并从根本上动摇社会主义制度的风险期。在机遇和风险如此鲜明地共存发展的历史时期，我们必须头脑清醒，一定要抓住历史的节点，切实有效地发挥思想政治理论教育的功能，引导广大人民群众特别是青少年学生，在继续发展物质文明的同时，坚决避免陷入物质主义和个人主义泛滥的陷阱，更多地重视社会主义精神文明、政治文明、社会文明、生态文明的建设。世界观、人生观和价值观是精神文明、政治文明、社会文明、生态文明等软实力建设的核心内容，塑造三观要靠全社会，但党的坚强领导和学校思想政治理论教育教学是关键。广大学校思想政治理论课教师要走在社会和时代前列，潜心研究社会主义发展进程中的重大理论问题和现实问题，切实做好新时代思想政治理论教育，由理论家讲理论，由有信仰的人讲信仰，切实解决好培养什么人、怎样培养人和为谁培养人的问题。

作为一名思想政治理论课教师，我一定认真学习习近平总书记在座谈会上的重要讲话，深入领会习总书记关于学校思想政治理论课诸多方面的透彻分析，在具体的教学与理论研究中，善加利用，全面提升教育教学品质。

（本文发表于 2019 年 4 月 5 日第 29 期《红色旋律报》第二版“瞭望”专栏）

新时代大学生为什么要上好思政课

侯卓沅（马克思主义学院）

在平时的教学实践中，常常有学生向我提出这样的问题：我们为什么要学习思政课？学习思政课对我们有什么帮助？

在青年学生的头脑中，这类问题是较为普遍地存在的。这一现象在相当程度上反映出当代大学生对思政课重要性的认识严重不足，由此造成了学习态度上的不端正以及课堂上主动性、积极性不足等问题。

在我看来，目前，各级党委、政府以及上级主管部门对办好思政课已然是高度重视，各级领导同志严格按照习近平总书记的要求，从战略高度为思政课建设保驾护航、把脉开方，频频出台政策“红包”，思政课教师们更是兢兢业业、勤奋钻研，不断加强自身的理论水平和教学水平，做到认认真真教书，全心全意育人。但是，作为思想政治教育的对象，很多大学生似乎无法体会，甚至一部分人不能理解我们当下“热火朝天”的种种行为。这表明：整个思想政治教育的“末梢神经”尚未激活，“最后一米”没有打通。对此，很多老师看在眼里、急在心里。

所以，我想和大学生朋友们谈一谈为什么要上好思政课这个问题。

有的同学讲："把专业课学好就行了，以后找工作有用，至于思政课，那是用来完成 ×× 作业、×× 报告的时间。"目前持这种观点的人不在少数。的确，术业有专攻，大学生今后走向社会，安身立命的技能是他们所学习的专业知识，对专业知识掌握的多少、研究的深浅在一定程度上决定了青年学生人生的高度，重视专业课程的学习是没有问题的。但是，业务能力和思想政治从不分家，"德才兼备""又红又专"是我们培养人才的目标。我认为，对专业课程的学习决定了你能飞多高，而对思政课的学习决定了你最终将飞向何方。业务能力很强，但思想政治不过关，最终落得个凄惨结局的人不在少数。昔日"高铁第一人"张曙光，收受巨额贿赂长达十余年之久，最终被判处死缓；"中国防弹衣之父"、中国工程院院士周国泰，因严重违法违纪，今日已成阶下囚；当年妇孺皆知的"毕姥爷"毕福剑，由于严重违反政治纪律，已彻底与荧屏无缘。这些人都是"专而不红""有才无德"的典型，同学们一定要引以为戒！他们的专业知识再丰富、业务能力再强，方向错了，越努力越是误入歧途。而真正让我们找寻人生意义、端正人生方向的课程，就是思政课，你还会觉得它不重要吗？

有的同学又会讲："我并不想成为什么'大人物'，我只想过好自己的小生活，岁月静好，现世安稳就行，关注太宏大的政治命题没有什么现实意义。"人生如何才能"安"？不做亏心事、不怕鬼敲门，堂堂正正一辈子自然就能"安"。人生如何才能"好"？到祖国、人民需要的地方去才能真正的"好"，大舞台才有大事业，大事业才有大成就。思政课的重要功能就是帮助大学生了解国际形势、了解国家需求、树立正确人生方向，是促"好"助"安"的课程，这其中会有大量对理论、对历史、对现实的学习，引发我们深度的思考，它是真正让青年大学生受益终生的课程，怎么能说它没有现实意义呢？

思想政治教育绝非是一个单纯的教育问题，它带有社会性的特征，需要全社会共同努力才能把它做好。作为一名思政课教师，我希望我的祖国更加灿烂辉煌，希望我们党永葆革命朝气，所以我要守土尽责，上好思政课，做好引路人。作为新时代的大学生，国家和民族的前途命运系于你们身上，你们怎样，未来的中国就怎样，你们多一分光，社会就更加文明，你们多一分热，世间就有更多温暖。所以，希望你们放下"抖音"、暂别"吃鸡"，认真倾听每一节思政课，愿你们真正有所思、有所得、有所悟，愿你们成为觉悟者、先行者，愿你们能做事的做事、能发声的发声，将个人命运和国家前途紧密联系在一起，过真正有意义、高质量的人生，共同用青春之我托举起中华民族伟大复兴的中国梦！

（本文发表于2019年4月5日第29期《红色旋律报》第二版“友疑”专栏）

铁肩担道义，妙手著文章

储敏（外国语学院）

五四百年纪念，万里神州新颜。共和建国七十载，飞泪几度告先驱。念红楼播种，桃李天下；瞻万安公墓，薪火以传。呜呼！军阀反动，戕我先烈；绞以极刑，地黯天愁。然先贤赳赳，后继悠悠，甘洒热血，换我中华重生。抚今追昔，特录陈毅元帅悼词，以祭国殇：就义从容甚，大节凛不辱。人民柴市节，浩气贯长虹。

今年五月，是五四运动一百周年；今年七月，是中国共产党诞生九十八周年；今年十月，是中华人民共和国成立七十周年。在追忆那段风雨如磐的峥嵘岁月时，我们不能绕过的、绝不能忘记的一定有当初那位开天辟地传播马列主义、相约建党的李大钊同志。

他出生后所面对的是飘摇的国家：内忧外患，民生凋敝，清政府“陵轧黔首，残毁学术”，“抑塞士气，摧折人权”，“口谤腹诽，诛夷立志，侧身天地，荆棘如林”，“空山已无歌哭之地，天涯不容漂泊之人”。他“感于国势之危迫，急思深研政理，求得挽救民族、振奋国群之良策”，“矢志努力于民族解放事业”。感学识不足，遂习法政诸学及英、日语学；知国势衰微，便赴日留学，潜心学习国外先进理念，并大胆在国内运用实践；观革命失败，即总结经验教训，宣传先进革命理念，重新振奋精神。他将自己的学识命运与国家前途紧密结合在一起，忧天下之所忧，哀民生之所哀，面对黑暗的东方，他发出“隐忧”与“大哀”的悲怆呐喊，面对巴黎和会帝国主义的阴谋，他发表《警告全国父老书》，揭露列强的野心，团结广大民众。他对自己所站立的国家，自己生长的土地，自己的人民保有一颗赤子之心。

俄国十月革命送来了马克思列宁主义，大钊同志敏锐地意识到只有社会主义才能救中国，他坚定地相信中国、人类将迎来历史新篇章。五四运动前夕，他通过发表文章，成立各种组织与社团等积极传播马列主义，借鉴俄国革命经验，鼓励青年学生骨干等到工农中去，以“直接行动”的精神鼓舞着周围的爱国青年。五四运动中，他以笔为战斗武器，向大众号召“改造强盗世界，不认秘密外交，实行民族自决”；他以总舵手的高度责任感和使命感，指挥整场运动；他诚朴谦逊，始终与同学们、工人们战斗在一起，团结在一起。他与数万万民众造就了一场史无前例的爱国运动，帝国主义的强盗行径进一步被揭露，中华民族的整体认同感被强烈激发，无产阶级登上历史舞台。

经过五四运动，大钊同志更加注重介绍马克思主义理论，宣传人民群众自己解放自己的伟大力量。他将“马克思主义这个放之四海而皆准的普遍真理”率先传播到中国，“登高一呼群山应，从此神州不陆沉”。即使是被捕后面对酷刑折磨，他也决不屈服。绞刑架下，守常先生发表了最后一次慷慨激昂的演讲，他说“不能因为今天你们绞死了我，就绞死了伟大的共产主义！我们已经培养了很多同志，如同红花的种子，撒遍各地，我们深信，共产主义在世界、在中国，必然要得到光荣的胜利”，他嘲笑那些杀害他的匪徒“好像热锅里的游鱼一样，还想昏头晕脑地来演丑戏”，他高呼“中国共产党万岁”，表现了他对马克思主义的坚定信仰，对死亡和反动派最大的蔑视以及对党、对共产主义事业的无限忠诚。为了崇高的共产主义理想，大钊同志战斗了一生，奉献了一生，牺牲时年仅 38 岁。人民是不会忘记李大钊的，他的名字与思想，在共和国的事业里，在共产主义的事业里必是永远熠熠生辉的，“他的遗文将永住，因为这是先驱者的遗产，革命史上的丰碑”。

时逢伟大的历史节点，守常先生那“以青春之我，创造青春之家庭，青春之国家，青春之民族，青春之人类，青春之地球，青春之宇宙，资以乐其无涯之声”的殷殷话语，显得愈发滚烫有力。早在 100 年前，他就确信并宣告了帝国主义的必然灭亡和共产主义的必然胜利，并且在这一光辉的旗帜指引下，向着蔽天的黑暗作了不屈不挠的斗争。今天，我们正在实现中华民族伟大复兴的道路上阔步前行，我们始终没有忘记共产主义这一终极目标，大钊同志的坚定宣言再一次在耳边环响：试看将来的环球，必是赤旗的世界！

（本文发表于 2019 年 5 月 20 日第 30 期《红色旋律报》第四版“饮水思源”专栏）

红色旋律

心得感悟

"红色旋律"十年断想

杨绍维

燕山大学马克思主义学院创造并坚持的"红色旋律"，已经整整奏响十年了。

十年来，"红色旋律"不仅产生于并且早已熔铸于燕山大学，由一株幼苗成长为参天大树，成了燕山大学的一个知名品牌，一个有机组成部分。正像一提起燕大人们就会想起她的百年历史、特色事业、办学文化一样，人们也马上会想到她的独具特色的"红色旋律"。"红色旋律"和燕山大学，已经"落霞与孤鹜齐飞，秋水共长天一色"。

十年前，中国意识形态领域存在着杂音噪音，历史虚无主义、新自由主义、民主社会主义等错误思潮和拜金主义、享乐主义、极端个人主义等错误价值观对青少年的思想产生消极影响。一时间，马列主义、毛泽东思想似乎真的已经过时了，社会主义道路似乎真的已经山穷水尽了，原来的崇高与光荣似乎真的已经变得庸凡并且不值一哂，而所谓的普世价值却似乎真的放之四海而皆准了。于是，大学校园里大学生们原来清澈的目光开始变得迷乱，他们的思想中充斥着各种感到迷惑、疑惑、惶惑的问题。这是一种严重的情况！他们本应当成为中国特色社会主义事业的合格建设者和合格接班人啊！

面对这种情况，以正魂、立德、树人为己任的燕山大学马克思主义学院的思政课教师们，不忘初心，牢记使命，深感守土有责，再也不能安然坐视。尽管他们在课堂教学中已经尽可能地联系了学生们思想交际，为大学生们传道解疑释惑，仍感到意犹未尽，意犹未足。他们积极探索，另辟蹊径，以便更好地正本清源。于是，在领导者的倡导、组织推动下，"红色旋律"这种深受欢迎、行之有效的第二课堂教育形式应运而生了。"红色旋律"利用学生课余时间，以广大学生为受众和主体，以教师为中心和主导，集理论报告、时政讲座、影视评论、好书读后、纸质媒体宣传、多媒体手段运用、网络沟通交流、文艺演出等多种形式于一体，组成一个立体教育体系。"红色"保证其正能量的方向和性质，"旋律"赋予其艺术性和吸引力。

毋庸讳言，"红色旋律"是一种灌输，但它较之直通通的宣讲，硬生生的说教，多了几分"妩媚"，多了几分"诱惑"，是一种柔性灌输，是思想性和生动性的结合，是传统课堂的继续和拓展，是第二课堂的开辟和创造。

“红色旋律”感人至深的至少有两点：一是持之以恒，久久为功。“红色旋律”开创至今，已经整整十年。十年就是五百二十周，除了寒暑假，周周有活动，从来不断线，并且形式越来越丰富，质量越来越提升。没有坚定的信仰，没有强烈的责任心，根本做不到这样。一是不计报酬，无偿奉献。马克思主义学院的老师们，为“红色旋律”活动耗费了大量时间、精力和心血，这既不计什么工作量，也无助于他们评职晋级，可他们不仅毫无怨言，而且乐此不疲，甚至认为想到“报酬”二字本身就是对他们所从事的事业的一种亵渎。这在实行市场经济的今天是何等的难能可贵！没有无私奉献的精神，没有纯净的精神境界，根本做不到这样。

历经十年长盛不衰且蒸蒸日上，这本身就说明了“红色旋律”的旺盛生命力；每一次活动大学生都趋之若鹜且津津乐道，就说明了“红色旋律”的价值所在。“红色旋律”艺术奏响，正能量柔性灌输，课堂教学别开生面，思想领域另辟蹊径。

我与“红色旋律”：十年的坚守与呵护

王新华（燕山大学马克思主义学院党委书记、研究生思政课教研部教授）

2010年年初，燕山大学成立河北省第一家高校马克思主义学院，我成功竞聘马院副院长，一年后主持学院工作。

马院干什么？教好管好思政课，中央文件说得清清楚楚、明明白白。但做起来不容易，外界议论纷纷，老师们懵懵懂懂。然而，建院初的工作热情让大家几乎无时无刻不在想着各种点子。面对思政课课堂受时间、大纲的局限，教师“讲不好”、学生“学不进”的尴尬，大家商议开辟“第二战场”，以“第二课堂”丰富提升第一课堂。“第二课堂”以什么形式开展？看到学校名师们针对热点问题偶尔举办的讲座同学们火热如潮、抢座占座，甚至在停电情况下摸黑恭听，我们决定以讲坛形式开展活动，名师领衔，经典与热点结合。起个什么名字？颇有“文学细胞”的杨绍维老师一锤定音——“红色旋律”，“红色”是传承红色基因，理直气壮地宣传马列主义；“旋律”是活动的基调，高扬主旋律，宣传正能量。首讲是2010年6月10日晚，在东大活209教室以魏黎波老师的《人与神的博弈——我们如何认识宗教》开场。十年中，从马克思主义经典问题到中国特色社会主义建设的实践问题、国内国际热点问题，“红色旋律”

无不涉猎。十年中，国内外重大事件、重大节日、重要历史事件的纪念日，“红色旋律”从未“缺场”。十年中，“红色旋律”从单一的讲坛，到读书会、影苑、报刊、网络，立体化的格局已经稳固。十年中，作为活动的主要设计者、组织者、参与者，除非出差，几乎场场参加。146 期讲坛，参加 135 场，主讲 14 场，主持 50 场。十年中，因为有“红色旋律”，心始终“热”着，也始终“悬”着，学期初专题会的部署，选人、选题、选内容，尤其是新教师上讲台，准备得充分吗？观点经得起推敲吗？现场发挥好了吗？回答问题服众吗？同学们反响热烈吗？还有没解释清楚的问题吗？心操着，辛苦着，也在同学们的掌声和大家的赞许声中快乐着！

十年长吗？放在党的事业进程中弹指一挥间。十年短吗？当初出谋划策、担纲旗帜的杨绍维老师已经退休几年，上了 23 次讲坛的魏黎波老师明年也将退休。而那些“生龙活虎”的年轻人也早已进入不惑之年，发际线向后移一寸有余！但是，十年变化的是时势，不变的是精神。“红色旋律”十年“弦歌不绝”，最根本的是党中央对大学生思想政治教育的重视，一份份文件让我们底气十足！最重要的是燕山大学党委对贯彻党的教育方针的自觉性，孟卫东书记、赵险峰书记一次次参加活动，带来的是信任，是温暖，更是支持！最宝贵的是马院思政人的奉献精神，三千多个日夜，三百多场活动，业余时间，没有报酬，也没有抱怨！最欣慰的是同学们十年如一日对“红色旋律”的认可和拥趸，马研会前后 800 多名同学的辛勤付出，从他们中走出的子旺、明超、宫俐不仅已成为工作岗位上的骨干，远在万里之外仍然还是“红色旋律”的永久“粉丝”！最得意的是“红色旋律”十年中给燕大数万学子带来的“精神大餐”，让他们身上充满对主旋律的期待，对社会正能量的热爱！

经历十年，“红色旋律”早已成为燕山大学思想政治教育和校园文化建设的亮丽风景！但我们深知，赞誉和奖励都属于过去，十年是“节点”，但绝不是“结束”，可总结，但绝不可以告功。习近平总书记在学校思政课教师座谈会上对思政课提出了“八个统一”，对思政教师提出了“六个要”的更新更高的要求。十年前因改革而生的“红色旋律”也面临改革创新、“二次创业”的选择。我们唯有不忘初心，为下一个十年的发展开好头、铺好路，才是对过去十年最好的纪念！

伴歌踏行 缀简为编

——忆“红色旋律”十年

柴勇（燕山大学马克思主义学院副院长、思想道德修养教研部教授）

任务早已下达，一直萦绕心头。数次提笔，欲言又止，理不得头绪。十年，是记忆，是碰撞，是青春。从提出“红色旋律”到搭建立体格局，从持续探索改革到深化内涵发展，从“理直气壮讲马列”到“立德铸魂育新人”，从辑录毛主席书法、谱撰《没有共产党就没有新中国》旋律以设计海报到推动“奋斗征程”实践教学改革、筹划“英雄故事”虚拟仿真平台以打造思政课教学创新体系，从三十而立到四十不惑……幸有当年微博兴起，断简残文。摘选片段，聊以回首十年踏歌行。

“‘我是共产党员！’一句话亮明一个身份，这身份承载了太重太重的历史；一句话昭示一种精神，这精神包含了太多太多的感动；一句话体现一份力量，这力量汇聚在一起让山河动容，令日月增光。”——2011 年 5 月 5 日，《红色旋律报》正式发行。在第 1 期的报纸上发表《“我是共产党员”》。

“昨天晚上，为了一篇稿子，和一位大一的同学交流到很晚，感受着她的热情与简单，感慨于她的执拗与任性，我再一次细细体会着一个大学老师的使命。关上了电脑，又回到了今晚的这三五分钟，我想到：教育也许永远是件遗憾的事情，32 学时的课程，2 小时的讲座，大学 4 年的朝夕相伴，但‘千里搭凉棚，没有不散的筵席’。他们长大了吗？他们能经受得起风吹雨打吗？他们的未来向何处去？他们会幸福吗？所以，就像一位在孩子远行前百感交集的父母一样，我想对大家唠叨几句。父母的唠叨总是让我们处于一种焦躁的纠结之中。但当你们到了我这把年纪，你们会懂得父母的唠叨是我们最大的幸福。”——2014 年 6 月 8 日，在学校 2014 届毕业生晚会现场寄语《儿行千里母担忧》。

“今夜为编报而晚归，理有直有不直。为何有人安然归寝，有人颓然被拒？实未辨得理有直与理有不直。直当何如？不直当何如？皆如何对己对人耳。心中有人，心中才可安己。将心比心，换位思考，学会尊重，勇敢担当。同情之理解，感动之体悟。欲立立人，欲达达人；己不欲，勿施人。勉之。”——2015 年 12 月 14 日，就马研会同学编辑《红色旋律报》晚归宿舍一事与学生交流。

“‘红色旋律’岁末回眸，2016，已经第七个年头了。2010 的青涩（因为仅是六位老师现场答疑），2011 的激动（《2011——世界 • 中国 • 我们》第一次现有模式），2012 的热烈（《走进十八大》老师组团才多艺多），2013 的感动（《那个人，那个时代》马研会孩子们唱着毛泽东一生），2014 的深情（《2014，中国故事》语言类井喷），2015 的厚重（《记忆 • 憧憬》老师语言类经典艺院加盟），2016 的……稳健。对，我用的是稳健（《长征 • 新的长征》背景视频达到新高度）。我们成熟了，成熟得更加坚定，成熟得愈现大气，成熟得有条不紊，成熟得张弛恰好，就像东方滢同学的演讲，饱含真情，浑然天成。这就是稳健。自 2011 年的回眸，我当天的晚饭都是在夜里 11 点半后再吃，今晚我吃了晚饭。是你们给了我这样的气定神安、这样的信步饭堂。这次上座率相比过往确有遗憾，但来的人坐下了、看见了、过心了，甚至感动了、思考了，无论多少人，有，我们就知足。台下坐着的，有三期、四期、五期、六期马研会的同学，有下午刚从北京赶过来的，还有已经买了车票但因生病没能过来而抱憾的……其时每年都是如此，岁末回眸是马研回家的理由，回家的节日，回家的期盼。今天看着散场后的你们，再扭头看着已经‘离退休’的他（她）们，明年后年大后年，你们就是他（她）们。岁末回眸不能少，不能断，我们要守护她，薪火相传，星火燎原！因为梦，解惑的梦，认知的梦，理解的梦，入心的梦，讲述的梦，回忆的梦，传承的梦，中国梦！”——2019 年 12 月 29 日，2016 年“红色旋律”岁末回眸“长征 • 新的长征——纪念中国工农红军长征胜利 80 周年”结束后，发给参加承办工作的马研会同学。

“思想政治教育的本质具有双重性，一为政治性，一为教育性。无论灌输还是阶级的教育，都在显示本质的双重性。政治要‘我们多多的，敌人少少的’，真正的‘我们’需要灌输、需要教育。教育要‘培养时代新人，培养接班人’，是历史的传承与创新，是共同体的塑造与构建，自由人的联合体。政治目标的实现是人本质得以实现的前提。政治与教育不断统一，思想政治教育不再是虚伪的诱骗，而成为自我的觉醒与解放，自觉的主动与积极，自信的包容与坚定。懂了政治，懂了教育，方可懂得思想政治教育。”——2017 年 11 月 20 日，与一位同事探讨思想政治教育的本质。

“红色旋律”，有你有我，依然青春……

党员教师倾心教学创新 师生网聊共唱“红色旋律”

刘永志（燕山大学马克思主义学院副院长、马克思主义中国化教研部教授）

燕山大学思想政治理论课“红色旋律”特色教学活动自2010年创办之初，就注重把传统教学与特色教学相结合，把课堂教学与网络教学紧密结合，为适应当前网络新媒体特性和“80、90后”的学生的思维特征和心理特点，在网络思想政治理论课教学方面进行了全方位和多形式的探索和创新，诸如筹建精品课程网站、“红色旋律”网站、教师微博群、师生互动QQ群等。特别是“红色旋律”教学QQ群，不但吸引了我校三千余学子的参与和热议，也吸引了省内外其他高校的学生参加，以至于“群”满为患，网聊热议以至于网络值班教师应接不暇，搭建起广大师生交心释疑解惑的网络桥梁。

网名为“轻颜”的学生说：“哎，好纠结啊，我觉得把社会看得越是清楚，但是无力去改变的时候，真的特别纠结。”经过网名为“一片冰心”的值班老师和同学们的开导，她似乎也打开了很多心结，最后她说：“‘一片冰心’说的话给我很大的启发，尤其是对于现在的心理状态的我，一语中的，有点醍醐灌顶的感觉，谢谢哦。”昵称为“空间线”的学生说 ：“昨天的读书会很好，真的是受益匪浅啊！太棒了，精神的洗礼！”昵称为“FATeacher”的福建师范大学的某老师网聊说：“早上在网上浏览到贵院的网站，感觉很有特色，很多值得借鉴与学习。”“这个群很好，我来参加取取经。”

在这一过程中，我们形成的教学模式是：

首先，创建教学网站，以教学网站的实用性带动学生的参与性。创建教学内容丰富、形式美观大方的教学网站，包括精品课程网站、“红色旋律”特色教学网站，在主页上公布QQ群号码供学生加入。对于精品课程网站，任课教师结合每学期的课程教学，如完成实践教学报告、历年试题、网上答疑等教学环节，通过老师的课堂介绍告知学生，由学生申请加入成为群成员。

其次，以“红色旋律”为主要抓手，以教学内容的思想性、生动性和教学形式灵活性、多样性增强对学生的吸引力和凝聚力。建立我校思政课师生教学互动QQ群的创意源自“红色旋律”讲坛中的师生问答互动环节，由于参与学生较多，讲坛互动环节时间有限，很多学生对此意犹未尽，加之“红色旋律”立体格局搭建，特建立QQ群，根据每一期“红色旋律”讲坛、读书会、影苑的主题，每天安排老师专人在线值班，进行启发式和参与式的交流与探讨。

最后，对 QQ 群聊记录中反映的学生的思想动态以及共性问题和难点问题进行教学研讨。对一周学生在网上交流的发言记录，进行下载打印，提交学院教研室供教师们就学生提出的某些共性问题和难点问题进行教学研讨，澄清一些较为困惑的理论问题，总结进行网络引导的相关要点，形成 QQ 群网络教学的基本思路。为进一步深化、细化、优化这项工作打下坚实基础。

在这一过程中，我们形成的心得收获是：

首先，思想政治理论工作者应有“网络占领”和“网络引导”意识。大量的社会实践证明，对于思想文化阵地，马克思主义、无产阶级思想不去占领，各种非马克思主义、非无产阶级的思想甚至反马克思主义的思想就会去占领。思想政治教育工作者要重视 QQ 群这一新兴的网络交流工具，将思想政治教育工作渗透到 QQ 群中，让其为高校的思想政治教育工作服务。

其次，思想政治理论课的“做精”“做细”“做实”是教学实效性的保证。“网站建设后不管”“QQ 挂上后不管”是当前高校网络思政课教学中普遍存在的一种现象。思政课教师只有大处着眼，小处着手，放低姿态，积极主动地研究学生所喜闻乐见的教学方式，细致入微地深入反映学生思想动态的微观领域，才能探索出学生所能接受的教育内容、教育形式和教育方式。

再次，及时改进网络时代背景下的教学方式是思想政治理论课生命活力所在。QQ 群作为网络交流工具，具有虚拟性，人的姓名、年龄、身份都可以虚拟。如果学生和思想政治工作者通过 QQ 群交流，学生和老师之间可以平等地进行交流，可以忽视现实生活中学识、身份、地位的差异，也不会担忧说错话而对现实生活造成影响。这就为思想政治工作者真实地了解学生的思想状况、及时掌握学生的思想动态、有的放矢地开展思想教育工作提供了有利条件。

最后，教师的倾情奉献和无私付出是做好网络思想政治教学工作的前提和基础。搞好网络思想政治教育需要教师作为主体承担课堂教学外的许多“额外任务”，需要点点滴滴，日积月累，不辞辛劳，不计报酬。“红色旋律”QQ 群自创办以来，参加的老师们，不分老少中青，都感觉这是一项十分有意义的工作，都非常积极热情地参与，同时对发现的问题群策群力，想问题找办法，团队协作联合攻关，生动诠释了奉献和付出是做好一名思政课教师的真谛。

我与“红色旋律”

李晔（燕山大学马克思主义学院主任、毛泽东思想与中国特色社会主义理论体系概论教研部教授）

时光荏苒，弹指一挥间，燕山大学马克思主义学院已建院十周年。在此，一同经历过马克思主义学院的艰难创业时期，向我们一起努力奋斗了十年的学院表示衷心的祝贺！十年来，我与马院共同成长，风雨同舟，也亲眼见证、亲身参与了“红色旋律”的成长。

2012年，刚刚开办了12期的读书会就获得教育部“全国高校校园文化建设优秀成果一等奖”，为学校赢得了荣誉。十年来，在学院领导的关怀和指导下，在老师们的大力支持与共同参与下，读书会共举办活动59期，推荐书籍100余本，受到学生欢迎。

办好读书会，拼的是知识底蕴、理论功底、学术涵养、好的创意及奉献精神。在“一切坚固的东西都烟消云散了——《共产党宣言》的思想世界”活动中，王华老师深厚的马克思主义经典原著功底被现场的学生们“圈粉”；第五十期读书会“青春与初心——品读《习近平七年的知青岁月》”举办现场，来了一些立志于去西部支教和支边的燕大学生，侯卓沅、王建洲、李小东三位年轻老师为青年学子提供人生的指点与帮助；在“毛泽东的问题意识——读《毛泽东选集》（1～4卷）”活动中，陈步伟老师展现了扎实的理论功底；在传统文化系列之“传统文化在港台的传承与发展”（王玉荣、魏忠强、崔冠华）的活动现场，意外地到访了几位秦皇岛“孤竹文化协会”和“诗词协会”的成员，表明活动具有了一定的社会影响力。

十年来，我与参加读书会活动的老师们结下了深厚的友谊，被他（她）们的敬业与奉献精神所感动。有风雨有彩虹，有严寒有酷暑，有天寒地冻也有大雨滂沱，有辛苦有快乐，有付出有收获。活动中有很多感人的瞬间，2015年10月28日，魏黎波老师为了下课后能及时地赶到第三十七期“美国人怎么看中国——读基辛格的《论中国》”的活动现场，来不及吃晚饭；2015年6月10日，在举办第三十五期“红色旋律”读书会“揭底抗日神剧——还原真实抗战”（齐凯君、包巍）时，突然而至的倾盆大雨把老师们浑身淋透，但是当走进“红色书屋"看到有学生已坐在这里等候的时候，"滂沱大雨"已云淡风轻；2015 年 7 月 1 日，在举办第三十六期"红色旋律"读书会"读《中国共产党章程》谈党员的修养"（黄娟、马慧婷、张云飞）活动时，我们惊喜地发现雨后天晴傍晚的天边挂上了一道美丽的彩虹。还有很多老师、很多事情，这里来不及一一提及他们的名字，点点滴滴都记录在十年成长的历程中，借此对参加过"红色旋律"读书会的每一位老师致敬！

此外，本人主讲了"红色旋律"讲坛 5 期：第八期"爱恨交织说美国"；第二十期《"人间正道是沧桑"——从三个历史片段看百年中国的必由之路》；第六十七期《社会主义核心价值观的沃土——中华优秀传统文化》；第一百零二期《铁流二万里 光耀八十年——纪念长征胜利 80 周年》主讲之一；第一百三十四期《伟大的历程——纪念改革开放 40 周年》主讲之一，也是"红色旋律"QQ群的网络指导教师之一。

燕山大学马克思主义学院是一支优秀的团队，这里有仰望星空的人，也有脚踏实地的人。"有一天，当回顾自己走过的路时，你会发现这些奋斗不息的岁月，才是最美好的人生。"

以奉献为主题的红色十年

张云飞（燕山大学马克思主义学院主任、马克思主义基本原理教研部教授）

自从 2010 年马克思主义学院创办"红色旋律"特色教学活动以来，它即将迎来十周年的生日，红色十年是值得纪念的十年，是成果丰硕的十年，是马克思主义学院教师无私奉献的十年。在创办该活动的初期，学院领导班子就奠定了"红色旋律"活动的主基调，即"弘扬主旋律，培育奉献精神"。王新华院长在学院大会上多次强调既然这种特色教学活动是以红色为主题，那么各位教师在参加活动过程中就不能讲报酬，不管是讲坛、读书会，还是影苑，或者是其他形式的活动，所有参与活动的教师都应该是义务奉献。这一点获得了马克思主义学院全体教师的充分理解和支持，不管教师参加什么形式的活动从来没有提出获得相应报酬的要求。

《光明日报》在以"燕山大学：奏响'红色旋律'，打造思政'金课'"为标题报道“红色旋律”活动时提到：“‘红色旋律’是燕山大学一个响当当的校园文化品牌，自2010年创办以来，每两周举办一次讲坛、每月一次读书会、每个周末播放一部经典影片……十年时间，马克思主义学院的‘红色旋律’系列活动举办了146场讲坛、59期读书会、69期影苑，共有3万多人次的现场参与、30万人次的网上互动，‘红色旋律’不仅奏响在燕大校园里，更奏响在每一位燕大学子的心里。”十年间，每一次活动都凝聚着参加活动的各位教师的心血，其中以讲坛最为考验教师的教学和科研基本功。学生参加讲坛是用脚和心进行投票，对相关主题没有兴趣就不会到现场参加活动，相关主题讲得不精彩就会中途退场，能否吸引学生来到现场、能否把学生留住就成为对于授课教师的重要考验，每位教师在讲坛备课过程中都以全副精力收集资料、制作课件、写作教案，正式讲授只是需要90分钟，但是准备时间往往长达一个月，甚至半年时间。

我在“红色旋律”讲坛中一共讲过6次，每一次都是对我的重要考验。我为了把《青年马克思的诗与思》讲清楚，从头到尾认真阅读了马克思在1833年至1837年间留存下来的全部诗作，对他的每首诗歌的主题与思想倾向都进行了总结和梳理，在认真阅读的基础上形成讲授提纲，填充内容，撰写教案。后期我又在教案的基础上形成论文，虽然至今论文没有发表出来，但是在对马克思的诗歌阶段进行认真总结梳理之后，我的思想认识也得到了提升，人生境界也得到了升华，这是用多少金钱都买不到的东西，是人生过程中的宝贵财富。再比如，2018年即将迎来马克思诞辰200周年的重要日子，作为马克思主义的信仰者、研究者和实践者，必然会为纪念这个日子作出自己的贡献。于是在学院领导的统一部署下，我具体负责组织学院9位教师举办“红色旋律”第一百二十六期讲坛《马克思为什么是对的——隆重纪念马克思诞辰200周年》，从讲座提纲的制订、讲座任务的分配，到讲座课件的制作、每个人讲授时间的把握、讲座现场的调配等都需要精心地进行安排和组织，最终该活动在热烈的掌声中圆满结束。

红色十年是值得纪念的十年，也是作为马克思主义学院的一名教师不断成长的十年。十年过后还有十年，我相信红色将会是这项活动永远的主题色，奉献将是这项活动永远的主基调。我们的生命将会因为红色而饱满，因为奉献而精彩。

"红色旋律"铸就燕山大学"红色"文化品牌

王磊（燕山大学马克思主义学院教师、马克思主义基本原理教研部副教授）

2019年5月16日，《光明日报》以"奏响'红色旋律'，打造思政'金课'"为题，报道燕山大学思想政治理论课贯彻落实习近平同志在学校思想政治理论课教师座谈会上的讲话精神，以"红色旋律"特色活动为载体，积极开展实践教学改革，努力办好思政课的做法和经验。同日，教育部网站以"燕山大学：奏响'红色旋律'，打造思政'金课'"为题进行转载。

"红色旋律"活动自从2010年开始举办，目前已经形成以讲坛为中心，包括读书会、影苑、网络、报纸在内的立体化格局，实现了特色教学活动与弘扬主旋律的校园文化、思政课实践教学的有效衔接。目前，讲坛、读书会、影苑已经举办近300期，现场参与学生人数达3万多人次，网上参与学生30多万人次，成为大学生思想政治工作一道亮丽的风景线！先后获得教育部高校校园文化优秀成果一等奖、河北省优秀教学成果奖等多个奖项。此前，《人民日报》《中国教育报》《中国科学报》等都有过报道。

"红色旋律"讲坛以"体验思想激荡，感悟红色豪情"为目的，以"领略名师风采，沐浴知识阳光"为载体，以"话说天下大事，笑谈中外古今"为内容，每两周举办一次，内容都不重复。

随着"红色旋律"讲坛如火如荼地开展，它逐渐拥有了一批忠实的听众和追随者，用眼下时髦的话说，就是有了自己的铁杆"红粉丝"。"我是每场必到，不仅如此，在我的带动下，我们整个宿舍也都参与了进来。"2017级学生姜洋不无自豪地说道。"生动、有激情，能让人思考一些事，原来思想政治教育讲座也能如此精彩。"同寝小李感慨道。

除了当忠实的听众外，"红粉"们还组织成立了"红歌队"，在讲坛开讲前为大家现场演唱《东方红》《没有共产党就没有新中国》等红色歌曲，既烘托了气氛、陶冶了情操，又凝聚了神气。"红粉"们还积极参与讲坛的宣传、会场的组织以及社会公益活动等，他们都是利用业余时间，没有任何报酬。可以说，参与"红色旋律"讲坛的"红粉"们都是志愿者。讲奉献不讲索取，比贡献不比回报，已成为"红粉"们一种自觉追求。一名铁杆"红粉"说："我觉得现在学习生活都很充实，有激情，有精神，大学生时代就该如此。"

“红色旋律”已经成为燕山大学学生思想政治教育教学的一面旗帜，受到广泛关注，同时，“红色旋律”铸就的燕山大学“红色”文化品牌，已经在全校树立了较高的知名度，愿“红色旋律”越办越好！

“找到回家的路”

——记一堂别开生面的“红色旋律”讲座

张汉生（燕山大学马克思主义学院教师、马克思主义基本原理教研部副教授）

“小朋友，谁能告诉我，小蚂蚁是靠什么找到回家的路啊？”“靠屁股。”孩子们异口同声地回答道。“那么，小鸽子又是靠什么找到回家的路呢？”“靠眼睛。”“不对，是靠嘴巴。”“靠……”孩子们七嘴八舌地争论开了，小小的教室里人声鼎沸、热闹非凡！

这是一堂别开生面的幼教课，也是燕山大学马克思主义学院“红色旋律”mini版创新讲座，发生在今年暑期，具体时间是2019年8月16日下午2点至3点，地点是河北省承德市木兰围场来太沟村幼稚园，听课学员是来太沟村的38名留守儿童，主讲“幼师”是燕山大学马克思主义学院的张云飞老师。云飞老师瞬间由大学教授变身为“幼师”很让人惊艳，你看他和蔼可亲、循循善诱，俨然就是一位地地道道的“孩子王”。凭借着扎实的教学功底、幽默轻松的儿童化语言，云飞老师把一堂mini版的“红色旋律”讲座讲得有声有色，很受孩子们的欢迎。

请听，云飞老师的讲座仍在继续。“最后一个问题，”云飞清了清嗓子，“谁能告诉我，如果我们小朋友迷路了，找不到家了，该怎么办？”这一次出现了短暂的沉默，孩子们有点蒙圈，刚才还在说小动物如何寻找回家的路呢，怎么突然间主角成了我们（小朋友）？这个转换未免也太快了吧？！对了，要的就是这个效果，云飞老师的课有“玄机”！

“我用指南针找方向。”“我利用太阳确定位置。”“我给我妈妈打电话。”“我找警察叔叔帮忙。”“我一个人查看地图就能找回家。”……孩子们反应过来后，教室里又炸开了锅，几个胆子大一点的孩子还跑到讲台旁边的地图前指指点点起来。

“孩子们，你们都讲得不错。”云飞老师总结道，“不过啊，有一点大家都没讲到，那就是，我们人要找到回家的路主要是要靠我们的大脑，靠知识。”“所以啊，我们现在要好好学习，长大了读大学，读燕山大学，大家说好不好？""好！"孩子们响亮欢快地回答道，与此同时，教室里响起了经久不息的掌声……

云飞老师说得真好啊！学知识，学文化，读大学，读燕山大学，给孩子们的心中亮起了一盏盏明灯。教育兴，2500万农民朋友才能从根子上脱贫；教育兴，我们才能找到回家的路，中华民族伟大复兴的中国梦才能最终变为现实！

（注：蚂蚁用屁股分泌某种特殊的液体在所经过的路上做标记以识别方向。）

"红色旋律"印记

吴建良（燕山大学马克思主义学院教师、马克思主义基本原理教研部副教授）

"红色旋律"是一种永不褪色的革命记忆
是一首弘扬真善美、传播正能量的主题曲
是一个精彩纷呈的大舞台
是一个充满挑战的竞技场
是一个历练青年教师的铸剑炉和淬火池
是一条师生思想交流的通道
是一扇沟通师生心灵的窗户
是一个纵古论今、家国天下的话语场
是一个与各种错误思潮正面交锋的思想阵地
是一场场观点碰撞、智慧交融的思想盛宴
是一面彰显马院人道路自信、制度自信和理论自信的旗帜
是一种能让马院人不忘初心、砥砺前行的文化
是一种马院精神的凝聚
是一张燕大马院人的名片
是一道燕山大学的亮丽风景

不忘初心 砥砺奋进

黄娟（燕山大学马克思主义学院党支部书记、马克思主义基本原理教研部副教授）

时光荏苒，岁月如梭。"红色旋律"活动已创办十年。这十年，是风雨兼

程的十年，是锐意进取的十年，是奋发有为的十年。正是这十年使“红色旋律”活动成为马克思主义学院的特殊名片，成为燕山大学校园文化建设的一面旗帜。

“红色旋律”活动承载着马院人的初心和使命。“思政课教师，要给学生心灵埋下真善美的种子，引导学生扣好人生第一粒扣子。”这是习总书记对全体思政人的嘱托，更是一种期望。大学生正处在人生的“拔节孕穗期”，用深刻的思想启迪心智，用先进的文化引领方向，既做到传道授业解惑，又厚植家国情怀，彰显时代精神，让思政课有高度、深度、温度、效度，这是思政人的初心，也是思政人矢志不渝的执着追求。“红色旋律”活动注重思想性、理论性、针对性，直面现实问题，以期引导学生正确认识世界和中国发展大势，正确认识时代责任和历史使命，勇做走在时代前面的奋进者、开拓者和奉献者。

“红色旋律”活动彰显着马院人精益求精、甘于奉献的精神。十年来，数百场的讲坛、读书会、影苑的成功举办，与教师们的全身心投入和付出是分不开的。为了不给学生同时也不给自己留下遗憾，参与讲坛、读书会、影苑的教师们都认真对待、精益求精。为了实现现场互动的最优化，教师不仅对所讲内容反复琢磨、认真思考，也投入大量精力搜集素材精心制作课件，期望以最好的姿态把最好的作品呈现给学生。所有参与活动的教师都是义务付出，任劳任怨，不求回报。这种奉献润物无声、平平实实，却是一种沁人心脾的力量。如今，精益求精、甘于奉献已内化为马院人的信念，实化为马院人的自觉行动。

“红色旋律”活动传递着马院人锐意进取、不断超越的品质。正所谓天道酬勤，成功总属于积极进取、不懈追求者。十年来，学院始终坚持以彻底的思想理论说服学生，用真理的力量引导学生，不断推动“红色旋律”特色教学活动改革，不断创新方式方法，现已形成了全方位、立体化的思想政治教育格局。讲坛的主讲教师由校内教师拓展到校外知名专家学者，实现了对师生的高端引领，开阔了学生视野，提升了学生人文素养，激活了学生思维。

我非常荣幸作为马克思主义学院的一员参与了“红色旋律”活动的发展历程。我先后讲授了三次“红色旋律”讲坛：《从苏联解体到占领华尔街——历史终结了吗》《从虚拟到现实：看得见的声音》《生态文明：开启美丽中国建设新时代》，还多次主持读书会和红色影苑。“红色旋律”活动是师师互动、师生互动、生生互动的大平台。参与“红色旋律”活动，使我在知识、情感、能力等方面受益匪浅。在备课过程中，查找、阅读大量资料文献使我深刻体悟了马克思主义气势恢宏、睿智通达的理论境界。在选题确定、内容设计过程中，同事们的热心帮助和良好建议也让我感受到了大家庭的温暖。与学生面对面地互动交流，使我更好地了解了当下学生内心困惑，明确了师者的责任和使命。

路漫漫其修远兮，吾将上下而求索。新时代思政教育大有作为，思政教师任重道远。让我们立足岗位，鼓足干劲，不忘初心，牢记使命，以更加饱满的激情，更加振奋的精神，为学院和学校实现跨越式发展贡献自己的力量。

我与"红色旋律"

张亚娜（燕山大学马克思主义学院教师、马克思主义基本原理教研部副教授）

鲁迅先生说："无论做什么事，如果连续收集材料，积之十年，总可以成为一个学者。"马克思主义学院建院伊始即开始的大型活动——"红色旋律"系列活动至今也有十年的时间了。十年里，马院茁壮成长，取得了一系列光辉的成就；十年里，我和马院的同事们一起参与、陪伴和见证了"红色旋律"系列活动的点点滴滴；十年里，不管在工作还是生活中我也经历了许多事，同事们和"红色旋律"始终陪伴着我，给我温暖、鼓励和信心。

第一，从陌生到熟悉，从观摩学习到积极参与。

"红色旋律"系列活动一开始举办的时候，我正在北京师范大学攻读博士学位，时常在北京和秦皇岛两个城市间穿梭，除了完成教学任务之外，对马院举行的活动参与得较少，但一直关注着马院的活动，只要时间允许都会去现场学习。当有机会参加"红色旋律"活动并参与其中时，我被"红色旋律"的魅力及燕大学子的求学、求知和求真精神深深震撼。我对"红色旋律"系列活动从陌生到熟悉，从观摩学习到积极参与。"红色旋律"系列活动举办至今，我共主讲了3期"红色旋律"讲坛，分别是第四十九期《冲出十面"霾"伏——共筑美丽中国梦》、第九十七期《从戈尔巴乔夫到普京——意识形态的嬗变与重塑》以及第一百二十六期《马克思为什么是对的——隆重纪念马克思诞辰200周年》；主讲"红色旋律"影苑12期，涉及农村发展、科技伦理、自然哲学等相关话题。

第二，教学相长，"红色旋律"系列活动对我的教学与科研起到了带动作用。

在准备"红色旋律"讲坛和影苑的过程中，需要查阅和学习大量的相关背景知识和资料。讲坛上问题的交锋、影苑中讨论的热情也为后期整理思路提供了良好的素材，思考的结果无论对教学还是科研都起到了促进作用。经过“红色旋律”活动的前期积累，我将主讲的“红色旋律”讲坛的内容进行整理，公开发表了相关论文《从戈尔巴乔夫到普京——苏联—俄罗斯国家价值体系的嬗变与重塑》；将“红色旋律”影苑系列活动进行总结，公开发表了教学研究论文《思想政治教育理论课程中大学生主体性意识的培养研究——燕山大学“红色旋律”影苑活动评析》。

第三，“红色旋律”精神鼓舞着我，带给我温暖和感动。

燕山大学马克思主义学院是全校最小的学院，我们人虽然少，干的事却一点都不少。马院的每一名老师和学生都在积极努力做事，每一次“红色旋律”活动的顺利举行，都包含着马院全体师生的辛勤汗水。回顾往昔，讲坛上的激扬、影苑的光影、读书会的深沉、报纸上的文字、社会实践考察的脚步，那一幕幕情景总能带给我温暖和感动。

一滴水，只有汇入大海才能不让自己干涸。人生的匆匆岁月里，我为能成为马院的一员而感到骄傲，愿马院更加发展壮大，愿“红色旋律”系列活动越办越好。

旋舞律动中讲个好故事

包巍（燕山大学马克思主义学院教师、毛泽东思想与中国特色社会主义理论体系概论教研部副教授）

最近，随着中美贸易战的步步升级与各种匪夷所思事件的层出不穷，让我们对美国大跌眼镜。刘欣与翠西的辩论变成翠西的单方提问，并让刘欣印象深刻：美国人对中国了解得太少。讲故事，讲个好故事，讲好中国故事，特别特别重要。

好故事之所以好，首要的核心是发现故事本身的精彩。真实的历史永远比小说更精彩，何况我们有着引以为傲的上下五千年文明史。故事本身足够精彩，问题是怎么让这种精彩打动你、感染你、激励你并化成你满满的正能量？从马克思讲到习近平，从钓鱼岛讲到中美关系，“红色旋律”十年的热点追踪与问题解析，不追求华丽炫目而希望掷地有声，对中国故事客观的认知、全面的分析、关键点的提取与解剖，使得十年的经典仍然是经典，十年的精彩依旧是精彩。中国的发展，克服了一个又一个困难，创造了一个又一个奇迹，是一部相当了得的励志大片，这部大片我们讲了十年，不是简单的夸赞，不是片面的批判，而是为其辉煌而喜悦，为其困楚而愁思。十个春秋，多少个孩子带着懵懂而来又带着成熟离开，当看到他们青春年少中挥斥方遒、关怀天下时，"红色旋律"是否与其有过交集？"红色旋律"是否助力提升了个人的能量与正气？

故事要讲好，需要有点斜杠精神。热衷于写诗的马克思读了法学院，攻下了哲学难题，拿了哲学博士学位却又去研究经济学，既写新闻又出著作还要抽空指导工人革命，马克思是个不折不扣的斜杠青年。怎样读懂马克思？怎样学好马克思？怎样践行好马克思主义？归根结底一句话，怎样看懂今天的中国？答案是需要有点斜杠精神。要讲好南海岛礁问题，不研究军事当然不行，要讲好香港问题，不研究经济不行，要讲好抗战，不研究历史不行，要讲好华为，不研究科技不行……十年后，仔细想想自己的专业，咦！好像这十年主要精力是在跨界游走。转念再想，故事要讲好，必须跨界呀！那就做个斜杠中年，老老实实揣上斜杠精神，认认真真讲好中国故事。

责任与使命、担当与情怀是旋舞律动的促生力。相爱容易相守难。旋舞律动一时容易，长久难。回眸过去，舞动十年，其实是责任与使命、担当与情怀。今天的中国相当不易，讲好今天的中国更是义不容辞。南海危机，我们没有机会手握长枪、驻守海礁；中美对峙，我们无法弃文从理、秒变科技超人，但是我们有冷静的头脑，缜密的思维，灵动的口齿，可以在复杂多变的事态中拨开层层迷雾，揭出真实，露出精彩。在上讲坛、读书会、影苑之前，老师们辛辛苦苦地准备一摞一摞的文献资料挑灯夜战，在上岁末回眸晚会前，不擅长长袖舞歌的老师们放下自己的矜持，吭哧吭哧地绞尽脑汁去跨界喜剧演员，只是想把中国故事讲好，再讲好，讲得更好。

今天的中国值得每一个国人为其骄傲，今天的中国需要每一个国人为其努力。讲好中国故事，对于中国自身而言，对于其他国家而言，对于世界而言，都是意义非凡。"红色旋律"，旋舞律动十年中讲了个好故事。十年生日快乐！希望继续加油努力！

“文化沙漠”中的一片绿洲

——“红色旋律”十周年纪念

魏忠强（燕山大学马克思主义学院党支部书记、中国近代史纲要教研部副教授）

“红色旋律”活动已经持续开展十年了。这十年中，每一期活动都饱含了老师们的热情与汗水。此活动持续十年，是马克思主义学院所有老师们无私奉献精神的绝好体现。

在“红色旋律”活动十周年纪念之际，我从三个方面谈自己的感想。

一、热情

若没有老师们极大的热情，是不可能将“红色旋律”活动做成燕山大学的品牌，并且持续十年之久的。十年前，学院雏形初具，刚刚从文法学院独立出来。此时，老师们有心气，齐心协力，筚路蓝缕，一心想做出一番事业来。学生们受这一激情的感染，再加上对这一活动充满了新奇感和强烈的求知欲，参与活动的积极性高涨。伴随着这一形势，“红色旋律”活动开展得如火如荼。

二、毅力

若老师们只有热情，而没有坚定的毅力，也是不可能将“红色旋律”活动持续做十年之久的。这十年里，由于激情逐渐退却，坚持多年难免乏累，老师们也曾有过彷徨、有过疑问：将来路向何处？但老师们教书育人的初心没有动摇，无私奉献精神没有改变。一路走来，事实已经证明，老师们具有坚定的毅力。基于此，才有了“红色旋律”前十年的辉煌。我也相信，凭借老师们的这份毅力，还将会创造“红色旋律”十年之后的再一次辉煌。

三、革新

任何一个活动，要想长期持续做下去，必须要有革新精神。要因应时代的需要，适应学校形势及学生思想的变化，对活动的内容及形式进行革新，这样才能成就下一个辉煌。

最后，我谈一点往事，以作为纪念。作为2011年入职的一名教工，正赶上学院最初独立的时候。学院当时给我的感受是，一团和气，积极向上，团结一心，整个学院有一种准备大干一场的振奋感。尤其是“红色旋律”活动给我留下较深的印象。说真心话，燕山大学的“红色旋律”活动，让我第一次看到思政课竟然还可以达到如此火热、如此受学生追捧的程度，简直不敢想象。因为在我所了解的有限的高校中，从来没有发现过有这样的活动，准确说是没有发现过受学生热情追捧的这类政治性强的讲坛活动。这也曾引发我的一些思考，曾想过这或许与燕大理工科学生居多有关。入职后，身处马克思主义学院，越来越了解学院中可敬、可爱的老师们，又不能不使我认识到，“红色旋律”活动能达到如此受追捧的程度，关键是有一批富于激情、勇于奉献的老师。

入职前，曾有老师听说我要到秦皇岛工作，向我说秦皇岛是一片“文化沙漠”。这不禁让我想到，“红色旋律”活动，就犹如这“文化沙漠”中的一片绿洲，是可敬、可爱的老师们开辟出了这一片绿洲。

“红色旋律”——吹响启迪智慧和奋发有为的号角

徐阳（燕山大学马克思主义学院教师、马克思主义基本原理教研部副教授）

经过十年的发展，“红色旋律”已经形成以讲坛为中心，包括读书会、影苑、网络、报纸、社团在内的立体格局。十年来，我从聆听者和资深受益者，到如今能有幸加入马克思主义学院大家庭，并为“红色旋律”的发展贡献着自己的一份绵薄之力，我体会到了深深的幸福感、自豪感和荣誉感。

令我印象非常深刻的一次“红色旋律”讲坛，是在十九大召开之后，王新华院长非常及时地为全校师生作了《新时代新征程——学习十九大报告》的讲座。十九大召开之后，全校师生都非常关注党和国家有哪些新思想、新政策和新精神，特别是很多学生，想学习却不知道从何学起，因为十九大报告中很多语言对他们来说还是显得有些太专业了。这次讲座使同学们了解了作为党的最高的权力机构，党的全国代表大会的决策和选举，举什么旗，走什么路，奔向什么样的目标，需要在全党范围内统一什么样的思想，引导同学们思考中国式民主和西方标榜的所谓民主有什么样的不同，深刻理解社会主义制度的优越性，引导学生热爱祖国，坚定共产主义理想信念。我还记得那一天，我提前二十多分钟到场，可是当时不仅座无虚席，而且过道上、讲台前都站满了怀揣热情前来听讲的同学们，教室里热闹非凡、水泄不通，大约 260 个座位的教室我粗略估计最少来了 400 人。这充分体现了同学们对时事的关注和对这次“红色旋律”讲坛的期待。可是一旦王院长开始讲话，全场立刻鸦雀无声，大家都听得特别认真，足见讲座内容之精彩。

“红色旋律”讲坛，我只要有时间一定去听，如果赶上有课或者有其他事情耽误了，我也都会在网上看讲坛的录像视频。除了这次讲座，还有很多次讲座让我印象非常深刻，比如柴勇老师主讲的《直挂云帆济沧海 ——2018 全国两会精神解读》，刘永志老师主讲的《不忘初心话改革——从邓小平到习近平：改革逻辑与改革走向》，魏黎波老师主讲的《中美贸易摩擦：冤冤相报何时了》，张云飞老师主讲的《学习五种思维能力，开创人生新境界》，黄娟老师主讲的《生态文明：开启美丽中国建设新时代》，此外还有很多老师也都讲得非常好，由于篇幅限制就不一一列举了。

作为“红色旋律”的忠实粉丝，我感觉到，它确确实实丰富了燕山大学的校园文化，为我们带来了一场场文化盛宴。无论是讲坛还是读书会，每次听来都觉得受益匪浅，知识水平有了很大提高，思想境界有了很大提升；无论是影苑还是网络、报纸，都起到了启迪我们思考、传播正能量的作用。这些可敬的名师前辈和同事、这些可爱的同学、这些新的思想认识汇聚成一种力量，它鼓舞着我，感召着我，使我更加坚定了“一定要做一名合格的、忠诚于党的教育事业的思政课教师”的信念。在我来到马院的第二年，学院派我讲一次讲坛——《稳中求进——聚焦 2019 年〈政府工作报告〉经济热点问题》，我接到这个任务既荣幸又紧张，紧张主要是因为时间紧，重大事件的解读一定要快才有时效性，才能为同学们及时解渴。于是接下来的几天里我毫不夸张地说是披星戴月、加班加点地准备材料，梳理脉络，内容太多的情况下什么是对学生最有用的呢？上下班路上我也苦苦思索着，甚至对第一次做的 PPT 不满意推倒重建了几次。在讲解我国经济发展面临的难题和破解的路径以及青年学生应该怎样做的过程中，我看到台下同学们真诚好学的眼神，时而陷入思考，时而豁然开朗，这种眼神真的给了我莫大的动力。几天后在世纪楼下偶遇一位比我年长的同事，她跟我开玩笑说：“第一次讲讲坛吧？是不是感觉讲完了讲坛以后没有什么事情能够难倒你啦？”我们都笑了。

从讲坛到影苑再到岁末回眸等一系列活动我都积极参与，因为它们确实在启发同学们的同时，能够给我带来力量和智慧。

所以说，“红色旋律”伴随着我的成长，启迪着我们的心灵，吹响了引导我们奋发有为的号角，我衷心希望我们马克思主义学院的“红色旋律”活动能够越办越好。

奏响"红色旋律"与实现话语融合

陈步伟（燕山大学马克思主义学院党支部书记、研究生思政课教研部副教授）

运用马克思主义经典理论分析与解读当前热点问题，不仅是深入理解现实情境与发展趋向的重要环节，而且是彰显马克思主义理论的科学属性与价值情怀的重要平台，更是以马克思主义理论为纽带以凝聚共识、凝聚力量的重要手段。因此，无论是基于一名马克思主义理论工作者的自觉，抑或是一名高校马克思主义学院教师的责任，接受"红色旋律"讲坛的邀请进而为同学们传道与解惑都成为我的必然选择。正是在"红色旋律"讲坛的准备与践行过程中，我逐渐理解话语表达之于理论传播的重要性，使我迅速成长起来。

马克思曾言：理论只要彻底就能说服人。如何使"理论"变得"彻底"起来，自然成为接受任务后摆在我面前的首要问题。为了能够澄明相关理论进而达到"说服人"的效果，在准备讲座的过程中，除了对相关政策与现实材料进行系统阅读外，我尽量收集并梳理了学术界的相关文献，对核心命题的主要内涵和精神实质重新进行了系统论证以求准确。然而，当讲座正式开始之时，理论表述的晦涩与政策解读的严肃使得讲座的效果与预想相差甚远。对此，我求教了学院的各位老师。同仁们的建议使我豁然开朗：只是追求理论的准确性，忽视了现实材料的印证与关照。这也使我明晰了理论彻底性的重要条件：不仅需要政治话语的严肃性、理论话语的准确性，而且需要大众话语的生动性。换言之，要真正奏响"红色旋律"，需要实现政治话语、理论话语和大众话语的系统融合。

一般而言，理论宣传主要包括三种话语：政治话语、学术话语与大众话语。政治话语，是指以党的文献为基本遵循，以表达国家的方针政策为基本内容，具有强烈的政治方向性。政治话语是思想政治理论的主导性表达方式，决定着话语体系的基本方向、主导原则和主要内容。学术话语，是指以学术文献经典为基本参考，以理论性为基本原则，具有创新性的话语体系。学术话语是思想政治理论的基础性表达方式，直接决定着理论体系的逻辑性、严密性及合理性。大众话语，是指以日常生活现实为基础，以生活语言为表达方式，具有生活气息的日常语言系统。从本质上看，三种话语系统融合是要使政治理论本身的方向性、学术理论的合理性与创新性以及大众话语的生活性结合起来，使学生能够在理论学习中获得最大的收获。而这种融合的关键在于：政治话语学术分析，学术话语大众表达。政治话语学术分析，是指用严谨的学术论证使政治话语得到强有力的支撑，用理论的魅力使人信服。同时，学术话语也要经过适当转化，即用生活话语清晰解释和表达既定内容，拉近理论与学生之间的关系，使学生能够切实感觉理论本身并不遥远，进而使政治理论受众、政治理论逻辑和理论传播者之间能够真实统一起来。

至此之后，无论是日常教学或是理论宣讲，我都自觉地将三种话语融合起来，使理论带有更多的生活气息。从反馈的效果看，此种做法确实能够缩短政策、理论与大众之间的距离，使人们得以认同。诚然，“话语融合”只是理论宣传的原则，在具体实践过程中如何根据内容与受众调整话语衔接的方式，需要不断在实践中予以探索。这也是我未来不断努力的方向。

感谢有你

李海艳（燕山大学马克思主义学院教师、马克思主义基本原理教研部副教授）

总是在不经意间，才发现时间流逝得如此匆匆；总是在蓦然回首时，才感到成长发生得那样悄然。2010 年到 2019 年，“红色旋律”已经走过了十年。十年的探索，十年的陪伴，十年的坚持，十年的蜕变。细细想来，期间有苦有甜，有易有难，有付出更有收获，有满足亦有遗憾。当所有这一切从记忆中涌现出来，我最大的感受就是：感谢有你！

感谢有你，提供了一个同事间相互交流学习的平台。忘不了魏黎波老师的幽默风趣，惊叹于王新华老师的缜密逻辑，欣赏过柴勇老师的慷慨激昂，看到了张云飞老师的沉稳细腻……在这里，所有的同事都展示了自己独特的讲课风格，有的擅于总结，有的长于分析。从他们身上，我看到了差距，也学到了很多，每一场讲座都是一次学习的机会，每一次聆听都有新的收获。

感谢有你，拓展了老师们全面发展的空间。在这里，每个人都要在讲坛上把经典热点问题讲得深入透彻，在读书会上对每本书的观点浓缩提炼并加以分析批判，在影苑上要对影片进行艺术性、技术性、思想性的综合赏鉴，在岁末回眸晚会上还要变身为导演、编剧和演员。虽然有最初的不适和困难，但渐渐地大家越来越自信也越来越得心应手并乐在其中。在这里，每个人的潜能都得到了开发，展现了平时不曾显露的另一面，大家懂理论重实践，既求真又向善，能歌善舞，能编能演，不再是理性严肃的思政课教师的刻板形象，而是有血有肉、有情有义、有信仰有追求的鲜活个体。

感谢有你，搭建了师生有效沟通的另一条路径。长期以来思政课的形式都是单一的理论讲授，而且是大班授课，基本上还是老师讲学生听，单向传输，导致实效性较差，学生学习积极性、主动性不强。"红色旋律"的多形式立体化格局，从问题和兴趣出发，将有需求的同学集中在一起，给学生提供了更多的选择性，也调动了他们的积极性和主动性。一些同学成了讲坛的铁粉，一些同学成了读书会的常客，还有一些成了影苑的忠实观众。从一双双求知的眼睛中，从一阵阵会心的笑声中，从一个个尖锐的提问中，从一阵阵热烈的掌声中，有效的双向交流机制建立起来，教学相长，相得益彰。

回首过去，无怨无悔；展望未来，重任在肩。时空在变，形式在变，问题在变，人员在变，不变的是红色的信念、时代的旋律和无私的奉献！

"红色旋律"感想

李婕（燕山大学马克思主义学院教师、形势与政策教研部副教授）

"红色旋律"作为燕山大学马克思主义学院品牌式的第二课堂，创办至今已走过了十个年头。我是2016年来到马克思主义学院的，来院之初就听说了"红色旋律"讲坛。同事们告知，为了准备好讲坛，主讲老师们都会反复改稿，至少提前一个月精心准备，因为这是我院品牌节目，每一场讲座都要力争精品。

2017年2月，工作8个月后，接到"红色旋律"第一百零九期讲坛的任务，既兴奋又紧张。兴奋的是终于有幸参与"红色旋律"了，紧张的是作为新入职教师，忐忑自己的表现是否能配得上"红色旋律"的品牌。经过反复思量，决定结合自己的专业和当时社会关注的校园欺凌事件，定下讲座的题目《校园纠纷背后的原因及化解——我们如何做》，接下来的一个月，反复进行课件的修改与在家试讲，至今电脑里还留存着"红色旋律"PPT的四稿。

2017年3月23日晚7：30，我终于站到了"红色旋律"的讲坛上，看着大教室里200多名学生以及十多名同事，略微紧张地开始了讲座，随着对内容的投入，渐渐放开，尝试和学生们进行互动。两小时的讲座很快过去，在学生的掌声中卸下了一个多月的压力，结束之后才发现3月份穿着单裙讲座完，居然浑身汗透了。

结束讲座后，回顾参与“红色旋律”讲坛的这次活动，对于我来说收获满满。从教学准备上看，确定题目到真正站到讲坛上讲这个主题，一个多月的准备让我对这一问题更加清晰，为了讲好这次讲座，也看了大量的相关资料；从教学技法上看，作为新入职教师，站在“红色旋律”的讲坛上，无论是从能力上还是从心理上，都是一场挑战和历练；从态度和情感上看，我感受到了什么叫作“教师职业是一份良心活”，只有对学生、对学术的认真与热情，才能不断超越自己，精益求精。另外，这次讲坛练兵，让我更加清晰地认识了燕山大学马克思主义学院的风清气正和教师们的无私奉献，也让我作为一名新教师，对于学院、对于集体有了更强的归属感和认同感。

“红色旋律”经过马克思主义学院全体师生的努力，步入第十个年头，虽然我无法亲历其创办的艰辛与辉煌，但是希望能在其发展、壮大下略尽绵薄之力。祝愿“红色旋律”越办越好，十岁生日快乐！

做马克思的学生

王华（燕山大学马克思主义学院教师、马克思主义基本原理教研部讲师）

不知不觉，在燕山大学马克思主义学院工作和学习已逾七年。于我而言，最大的幸运莫过于学院提供的优良研究平台与宽松的学习环境使自己能够继续研读马克思的著作，从事马克思主义哲学的研究。虽然当代世界经济与社会的发展正在经历着深刻的历史性变革，它与马克思生活的年代已然不同，但现代社会所面临的问题与困境并未超出马克思的理论视域与实践逻辑。在这个意义上，马克思依然是我们的同时代人，其理论仍然是理解这个时代最为重要的精神武器，我们仍然需要做马克思的学生。我想从以下三个方面谈谈阅读马克思的感想。

求索真理，为知识而知识

阅读马克思给我的第一个启示是：马克思求解真理的勇气与为知识而知识的科学精神，其主要表现在不断地追问与反思人类理论思维的存在论前提。马克思的学说起源于西方的哲学传统。众所周知，在西方古代世界，哲学一直被视为关于“终极真理”的学问，其主要的目标是要获得关于世界的“基本原理”，被标识为科学之科学；而在现代世界，哲学也一直在效法自然科学而要成为严格的科学。作为德国古典哲学的继承者，马克思虽然消解掉了作为科学之科学的传统哲学，但是并没有消解掉其中科学的求真精神，表现为对历史的存在论前提的追问。在《关于费尔巴哈的提纲》中，马克思批判了旧唯物主义的反映论与唯心主义的抽象的能动论。二者作为"解释世界"哲学的缺点在于两极对立的思维方式，将哲学的支点奠定在了实践的感性活动基础之上。在《德意志意识形态》中，马克思将实践分析为作为现实的个人从事的生产实践，进而认为：奠基在生产实践的基础之上的历史科学才是唯一的真正的科学。其原因并不在于将历史唯物主义类比于经验科学；而是因为"历史"是我们思考大千世界的存在论前提，可以说历史唯物主义就是马克思的"绝对知识"。在《政治经济学批判》序言之中，马克思这样讲道："在科学的入口处，正像地狱的入口一样，必须提出哲学的要求；这里必须根绝一切犹豫；这里任何怯懦都无济于事。"

理论照进现实，反思时代精神

马克思的哲学作为"改造世界"的理论，其最大的特点就是其理论之中所体现的巨大的现实感。正如马克思所言：哲学是时代精神的精华。哲学应当是以概念的方式实现对现实世界的把握。马克思主义哲学是对现代世界最为深刻的反思与理解的理论。在对青年黑格尔派的批判之中。马克思认为：青年黑格尔派最大的贡献在于将神学连根拔起，但这只是"神圣形象"异化的消解，而作为"精神鸦片"的消解并不能实现人的自由与解放；由此，哲学的任务是批判尘世、法、政治。在马克思看来，它们不过是反映了以普遍利益为假象的统治阶级的利益。不过是"非神圣形象"异化。在《1844年经济学哲学手稿》中，马克思将人受奴役、受压迫、受剥削的根源诊断为私有制，而共产主义则被界定为对私有制的积极扬弃。在《共产党宣言》之中，马克思将现代世界描述为：资本成为摧毁一切的力量，它按照自身的逻辑而塑造了世界面貌，人与人之间的关系被融化在金钱的冰水之中。《资本论》对商品拜物教的分析之中，马克思将商品理解为我们这个时代的形而上学，它以颠倒错乱的形式统治着我们这个世界；而作为货币羽化的资本是一切颠倒错乱之母。可以说：当代世界，资本跨国流动所导致的全球金融动荡，并没有超越马克思的理论视域。资本依然是统治这个世界的巨大的同一性力量。

超越资本的限度，对美好生活向往

马克思对资本主义的激烈批判与反思并不意味着马克思是拆毁一切的幽灵。对资本主义的批判恰恰是为了超越资本的限度，为人类美好生活指明方向。在马克思看来，资本主义制度并非具有永恒的意义，当资本主义政治经济学家将资本主义政治经济制度理解为永恒性的时候，马克思恰恰看到了资本主义制度的限度。马克思揭露了隐匿在古典经济学思想之中的前提——私有财产权，正是私有财产权导致了现代世界的最大的悖论，那就是无产阶级作为财富的创造者却遭受着最大的不公正。马克思认为：生产力与生产资料私人占有制之间的矛盾必然会引发资本主义制度的崩溃。在当今世界，不论是西方福利国家理论、新自由主义以及新保守主义，始终无法克服经济危机这个资本主义的致命疾病，按马克思的理解，这是其生产关系的狭隘性造成的，它无法在资本主义制度内部得到解决。英国新马克思主义者大卫哈维讲道："资本主义不仅必须用资本和劳动的剩余来购买武器，支付武器的价格，而且必须把它们投入使用。为了使价值丧失达到如今需要的水平，资本只有这一种支配手段。这个观点就其后果而言是令人恐惧的。还有什么更好的理由可以让我们宣布：资本离去的时刻到了，资本主义让位给某种更加明智的生产方式的时刻到了！"

如今，马克思似乎已经成为人们遥远的理论记忆，被封存在了历史之中，但是，阅读马克思的著作，聆听马克思的教诲依然是我们获得现代教养的最有效的方式之一。谨以此文献给燕山大学马克思主义学院建院十周年，愿她能够培养出越来越多的以马克思主义理论研究为志业的马克思主义者从而为新时代中国特色社会主义建设作出应有的贡献。

十年的感动

马慧婷（燕山大学马克思主义学院副主任、形势与政策教研部副教授）

十年，因这样一件事而思考；十年，为这样一件事而忙碌；十年，被这样一件事而感动……

"红色旋律"，十年……

十年前，魏黎波老师的第一讲——《人与神的博弈——我们如何认识宗教》，我们的"红色旋律"讲坛就这样开讲啦！从此，学生喜欢上了我们的"红色旋律"；从此，我们更爱上了自己的"红色旋律"！十年间，我们的"红色旋律"形成了以讲坛、读书会、影苑、报纸为基本框架，从线下到线上的立体化格局，每个月，“红色旋律”活动定期举行，经历过改版，但从未间断；十年间，我们马克思主义学院全体教师参与了“红色旋律”系列活动，倾注了心血，付出了辛苦，但从不计报酬，学生喜欢，学生满意，学生有收获，就是对我们最好的酬劳，最高的奖赏。十年间，作为一名马院教师，“红色旋律”，我既是参与者，亦是见证者，我自豪！我感动！

第一次以主讲教师身份走上“红色旋律”讲坛，心情是紧张而激动的！作为一名思政课教师，我有一种强烈的使命感，自己不能只是“红色旋律”的“忠实听众”“铁杆粉丝”，必须在这样一个平台上承担更多的责任。但是，还是有一些胆怯，每一次的讲坛都是那么精彩，与学生的互动都是那么热烈，我担心自己因能力不足会让学生失望。老教师们的鼓励以及自己的那份强烈的责任感，让我终于鼓起勇气走上了这光荣的讲坛，我的第一讲——《半个世纪的呼唤——再看雷锋与雷锋精神》，用心地准备，激情地讲解，热烈地互动，为这一讲，我激动得一夜无眠，我也可以为我们的“红色旋律”、为学生做得更多了，我自豪！我感动！

我们的“红色旋律”有一个特别活动——“红色旋律”岁末回眸，这是学生与老师们每年特别期待的事情。对于这样每年一次的思想盛宴，我们采取更生动、更灵活、更丰富的形式呈现，深受学生欢迎。而每一次岁末回眸，临近学期末，也是老师们教学任务比较重的时候，但是，没有怨言，只要学生需要，只要对学生有意义，我们可以更辛苦。每一年的岁末回眸，我会有一个固定的任务——诗朗诵！每一次朗诵的诗作，都是杨绍维老师为每年的“红色旋律”创作的原创诗。激情澎湃的语言，积极深邃的思想，每一句，都凝聚着一名老思政课教师对事业的执着，对学生的热爱。十年间，杨老师退休了，可是，杨老师岁末回眸的串场诗会如期而至，从未缺席。虽然，每一次，我会以充沛的感情去朗诵，但对于杨老师诗中饱含的深情，总觉得还不够。十年，我们的岁末回眸，我自豪！我感动！

“红色旋律”走过了十年，这十年，我们一次次挥洒汗水与激情，也一次次收获自豪与感动！每一次，学生们期待的眼神，让我们倍感责任；每一次，学生们豁然开朗的表情，让我们倍感欣慰！“红色旋律”，十年，我们坚守走过；“红色旋律”，未来，我们继续坚守同行！

“红色旋律”，我与你一起成长

李小东（燕山大学马克思主义学院教师、中国近代史纲要教研部讲师）

“红色旋律”聚拢着马院这个大家庭，凝聚了前辈的心血汗水，感染着像我这样的新成员，它像基因在一代代马院人中传承着，它像练兵场考验锻炼着青年教师。

细数十年岁月，我有幸伴随了三年，今日伏案提笔，脑海中画面迭出，不知从何说起。稍作思忖，便本能开启了历史的追索，想起三年前初来燕大的那个 5 月，蓝天白云、绿茵海风尤其马院人的热情真诚让我感受到了希望、未来。那天晚上，我有幸赶上了读书会，读的什么书已然模糊，只记得在 501，有陈步伟老师，还有学生们，王院长开篇即介绍了我这个“南开大学博士”，那时觉得这仪式好隆重，担心肚里的墨水配不上这厚重的头衔。

蓦然回首，不禁感慨时光如梭。近三年来，听讲坛、参加读书会和影苑已成为工作日常，付出中体尝收获，忙碌中倍感充实，与其说我见证了“红色旋律”的发展，不如说“红色旋律”陪伴着我的成长。第一次参加读书会、第一次参加影苑、第一次登上讲坛，都不容置疑地深深刻在了我的职业生涯中。也许，随着时间的流逝，我这个感性又迷糊的人会忘却读的什么书、评析的什么电影、讲的什么内容，但我一定会记得“红色旋律”带给我的突破性意义。从台下到台上，从语无伦次到从容应对，从不自信到自信，是挑战，更是成长。前不久，和凯君、小魏、冠华老师一起主讲了《百年激荡——五四面面观》，这是我第一次登上讲坛，内心期待又忐忑。其实，为了这场讲坛，花了不少时间，又是熟悉的内容，可临上场依然紧张。尽管只有二十分钟，却感到千斤重担压心头，幸而有教研室老师们尤其是李晔老师组织演练，宽慰鼓励以及在台下助阵。当顺利结束的那一刻，对我而言是拔节抽穗一样的生长，因为在我心里隐隐存有一种念想，即只有登上“红色旋律”讲坛后才算是真正的马院人，才能自我认同为一名合格的马院人。“红色旋律”讲坛如同一场成人礼，又像是盖戳认证，是每一位马院人成长路上必经的跨栏。

十年了，回首总会有些思绪，理不清，剪不断……“红色旋律”，希望我们彼此见证、互相成就，共同走过更多个“十年”。

初闻不识曲中意，听懂已是曲中人

——我与“红色旋律”的九年

侯卓沅（燕山大学马克思主义学院教师、毛泽东思想与中国特色社会主义理论体系概论教研部助教）

2011年9月，初入燕园。白衣少年，懵懂无知。

入校后发现，“红色旋律”系校园一景，宽幅海报，或红或蓝或绿，对应着三大主题活动，配之以毛体“红色旋律”四字，甚是亮眼。“红色旋律”聚焦热点问题，唱响主旋律，名师展风采，互动见真功，思想针对性强，听后倍感“解渴”，更有线上交流，观点碰撞激烈、有趣，遂成“红粉”一枚。

最难忘的，当属每年年底最后一次活动，称为“岁末回眸”，那就是红色艺术的天地了。因陋就简，大阶梯教室布置得颇有新意，很多同学早早就来占座，当晚座无虚席，人山人海。红歌联唱、小短剧、诗朗诵，师生同台表演，让人观后倍感振奋，虽是北方的12月，散场时心头却暖洋洋的，感觉浑身充满了力量，这就叫“精神洗礼”呀！

可以说，“红色旋律”深刻塑造了我的思维方式，更改变了我的人生道路。彼时，我对未来人生的选择是尚不清晰的，可凭借对“红色旋律”的了解，使我知道了燕园有一群热心的、可敬的、可爱的老师。2014年10月，已经获得研究生推免资格的我，选择跨学院跨专业来到马克思主义学院读研，成为马院历史上录取的第一个推免生。

读研后，本人的思想水平得到了很大程度的改造与提升，真正找到了人生的方向与志趣。更值得回忆的是，那时我做了整整一年的“红色旋律”助管，从前期采集活动信息到撰写、修改、发布活动通知，从现场跟活动到审核、推送新闻稿，事无巨细，亲力亲为。这进一步锻炼了我应对工作的能力，更加深了我和“红色旋律”的感情。还记得在2015年12月的“岁末回眸”中，我和全班同学一起合唱了《抗日军政大学校歌》。此曲作为开场，关系到整场晚会的氛围，责任重大。于是，我们提前半个多月就着手进行排练，我还为此创作了背景视频，联系了服装道具。最后这个节目很成功，大家都感到很振奋，整个排练、表演的过程也使我们受到了很多教育。

2017年7月后，我留校工作，正式成为“红色旋律”系列活动中的一员，也算从幕后走向台前了。一开始是影苑、读书会，再后来是与同事们合讲讲坛。接受每一次任务后，我都会全力以赴、精心准备，因为我知道，“红色旋律”是马院乃至燕大的文化品牌，影响着众多的大学生朋友，作为教师，要拿出较高水平的讲解，才能让大学生有所感、有所悟、有所得。

“初闻不识曲中意，听懂已是曲中人。”与“红色旋律”的初见，源自好奇与兴趣，而多年的耳濡目染，已然确立了我的人生信念与信仰。从九年前的听众，到今天的思政课教师，“红色旋律”深刻地影响了我，我想，这也许就叫薪火相传吧！作为年轻一代的教师，我们要把“红色旋律”传承好，让它在下一个十年里，焕发出更大的生机活力，更好地发挥其立德树人的根本功能，让更多的燕园学子因“红色旋律”而与众不同！

聆听—参与—见证

王玉荣（燕山大学马克思主义学院教师、形势与政策教研部教授）

转眼间，马克思主义学院主办的特色教学活动“红色旋律”已经十周年了。作为马克思主义学院的一名老教师，我见证了这十年的历程。在活动中，我们很多人都扮演了多重角色：我们既是活动的聆听者，也是活动的参与者，亦是其见证者，更为重要的是很多年轻教师通过这一平台，由青涩走向成熟。

一、聆听者

首先，我是“红色旋律”活动的聆听者。十年来，大约聆听了100多场“红色旋律”讲坛的讲座。十年过去，现在脑海里还依稀浮现讲坛的首讲教师——魏黎波老师在“东大活”209室宣讲《人与神的博弈——我们如何认识宗教》。当时的现场座无虚席，以此拉开了活动的序幕。聆听的过程中，我们也变成了活动最大的受益者。无论是年长的，还是年轻的老师，每当被分配到讲座的任务后，都有一份沉甸甸的压力，因为它不同于课堂教学活动。基于这样的压力，老师们在备课的过程中，也倾注了很多时间和精力。所以，每一场讲座几近是每位老师最为精彩的亮相，作为听众，受益度也就最大。

二、参与者

“红色旋律”活动不单单是讲坛，它是一个立体化的格局——讲坛、影苑、读书会和报纸。除了报纸，其他三项我都尽自己最大的能力积极参与到活动中去。记得曾经讲过三次讲座、参加过若干次影评、若干次读书会活动。作为参与者，最大的感受是能够走出第一课堂，通过活动和学生近距离地接触，了解他们的所思所想，了解他们在思想上还渴望什么？再回到课堂有针对性地进行教学活动。记得在一次读书会上，有位大四的学生，学车辆专业的。临近毕业，他选择去"中车集团"工作，当时问到工资待遇时，这位小伙子很诚恳地说："到'中车集团'工作就是历练、感受、积累。专业知识固然重要，但人的视野、修养、人格，作为隐形的翅膀，在人生中同样不可或缺。"工科专业的学生能有这样的认识，在为他感到高兴的同时，亦希望有更多的学子们也能如此。所以，每当走进课堂，都会把个人在活动中的点滴感悟讲给学生，希望以此来影响更多的人。

三、见证者

在所有的活动中，最难忘和令人欣喜的是每一年的"岁末回眸"活动。这是我们学院的年终大戏，也是学院最快乐的时光。虽然我总扮演观众的角色，但在活动中，现场浓烈的气氛感染着我。每一次的参加，都会精心梳洗打扮，仿佛去出席盛大的节日宴会。震撼的背景制作、学院老师精彩的主持、幽默的小品表演，把学院教师的才华悉数展现。在讲台上，我们为人师表，在舞台上我们展示风采。我深知每一次活动获得的成功，都有老师和马研会同学们巨大的付出，这种不计回报的付出，也是思政课教师的道德素养的体现。活动结束后的晚上，很多人都难以成眠，以至在未来的一段时间里，同事们聚在一起，还在津津乐道地谈论此事。欢乐是瞬间的，记忆却是永恒的，那就愿记忆能永远定格在美好的瞬间。

"红色旋律"十年感悟

孙金生（燕山大学马克思主义学院教师、形势与政策教研部教授）

光阴荏苒，日月如梭，从2009年"红色旋律"讲坛第一期开讲，到现在已经整整十年了。回首十年"红色旋律"活动的历程，感慨良多！

一是感慨我们燕山大学马克思主义学院老师们不忘初心、执着坚守、锐意进取、勇于创新、不计名利、敬业奉献的精神。

"红色旋律"系列活动是我校马克思主义学院思想政治理论课教学实践的一

部分，具体包括讲坛、影苑、读书会、红歌队、报纸等多项活动。活动开展初期，思想政治教育环境远不是现在这样，有些人对思政课老师心存偏见，缺乏尊重。然而，我们的老师却丝毫没有受这些消极因素的影响，不忘思政课教师培养和造就社会主义的合格建设者和可靠接班人的初心，坚守意识形态斗争的主阵地。在讲坛、影苑、读书会的准备过程中，老师们常常废寝忘食商定主题，收集资料，精选影片和书籍，认真准备讲稿，精心制作 PPT。也正是这样，保证了每次活动都非常成功。无论是红色讲坛上老师们精彩的报告，红色影苑中老师们的讲评，还是红色读书会上老师们对名著的感悟，都得到了同学们的认同，收获了一次又一次好评！

思想政治教育要想卓有成效就要与时俱进，不断创新，“红色旋律”活动也必须不断创新。老师们每次设计活动的时候，都是多次在一起讨论，力争有所创新。记得我们思想道德修养与法律基础教研室接下主办“红色旋律”第一百四十三期讲坛的任务以后，我们精挑细选出马慧婷、杨新宾、王建洲和李建芳四位强将作为主讲人，并安排马克思主义理论专业研究生于秋丽同学做主持人，在形式上实现了创新。本期讲坛的主题是“初心·本色——国家勋章和国家荣誉称号背后的故事”，围绕这一主题，老师们进行了精心设计，抓住几个关键词讲述榜样人物的事迹，强调以情感人，避免陷入平铺直叙，提升了层次。活动现场，在三位老师充满激情的讲述之后，一位老师从理论层面概括了英模人物的共同品质，那就是对人民的信仰。同学们听了老师声情并茂的讲述，感动得流下热泪，心灵得到一次洗涤。从现场同学们报以一次次经久不息的掌声中，可以看出活动非常成功！

我院老师承担全校学生思想政治理论课教学任务，教学任务重，很多老师承担的课程很多，讲课之外还要从事科研活动，“红色旋律”的每一次活动需要占用主讲老师们大量时间，但老师们从无怨言，做讲座，搞影评，主持读书会，从来不计报酬，体现了我们思政课教师的敬业奉献精神。

二是感慨我们马克思主义学院领导集体的超强的凝聚力。

我认为十年来“红色旋律”活动之所以能取得丰硕成果，与我们学院领导集体强大的凝聚力是分不开的。这种凝聚力突出表现在，学院领导作出决策，全体教师积极响应，全力投入。之所以有这样的凝聚力，和学院领导率先垂范是分不开的。十年来，学院领导们主讲几十次论坛，尤其是当党和国家有重要会议召开时，领导们总是及时为广大师生传递新信息，解读新政策；每年"红色旋律"岁末回眸，领导们多次到现场组织排练，进行指导，时常连饭都顾不上吃。每次组织活动，领导们总是积极主动和主讲老师们沟通，及时解决问题。在商讨的过程中充分尊重、信任主讲人，充分发扬民主。人心齐，泰山移！团结一致，才能成就事业！

三是感慨燕山大学马克思主义研究会及广大学生的热情参与和追随。

十年来，每次"红色旋律"开展活动，马克思主义研究会的同学们总是挤出学习之余的大部分时间为活动做大量的前期准备工作，他们以饱满的热情为参加活动的师生服务，保证了活动的顺利进行。每次的"红色旋律"岁末回眸，他们都精心准备节目，丰富了活动内容，同时也一次次净化了自己的心灵。

当然十年来"红色旋律"活动的成功亦得益于学校党政领导的正确领导和大力支持！多方形成合力，才有了这般丰硕成果。祝愿我们的"红色旋律"越办越好！

我眼中的"红色旋律"

李建芳（燕山大学马克思主义学院教师、形势与政策教研部副教授）

"红色旋律"作为燕山大学马克思主义学院的品牌活动，是马克思主义学院一道亮丽的风景，也是我们每个燕大马院人的一份骄傲，她像个孩子一样在领导与老师的关心、支持下茁壮成长着。可以说"红色旋律"每一期举办都倾注了老师们辛勤的付出与学生们参与的热情，历史与当下、情感与理性、付出与收获、感悟与感动的交织让每一次讲坛、读书会、影苑生动活泼且富有深度与意义。

"红色旋律"是一个再现中国共产党"红色"历史的剧场。这里有马克思、恩格斯、毛泽东、周恩来等伟人的传记；有五四运动、长征、改革开放40周年等新中国从筚路蓝缕走向辉煌的光辉历程；有像黄旭华、张富清、屠呦呦这样英雄人物的感人故事。可以说每一次历史重大事件的回眸都是一次心灵的震撼、精神的洗礼，无不让每一位燕山大学师生动容；每一次重大历史时刻的重温都是一次心路历程，充盈着我们对伟大的中国人民、伟大的中国共产党与伟大的中华人民共和国奋斗历程的敬畏与自豪；每一个历史人物的再现无不让我们对一代代先辈奋斗牺牲的精神充满敬佩，以及对薪火相传的责任与担当的警醒。

"红色旋律"是一个诠释马克思主义理论、新时代中国特色社会主义思想、中美关系、朝鲜半岛形势等时事热点的窗口。马克思主义作为科学的信仰“为什么是对的”及其深刻理论内涵的阐释是我们当代大学生思想政治教育的核心命题之一，正如马克思曾在《〈黑格尔法哲学批判〉导言》中写道，“理论一经掌握群众，也会变成物质力量。理论只要说服人，就能掌握群众”，因此，对马克思主义经典理论的解读是“红色旋律”活动的重要内容。同时以党与国家重要会议召开为节点，对当前重大实践与理论问题与包含人类命运共同体思想在内的习近平新时代中国特色社会主义思想进行深入剖析，让燕山大学学子更加坚定马克思主义信仰，更加坚信中国特色社会主义的共同理想，立足当前的学习与研究，为实现中华民族伟大复兴的中国梦贡献力量。

“红色旋律”是一个以讲坛为中心，读书会、影苑、网络、报纸、社团在内的立体文化舞台。它通过剖析理论、研读原著、传唱红歌、观看影片等多维度展现红色文化与中国乃至世界优秀文化丰富多彩的内容。可以说这里既有《中国人的精神》的理性批判，又有《相约星期二》中人生智慧的体悟；既有《湘江北去》的革命电影，又有《论语》传统经典的研读。

“红色旋律”还是思想政治教育改革创新探索过程中的一项积极成果。“红色旋律”通过第二课堂与第一课堂的融合，一定程度上实现了思想政治课政治性与学理性统一、主体性与主导性统一、灌输性与启发性相统一。思想政治课中的每一个理论通过“红色旋律”活动从课本中平面的文字转化为一个个鲜活的故事、一部部经典的电影、一场场思想交锋的讲坛。

一个剧场，一个窗口，一个舞台，一项成果！这就是我眼中的“红色旋律”！

审视东瀛百年，树立制度自信

——参加“红色旋律”讲坛之感想

任文启（燕山大学马克思主义学院教师、马克思主义基本原理教研部讲师）

坚持“不忘初心、继续前进”，就要坚持“四个自信”即“中国特色社会主义道路自信、理论自信、制度自信、文化自信”。近日，党的十九届四中全会审议通过《中共中央关于坚持和完善中国特色社会主义制度、推进国家治理体系和治理能力现代化若干重大问题的决定》，全面回答了“坚持和巩固什么、完善和发展什么”这个关于制度的重大政治问题。制度自信就是对中国特色社会主义制度具有制度优势的自信。制度自信的一个重要来源，就是通过与其他国家的对比，通过历史事实认识到其他国家的社会制度变迁的历史性和局限性，坚定对中国特色社会主义制度的信心。

日本是我国一衣带水的邻邦，与我国在历史上有深远的渊源，在世界版图上与中国并称为东亚板块，两国人民肤色和外貌难以分辨。日本的近现代史，对我们具有非同寻常的借鉴意义。我主讲了两次关于日本经济社会制度发展的"红色旋律"讲坛，对此进行了探讨。

第一百零四期"红色旋律"讲坛《泡沫与疯狂——日本发动侵华战争之经济根源》回顾了日本的社会转变历程；分析了明治维新之后一系列带有资本主义性质的改革使日本逐渐走上资本主义的道路，从在甲午战争与日俄战争之中尝到的"甜头"到"一战"时期疯狂发展的经济，日本似乎"一夜暴富"；论述了随着"一战"结束之后虚拟泡沫出现的幻灭，"昭和金融危机"的发生和"大正德谟克拉西（"民主"的日语音译）"的破产，则使得作为军国主义国家的日本正式诞生；描述了从"皇姑屯"到"九一八"，从"七七事变"到"南京大屠杀"，"骑虎难下"的日本逐渐成为"失控的战争机器"，给中国乃至世界人民带来了深重的苦难；揭示了日本发动战争的内在经济原因和日本文化的转变过程，剖析了日本发动侵华战争的经济根源。讲座结束后，在师生互动环节中就日本侵华战争根源的多个问题与同学们进行了讨论。

第一百二十一期"红色旋律"讲坛《泡沫经济的美妙与哀愁——穿越繁华之极限的现代日本》以日本动漫《哆啦A梦》中的小情节引出"泡沫经济"；从"背景、基础、推手、特征、世相、破灭、遗产"等方面具体介绍了日本泡沫经济的美妙与哀愁；描述了由于泡沫经济，日本从20世纪80年代的世界第一债权国成为现如今负债率最高的国家，揭示了泡沫经济繁华的表面终究难逃破灭的结局这一规律，剖析了其破灭的深层原因；并与现场同学就日本经济问题的多个问题进行了分析。

历史是一面镜子，它照亮现实，也照亮未来。从日本百年历史进程中，我们认识到了日本社会制度的历史性与局限性，领悟到了中国特色社会主义制度的历史必然性与历史先进性。我们要认真学习贯彻落实党的十九届四中全会精神，坚定对中国特色社会主义制度的制度自信，努力奋斗，锐意进取，为"中国之治"添砖加瓦、贡献力量！

我与“红色旋律”

王媚（燕山大学马克思主义学院教师、形势与政策教研部副教授）

“红色旋律”系列活动是马克思主义学院成立之后创建的面向全校师生的特色“第二课堂”活动，发展至今，已经成为马克思主义学院的品牌活动，深受学校广大师生的喜爱。这一活动品牌是由马克思主义学院所有老师和学生的心血铸就的，从活动的初创到现在的发展，有太多感人的瞬间值得记录下来。

马克思主义学院承担着全校的公共政治课教学。我的同事们在讲好课的同时，利用自己的业余时间，准备“红色旋律”讲坛，义务为同学们带来一场场精神盛宴。多少次，200 多人的大教室被同学们堵得水泄不通，连站立的地方都找不到，甚至教室门外都站满了人，老师在台上或娓娓道来，或风采激昂，台下同学和台上老师呼应着，或沉思、或欢笑、或是雷鸣般经久不息的掌声。老师们准备一期讲坛从定题目、收集资料到写出讲稿，至少要一个月的时间。当我听到老师们讲到后面声音已经略带沙哑，但依然带着百倍的精气神为同学们讲解的时候，我为同事们的敬业和奉献精神所感动，我想台下的同学们一定也感受到了马院老师们传递的精神的力量。

除了“红色旋律”讲坛，“红色旋律”读书会也是一个有特色、有品质的活动。每期读书会，老师和同学们围坐在一起，品味经典，结合实际进行思想碰撞和交流，有时还非常激烈。“红色旋律”读书会每期都会根据主题邀请几位老师和同学们一起座谈，很多次，活动结束都晚上 10 点多了，老师和同学依然意犹未尽。“红色旋律”读书会每期都会提前在“红色旋律”QQ 群中为同学们进行新书推介，介绍所读书目梗概和本期读书会讨论的主题，甚至为同学们推送电子版书目，深受同学们的欢迎。前期细致和周密的准备，使得每期读书会讨论得都比较深入和充分，在师生讨论的过程中，不论是老师还是同学都是非常有收获的。

除了线下活动，“红色旋律”还有线上环节。老师们组建了四个“红色旋律”QQ 群，每群都是千人大群，现在群中还活跃着毕业多年的燕大学子。网络是学子们生活的另一个空间，所以，根据互联网即时、便捷、灵活、高效等特点，老师们在线上为同学们及时答疑解惑、与同学们讨论交流。在与同学们深夜网聊的过程中，老师们的打字速度得到了飞跃式的提升，成了“键盘侠”。网聊是能上瘾的，有时上了一天课已经有些疲惫了，可回到家坐到电脑前，马上精神头就来了。同学们的思维活跃，接受新事物快，经常会问一些让人脑洞大开的问题。这对于老师们是一个非常大的考验，如何让同学们理解一些社会现象和新生的事物，尤其要同学们学会如何用正确的立场观点方法对问题进行分析。所以，有时，讨论问题会延续到凌晨，最久的一次到了凌晨3点多。这样的讨论也让老师们及时了解了同学们的思想动态，在线下课堂教学过程中更有针对性地展开教学。

“红色旋律”影苑也是同学们喜爱的活动之一，每期影苑会根据主题选取几部经典电影，观影后邀请几位老师和同学们一起讨论。这种讨论的形式是把讨论的主题放到电影的某个环节中或者场景中，使得讨论的主题更鲜活、更生动、更形象。在讨论过程中同学们不仅加深了对电影的理解，提高了审美情趣，同时也慢慢地形成了分析问题的基本方法和思路。

从“红色旋律”创办到现在，我和同事们参与其中，为同学们答疑释惑的同时，自己也得到了很多的收获。希望“红色旋律”活动越办越好，也希望在这个过程中自己不断地成长。

在“红色旋律”中砥砺前行

颜世晔（燕山大学马克思主义学院党支部书记、毛泽东思想与中国特色社会主义理论体系概论教研部副教授）

2019年，“红色旋律”系列活动已经成功举办了十年。作为一名马克思主义学院的普通教师，我也积极融入、积极参与，把握好这一机会，提高了高校思政教师的责任与能力。

红色讲坛方面，我共参加了两期。2014年5月22日，在西校区里仁阶梯教室J103，我第一次主讲了第六十三期“红色旋律”讲坛《“永远打不倒的小个子”——走进邓小平的传奇人生》。从讲述邓小平“三起三落”的人生传奇，到分析邓小平在不同历史阶段的角色和作用，我都作了很认真的准备。2018年12月我和几位同事一起作了关于纪念改革开放40周年的论坛报告，重点讲述了新时期改革开放的特点和成就。

红色影苑方面，我共参加了三期。2012年9月14日，点评话剧《切·格瓦拉》，剖析这位因革命而不朽的异国英雄。2014年11月28日，以“腐败，我们该对你怎么办”为主题点评了影片《金钱帝国》中一个庞大的贪污帝国与廉政公署之间的“殊死搏斗”。2018年3月23日，点评影片《无问西东》，分析了在四个不同时代的一代又一代年轻人满怀梦想的奋斗历程。

红色读书会方面，我共参加了五期。2011年6月22日，以“得民心者得天下——纪念建党90周年”为主题解读当年的中国共产党靠什么赢得了天下，而今已经执政62年的中国共产党又要靠什么立于不败之地。2014年11月26日以“亲情·友情·爱情——塑造幸福人生”为主题阐述了自己对亲情、友情、爱情的理解。2016年10月19日，以“不朽的传奇——读《长征》”为主题，介绍了几部与长征有关的书籍、影视作品和纪录片，并以军旅作家王树增的《长征》为蓝本，引申出对长征精神的阐述，即信念不移、勇往直前、百折不挠、坚持不懈。2017年3月29日以“追星那些事——打开追星的正确方式”为主题，解读追星背后的心理机理是什么，大学生该如何理性追星、快乐崇拜以实现追星中的自我达成。2018年10月18日以“读《邓小平时代》——纪念改革开放40周年”为主题，介绍了美国作家傅高义的著作《邓小平时代》。

“红色旋律”系列活动，锻炼了我的讲课能力，提升了我作为思政课教师的社会责任感。在学校思想政治理论课教师座谈会上，习近平总书记为加强思政课教师队伍建设指明方向，“办好思想政治理论课关键在教师，关键在发挥教师的积极性、主动性、创造性”。在今后的工作中，我会继续积极参与“红色旋律”各项活动，理直气壮讲好思政课。

贺“红色旋律”十周年

杨新宾（燕山大学马克思主义学院党支部书记、形势与政策教研部副教授）

自古明德新民，莫不以辨道析理为先；治国安邦，莫不以凝神聚力为基。故仲尼有陈蔡之厄，心不以为意；史迁有刑余之讥，志犹不可摧。宏达之士，胸有万里，目及千年，其精神气度，本非常人可知。鸟兽不同群，良驽难并行，亦世间常态也。君子三立，肇于立德，终于立言。可知明德扬善，化民易俗，功莫大焉。

思想者，时代之先声；理论者，文化之精粹。时维近世，东西逆转，气力相角，泱泱中华，困于变局。国运如坠石，百姓如累卵。千年文脉，系于一线；万里河山，倾覆在即。有识之士，均存救国之念；青年先进，竞寻复兴之道。或辗转欧美，或东渡扶桑；或实业强国，或教育开蒙；或兴洋务以强军备，或循西法而启民主。百年之内，思想蜂拥，主义迭起，犹大浪拍沙，浪花相逐，终回流入海，影踪难觅。

然国家之困，民族之危，与日俱深，何也？是中华人人自爱，无为国流血者耶？是前辈先驱迁延反复，救国之志不坚贞耶？皆非也，复生喋血昆仑，孙文求索一生，可为证也。救国无果，一因真理不明，二因精神不具。真理谓何？马恩主义也！精神谓何？使命初心也！赘言故事，意在当今。党之为党，在理与神，两者皆备，如铁似钢。使命初心，不可小视，其言虽简，其意深长。

"红色旋律"，志在求真，红色为本，旋律是引。或讲坛论道，或观影辩理，或书香发微，或行间寄语，或激情飞扬，或言语谆谆，或情真意切，或叩问肺心。台上台下，均言行是范；一点一滴，为立德树人。十年坚守，青丝换银发，始终初心不改；薪火相传，新人变中坚，不忘使命在肩。待民族复兴日，开遍幸福花，相顾不言，乐在心间。

文兴未尽，小诗一首，权以为念。

十年光阴不足道，水流静深似一弹。
三尺讲台树人志，平淡之中见不凡。
弦歌不断育新人，初心使命代代传。
不求名闻动华夏，一腔热血守燕园。

原来你是我最想留住的幸运

宫俐（燕山大学文法学院 2010 级汉语言文学专业）

总有一种激情让我们感动，总有一种旋律让我们难忘，总有一种力量让我们奋进，总有一种精神让我们昂扬。何为激情？那便是积蓄在意识最深处的萌动，青春似火，初心依旧。何为旋律？那便是历经风华洗礼，每每响起，总会不经意满怀激情应和、哼唱。何为力量？那便是奔跑在时间的年轮里，不畏辛苦，用青春的激情奏响夜空里的每一曲旋律。何为精神？那便是跨越十年七载，镌刻在青春激情里的"红色旋律"：理直气壮，心底无私！

2010 年 6 月，她，来了；2010 年 9 月，我，来了；2010 年 10 月，我和她，

会面了；2011 年 3 月，我们，来了！在《红色旋律报》的版面里，有一个叫作“雕刻时光”的版块儿，从萌生到发展、从一枝独秀到立体格局，9 年的岁月荏苒，一群群年轻的面庞在这里感受信仰的力量、亲历思维的碰撞，一期期马研会的成员们在这里坚持初心、书写青春、砥砺悠远。

《激情燃烧的岁月》，知道这个名字因为一部电视剧，记住这个名字因为一段旋律，作为民族歌剧《悲怆的黎明》的背景音，低沉与高昂的相得益彰似一幅恢宏澎湃、波澜壮阔的画卷，讲述了一段悠远绵长、坚韧不屈的中国故事，鼓舞、希望交相辉映。回首，每一位“马研人”的记忆里总有那么一段故事，关于自己的青春岁月，关于那些激情满满、心无旁骛的日子。2016 年 5 月 5 日，一个普通的日子，普通的周四，普通得我们已经忘了那天做过什么。但是，这一天对于坚守在 J103 的“拼命三郎”们来说，则是意义非凡的：当天，是他们一直坚守着并将继续坚守着的“The Red Melody”第九十五期讲坛；五年前的当天，第一期《红色旋律报》“千呼万唤始出来”；20 多年前的当天，他们称之为“某 Li”的学姐呱呱坠地；198 年前，在莱茵河畔的小城，恩格斯口中那个“大胡子的老摩尔”触到了生命中第一缕阳光。“某 Li”与“马爷爷”，这是两个原本不相干的人，却因为诸多个“0505”，开始有着一些共通、一些相通。7 年马研会经历，提笔的时候，这首曲子就忽然响在耳畔，镌刻着过往，更引向未来。

“15665611612”，这是一串数字，却也是一个历经历史风雨洗礼的真理，在人文馆 501 对面的展示墙上，有这样一串音符，也有这样一句话“向着新航道前进”。在百度里输入“红色旋律”四个字，会有大大小小无数的活动，但其中总有一个自成体系的活动——燕山大学“红色旋律”系列活动。无论是各类报刊上的报道，还是各期活动的新闻稿，无不在提醒着我们，这个年轻的活动到今天，已经是第十个年头了。十年，弹指一挥间，在历史的长河里微乎其微，但是在马研会的历史里，却是生命年轮里不可或缺的组成部分，那些早出晚归、披星戴月的日子，那些摩肩接踵、笑意盈盈的夜晚，那些高朋满座、思想交锋的时刻，从宣传到举办、从开始到结束，有“红色旋律”的日子就有他们忙碌的身影和抖擞的气度。数不清多少个日夜，踏月而归，在凌晨 2：00 的燕园，鼠标底端透着微弱光芒；数不清多少个傍晚，风尘仆仆，只为每一个周三、四、五晚 7:30 的准时相约。难忘的，是一年年铁打的“马研会”、流水的“马研人”，是一帧一帧、一字一字、一点一点修正之后的“定稿”二字，是在 504 的温馨小屋里既有着大情怀又有着“小幸福”的青春的我们。难忘的，是那些年一同经受过的思想的洗礼，是在不断的自拔与自新中坚定的理想信念，是在“醍醐灌顶”之后由衷而发的“没有共产党就没有新中国”！

在还未离开的时候，喜欢在活动开始前播放《英雄的黎明》，透过浑厚的圆号，感受气壮山河的豪迈、英雄的倾心柔情，沉醉在黎明之前的倾情、豪迈、壮阔。黎明，是远山相接处可以看得见的一抹红晕，是日月星移后可以触得到的一盏烛火，是到达彼岸前呼唤着我们“冲刺”的一股力量。1943 年，在抗战最艰苦的时候，晋察冀边区流传着一曲《团结就是力量》，简单质朴的旋律蕴含着鼓舞人心的力量，走过寒暑，穿过冬夏，激励着一代又一代青年人为梦想而努力。全院参与、全员参与，是付出，更是一种力量的传递。2011 年，一个在历史上极具特殊意义的年份，二教演讲厅，“我们迎着风雨向前方，万众一心挽起臂膀”的余韵绵延至今，坐在最后一排的我在小本本上煞有介事地写下台上发言者的一句“坚持住自己的坚持”。 一次定题、两次讨论、三次整合、四次校对、五次排版、六次易稿、七次输送文件，八次修改图片、九次整体审核、十次拿出终稿，最后短短的“定稿”，一定是夜空中最绚丽的焰火。

精神的力量，无形，却又潜移默化。“万水千山不忘来时路，鲜血浇灌出花开的国度”，2018 年的“红色旋律”岁末回眸，一首《不忘初心》，让坐在台下的我为之激动、为之感动。“不忘初心，牢记使命”，这是我们一以贯之的坚持和坚守。“一切向前走，都不能忘记走过的路。走得再远，走到再光辉的未来，也不能忘记走过的过去，不能忘记为什么出发。”一党如此，一国如此，一校如此，旋律更如此。从《潜伏》到《厉害了，我的国》，从《雄关漫道——从近代历史看中国共产党成立的意义》到《筚路蓝缕 走向辉煌——庆祝中华人民共和国成立 70 周年》，从《中美贸易摩擦：冤冤相报何时了》到《中美关系与世界大变局》，穿越时空，当思想的迷雾在 108 教室里被层层剥开，当埋首于“吃鸡”的思维沉浸在“红色旋律”报纸的汩汩墨香中，那一刻，我们满怀豪情，热血涌动在青春的昂扬里，我们坚信：“中国人民是伟大的人民，中华民族是伟大的民族，中华文明是伟大的文明。”

2016 年 12 月 20 日，凌晨 2：35 的 501 灯火通明，有一群人正在围桌策划着什么。这群人里，有女儿正在生病的思政课教师，有即将毕业的研三学姐，有正在备考的大二学生，有一会儿要赶往一教上第一节课的大三学长。他们聚集在此，只为讨论一件事儿：如何让自己坚守了七年的阵地在年末再一次惊艳四座；如何让他们一直坚守的思政理论课“第二课堂”名副其实；如何才能在短短的一个半小时的时间里，通过歌舞、合唱、情景剧等形式既呈现长征路上的波澜壮阔，又展现新长征路上的锵锵号角……而这场以年终总结的形式呈现的“第二课堂”的主题是“长征，新的长征”。

也许，每一次的活动，在外人看来，不过是一次可以马马虎虎、稀里糊涂的“例行公事”，但在他们眼里，每一次的“心”劳程度，都是一次“长征”。

2010—2014 年、2014—2017 年，七年的岁月，有一个中心，所有的努力与辛酸，均因为这个中心而笑、而哭，而兴奋、而感动。曾提笔写下“记得当年马上飞”，曾感慨生活“也无风雨也无晴”，那便如何？听过动画片《精卫填海》的主题曲——“苍天如此太遥远，我心在飞翔，哪怕到了世界尽头，也要飞向前方……”，想唱一首 2018 年发行的单曲——“我一直在这里，你一眼的距离，带着千言万语，开口却出泪滴……”

“原来你是我最想留住的幸运”，一直都是。

我与“红色旋律”

曾祥端（燕山大学机械工程学院 2018 级机械电子工程专业）

“红色旋律”影苑

2013 年刚到学校以后总感觉有点不太适应，老师用一周的时间就能讲几十页的内容，和高中时候的教学方法差别太大了，开始总感觉很忙，后来也就慢慢地适应了，也逐渐有了一些闲暇时间。到了大学我一直在寻找着，想寻找一个像当年我们初中 / 高中语文课堂一样的舒适优雅又有点人文气息的环境。一次偶然机会我听了一次影评，从那之后，只要没有要紧的事，期期必去，有时还拉着同学一起去，在那里我听到了柴勇老师讲信仰、杜娟老师讲生死、杨新宾老师讲回家、王娜老师讲机器，革命等等，听到了同一事物不同的声音和新的思考方式，那个时候在那种辩论中我找到了新的寄托地。

薪火访谈

加入组织前我只是喜欢去看电影，后来发现薪火访谈记者团三月份在招人，我就报名了，当时摊位上跟我聊的是张弘强学长，操着一口天津话跟我说：“这个事儿，有意义！兄弟，加入我们一起干！”笔试我有几个选择题是蒙的，心想面试的时候得好好准备准备了，面试前还担心自己进不了，就在面试前几天我还厚着脸皮去了一趟退休办，找了一位退休的老先生，让他给我大概介绍了一下燕大的发展史，老先生说到现在还有学生关心燕大的历史，太难得了，他十分高兴地给我讲了一下午，那个时候我第一次感受到了东重曾经的辉煌，了解到了“轧钢和锻压是东重的两条龙”等信息。面试时当我说完头一天去退休办的事情后，柴老师点了点头，我感觉：有戏！

充满战斗力的时光

当时我跟倩倩是搭档，带着高帅、郑晗、家乐一起做，我俩的特点就是都有点急性子，做事赶早不赶晚，那时候周六、日下午有时候会有体育课或者选修课，那就干脆把所有的采访时间都调到了周六、日早上，8 点集合，那也就意味着大家早上 6 点半就得起床收拾吃早饭，7 点半去新闻中心拿设备，可大家没有一次迟到过，也没有一次无故不来，周六、日还得早起对于我们也都是一种锻炼。当别的组需要帮忙时我们也会积极过去，显示出了一个大组（我们组五个人，其他组都是四个或者三个，所以我们自己调侃称大组）成员该有的行动，当时有几天海鸥说他熬得特别晚，我就问他干啥了，过程大概是这样的：

曾：你怎么也还没睡啊？

海鸥：这几天我每天都睡得很晚。

曾：干啥了？

海鸥：整理采访文字。

曾：知道你为什么每天都能熬这么晚么？

海鸥：为啥？

曾：是因为你在做和燕大精神有关的东西，是燕大精神在推动着你。

……

海鸥开玩笑说我像卖假药的，胡侃，那个时候我是真的能够感受到前辈们所讲的东西里的力量所在，大学是一个有大师的地方，在记者团能接触到这些人我认为是荣幸的，他们所讲的不仅从精神层面上刺激了我，更是激发了我对各学科的兴趣。在做采访之前 7 点起床，做了采访以后 6 点起床，在记者团的那段日子里通过采访沟通了解了很多新的事物，也找到了自己的定位和拼搏方向。平时能去的采访我会跟着去，去不了的采访我会把他们采完的片子拿回来看一看，那个时候被采访视频迷住了，整晚整晚地看采访视频，看到激动的时候连觉都睡不着，晚上有时候看到一两点。

所有的热爱都源于了解，热爱一个东西或者事物不是因为它好或者不好，在薪火访谈的日子我接受了最好的爱校荣校教育。我们采访了很多1958年建校时的老前辈，更是深深地了解了“两次搬迁，两次建校”的具体过程。我们的燕大不像宁波大学那样有中央领导和船王包玉刚的支持；也不像烟台大学那样地方出钱，国家教委派人；更不像青岛大学，省、市下决心非办成不可。它是在工业部只拨款860万元，河北省和机械部因经费困难犹豫的情况下，在老一辈校领导的带领下、在全体燕大人的努力下，靠银行及秦皇岛海港区等单位贷款办起来的。

大四初我跟着同学去参加研究生支教团的选拔。总共32个人进入面试阶段，面试顺序抽签我抽到的是二十八号，这意味着等我进去的时候评委都已经很疲惫了。我临时改了改自我陈述，到现在我还记得当时的陈述：各位老师下午好，我叫曾祥端，来自石油工程专业，曾获得五次奖学金，曾获得过全国节能减排大赛三等奖、大学生创新训练计划国家级优秀项目等奖项，曾担任薪火访谈记者团小组长，从大一到现在都是石油工程一班班长。我要参加支教的目的有两个，一是我们的班级中有同学来自贫困地区，我了解他们所遇到的困难，我想真正地为贫困地区的孩子做一些事情。第二个原因是，我是做过燕大校史的，我是了解这所学校的，更是热爱这所学校的，在学校里我只是学校身上的一个小小的细胞，显现不出什么，但一旦走出去我就是一个个体，代表的就是燕山大学，不管我走到的地方是山沟沟还是戈壁滩，我都要让那儿的人知道在美丽的秦皇岛有一所美丽的燕山大学。

自我介绍话音刚落评委们鼓掌了，还有一个老师竖起大拇指说好样的。当我走出面试会议室的时候，门口值班同学告诉我，我在里面待的时间最长，也是唯一一个在面试过程中有掌声出现的。那个时候我感觉：这次的掌声不仅是给我的，更是献给我们曾经一起战斗过的记者团的。

对于我自身的影响

当我在大四初准备读研时我想转到其他专业，比较要好的同学劝我跨度不要太大，但那时候我想到的是杜文升老师。杜文升老师曾经在接受采访时说自己当年是哈工大的热电专业的本科毕业生，因为学校需要发展无线电，在刚上大三时就把他送到了南京大学学习无线电，他用两年的时间学完了无线电四年的课程，之后毕业被分到了哈尔滨工业大学富拉尔基分校。想到这里我的决定是跨一级学科到机械读研，我想杜老爷子可以用两年的时间学完无线电四年的课程，那么我也能用一年的时间补完机械的专业课，保送完研究生以后，我的大部分同学过得都像神仙一样，那个时候我补了液压专业30多个学分的课，跟着大二的学复变函数，跟着大三的学专业课，平时跟着他们一起去上课，能去做的实验也会跟着一起做，那是十分辛苦的一年，也是特别值得回忆的一年，现在想想看也是在薪火访谈的经历让我有如此的动力去完成这一件事。

现在也经常回想在马研会的将近两年的时间，感觉自己在重塑价值观、世界观、人生观的重要阶段碰上薪火访谈这个平台是幸运的，碰上当时的小伙伴们也是幸运的，从老师和一起做事的小伙伴身上也学到了很多东西，自己的脾气和处事方法也改变了不少。正是那段成长最快的时间，我找到了自己的努力方向，对自己也有了更加清晰的定位。

我和"红色旋律"

胡慧云（燕山大学信息科学与工程学院2012级通信工程专业）

大学毕业的第五个年头，还被邀请写写关于当年社团的那些事。这种感觉，就如一种"温暖的负担"。已经离开母校那么久，竟然还是有人惦记的。但是又诚惶诚恐，生怕写出什么上不了台面的东西。或许这就是马研（马克思主义研究会）的魅力所在吧。这个叫"马研"的社团，承办了所有"红色旋律"系列活动。所以作为一个马研人，从一开始就已经被深深烙上"红色旋律"的印记了。

短暂地将思绪从工作中抽离，回想起和"红色旋律"有关的那些事儿。

场景之一：周四的晚上，东区四教109，上演着"红色旋律"讲坛的经典场景。主讲老师在讲台上慷慨激昂地演讲着，同学们在台下热情澎湃，伴着老师的发言，教室里时不时传来拍手叫好的声音。随着讲坛逐渐接近尾声，展开了师生相互交流环节，有个同学提出自己的疑问和看法，老师一一为其解答疑惑。燕大学子何其幸运，拥有这么好的平台，让自己对国家、对世界有更正确的认识。想起最近的中美贸易摩擦，自己从各种网络平台上看到了各种各样的解读或者评论，众说纷纭。这种时候，偶尔会在脑海里想象着，"红色旋律"应该有这相关的主题讲坛吧？马院的老师们会有什么样独到的分析呢？

场景之二：在无数个深夜，老师一部一部地刷着电影，就为了挑选能够契合每期主题、质量上乘的好电影。马研会的同学们，花整个周末下午的时间泡在图书馆的机房，制作每期电影放映前播放的幻灯片；操弄着不太熟练的Photoshop，在舍友们已经熟睡的夜晚，一遍遍修改着影票；每场电影放映的前一晚，在社团的办公室花上一些时间，认真仔细地写着宣传海报，一丝不苟地确认时间、地点；然后走遍每一栋宿舍楼，张贴海报。老师同学们都很投入，因为大家都知道，我们做的事情，是正确的，是有意义的。“红色旋律”影苑带给大家的，除了看电影带来的刺激以外，更多的是，对电影的深刻解读；对电影之外，正确价值观的认识。

场景之三：一群不擅长歌唱的老师们，放下他们在讲台上的专业，为所有来现场观看“红色旋律”岁末回眸活动的师生们表演歌曲。一群来自各个专业的同学们，把“红色旋律”有关的故事，演绎成生动的小品、三句半和演讲等各种形式的表演。岁末回眸可能不是最专业的晚会，但马院师生们的认真和用心，将“红色旋律”要传达的思想，通过文艺演出的方式，呈现给全校师生。带给大家欢笑的同时，也充满正能量。每参加一次“红色旋律”岁末回眸，无论作为活动筹划者，还是现场观众，总能被她的纯真和质朴而感动不已。

我和“红色旋律”的那些年，有说不完的故事，忘不了的恩师，唠不完的好友……

我与“红色旋律”

唐俊杰（燕山大学机械工程学院2012级机械设计制造及其自动化专业）

青年的价值取向决定了未来整个社会的价值取向，而青年又处在价值观形成和确立的时期，抓好这一时期的价值观养成十分重要。这就像穿衣服扣扣子一样，如果第一粒扣子扣错了，剩余的扣子都会扣错。人生的扣子从一开始就要扣好。

——习近平总书记在北京大学师生座谈会上的讲话

时间飞快如白驹过隙，不知不觉中我离开母校已然三年有余，从我迈出象牙塔步入社会的那一刻起，母校就不再是标榜我自己的名片，也不是面对挫折时可以逃避的港湾，而是变成了我前进的动力，我成了母校的一张新名片，我要用她所赋予的思想、品格、技能捍卫她的荣誉。在求学期间，对我思想引导最有帮助的不得不提“红色旋律”。

“红色旋律”系列活动旨在校园中传播主旋律，传递正能量。青年人的思想活跃，对所见所闻都十分感兴趣，我也不例外。可是我们自己在校园里待久了，面对不同观点时辨识能力不足，如果此时没有人对我们进行思想引导，就十分容易误入歧途。

“红色旋律”活动直面现实尖锐问题，面对不同观点及时亮剑，帮助同学们答疑解惑。“红色旋律”讲坛里，跟随王新华老师学习了依法治国政治新常态，听魏黎波老师绘声绘色地梳理台湾问题，听柴勇老师如数家珍地讲解了政府工作报告……参加过“红色旋律”讲坛后，我对时事政治问题都有了更加深刻的认识，面对互联网上不同的声音有了自己的见解，在同学中间能够理智地发出自己声音，做到了“理直气壮讲马列”。

人师易得，经师难求。“红色旋律”活动现场座无虚席，老师们用充分的准备回应同学们的期待，他们牺牲个人生活时间，不为报酬，挥洒汗水为的是给同学们答疑解惑，三尺讲台上，他们的重任不仅是教书，更是育人，帮助青年人“系好人生的第一粒扣子”。

“红色旋律”是校园里的播种机，播撒下一颗颗红色的种子；“红色旋律”是青年人的指明灯，指引我们走向成功的道路；“红色旋律”更是母校的一张名片，打造出燕大最耀眼的文化品牌！

新时代，中华民族正一步步实现伟大复兴的中国梦，可中国梦不是敲锣打鼓就能实现的，中国仍面对很多困难，需要更多有志之士站出来，共同扛起中国梦的大旗。“红色旋律”也应继续以校园思想文化建设为己任，锤炼青年人的思想品格，使之成为我们的同路人。

柳青曾说：“人生之路是漫长的，但紧要处只有几步，尤其当人年轻的时候。”从呱呱坠地的A点，走到如今的B点，这期间走过的路早已数不清，记忆深刻的只有面对人生岔路口时作出的选择。人可选择的路有千万条，可总得要抬起步子走一条，选错了是万丈深渊，选对了则越走越顺利。“红色旋律”是我人生中不悔的选择，“而今迈步从头越”，我将带着“厚德、博学、求是”的校训负重前行，让母校的精神薪火相传！

我和我的“红色旋律”

王浩（燕山大学机械工程学院2012级机械设计制造及其自动化专业）

这是一份来自千里之外的作业。

刚好看到国庆档电影《我和我的祖国》一则影评：主旋律电影很难拍，但是一旦拍好了会有很大的票房潜力。高校的主旋律工作同样并不好做，但是做好了也必会成为校园中一道亮丽的风景。“红色旋律”便是燕大的一道风景。

现如今，对我来说这已经是千里之外的一道风景。

刚进入大学校园时，我未曾想过会在“红色旋律”活动的陪伴下走过这四年。一提起马克思，好多人都会“肃然起敬”——敬鬼神而远之的那种敬。然而我在大学生活中遇到了这样一群人，他们中有老师、有学生，他们始终把“红色旋律”作为自己的事业来做，不辞劳苦，不计报酬。

什么叫作事业？《易经》有云，举而措之天下之民，谓之事业。能够成为马研会一员，我是幸运的，相较于学业，我在这里找到了另一个自我，我们可以花费一周、两周，甚至一个月，去选取一部电影，只为了能够在那间不大的多媒体教室，与我们那个互相并不熟识却又有着无尽共同话语的小群体共同分享，以另一种角度去探索、去交换自己心中的那个哈姆雷特，在这个过程中，除了满满的收获感，还有作为组织者的那份自豪与骄傲。

说到“红色旋律”必不可少的便是每年的年底大戏——岁末回眸，这场戏没有曼妙的舞姿与婉转的歌喉，却每每都能收获比他们更加火爆的场面。一群非专业的老师与学生，在课余时间自导、自编、自演，最终为全校师生献上一场别具一格的盛宴。这也说明了“红色旋律”早已形成了自己的“朋友圈”，就像市场上某些小众品牌，虽然没有份额，没有销量，却始终拥有自己坚实的拥趸。当“红色旋律”系列活动深深地刻入我的骨子里，我发现我后来走的每一步大多都能够在这里找到影子。就像是某些学说讲到历史是螺旋上升的，人的一生又何尝不是呢？这四年的经历，成为我后来生活的镜子，时刻能够给我提醒与建议。

说这是一份作业一点也不夸张，作为一名已经毕业的学生，俗称“校友”，在这种时候可能写出的都是诸如“祝‘红色旋律’越办越好”的官样文章。可能这也是“红色旋律”系列活动所不同的魅力吧，回忆起来满脑子都是当年很多工作可以做得更好，更规范、更成功。现在是晚上23：55，像极了当年的一个夜晚，当时的我面对的可能是讲坛前PPT、新闻稿，或者活动策划案。只是现在我有明亮的灯光，而当年宿舍已经断电。

想回学校再听一场讲坛了。

我和“红色旋律”

房甜甜（燕山大学信息科学与工程学院2013级计算机科学与技术专业）

大学四年，“红色旋律”都和自己有着不解之缘，大一新入学，怀揣着对大学生活的美好幻想和无比期待，我在燕大的校园里遇到了“红色旋律”。一开始抱着体验的态度参与，到后来慢慢发现原来它是这样的“红”，不禁让我越来越靠近它，学习它，最后成为它的一部分。

它是无私的红——“红色旋律”读书会。师生团坐、促膝长谈，古今中外和理想信念，这是每周都有的“红色旋律”读书会。作为一名工科生，钱学森一直是我心中的偶像，还记得李晔老师和我们一起读的《钱学森传》，让我走进偶像。之前的我，只是知道中国有一位被称为“航天之父”的科学家叫钱学森；知道他的回国路充满艰辛；知道他被美国称为“抵得上五个师”的人；知道他对中国和美国的科学发展的贡献很大……我以为我很了解他了，参加完“红色旋律”读书会后才发现，他是一个平凡的人，也是一个不平凡的人。《人民日报》这样评价他——不是“学霸”的科学家。他没有过人的天分，靠的是孜孜不倦的学习。为了祖国的科技不再落后，他毅然选择留学美国；新中国成立后，为了回国报效，他经历了五年艰辛的回国路；为了研制出导弹、原子弹、卫星，他日日夜夜地工作，穿行在荒无人烟的沙漠戈壁上……他的大国情怀、大家情怀令我深深折服，他的努力和勤奋是他理论科研的脚手架，他的家国情怀永远是照亮他前行的灯塔。

它是铭记历史的红——“红色旋律”影苑。还记得大二迎接新生入学时，“红色旋律”影苑播放了一周抗战电影，我也有幸参加了纪念抗战胜利70周年的活动，参与了抗战主题宣传版的制作与传播。虽然自己已经毕业多年，但仍记得人文馆502里“红色旋律”影苑中播放的《这里的黎明静悄悄》《野战排》《烈日灼心》《别拿村长不当干部》这些电影，或深刻洞悉、发人深省；或搞怪嬉笑、教会生活；或深闻百态、润物无声……一部部马克思主义学院的老师精心挑选的电影，让我们每一次来都感慨这两个小时非常值得。

它是知识碰撞的红——“红色旋律”讲坛。每一位在燕大的学子应该都听过这个活动的名字，这是个很火的活动，有四大名嘴出席或邀请校外知名学者的时候，更是人山人海。几十层的阶梯教室都不能满足学生的激情和对讲师的热爱，我亦是其中的一员。“红色旋律”讲坛，每次都会给我打开一个新天地、新视角，原来中美关系、中日关系不是简简单单的基于对祖国的热爱的爱恨情仇；原来《论语》还有这样的现实意义；原来我习以为常的生活习惯和核心价值观关联这么密切……从自己听《新闻联播》到和大家一起解读每一年的《政府工作报告》，我们参与着祖国的成长，从扶贫攻坚实践活动，我们做着力所能及的小事，助力大国崛起。

它是记忆沉淀的红——《红色旋律报》。作为马研会编辑部的一名老部员，对于《红色旋律报》的出炉简直不能再熟悉了，编写报纸、校对文字、排版修图……努力确保“红色旋律”出品必为精品。这一系列的工作培养了我认真、严谨的精神。《红色旋律报》不仅是每一位参加“红色旋律”活动的学生心得的沉淀，更是红色文化得以传承的载体。

“红色旋律”系列活动，将时代的新青年们聚在一起，现在虽然我们因工作散落在祖国大地，但我们聚是一团火，散是满天星！希望在不久的以后，我可以再去观看“红色旋律”影苑的电影，学习一本读书会讨论的图书，听一次座无虚席的讲坛，读一份 2015 年的报纸。这是我的小小红色愿望，以上是我的小小红色故事。

似是故人来

张海鸥（燕山大学文法学院 2017 级汉语言文字学专业）

与“红色旋律”活动初识从讲坛开始。那一期的讲坛主题已经记不清了，但阶梯教室里三层外三层的情景却仍印在我的脑海里。我和同学挤到教室过道边缘，找了个靠窗的位置，几乎全程站着听完了整场讲坛。当时台上的女老师幽默风趣，旁征博引，中外历史故事和学术研究成果信手拈来，让我这个刚刚进入大学的新生倍感新奇，也第一次切切实实体会到了大学与高中的不同。这是我与“红色旋律”的初见。

没有想到的是，我在某天也会参与“红色旋律”活动的组织和策划。大一临近暑假参加了马研会的校史记者团，成为马研会的一员，这样一步步走近“红色旋律”的时候，“红色旋律”四个字对我才有了实实在在的意义。

系列活动中印象最深的当属影苑，每周五晚的不见不散好似一个小型的电影沙龙，这样的交流让看电影不只是感官和剧情上的享受，也是关于大学、关于人生价值的探讨。第四十五期影苑主题是“罪与罚”，海报中有一句话我至今仍记得：“烈日灼心，坠落无间，不若白日焰火、无情有情。”这句话印象之深以致每次看悬疑片犯罪片都会想起它。越界与救赎是这类型所有片子的主题，从电影中感受到的越界和救赎能让我们正确认识法律的边界和道德的约束，理性看待人性中的善与恶。如果说影苑帮助我们认识人类和世界，那读书会是指导我们从何种角度、以何种方法了解人类和世界。《一篇读罢头飞雪——重读马克思》《毛泽东选集》两本书打破了我原来对历史和伟人的固有认识，他们的思想并非空中楼阁，对我们今天的实践依然具有指导作用，尤其在读《毛泽东选集》时发现原来道理可以讲得那么透彻，原来调查可以做得如此详细。年终的岁末回眸是整个“红色旋律”活动的总结，给了我们一个可以对祖国表达热爱的平台，形式简单但内涵丰富，时间不长但干货满满。每年的回眸我都会去现场支持，不是刻意，而是已经养成习惯，有时《天耀中华》的旋律一响起来，以前的场景就在脑海中闪现，一边落泪一边感叹回眸已经很多年了。

虽然离开了马研会，但“红色旋律”的吸引力一直都在。“红色旋律”讲坛依然人潮涌动，络绎不绝，影苑和读书会也还像往常一样，每周不见不散。岁末回眸是一个白月光一样的存在，有的人为它特地从外地赶回来，有的人准时地从视频里一睹今日的风采。这就是“红色旋律”的魅力。

“红色旋律”——指引我人生方向的星火

李宇（燕山大学机械工程学院 2014 级机械设计制造及其自动化专业）

转眼间，已经本科毕业一年多了。生活再也不会像本科那样丰富多彩，每天忙不完的事情，一件又一件地堆叠，项目、科研、实验室任务、学习新技术等，压得我喘不上气。我们再也没有美好的憧憬，有的只是面对生活的压力。但是稍有空闲，独自漫步在学校湖边的小道，都会回想起在燕大的点点滴滴，回想起“红色旋律”带给我的精神力量。

“你是我的心，你是我的肝，你是我大学的四分之三”，这句话是大部分的马研人都拥有的故事。马克思主义研究会，一个承办了所有“红色旋律”活动的学生组织，我作为其中的一员，深感荣幸。马研会的学生及马院的老师们点燃了燕大的星星之火，“红色旋律”影苑、“红色旋律”读书会、“红色旋律”讲坛，每一个活动都是我们精心筹备，为了燕园纯正的红色基因而尽心尽力。

我们既是活动的组织者，亦是活动的参与者。还记得我刚踏入大学校门的时候，一个刚刚摆脱高考囚笼的少年，离开了温室的花园，开始接触陌生的世界。从一个人，到一个家庭，到一个国家，到一个世界，如此说来，一个人是多么的渺小。然而，正是一个个渺小的人创造了这个世界。那时候的我是困惑的，迷茫的，不知道渺小的我到底能做些什么。高中时期，每天想的事情只有学习，忙碌而充实。大学时期，学习仍然很重要，但它不再是生活的全部，有了可以自己安排的时间，也有了各种各样的诱惑、各种各样的思想冲击。逐渐地失去了方向，我开始思考生活的意义和人生的价值。我开始大量地读书，和我的朋友们探讨，可仍然未果，直到我发现了“红色旋律”这块新大陆，我才找到了答案。一部部蕴含哲理的电影，一场场精彩绝伦的讲座以及一本本图书思想的碰撞，我开始学习哲学思想、历史发展和马克思主义理论，我开始重新审视自己，重新审视这个社会。

“红色旋律”影苑的一位老师告诉我，你要信仰历史，以史为镜，可以知兴替。人类经历的所有磨难和克服磨难的方法都应该成为我们前行的经验和教训，只有这样，人类才能通过不断的学习和进步创造更美好的世界。

“红色旋律”讲坛的一位老师告诉我，你要有自己的思想，不要人云亦云；你要有辨别是非的能力，不能好坏不分；你要辩证地看问题，不能以偏概全。

“红色旋律”读书会的一次图书讨论，探讨的是毛主席。他老人家说过的一段话，我铭记在心。我们“要做一个高尚的人，一个纯粹的人，一个有道德的人，一个脱离了低级趣味的人，一个有益于人民的人”。

“红色旋律”给了我充实的生活，它让我开始读有价值的书，开始思考从未想过的问题；“红色旋律”给了我宝贵的财富，它让我结识了能给我指路的良师，结识了可以一起奋战的益友；“红色旋律”是我思想的启蒙，它让我开始重新认识自己，认识这个世界。

"红色"随行，"旋律"心生

胡万通（燕山大学机械工程学院2015级机械设计制造及其自动化专业）

大学生活短短四年，时光仿佛手里的沙子，攥得愈紧，失得愈快。在这个依山傍海的大学里，我度过了人生最为充实的四年。这四年从懵懂青涩到初知世事，学到的不只有书本上的知识，更是那无形中的耳濡目染。有人说，一个人的生命中总会遇到自己的贵人，而贵人便是在你最无助、最不知所措时给你指引方向的人。的确，我在这里也遇到了我的"贵人"——"红色旋律"。

2015年的9月，秦皇岛的暑气还未完全退去，东校区大学生活动中心后面的广场上却已经熙熙攘攘，人头攒动。一年一度的"百团大战"开始了，各大学生社团绞尽脑汁地做宣传工作，千方百计地想把志同道合的同学们聚拢到一起，为的是将来为这一个黄金岁月留下一段回忆、一段友谊，甚至是一份爱情。作为新生的我自然也是要去例行"巡视"，当我看到马克思主义研究会的招新宣传时，想起在这个理工科如此强大的院校中居然还有如此的一拨人，真是让人感到由衷的敬佩，同时心头一阵苦笑，不由得加快脚步离去了，可就在当晚的串寝宣传中，在舍友的帮助下，我竟然鬼使神差地报名参加了这个社团，并且由此开始了我与"贵人"的邂逅。

作为一名宣传部的小干事，我最为享受的就是"红色旋律"讲坛了，"理直气壮讲马列，心底无私树新风"在这里体现得如此淋漓尽致，每每遇到魏黎波老师的讲座更是将我带入"话说天下大事，笑谈中外古今"的豪迈之中。一个个价值观正在形成的青年学生，就应该在这样的氛围中勤学、笃信、践行。在我们主旋律的发扬中注入青春的活力，为每个人的成长规划道路，为迷茫的眼睛指引方向。

一年之后，我选择了留下，因为学生综合测评会加分。但是这一年可让我代价深重，成绩因为活动掉队，与班级的活动也近乎脱节。但是让我感到慰藉的是，每当"红色旋律"讲台上老师在为众多的同学们答疑解惑、传道授业之时，我的劳累与失落全都一扫而空，"以中有足乐者"，如是而已。

同样是一年之后，我选择了留下，因为信仰。列宁说："遵循马克思的理论道路前进，我们将愈来愈接近客观真理（但绝不穷尽它），而遵循着任何其他的道路前进，除了混乱和谬误之外，我们什么也得不到。"我想证实我所学到的是否是我所需要的，就必须学深、学透、探讨、实践。于是在重重的学业压力之下，我依然与我的“红色旋律”紧紧地拥抱着，生怕一旦松手，会迷失前进的方向，我用更多的时间去了解我想知道的，越是了解，越是兴致盎然。

天下没有不散的筵席，我在大学的第四年还是离开了马克思主义研究会，但并没有就此而离我的“贵人”远去，我已用它煮沸我的一腔热血，聚在心间。

每次回想，也必然是眼前“红色”耀眼，脑海“旋律”铿锵！

一个理科生的自白

张清瑞（燕山大学电气工程学院2016级检测技术及仪器专业）

2016年9月，在机缘巧合下，我加入了这个全校唯一的理论型校级组织，自此，我在这交代了我四分之三的大学时光。如果说高中三年的理科学习决定了我的非社会意识形态，那“红色旋律”三年的熏陶就是为我的社会意识形态奠定了基调，或者换一种说法更加贴切和自然——为我开了智。

自小学到高中，我所接受的教育都是十分纯正且彻头彻尾的应试教育、填鸭式教育。整个人的思维方式都被禁锢在那可怜的方寸之间。自高一分方向以后，便再没有接触过偏文科方向的内容。即便如此，我高中时仍常常在交友圈中自诩饱读诗书、文学素养深厚（其实高考语文才100出头）。不过坦诚地说，书确实是读了不少，但大多都是成功学、管理学以及调味地道、味道醇厚的“浓鸡汤”。在大二的一次星火书院中，柴老师提到有些书是他永远也不会去读的。听到这句话时，我不禁回想起了那段不堪回首的中学时光，羞红了脸。

“红色旋律”讲坛是我在高一以后接触到的第一个具体项的“文科”内容。哪一期我已经记不太清了，但我至今仍能回想起那种茅塞顿开的快感，就好似为我对这个世界的认知打开了一扇全新的大门。这是一种很奇妙的感觉，如果将其比作二维空间向三维空间的展开似乎又不太贴切，但如果说让扁平的世界变得丰满起来又表达不了那种对于我的颠覆感。最后我搜肠刮肚地想出了两个大字——开智。

自那以后，我参加了几乎所有的“红色旋律”活动——影苑、讲坛、读书会、报纸。在一次又一次的聆听、参与和学习中，我所接触的知识、所领悟的内容，逐渐由社会性过渡到哲学性，由肤浅的认知过渡到辩证的思考。而我本身也渐渐从一开始略带唯心主义色彩和小叛逆思想的无神论者，转变成了现在的一名纯正的唯物主义者（考试期间除外）和党的拥护者。

"红色旋律"系列活动是燕山大学学生意识形态工作的中坚力量，是思政课的第二课堂。马克思主义研究会的主要工作之一就是配合老师将"红色旋律"系列活动办好办精。作为"红色旋律"系列活动的参与者和承办者，我在这三年的参与过程中经历了很多也体会到了很多普通学生无法体会到的内容。我亲眼见过"红色旋律"讲坛的现场，学生多到抱膝坐到讲台上主讲老师脚下；也见过"红色旋律"影苑放映时，偌大的人文馆502只零零散散地坐着四五名同学，其中还有两名工作人员。"红色旋律"活动注定不是一款对每一位同学胃口的零食，但它对于一部分同学来说却是一道美味可口、分量十足的精神大餐。就像我在第九期马研会全体例会上说的那样，"红色旋律"可以没人看，但一定要有人做。值得庆幸的是，它不仅有人看，看的人还越来越多，也越来越好看。

总的来说，专业知识让我从无知走向科学，而"红色旋律"让我从愚昧走向聪慧，它是我三观的奠基者，它是我人生的北极星。祝愿"红色旋律"系列活动越办越好，也祝愿我的北极星更加闪亮。

"红色旋律"伴我行

穆兆龙（燕山大学外国语学院2017级日语专业）

从踏入燕园到现如今，我已经是一名三年级的学生了，而"红色旋律"也与我一路相随，走到现在。

在2017年刚入学的时候，我还是个对大学生活满怀期待和愿景的懵懂少年，一心想要学好专业知识，给未来作规划和打算。偶然一次看到了宿舍楼下张贴的海报，上面写着"'红色旋律'读书会"的大字，主题是"品读《习近平的七年知青岁月》"。可能是受家庭的影响，我从小就坚信中国共产党的领导，在之前的学习生涯中，我也有很努力地学习政治、哲学。即便今天有人问我"为什么要加入中国共产党"，我也会坚定地回答："因为我相信它是对的，我愿意跟着党走。"因而对这场读书会，我一下子来了兴趣，便在那天晚上欣然前往。在人文馆501会议室的一个多小时里，听了老师介绍习总书记在青年时期的经历，我心里的那根弦被深深地触动了，我知道自己要走的路在这里。我想对于一个大学生青年来说，做对我们国家、民族和人民有益的事情一定是最伟大、最光荣的事情。在这股藏于心中却已经按捺不住的信仰的涌动下，我很快加入了燕山大学马克思主义研究会。在这里，我第一次面对面地、更加深入地接触到了“红色旋律”。

我清楚地记得，当时为给《红色旋律报》第一版“焦点访谈”栏目撰稿，我去听了魏黎波老师关于“一带一路”的讲坛。听了学长的建议，我提前两个小时就到了会场，在距离正式开讲还有半个多小时的时候，整个会场已经被挤得满满的了，我坐在后排往下看，坐的地方、站的地方一点儿不剩。在见识到了和节假日前往北京故宫游玩的摩肩接踵一样的景象后，除了惊讶，更多的是期待，因为这是我第一次真正地感受到“红粉丝”的无比热情。

在那期饱含我的辛苦与成果的报纸印刷发行后，一直对“红色旋律”抱有“又红又专、死板老套”误解的舍友看到了影苑影评的部分，忍不住对我说《疯狂动物城》的观后感文章写得很精彩。我心中一下子充满了自豪和感动，我不禁感慨：这就是“红色旋律”的力量啊！

我们说意识形态领域是思想领域的第一防线，而高校则是意识形态工作的前沿阵地，大学生就是思想的先锋者。近期香港发生了一系列的暴乱事件，许多暴徒分子都是香港高校的青年学生和知识分子，他们不明黑白、颠倒是非、为非作歹，很大一部分原因在于这些人思想意识混乱，理想信念薄弱，一经蛊惑和煽动就迷失方向，反过来抨击和破坏香港。这给我们敲响了警钟：高校的思想政治教育绝不能松懈。在这一过程中，我们可以很骄傲地说，“红色旋律”为帮助大学生树立正确的理想信念，树立家国意识、民族情怀，提高政治素养和知识能力等作出了非常大的贡献。

之前看到过对于“红色旋律”的描述，说它“体验思想激荡，感悟红色豪情。领略名师风采，沐浴知识阳光。话说天下大事，笑谈中外古今”，还说它是燕山大学的“百家讲坛”。这曲奏响在燕园里、奏响在每一个青年学子心里的“红色旋律”，一定还会陪伴我们走更远的路。

我和“红色旋律”

郝希（燕山大学里仁学院2009级机械设计制造及其自动化专业）

和“红色旋律”结缘于宿舍楼下的一张招新海报，与众不同的社团宣传深深地吸引着我。我立刻毫不犹豫地报名了，非常幸运的是我通过了面试成功地加入了马研会这个大家庭。

来到马研会，我被分配到了文体部，然后又负责“红色旋律”讲坛工作。可以说，我以前没有任何主持经验，甚至在公众场合发言都会紧张。对我而言，负责主持讲坛工作是莫大的考验与挑战。在这里我也非常感谢柴老师和社团对我的信任和鼓励，让我完成了以前自认为无法完成的工作。

在每次讲坛开始前，我都会认真进行准备，会提前了解讲坛主讲老师以及主讲内容，会根据不同情况写不同的开场白。我会模拟主持，并让同学们听后提出意见，然后我再去完善。就这样反复练习，直到我认为满意。这么算下来，前前后后我差不多主持了一个学期的“红色旋律”讲坛。

主持“红色旋律”讲坛，让我收获满满。以前一直以为主持讲座是很高大上的事情，与我没有任何关系，但现在不同了，我认为我也可以，并且不差。主持完“红色旋律”，我也会坐在下面认认真真地听主讲老师授课，每次都感觉大脑重新受到洗礼一般，大大开阔了眼界，深受震撼。我甚至会进行倒计时期待星期四的到来，期待“红色旋律”如约开讲，期待老师能够传道授业解惑。通过“红色旋律”活动，我找到了马研会，认识了柴老师和新的伙伴，真的是收获了良师益友。

虽然已经毕业多年，但回想起校园生活，加入马研会，主持“红色旋律”却依旧是我最难以忘记的记忆。和其他马研会成员一样，我也一直关注着马研会，关注着“红色旋律”，希望马研会能越来越好，“红色旋律”活动能越办越好。

感　　恩

李明超（燕山大学马克思主义学院2010级思想政治教育专业）

2010年，我梦想开始的时候；2010年，“红色旋律”奏响的时候；2010年，我真正属于马研会的时候。时至今日，每当我想起那些可爱的人、可敬的事，都会热泪盈眶。

“不朽之声誉，独存于德。”“红色旋律”于我而言，远不仅仅是一堂讲座、一次读书会、一次电影赏析，更是一个塑造灵魂、传播知识、锤炼德行、陶冶性情的活动。在这里我真正收获了知识和智慧，体悟了真诚和包容，涵养了正义和勇气，提升了内心的温度。

在这个新科技无所不能、新产品层出不穷、新媒体无所不在的大千世界，功利主义、享乐主义和个人主义还大有甚嚣尘上之势，我们都需要在心灵深处打造一方净土，“马研会精神”教会我多些责任担当、少些个人功利；多些精神追求、少些物质崇拜；多些无私奉献、少些利益索取，始终保持内心世界的清净美好、精神意志的从容自信。

习近平总书记指出：“青年志存高远，就能激发奋进潜力，青春岁月就不会像无舵之舟漂泊不定。”理想信念是人生航道的灯塔，有了远大志向，才有做事的气魄和胆略。离开校园的我，双脚踏入社会，近距离打量世界、观摩人生。这个世界的丰富远超想象，发展瞬息万变，我时常无所适从，迷茫、困惑甚至苦恼，有幸的是，我时常想到那段时光，那段我与“红色旋律”的时光，那段我与马研会的时光，这些时光给予了我满满能量，它让我相信无论世界如何变化，总有一种“旋律”保持永恒，总有一种“精神”铭记于心。

最后，祝福“红色旋律”越来越好，马研会越来越好，我思念的那些人儿越来越好。

我与“红色旋律”

刘子旺（燕山大学文法学院2009级行政管理专业）

在燕大的日子，参加了喜爱的社团——马克思主义研究会，参与“红色旋律”活动的承办，应当是我人生观、价值观成熟的时期。当时，指导老师带着几个萌新的我们，连日连夜地做基础工作，什么呢？就是成立组织机构、安排人员分工、酝酿主题活动。对于广大燕园校友来说，主题活动是表象，是看得见的成果，也是马研会的吸引力所在。“红色旋律”讲坛、“红色旋律”影苑、《红色旋律报》、“红色旋律”读书会。这些活动不是同时上马、一蹴而就的，而是稳步推进、一个胜利接着一个胜利展开的。

我对“红色旋律”的认识就在我的工作实践活动中变得越发亲近，恍如自己的家人；我的成长就在活动中锤炼、向前、跨越。选择马研会，参与“红色旋律”的承办，起初对它的感性认识让我选择了它，而它后期的卓有成效的发展让我的思想境界、理论知识有了新的提高，从而形成了对马研会新的、更高层面的理性认识，这就是——对于每一个愿与这个组织携手同行的学生的共同感触，它将成为这个学生健康成长的摇篮。

一个组织若有高度的集体主义精神，其成员所做之事一定是自我感觉有意义的，高度的集体主义实质是共同价值的自我内化。这种内化的集体主义信仰一旦形成，组织将拥有无坚不摧的巨大能量。大学毕业之前，我写给同学的信里面有这样一句话："吾赴西疆，虽天山月冷，崖高风寒，却亦生如夏花，绽放颜色而已！"写到这里，不禁联想到保尔•柯察金的那段名言：

"人最宝贵的是生命，生命对于每个人只有一次。人的一生应该这样度过：当回忆往事的时候，他不会因为虚度年华而悔恨，也不会因为碌碌无为而羞耻……"

十年回眸忆马研

宋蕊楠（燕山大学文法学院 2009 级经济学专业）

不知不觉，加入马研会已经十年了，十年时光，一个懵懵懂懂的大一学生在日子疯长中走过了大学、研究生，走到了工作岗位，从燕园、江南，走到了湖师。回头望望，大学留下的最珍贵的记忆，就是在马研会一起奋斗的日子。

为什么我们十年间常忆旧时，因为奋斗的青春刻骨铭心。那时稚嫩的一期成员是敢于吃螃蟹的人，在柴老师（那时的小柴现在的老柴）的领导下开创了"红色旋律"立体格局。还记得清清楚楚，新学期的第一次讲坛，是张云飞老师的《青年马克思的诗与思》；第一次影苑，是魏黎波老师讲评《大浪淘沙》；第一张报纸，经过了曲折历程在 2011 年 5 月 5 日马克思的诞辰日发行。还有招新、红歌队、"雄关漫道"徽章展、岁末回眸。这些记忆，只有经历过的人才能体会其中的味道。

因为马研会，因为"红色旋律"，我们一期成员聚在一起。我们大部分是文法学院的。从不熟悉到熟悉得不要不要的，也就 2011 年春夏的几个月，我们现在依然联系。十年，马研会一期的人们有的在辽阔的南疆荒漠成家立业，如胡杨扎下了根；有的回到了自己的家乡，过上了有妻有娃的生活；有的在繁华的北京不懈奔波，追寻着属于自己的立足之地；有的在燕园走过十年的春夏秋冬，目前还要接着走下去；有的如我，来到了三月赏樱、六月入梅、九月飘桂的江南。海阔凭鱼跃，天高任鸟飞。天南海北，总有马研会这条线牵着。我们的友谊存在了十年，接下来要保持一生。

我们的大家长柴老师说，要“理直气壮讲马列，心底无私树新风”。马研会的精神就是“红、爱、新、学、家”五个大字。红是立足之本，家是力量之源。马研会从一期走到了九期，希望马研会的九期成员们能把马研会的精神传承下去，马研会能走得更远。

我与“红色旋律”

郭璐（燕山大学文法学院 2009 级政治学与行政学专业）

2013 年我毕业了，彼时彼刻燕山大学“红色旋律”系列活动已初具规模，越来越受到同学们的喜爱，越来越多的同学参与进来，“红色”在学校里荡漾着最美的旋律，我作为活动的服务者一员，与有荣焉。

承办讲坛是我在马克思主义研究会接触的第一项工作，也是马研会最先承办的活动，充满个人魅力的老师，朝气蓬勃的同学，让两者在一块交流与碰撞，让马克思主义这一大众哲学为同学们认可和掌握，正是我们的宗旨指向，这决定了我们的工作从讲坛起步，但并不仅限于讲坛。

任何一项事业从来都不是抽象的，而是具体的，甚至是烦琐的、艰难的。我还记得，在一个普通的教室里，在指导教师柴勇老师的帮助下，我们马克思主义研究会召开全体大会，完善了章程，确定了“红、爱、新、学、家”的理念，确立了“红色旋律”讲坛、《红色旋律报》、“红色旋律”影苑、“红色旋律”读书会四位一体的工作格局，柴老师不厌其烦地讲解具体工作事项，详细到一个 PPT 的制作需要注意的细节，我们感到责任的沉重，也猛增了学习的斗志和豪情。许多工作我们都是第一次接触，许多问题需要我们去解决，这都需要我们在工作中不断地去学习、去锻炼、去提升。毛泽东同志曾说：“什么是工作？工作就是斗争。那些地方有困难，需要我们去解决，我们是为着解决困难去工作、去斗争的。”我们的学习有了目标，我们的工作有了动力。

在老师们的影响下，我的书目逐渐增多，通读了《通俗资本论》，知道了作家韩毓海，《马克思主义经济学经典精读 • 当代价值》成了我的床头书，经典通俗读物不一而足，只是惭愧没有攻读经典的大部头。《红色旋律报》的编辑马研会几乎集体参与，对报纸文章的讨论同时也是一次次集体学习。对于学习和研究，我们静下心来，对于“红色旋律”活动我们斗志昂扬，我们的主观世界随着旋律欢快地跳跃。

至今想到我的大学，就会想到“红色旋律”，脑海中便呈现出一幅幅熟悉的画面：座无虚席站也无虚席的阶梯教室里，给老师留下的可移动空间只有那可怜的几尺讲台；在与老师们的请教和探讨中，同学们享受着思想启发和知识交流与分享的那份充实和永不满足感，眼中闪着智慧之光；工作结束后月明星稀的深夜，路灯将我们的疲惫身影拉得很长，却总是传出快乐的笑声。

2012 年，我光荣地加入中国共产党，在“红色旋律”系列活动的组织和参与中，更认识到自身的不足，更深刻地体会到理论学习需要与工作实践相结合，也更有勇气面对未可知的世界，更有信心去进行自我管理、自我提升。

毕业工作以后，渐感时间管理的力不从心，留给充电的时间少之又少，更感念大学时建立的精神世界的充裕、培育的思想基础的扎实，学习与研究的精神让我受益无穷，也更体会到“红色旋律”是一种多么珍贵的精神资源，那里我们有充裕的时间、精品的课程、睿智风趣的老师、深沉的思想、崇高的精神，孤陋而寡闻的世界与我们无关。

我和《红色旋律报》

郭美静（燕山大学文法学院 2013 级汉语言文学专业）

岁月如歌，时光如逝，转眼间，我竟已经毕业两年了。还记得当初被拉进马研会的懵懂，还记得深夜写稿的兴奋，还记得整日排版校对的疲惫……往事历历在目。作为马研会编辑部曾经的一员，至今，看到《红色旋律报》的版面，心中仍有激荡。

《红色旋律报》是思想的报纸。记得初写稿子的时候，我并不追求文章的深刻，只是追求华丽的辞藻，是柴老师指导我，让我对于写《红色旋律报》的文章有了新的认识。我们的报纸不仅要“好看”，更要有“营养”。因为，它承担着引领学生思想的重大使命。

《红色旋律报》是学生的报纸。《红色旋律报》从文章到排版，都是由马研会的同学来完成的。这一份小小的报纸，凝结的是同学们的心血。一篇稿子，我们要改了又改；一张配图，我们要选了又选；一页版面，我们要换了又换。因为，我们深知，一旦印刷出来，它就将成为不可更改的历史。正是因为这样的团结努力，我们才有了真正学生们自己的报纸。

或许，我与《红色旋律报》只有短短两年的缘分，但它对我的影响却是深远的。如今，作为一名马克思主义学院的研究生，它仍旧点亮着我思想的明灯。

“十年生死两茫茫，不思量，自难忘。”不知不觉，《红色旋律报》也已经走过了十个年头，在不少人心中，它虽不是生死两相隔，却是“自难忘”。最后，祝福《红色旋律报》越办越好。

我与“红色旋律”

贾继航（燕山大学文法学院2011级广播电视新闻学专业）

结束了高中三年外加复读一年封闭而单调的高中生活，我辞别家乡来到渤海之滨的“小岛”，充满着求知的欲望和对大学生活的无限好奇，这时思政课上我认识了柴勇老师，机缘巧合之下我又进了马克思主义研究会，就这样“红色旋律”成了我四年中探寻新世界的一个“窗口”。可能有些夸张，但在这所理工科为主的学校里，几乎没有什么文科学术性讲座。秦皇岛这个与北京同在燕山脚下的小城，美则美矣，文化场所实在不多。正是鉴于此，马克思主义学院的老师们自发组成这个系列讲坛，分期为学生作讲座，并时常邀请校外的知名学者来做客，魏黎波老师的国际政治、王新华院长的党史……这些还时常浮现在我的脑海中，是他们的坚持为燕园带来了一丝文化气息，也是他们激励我不断开拓，促使我下决心走出去读书看世界。春风化雨，燕园多亏有“你”。

后来，我虽不在马研会担任职务，但几乎每一次讲座只要有空我都会赶过去，和学弟学妹们交流，帮着干干活，最后找个角落静静地听。听众里，有各个专业的同学、年迈的退休老教师，还有特意从外面赶来的校外人士，燕大有讲座不少，但论上座率和主动率，“红色旋律”绝对是第一。这么多年，听过无数讲座，遇到很多名家，总是觉得这里是最“亲”的地方。

星星之火，可以燎原

崔熙颖（燕山大学机械工程学院 2017 级机械设计及理论专业）

缘分伊始，与"它"相遇。

2012 年，大一刚入学的我，对于大学四年的时间觉得很长，在与新朋友的交往中，觉得有趣，可也充满了迷惑，在快乐过后也会有一丝小失落在脑海中划过，觉得我的大学不应如此单调，也曾想过在学习生活之余认认真真做一件事情。如此，大学的八分之一过去了。

春天，新学期，万物待苏。喜欢拿手机拍照的我看到有个社团招人：马研会摄影部，于是加入了影响我大学生活直至现在的马克思主义研究会。

你中有我，我中有你

大一我跟着学姐学长做一些力所能及的事，拿起摄像机记录活动的整个过程，因是喜欢的事，所以没有觉得累。半年时间，一晃而过，学习了新技能，交到了新朋友。大二，我开始组织人员到"红色旋律"的各个活动中摄影，保留珍贵影像，记录精彩瞬间。懂得了作为一个学长，不仅仅是自己把事情做好，还要调动学弟学妹们的积极性，承担起不仅仅是作为学长的责任；作为指导老师任务的传达者，要协调好与其他部门之间的联系，保证活动的顺利进行。大三，相当于人生中不惑之年，要明辨事理，坚持信念。这个时候我真正地参与到各个活动的策划中，两年的亲身参与，新鲜血液的融入带来的新想法，考虑大学生对于"红色旋律"活动的看法和态度，及时改进各个活动与学生的互动方式，让"红色旋律"能更好地传达马克思主义，让学生更清晰明白地了解热点时事背后的故事，更好地认识到中国特色社会主义。其中的花絮是，指导老师柴老师说得兴高采烈以为我们明白了，可我们四个机械男孩只意会到他的一半多一些。回顾那些时光，是一份珍贵的回忆，像是陈酿，历久弥新。马研会的三年，认认真真付出了自己的努力，更是获益良多。良师益友，思想道德，星星之火，可以燎原。

我心永恒，永相随

2019 年的我，依然在上学，在燕大求学。回想起本科时候的生活和这几年在燕大度过的时光，深深体会到当时"红色旋律"系列活动对我的影响，以及对我身边人的影响。大多数的我们在初入大学时对于国家的发展状况和社会的种种现象没有太多深入的了解和思考，对于上大学的我们要做什么，要怎样实现自己的人生价值也没有明确的看法，而“红色旋律”活动刚好给了我们一个很好的引导。读书会活动由老师带着大家一起读关于马克思和人生价值的图书，给我影响最大的是柴老师给我们讲解的《毛泽东农村调查文集》，毛泽东同志那种做事的态度，值得我们认真学习。还有“红色旋律”讲坛活动，每一场讲座都是马院老师为学生精心准备的，不仅仅是让学生关注时事，更是为了让学生从中思考，让学生体会到读大学的价值所在，引导学生树立正确的人生观和价值观。这些活动让学生认识到作为社会的一分子，作为祖国大家庭的一员，要有更大的格局，不仅仅是为了找一份好工作，更要肩负起实现中华民族伟大复兴的使命。

就像习总书记对我们青年说的：一代人有一代人的长征，一代人有一代人的担当。青年是整个社会力量中最积极、最有生气的力量，国家的希望在青年，民族的未来在青年。今天，新时代中国青年处在中华民族发展的最好时期，既面临着难得的建功立业的人生际遇，也面临着“天将降大任于斯人”的时代使命。新时代中国青年要继续发扬五四精神，以实现中华民族伟大复兴为己任，不辜负党的期望、人民期待、民族重托，不辜负我们这个伟大时代。

“红色旋律”有啥用

尚海峰（燕山大学机械工程学院 2013 级机械设计制造及其自动化）

2019 年 11 月 4 日 18：37，电脑界面右下角的小企鹅突然变成一个红色和黄色相间的图标，熟悉又有些陌生，难道是《红色旋律报》大群？点开，还真是。

看到柴老师发了两条通知，非常亲切，非常激动。

看到“红色旋律”四个字，第一反应是马研会。因为相比较于其他同学，马研会的同学参与得更多，感触更深。大一、大二的各种活动都历历在目。

说起“红色旋律”，根本没有很红色，更多的是对国家、国际、身边的各种事情的关注和看法的探讨，是基于社会主义思想对大学生价值观的一种引导，不会规定标准答案，包括老师，都是在探讨，求同存异。那么这种探讨有什么意义呢，甚至说有意义吗？

有意义！能赚钱！上一家公司每个月都会出一版报纸，入职第一个月报纸面向入职新员工征稿，本着试试看的态度投了几篇，几乎没有不中的，就这样，除了工资，每个月都有额外的稿费，这就让我的餐桌上每个月都多两三个大菜，当然，那个时候猪肉还没有这么贵。而这种优越，完全来源于大学时《红色旋律报》的编辑工作，所以，参加“红色旋律”活动着实有用！

But，如果眼光仅仅局限于物质层面就未免太俗、太狭隘了。

“红色旋律”系列活动，让我更倾向于独立思考。柴勇老师绝对是全校80%见过他的同学心中的男神，而马研会让我能更近距离地接触柴老师。记得柴老师在一次读书会谈起一个小男孩，这个小男孩来自贫困山区，在接受媒体采访时，他说：“我不和别人比现在，我要和别人比将来。”柴老师提问道：“这个小男孩应该拿什么和别人比将来？”当时，我思考着柴老师的提问。山区的孩子和城市的孩子面对资源差得不是一点半点，但却并不应该因此放弃对美好未来的追逐。以大学经历为例，因为自己也来自农村，开始的时候很自卑，但凭借一点点的努力，也拿到了奖学金，也当上了社团部长、班干部和学院学生会副主席。这让我明白，再权威的人的观点，也不是绝对的，重要的是，心中可以容纳多种观点更有自己的信念。

想起“红色旋律”系列活动，讲坛可以让我们近距离探讨最新的热点问题；读书会可以让我们思考经典在生活的印证；影苑可以让我们了解艺术作品更深的内涵；岁末回眸就更厉害了，让我们基于国内大事，放眼世界。如果你觉得自己格局小，不妨多参与参与“红色旋律”系列活动。

不知不觉，字数快达到上限了。然而，想说的却不止如此。千言万语，归于一句话：想念那帮一起熬夜的小伙伴，想念柴老师的教诲；感谢“红色旋律”，祝福母校百岁腾飞。

奏起“红色旋律”书写青春人生

王志文（燕山大学机械工程学院2012级机械设计制造及其自动化专业）

时光荏苒，岁月如梭。转眼间已离校两年，面对社会中的形形色色，仍能保持初心，这与我所参与的“红色旋律”活动是分不开的。知历史，明人理，晓世界，是一个青年人在成长过程中搭建正确的三观的必需素质。在我看来，“红色旋律”就提供了这样的一个平台，让我们在成长中提升个人素质，培养干事本领。

个人素质的提升，正确的价值取向是方向，勤奋努力是基础。一方面，在“红色旋律”系列活动中，老师们通过讲解，把自己渊博的知识融入书籍、电影、讲座中，不断向同学们输送正确的价值取向，春风化雨，为听众不断丰富思想世界，构建正确的价值观。另一方面，提升个人素质，除了老师的教诲，还需要个人的不断努力。有人的地方就有左和右，青年人要想有所作为，取得一定的提升，最基础的就是要学会吃苦奋斗。“樱桃好吃树难栽，不下苦功花不开。”只有沿着正确的方向，不断吃苦努力，才能不断升华自我境界，提升自身素质。

参与“红色旋律”活动，能使见闻丰富，培养干事创业的本领。青年人有大好理想，但把理想变为现实的唯一途径就是干事创业，否则一切只是空谈。这需要我们，首先，要不断学习，提高综合素质，在自身专业之外多见多闻，成为“杂家”。俗话说，“空口袋立不起来”，在干事创业中只有自己有货，才能打下牢固基础。“红色旋律”活动通过历史、人物和其他事件的讲评，老师们帮助听众丰富见闻、扩展知识范围。其次，学而不思则罔，更要我们自身不断思考。有文化是一个人干事创业的必备素质，但文化并不仅仅代表知识，更有情感、伦理、信仰的不断提升。通过对知识的不断思考，结合自身情感，经过伦理考量，从而上升到信仰的层面，这才是文化的体现。而我们“红色旋律”活动的主要工作，就是通过知识的传授和老师的引导，将我们的知识升华为我们自身的文化，培养信仰，培养文化。

干事创业，更需要道德修养。从古至今，为人做事的准则都是德才兼备，以德为先。“红色旋律”系列活动为学生评析为人处世的哲理，教育学生在生活学习以及今后的工作中善于自省，遵守纪律，慎交友，慎独、慎微。从一点一滴做好人，做好事，这是我们当代青年大学生在各式各样的思潮波涌中所最需要的。

做未来社会的中流砥柱，是当代青年学生的使命。如何做好建设者中的坚实力量，“红色旋律”系列活动给我提供了努力方向，提升自身修养，努力干事创业。不负青春，不负韶华，做好每一件事，让自己成为骄傲。

我和“红色旋律”

任旭（燕山大学文法学院 2017 级汉语言文字学专业）

在马研会的三年，我接触最多的是《红色旋律报》。

大一加入马研会，我选择了编辑部，便开始了和《红色旋律报》打交道的日子。起初，感受最多的是"学习"与"踏实"。刚上大一的我，不要说怎么办报纸，就连用文档写稿子，也不熟练，唯一的优点是有一个好好学习、知错能改的态度。所以多亏了部长的耐心和细心，从文档用几号字、首行要缩进，到报纸的排版是什么、图片有什么要求、如何进行文字校对，不厌其烦地教给了我这些新知识。现在我工作的技巧和写作格式的习惯都是那时候养成的。

等到我成为《红色旋律报》的主编时，感受更多的是"责任"与"担当"。一方面要完成报纸的编排任务，争取避免错误，因为一个错误留在报纸上，就是去不了的遗憾；另一方面希望我的部员们在马研会能够感受到温暖，找到归属感，同时想把学长学姐们教给我的知识全部传授给部员们，让他们能够掌握新本领，日后能够做出更加优秀的报纸。

在我眼中，《红色旋律报》于阅读者而言，是传播正能量、弘扬主旋律的渠道；于编辑部（学术部）的同学们而言，是练就本领、施展才华的平台；于我而言，是正视自己、学会担当的天地。

"红色旋律"心得

王莹（燕山大学文法学院 2013 级国际政治专业）

我与"红色旋律"的故事，要从刚刚进入大学说起。那时的我，是个好奇又迷茫的"小萌新"，直到马研会的录取通知发到手机上，我的燕园故事便开始了"始料未及"的演绎——小惊喜、小幸运；小熬夜、小通宵；小伙伴、小火锅……"红色旋律"讲坛的场前 PPT、宿舍门前的宣传海报、岁末回眸的主题视频和现场小合唱，这些点点滴滴都凝聚成我对"红色旋律"、对马研会深深的回忆。青春的嫩芽，一经种下，便要长成大树那样坚实的身影。

四年，在"红色旋律"的陪伴下，考研时的我选择了"思想政治教育"作为自己的目标，希望可以去更广阔的天地充实自己、提高自己，把我们的"红色旋律"、我们的精神传播出去。因为"红色旋律"，我遇到了可亲可敬的柴老师；因为"红色旋律"，一群本来毫不相关的人走到了一起，熬夜改稿、熬夜做视频、熬夜修图。现在的我们都已入社会，这段经历和记忆成了维系我们青春最宝贵、最骄傲的财富。同一个城市，同一群伙伴，同一顿"海底捞"。

今年，是我离开校园进入工作岗位的第一年，我始终希望能够带着当初为“红色旋律”努力奋斗的感受投入到每一个新的环境、新的工作。整整六个年头过去了，相信它对我的影响应该还会持续很久很久……

青春的邂逅

乜聘广（燕山大学机械工程学院 2015 级机械设计制造及其自动化专业）

“那时的我们拥有……”，熟悉的歌声再次响起，许多记忆涌上心头。青春对我们每个人来说都是一场特殊的经历，都有值得记忆的人或事。我的青春就是马克思主义研究会——一场不可思议的青春邂逅。

初入大学，对于组织社团没有任何的概念，不知道加入社团组织有什么用，但是我还是去了。这样一场不期而遇的邂逅就开始了。在学姐的推荐下参加了马克思主义研究会，当时只是觉得很新鲜，我也是有社团的人了。

起初有很多的疑问，我怎么会加入这里，曾一度后悔过。可是慢慢地就喜欢上了这里，喜欢上了马研会，喜欢上了“红色旋律”，喜欢上了这里的每一位家人。在这里我参加得最多的就是“红色旋律”，当然印象最深的也是它。“红色旋律”包括影苑、讲坛、读书会，当然还有每年不可缺少的岁末回眸。在影苑里我们一起观看红色电影，点评人生哲理。一间屋子，一台电脑，一个晚上我们畅所欲言，进行着火花的碰撞。讲坛中我们聆听老师们给我们准备的听觉盛宴。读书会中我们对一本书仔细地阅读，品味人生真理。岁末回眸中，紧张排练，昼夜修改，团结一致只为了给“红色旋律”一个完美的尾篇。

青春不负韶华，在这里我们升华了自己，为我们自己积累了宝贵的财富，值得永久珍藏。

我和“红色旋律”

赵俊涛（燕山大学机械工程学院 2019 级机械电子工程专业研究生）

这是我在燕大的第五个年头，现在的我以一名研究生的身份继续留在这所熟悉得不能再熟悉的学校。作为马研会曾经的一员，平时总会不经意地关注一下马研会的动态，每次去三教或者是机械馆上课总会瞟一眼有没有“红色旋律”海报，这周放的是什么电影，看着那张海报总会想起当初的那个自己。

马研会是我在大一加入的唯一一个社团，每次和同学们聊起都加入了什么社团，我一报马克思主义研究会，总会被还以“邪魅一笑”。在这里参加了很多活动，也举办过很多活动，从中学到了很多很多，经历了人生中的很多第一次，比如第一次参加 1 对 N 的面试、第一次举办“红色旋律”、第一次演讲、第一次制作校史视频并制成光盘……其实这里并不是想象中的曲高和寡。

记得我第一次负责“红色旋律”电影，从制作海报、下载电影、张贴海报、主持电影，这些说起来很简单的事对于当初的我来说，很难。尤其是主持电影，虽然不用说太多，但总归是第一次在很多人面前主持。还记得那天来了很多人，甚至又搬来了很多凳子，我的“小班”也来了，主持的电影名字我已忘记是什么了，唯一记得的就是主持完以后的掌声。还记得我们制作校史纪录片，寻找图片、录像素材、学习软件、制作视频，很简单但又很烦琐，记得当初我的舍友都把视频里的台词背会了，不过当宇哥给我们播放光盘时，心中甚是欣慰。

在马研会内部举办的各种活动中，我也受益匪浅。我参加了萤火宣讲，我开始会写演讲稿，开始会自然地演讲，还记得当时被郭鑫伟学长夸奖，心里有多高兴。在星火书院中，听柴老师对一些经典图书的讲解，渐渐体会到了马克思主义的一些深意……

在这里，我认识了很多优秀的人——我的部长们以及一起工作的小伙伴们。我们讨论问题、发表看法、演讲、采访老教师、制作校史视频、准备岁末回眸……在一起工作的时光非常难忘，大家的酸甜苦辣组成了那段难忘的时光。

现如今，马研会已从社团成为学校组织，在柴老师的带领下进入新的阶段。作为一名原马研会成员，我也会一直默默关注着，祝愿马研会能够不忘初心，像“红色旋律”一样一直一直办下去。

“红色旋律”，青春的第一次共鸣

刘开元（燕山大学机械工程学院 2015 级机械设计制造及其自动化专业）

第一次听说“红色旋律”应当是 2015 年的秋天，刚刚被燕大录取的我对于自己即将就读的大学的一切都充满好奇，游走在“百团大战”的“战火”中，听着同乡学长学姐们对马研会的介绍，懵懵懂懂地报名了马研会摄影部。说实话，那时候也没想到大学四年竟然和“红色旋律”再也没分开过。

因为在摄影部，所有“红色旋律”相关的活动我几乎都得参与，无论是现场的录像、拍照，还是活动结束后的视频导出、照片筛选，现在回想一切，仿佛都回到了眼前。

还记得第一次参与录制的活动是第八十五期“红色旋律”讲坛，陈步伟老师主讲《习近平治国理政的内在意蕴》。那场活动整个东校区四教108座无虚席，甚至有一些同学坐在了阶梯教室的阶梯上（然而这还不是最火爆的一场），陈老师用诙谐幽默、简洁易懂的语言，把“治国理政”这个看似距我们十分遥远的主题形象生动地摆在了大家面前并深刻剖析其中意蕴。活动结束后，同学们意犹未尽，争相上前向老师提问探讨、交流观点，在教室后方整理设备的我以“旁观者”的视角第一次领略到了“红色旋律”活动的外在魅力。

经历一段时间的了解与磨合，我渐渐融入了马研会大集体，紧接而来的“岁末回眸”活动（“红色旋律”系列的年终盛会），使我迎来了第一次挑战。由于任务繁重时间紧张又力求所有活动过程和细节完美无瑕疵，整个筹备期间忙碌、挫败、失望、沮丧等一系列负面情绪笼罩在大家周围，可自始至终没有人选择放弃，一直坚持到12月23日晚上活动结束的最后一秒钟。近一个月的努力给大家带来一场思想与文化的盛会，获得了全体师生、学校学院领导的认可，一切都是值得的，一切心血都没有白费。在马研会同学们的欢声笑语中我第一次领略到了“红色旋律”活动的内在风采。

到了大二、大三，我肩负起了马研会的管理责任，开始培养“红色旋律”工作的骨干力量，日常活动也越来越得心应手，“红色旋律”活动已然是我大学生活中学业之余最重要的责任之一。每次在会办看到被张贴作为“胜利勋章”的自己亲手设计的活动海报，自己所拍摄录制的照片与影像资料被微信公众号、学校官方网站推送，自己培养的马研会“新血液”已然可以独当一面，我不禁感慨“红色旋律”带给我的成长和进步是在其他任何地方都学不来的，这不仅仅是能力层次的，更是思想层次的。由懵懂到成熟，我第一次领略到了“红色旋律”活动对我的人生影响。

2018年秋天我来到大学的最后一年，也结束了我的马研会生活，面临毕业的我也越来越少有机会参与“红色旋律”活动，每一次有关“红色旋律”的声音都像是大学生活的告别。2018年的“岁末回眸”现场，看到在舞台旁控制

PPT 许久未见的曾经的部员，他在人群中看到我并对我笑着挥手，我开心地为他竖起拇指。直到 2019 年 7 月份离开学校，我努力将这一切留在自己的记忆深处，默默为"红色旋律"祝福，当然也第一次感触到了对"红色旋律"活动的不舍。

如今，许久没有听到"红色旋律"的声音，突然得到了有关"红色旋律"十年的消息，内心再次泛起无数涟漪。"红色旋律"举办十年，影响了我大学的四年，也算是彼此见证着成长，曾经参与的每一场讲坛、每一次读书会，观看的每一次影苑，阅读的每一期报纸，都长成了我思想的骨骼与血肉，可以说"红色旋律"系列活动之于我的意义，不仅仅是大学时代的美好经历，更是青春的第一次共鸣。走过风风雨雨的十年，我相信"红色旋律"的未来必定影响力越来越大，同样也必定会越办越好！

我和"红色旋律"

王子尧（燕山大学环境与化学工程学院 2017 级生物制药专业）

大一的时候抱着试试看的心态加入马研会，顺利地进入了实践部，刚开始心里还有些忐忑，因为仅"马克思主义研究会"这个名字就让人担心这个组织会不会很严肃并且枯燥，结果出乎我的意料，马研会的氛围轻松愉悦，大家在一起有说有笑，相处很融洽。在第八期马研会全体会议上听各个部长介绍了一系列的"红色旋律"活动，听柴勇老师讲"理直气壮讲马列，心底无私树新风"，我对马研会又有了一个更深的认识。

作为实践部的一员，我接触的最多的是"红色旋律"影苑，从部长带着大家一步一步做到我们分小组自己组织活动，期间我们成长了许多，互相的接触也更多了，大家一起找电影资源，写海报，贴海报，组织观影，组织影评，"岁末回眸"活动中齐心协力，兼顾着学习考试，访谈时联系老师，准备采访问题，在忙碌中留下珍贵美好的回忆。当然"红色旋律"的活动不止这些，还有讲坛、影苑、读书会……

或许很多人都想问，组织这么几场活动能有什么作用，大家就会对马克思主义更感兴趣吗，就会更多地去思考哲学方面的问题吗？我想回答，就像"星星之火，可以燎原"一样，马研会从创立至今，在不断壮大，举办的活动越来越好，参加的人数越来越多，“红色旋律”讲坛每次都座无虚席，“红色旋律”活动就像一个火星，正能量总会蔓延到学校的各个方面。在第九期招新面试时，一位部长问新生：“你觉得马研会的影苑会播放《疯狂动物城》这样的电影吗？”答案当然是肯定的，“红色旋律”活动旨在传播正能量，但它不是一味地灌输学术思想，像其他社团组织那样，马研会同样贴近大家的兴趣和生活，在轻松的氛围里一点一点影响大家，潜移默化，相信“红色旋律”活动这把星星之火，会燃遍整个校园。

奏响心中的“红色旋律”

——记“红色旋律”十周年

胥晴（燕山大学文法学院 2015 级国际政治专业）

四年前，初入燕园的我在偶然间听到了一曲不同于其他声音的“红色旋律”——讲坛、书院、报纸、读书会，它让我求知、让我探索、让我收获，声音缓缓穿过耳膜，最终落于心底。今天，“红色旋律”走过了十年，早已毕业的我时时想起曾经的岁月，想起这样独特的旋律，心底的声音不断荡起声声回响。

“红色旋律”影苑是我最先接触的“红色旋律”系列活动。记得我在大一时，结束了一周繁忙的课程之后，在周五晚上总会邀上小伙伴聚在人文馆 502，享受难得的闲暇观影时光。这些影片或是黑白，或是彩色，或是经典，或是最新，无疑都蕴含着人生或是世界深刻的道理，那一张张便利贴上随笔记录的文字就是当下最直观的感受。在那一晚上，我不仅收获了“忙里偷闲”的时光、与朋友一起观影的开心记忆，还学到了反思影片道理，使这个周五过得更有意义。

“红色旋律”讲坛也让我记忆犹新。三尺讲台，数百学生，名师指点，挥斥方遒。四教 107、108 永远都装不下求知的学生，老师永远也讲不完他所有想讲的东西，大家的思绪早已飘出了那小小的教室，超出了那短短的时间。那一刻，大一的我清晰地感觉到：这，就是“大学”。

除此之外，《红色旋律报》、“红色旋律”读书会以及“红色旋律”岁末回眸都精彩纷呈。篇幅太小，不足以道尽其中妙处，四年太短，不足以明白其中韵律。我只希望在未来人生道路上，每每遇到艰难困惑，能想起从前，昂首阔步，奏响心中不变的“红色旋律”！

“红色旋律”十周年感想

高瑾（燕山大学外国语学院 2016 级英语专业）

来大学以后的第一条朋友圈，是大一时第一次去听“红色旋律”讲坛。惊奇来自场下爆满的观众，好感来自认真的工作人员，最后真正折服于讲台上那个谈笑风生、意气风发的老师。那个时候怎么也没有想到，以后，我不再只以观众的身份出现在“红色旋律”的现场，从主题、主讲人的确定，到海报的书写、粘贴，从现场话筒设备的调试，到活动稿件的撰写、审核，在那之后的三年，“红色旋律”这四个字，与我的生活彻底形影不离。

一周里，周四“红色旋律”讲坛、读书会，周五“红色旋律”影苑，周六萤火宣讲，周日星火书院，大学三年就在这样一周又一周井然有序中过去了。最难忘的是 12 月份的“红色旋律”岁末回眸。三年来，通宵剪视频似乎已成为回眸必备仪式。虽然筹备工作紧张且繁重，但正是一次次的磨炼，让我从技术小白到能熟练运用，让我从没有主见到独当一面，让我不再害怕听到“推翻重来”，让我遇到突发状况时不是不知所措而是采取措施……

作为“红色旋律”的筹备人员，这三年来学会的太多太多了。而作为一名观众，“红色旋律”活动一次又一次地给了我视听盛宴。“红色旋律”活动已成为燕园里一脉独特而珍贵的红色血液。红旋出品，必属精品！

“红色旋律”是我思想的引领者

张腾达（燕山大学环境与化学工程学院 2016 级环境工程专业）

大学四年匆匆而逝，作为即将毕业的大四学生，我时常思考，在大学的这四年间，我，学到了什么，又收获了什么？自己所学专业的学科知识？如果以后不从事与自己专业相关的工作，那么终将会遗忘。又或是在大学收获的感情？在大学交一些亲密的朋友或者恋人固然十分可贵，但感情需要经营，难成永恒。后来我想明白了，是思想。一个人最可贵的就是思想，人的成长与否在于思想是否得到了成长，有些人大学四年虚度，思想与四年前并无两样，我十分庆幸在我大学刚入学时碰见了我思想的引领者——“红色旋律”。

“红色旋律”系列活动由燕山大学马克思主义学院、校团委主办，里仁学院协办，燕山大学马克思主义研究会承办，秉承“理直气壮讲马列，心底无私树新风”宗旨，构筑同学们的精神家园，“红色旋律”系列活动分为“红色旋律”讲坛、“红色旋律”影苑、“红色旋律”读书会，其中“红色旋律”讲坛人气最高，也是让我怀着求真知的心态去聆听的活动。“红色旋律”讲坛每次总会邀请一些学术或艺术上的大师、大家，或讲民间艺术的起源发展，或让大家了解马克思那深刻的思想，或讨论时下的国际形势。在我的印象里，同学们对“红色旋律”讲坛都很感兴趣，以至于“红色旋律”讲坛几乎场场爆满，有时候都找不到落脚的位置，但同学们毫不介意，没有座位那就席地而坐，坐在地上两个多小时也要听完整场讲座。讲座从开始到结束，老师侃侃而谈，讲得精彩而细致，生怕漏掉一个要点。学生认真聆听，时而被老师精彩的讲演逗得哈哈大笑，时而因老师的某些话思考而至明悟。讲坛一旦开始就变成了传递思想的殿堂，同学们迷茫后的明悟就是他们最大的收获。老师演讲结束后，还会解答有疑惑的同学们的提问，老师寥寥几句的点拨就使得同学们惑而大解。我爱“红色旋律”讲坛。

培根说：“书籍是思想的航船，在时代的波涛中破浪前进。它满载贵重的货物，运送给一代又一代。”“红色旋律”读书会正是这样充满思想的帆船，我们通过阅读那些经典著作，如《重读毛泽东》《习近平的七年知青岁月》等经典作品，深入了解那些伟人的光辉事迹，深刻学习书籍中的伟人思想，以此来充实我们的大脑，为我们树立正确的榜样。毛主席说“与天斗，其乐无穷”，我们在《重读毛泽东》中学到了伟大斗争精神，敢于与困难挫折作斗争，敢于与一切损害人民利益的行为作斗争。人如此，我们整个国家也如此，面对美国在南海问题的挑衅，我们不怕，国家领土，不可侵犯，最终美国灰灰溜走。面对西方国家对芯片技术的封锁，我们自强不息，研制出了我们自己的中国“芯”，甚至先一步研制出了5G技术，走在了世界的前列。这正如习总书记在新中国成立70周年大会上所讲“没有任何力量能够撼动我们伟大祖国的地位，没有任何力量能够阻挡中国人民和中华民族的前进步伐”。未来中国，仍需你我共同努力。我同样也爱“红色旋律”读书会。

“红色旋律”影苑也是我爱参加的活动，与普通的电影院放电影不同的是，“红色旋律”影苑精选一些富有哲理或表达家国情怀的正能量电影放映给大家，可以在给大家思考或震撼的同时传播一些积极向上的能量。仍记得有一次“红色旋律”影苑给大家放了名为《无问西东》的电影，看完后给了个小纸条让写感受，我写了六个字，“看不懂，但震撼”。我虽然看不懂剧情，但我被电影中人物那种为国为民、不怕牺牲的家国情怀深深地震撼着。其中有一个家中独子，为了保护祖国，不顾自己性命，驾驶着飞机毅然决然地撞向敌人，因为这是生他养他的地方。这朴素的爱国情感深深地感染了我。我爱“红色旋律”影苑。

四年间，我在“红色旋律”光芒的照耀下成长，她启迪人以思想，传递人以智慧，荡涤人的心胸，还使人明辨是非。她是我思想的引领者，我爱“红色旋律”。

我对“红色旋律”的回忆

刘翔（燕山大学环境与化学工程学院2016级生物工程专业）

我与“红色旋律”接触是大一刚开学时的事情了，我现在还记得，那时候我和班里几个同学一同去听，当时站在讲坛上的是魏黎波老师，他在上面站着讲，我们在下面站着听，因为人实在是太多了，连墙边能靠着的地方都是贵宾席。再后来，我就加入了马研会网络部，负责的也是红色旋律讲坛的相关工作。自那之后，我就几乎没落下一次讲坛了。

我自认为“红色旋律”给我最多的，是对社会的认识和对马克思主义的兴趣。事实上，我中学时是一个不折不扣的“中二病”，整日幻想着自己就是世界的主人，认为自己通过浅薄的认识所得出的感性想法就是“世界的真理”，我很庆幸当时的我没有太多时间上网，否则现在的我一定会更加想找个地缝钻进去。不过幸运的是，我去听了“红色旋律”的讲坛，在阴差阳错中参加了马研会，负责了“红色旋律”讲坛的活动，自此，我开始有意无意地去接触马克思理论，意识到了自己的问题。

人是一直处于生长状态的葡萄藤，这棵葡萄藤的成长过程只需要阳光、雨露还有土地，但这样的葡萄藤只能匍匐在地面上，或者在不断挣扎扭曲中野蛮生长，结出或腐烂、或酸涩的葡萄。而如果有了园丁和倚靠的支架，这棵葡萄藤就能一直向上生长，成为一棵葡萄树，结出甘甜的葡萄。我觉得“红色旋律”就是我的其中一根最重要的支架。“红色旋律”的老师们通过自己的言传身教给我指了一个方向，让我能够明白该向何处伸出自己的藤蔓，该向何处去汲取水分和养料。我到现在都还记得那位因为迟到而坚持站在门口的老教授，也记得各位老师讲述的思想和故事，这已经是我身体里不可分割的深刻记忆。

感谢“红色旋律”带给我的一切。

唱响“红色旋律”的青春之歌

吕玉森（燕山大学文法学院 2017 级行政管理专业）

当黎明的晨曦划过天际的时候，我结束了夜晚的最后一班岗，离开了哨所，走下了岗楼，这是营区的日出，艳艳的赤色流金布满了半个天空

那一年，一个偶然的机会我有幸成为八期马研会的小部员，开始了一段求知的旅程。在这里，我接触到了“真理的力量”，体会到了“生活的意义”，感悟到了“生命的价值”。那一年，我结识了好多怀揣着梦想的朋友，他们风华正茂，充满激情。

“红色旋律”的一次演讲中提到，“为天地立心，为生民立命，为往圣继绝学，为万世开太平”，他教会了我天下观、责任与奉献。

真理的魅力在于实际，思维的价值在于实践。当校园里响起筑梦强军的号角，我毅然踏上征程，为自己的青春多添一份迷彩色，为国防事业尽绵薄之力。

在这里的一年，我真正地感受到党组织对我的关心、爱护和培养，让我才有所施，能有所长，真正地去感受基层、服务基层、奉献基层。

我怀念在马研会的一年时光，它在给我树立一面旗帜，坚定一种理想，铸就一种信仰，一种对马克思主义的信赖，对我们党的信任，对中国特色社会主义事业的信心。

未来，多一分期许，青春，多一抹红色，马研一年立志，青春爱国行。

我与“红色旋律”

朱轩（燕山大学机械工程学院 2015 级机械设计制造及其自动化专业）

作为马研会五、六期的成员，尤其是作为宣传部的一员，我对于“红色旋律”有着特别的情怀。

我第一次接触“红色旋律”，是因为讲坛新闻稿撰写，刚开始时还是抱着完成任务的心态，边听边记录老师所讲。但很快地，老师对所讲主题的深刻理解，清晰的结构脉络，张弛有度的节奏，就将我牢牢吸引。我甚至庆幸我有撰写新闻稿件的任务，因为这不仅让我更专注于讲坛内容，而且事后对笔记的整理也让我有时间去思考、去总结。自那以后，我对“红色旋律”的活动更加上心：既以承办者的身份做好讲坛的组织工作，同时又以参与者的身份聆听、思考老

师们的观点。在这一过程中，我时而能领略国际局势的风云变幻，时而能领会党和政府的政治智慧，时而因抗日先辈的英勇无畏热泪盈眶，时而因中华五千年的灿烂文化心潮澎湃。丰富而深刻的内容，不仅让我长了见识，开了眼界，也让我认识到万事万物互有联系，对待问题需要多方面思考。

当我大三、大四得空再去参加“红色旋律”活动时，往往会不自觉地看看海报有没有贴正，给老师的遥控笔、水有没有准备好。这种“习惯”，也许就是我和“红色旋律”之间的一种联系。我想，这种联系，也是马研人的共同印记，记录着每一期全体成员的共同努力。

最后，衷心祝愿“红色旋律”系列活动越办越好，希望有更多人能够参与进来，能够有所收获。

“红色旋律”——思想之光

张莹（燕山大学环境与化学工程学院 2017 级环境工程专业）

犹记得加入马研会之后我去参加的第一个“红色旋律”讲坛，座无虚席，过道都站满了人，我就站在了靠近门口的一个地方，几乎看不到 PPT。在渐冷的深秋，拥挤的教室就如一个大暖炉一样使人发热、不安。而开讲之后，随着老师充满热情和丰富有趣的讲座，我逐渐被带入情境之中，渐渐心静下来，燥热也变成了温暖。还记得那次的讲座是王新华老师主讲的——《新时代新征程——学习十九大报告》，在讲座过后，作为马研会成员的我的工作便是撰写新闻稿，这也是我第一次接触这类工作和文稿。从这次开始，我对这份工作充满了新鲜感，对以后的讲坛也充满了期待。

在这一年中，我听过不少“红色旋律”讲坛，写过不少新闻稿、宣传稿。在这个过程中，真正学习到了先进的思想和文化知识，在各项活动工作中也提升了自己的水平，并且结识了很多志趣相投的朋友，被大家照顾，也照顾大家，回想起来真的是一件幸事。其实不止“红色旋律”讲坛很有意义、很有趣，在我印象中，每周日的“星火书院”最让我期待也最让我赞叹。在这里大家就热点事件、红色主题等各抒己见，会让我突然发现周围的人都很有才华，很有思想，也很正气，让我会不由自主地向他们学习，虽然一开始我大都扮演着一个听众的角色，很少发言，但是我的思想在这里得到进一步的升华。

“红色旋律”是一个先进思想的聚集地，是丰富多彩知识的融汇地，是一个当代大学生需要时常“光顾”之地。能让学生及时了解国家状况和国际形势，能学习高深的理论思想来武装自己，能从本质上提升学生的精神状态和思想内涵，也是学校思想政治理论传播的重要途径，不可或缺。我也真心地希望“红色旋律”能够更加多样化，更加多彩，更加平易近人，吸引更多的学生来到这个思想学习殿堂。

我与“红色旋律”

张康（燕山大学电气工程学院 2018 级自动化专业）

第一次了解到马研会是在大食堂前面，一个学姐拉住我说“来马研会吧，还可以学到技术”，所以我就参加了面试并有幸来到马研会。

来到马研会我才知道，那个曾让我在思政课堂上从不走神的老师竟然是马研会的指导教师柴勇老师，于是每次有柴老师讲解的活动我都会积极参加，当然其他老师的讲座同样十分吸引人。我在这里最先感受到的就是那种极强的学术氛围，每个人在这里都谈论马克思主义，学习马克思主义，有问题就互相讨论。“红色旋律”的系列活动简直是马研会的灵魂活动，每次都会有非常多的人来听讲。我在摄影部，每次活动我们部都会参与，每次都会听到好多知识。这些知识真的是我这辈子中非常宝贵的财富了。

我收获了很多新思想，我的价值观、世界观都有了很大改变，这使我非常向往党，我想更加靠近党组织。

“红色旋律”讲坛由我们部辅助参与活动的拍摄和录像，来记录下“红色旋律”的点点滴滴，把这些视频上传到网页上。每次我们都会去张贴海报进行宣传，每一个过程都是我们马研人的回忆。

“红色旋律”给我们年轻人很多学习的机会，去提升自己的境界，对于宣传马克思、讲马克思作出了巨大的贡献。

“红色旋律”感悟

张庆龙（燕山大学环境与化学工程学院 2018 级生物工程专业）

进入大学伊始，几乎没有什么文科课程，参加“红色旋律”活动是我这个理科生离红色、离马克思主义最近的一步。“红色旋律”活动是除了思政课以外，我们了解国情、了解马克思主义很重要很正规的途径。

“红色旋律”影苑以观影的方式让我们了解家国历史、了解马克思主义，每一次选的主题，每一次主题所选的电影，都深深契合我们当代大学生应该了解的、应该思考的问题。

“红色旋律”读书会，为我们大学生提供了一个读书的契机。进入大学前，我们总是满怀憧憬，读书是一项润物细无声的爱好，我们的注意却总是被五彩斑斓的花花世界所吸引，如果我们没有这样一个活动，可能并不会主动地真正好好读一本书，大学生时代是我们剩下的最后一个自由读书的时间段，所以我们要更加珍惜这段时间，珍惜“红色旋律”读书会中思想的碰撞。

“红色旋律”讲坛上，老师的出口成章，对我们的影响是很大的，无论是在学习方面还是生活方面。老师在台上的意气风发，对我们来说是一种美的享受，能在学习马克思主义的同时感受人文知识的美丽，我想没有比这更有趣的人生一课。

“红色旋律”活动本意是让思政课理论鲜活生动，让大学生深入了解马克思主义，现在，更是成为学生的第二课堂。如今，“红色旋律”已经走了十个年头，我们只是从中获益的一分子，将来的“红色旋律”活动会做得更好，泽被一批又一批莘莘学子。

我与“红色旋律”

张唯一（燕山大学外国语学院 2018 级法语专业）

2018 年，初入马研会，一期“红色旋律”讲坛给予我极大震撼，这是我作为马研人的起点，自此，我与“红色旋律”结下不解之缘……

你所理解的“红色”是何种样子？是严肃压抑，是枯燥无聊到昏昏欲睡，还是作为路人丝毫提不起兴致？不，这可能是大多数“红色”的样子，但这绝不是“红色旋律”的样子。马研会的“红色旋律”，是讲坛上主讲老师的幽默风趣、侃侃而谈；马研会的“红色旋律”，是读书会上老师的鞭辟入里、针砭时弊；马研会的“红色旋律”，是影苑里电影的受益良多、妙趣横生，也是电影点评中激烈的思想交锋、火花碰撞；马研会的“红色旋律”，是《红色旋律报》里的过去与未来、传承与创新；马研会的“红色旋律”，是凝聚了所有马研人的心血、热情、青春的共同记忆。

作为马研人，我是“红色旋律”最直接的受益者。我喜欢“红色旋律”讲坛，我会因为在观众摩肩接踵的教室里找到一个自己的座位而暗自兴奋，我会因为主讲老师讲解了我心中所想而欣喜不已；我喜欢“红色旋律”影苑，我喜欢在光线暗淡的房间里那亮着的一方屏幕，我喜欢重温，我也喜欢探索未知；我喜欢《红色旋律报》，我喜欢静心读着报纸上的一字一句，阳光撒在报纸上，我觉得，那就是我向往的一方天地。

我喜欢“红色旋律”，我们马研人喜欢“红色旋律”，但我们不想把属于我们的东西珍藏，我们想让更多的人了解“红色旋律”，爱上“红色旋律”。“红色旋律”不仅属于马研，属于马研人，更属于众多的燕大学子，属于用心学习、用心热爱的每一个人。“斯人若彩虹，遇上方知有”，感谢“红色旋律”，感谢它带给我的每一份收获，每一份感动，每一份成长。

“红色旋律”十周年，我们，再出发……

“红色旋律”感悟

张文强（燕山大学机械工程学院2018级材料成型及控制工程专业）

我是马研会实践部的成员，做的主要是“红色旋律”影苑播放活动，影苑活动是以电影为媒介向学生们传播红色思想，更适合学生，更容易激起学生的兴趣，引发学生的思考，有利于学生学习马克思主义理论。影评是影苑的核心，学生会与老师讨论电影中的问题，互相阐述自己的思想，迸发出激烈的火花。影苑活动在这十年里取得了极大的成就，不断传递着红色思想，把学生引向正确的方向。但是影苑还有一些问题，就是宣传力度不大，很多人不知道这个活动，而且在人文馆放映规格太小，不能让更多人了解它。

我参加过“红色旋律”读书会活动，主讲的老师都很有耐心，对我们的问题和想法都作出解答和点评，我们在和老师的激烈探讨中加深了自己的思想深度，对许多事物有了更深的思考，但是读书会活动每学期的次数太少，在学校的知名度也不高，所以我认为应该多宣传一下“红色旋律”读书会并且面对全校多举办几次。

我也参加过"红色旋律"讲坛活动，讲坛活动在学校的知名度很高，每期讲坛都是座无虚席。讲坛的老师都很有水平，内容也非常生动，说的是祖国辉煌的经历还有为之付出的可爱的人们，让我们青年人更明确地感受到了国家一路走来的不易，让我们了解到那些可爱的人们的丰功伟绩。总之讲坛活动向学生传递着正能量，我们要向那些可爱的人们学习，为国家建设贡献自己的力量。

信仰的芽

——写在"红色旋律"十周年之际

张蓓蕾（燕山大学文法学院2011级国际政治专业）

大一那年社团招新，一句"我们可以帮助你提高自身素养"深深吸引了我，这让她在一大群文体娱乐性质的社团中显得那么与众不同。我毫不犹豫地在报名表上写下自己的名字，成为一名马研人。从此，"红色旋律"在我心里播撒下了名为"信仰"的种子。四年，在马研会的沃土上，这粒种子，生根、发芽，开出了花。

早期的马研会，"红色旋律"是她的核心活动——每两周的讲座，每四周的影苑，每月一次的读书会。大一的我在学术部，主要负责承办读书会活动，偶尔还会在周三的晚上和宣传部的同学们一起写写海报，然后把海报贴在每个宿舍楼下的宣传栏里，好让同学们第二天一大早就可以看到。能让更多的人接触并了解马研会，参与到"红色旋律"系列活动里，是我当时最主要的也是最愿意做的工作。每次的活动我一定会准时参加，一开始我以为吸引我的是老师们的学识渊博，是在讲台上的侃侃而谈，可慢慢才发现，真正吸引我的其实是他们眼神中透露出的坚定。这种坚定，源自他们对其所信仰理论的自信。为了更好地了解这份自信的原因，我开始了对马克思主义理论的学习。讲座、红色影苑、读书会，成为我校园生活中必不可少的三要素，她让我对很多问题有了更多元的思考。她并没有强迫你必须要相信什么，而是把一些重大的政治事件、问题、争端，掰开了揉碎了分析给你听，让你自己去判断。大学，对一个人最大的影响，就是帮助你树立正确的价值观，帮助你形成独立思考问题的能力。而"红色旋律"就同时兼具这两种功能。

歌词可能会记不清楚，但旋律却可以在耳边久久回荡，这正是"红色旋律"

系列活动独有的魅力所在。她激发了我干事创业的热情，影响了我硕士时的专业方向，也促使毕业后的我坚定地选择成为一名党务工作者。

每每回首那段时光，内心总是丰盈的。既因为收获了一起并肩作战的革命友情，又因为她让今天的我变得更加包容和理性。信仰的坚定不是闭门造车、全盘否定，拒绝接受其他的可能性，而是在你对不同的观点、立场、价值观都有深刻的认识后，还能坚持自己的想法和选择不动摇。因为了解，所以热爱；因为热爱，所以坚守。曾经的我，把“红色旋律”当作是我的事业，今日的我，仍会把这份执着和坚定带到工作岗位中，让信念的芽在更多的人心中扎根、开花。

让我们继续一同成长吧！

我与“红色旋律”

李琦（燕山大学文法学院2017级行政管理专业）

我与“红色旋律”的故事可能是从下课后路过那个红帐篷开始的，当时青涩懵懂的我看着人群、宣传单茫然失措，只听一个轻轻柔柔而又温暖有力的女声靠近，对我说：“同学，加入马研会吧。”于是，我们的故事从这里开始。

第一年，我是她的宣传者和记录者。当时刚刚加入宣传部，我负责讲坛广播稿和新闻稿的撰写工作，当时的我对这些工作还懵懂无知，会为了写出一个好句子而紧张焦虑，会因为不知该如何表达而慌乱无措，会在私底下偷偷抱怨，当然也会有完成后的满足和受到表扬时的欣喜。我仍然记得我与她的初见，是第一百二十二期讲坛，由魏黎波老师主讲，题目是《构建人类命运共同体与“一带一路”倡议》，当时的场面直接让我联想到了一个词——高朋满座，平时感觉很大的教室此刻都显得小了，所有人都为这场思想盛宴而来。以前我会觉得这类讲坛离我们很遥远，而那时起我觉得不是，她也生动有趣，确实独具魅力。她伸出了一双亲切温暖的手将我揽入她的怀抱，我想，我会如约而至。

第二年，我是她的组织者。我成为宣传部的部长，开始了解她光鲜外表后的工作。我开始知道了她的海报有几张，她的稿子怎么写，批条流程是什么，应该做什么布置工作……我与她的关系更近了，我不仅亲眼见证了她的灿烂辉煌，也亲手参与了她的组建成长。还记得我参与组织的第一次讲坛是第一百三十期讲坛，主题是《中美贸易摩擦：冤冤相报何时了》，仍然是魏黎波老师主讲。在筹备讲坛的那段日子里，走进宿舍楼我会看到我组织撰写的海报，午饭、晚饭时间我能听到我修改审核的广播稿，我们互相参与了对方的生活。仍记得那天"高朋满座"，她吸引了全场人的目光，而我，也仿佛站在她的身边参与出演，她牵起了我的手，我与她共荣共辱，命运与共。

第三年，我回到了一个参与者。我成为实践部的会长，不再对她的宣传、记录、组织工作有直接接触，我像为她慕名而来的其他人一样，落座、专注、接受触动。我开始参与了解更多的她，开始抛去其他更客观地看待她，我为她喝彩，为她鼓掌，陪她喜，陪她忧，陪她见证"高朋满座"，也见过她的清冷落寞，我是责任更大的参与者。我开始时常思考怎样才能让她变得更好，怎样才能让更多的人认识她的好，我想与她一起变得更好。我不知道未来会发生什么，也无法预测自己的未来，我只知道此刻，我想牵起她的手，一起走过悲伤欢喜，一同奔赴更美好的未来。

我希望我与她是永远剪不断的情缘……

"红色旋律"感悟

陆宇航（燕山大学外国语学院 2017 级英语专业）

不知不觉间已经在马研会工作了两年多的时间，我很庆幸大学生活可以在马研会度过这难忘的三年。三年里我参加过许多次"红色旋律"系列活动，感觉自己获益匪浅。

大一刚参加这个组织时，非常懵懂无知，对于会内的一些活动都想去尝试，去听了一次"红色旋律"讲坛以后感慨良深。依稀记得那次讲坛的主题是《学习五种思维能力，开创人生新境界》。老师用生动的话语为我们讲述了五种思维，并告诉我们把思维转化成一种能力，不断进取。自那以后我就对"红色旋律"讲坛充满了敬意，并且努力学习老师们先进的思想。

"红色旋律"影苑是一个非常吸引人的活动，每一期影苑都有一个特定的主题，大家聚在一起看几部电影，最后再一起讨论，集理论性和趣味性于一体。"红色旋律"读书会我参加的次数并不是很多，印象深刻的可能就是那种浓厚的学术氛围。《红色旋律报》内容丰富，每次见学术部的同事们认真地修改校对报纸，都感觉非常敬佩。

说到“红色旋律”活动，最让人难忘的还是一年一次的“岁末回眸”活动，耗时一个多月，是我们马研会全体成员的心血。大一时候我作为合唱组的一员，一周要去排练好多次，期间也有过抱怨，但最后还是一直坚守着。柴老师严谨负责的精神感染着我们，一次次排练，一次次修改，虽然疲惫，但看到成果以后，心里的喜悦真的是溢于言表。

希望“红色旋律”活动能够越走越远，受到更多人的喜爱。

我和“红色旋律”

谢裕源（燕山大学信息科学与工程学院2017级电子信息工程专业）

时光飞逝，转眼间，今年已经是“红色旋律”活动的第十个年头了，也是我在马研会待的第三年。在“红色旋律”活动中，我从一个参与者，变成了一个策划者，这才能体会到创办“红色旋律”活动的不容易。

记得这学期的第一次“红色旋律”讲坛，第一百四十二期，《筚路蓝缕 走向辉煌——庆祝中华人民共和国成立70周年》，我跟了全部的流程。从去里仁教务处借教室，到去教室查看电教设备，再到“红色旋律”讲坛开场前，提前布置准备会场，最后到讲坛结束后的归还设备。只有折腾过一次后，才能体会到这有多不容易。

这几年，经过学校和马克思主义学院老师的宣传，“红色旋律”活动的影响力越来越大，“红色旋律”讲坛的参与人数也越来越多。每周四的讲坛，经常能看到在门口的两边、过道上，都坐满、站满了人。

每次参加“红色旋律”活动，都能够领略老师们的风采，沐浴知识阳光；听老师们谈论天下大事，从中感受思想碰撞，感悟红色豪情。上周的“红色旋律”讲坛，带我们了解了获得国家勋章和国家荣誉称号的英雄们背后的故事，让我们知道了伟大出自平凡，点滴造就伟大。

我相信，“红色旋律”活动，在一代又一代马研人的努力下，能够越办越好，成为引领燕大学子思想的旗帜！

我和"红色旋律"

朱胜辉（燕山大学信息科学与工程学院 2017 级电子信息工程专业）

举办第一百三十期"红色旋律"讲坛那天是我至今印象深刻的日子，我第一次感受到了自己的价值所在。

那是我与"红色旋律"讲坛相伴的第二年，一年下来我参与过不少期讲坛的承办过程，但转变身份后还是头一回。我做事习惯一个人干，如果叫上别人一起，便会觉得很麻烦人家。直到后来我读到雷锋同志的一篇日记，日记里他的连长对他说了这样一句话："一个人做工作，如果脱离群众，就会一事无成。"这句话给我的启发和教育特别大，让我意识到，一个人固然可以产生价值，但人们在一起时才会产生更大的价值。

讲坛当天晚上，我便联系了我的两位同事，共同完成了这次准备工作。自那以后，我决定今后无论做什么，都积极寻找与大家一起创造更大价值的机会。我愈发觉得要像雷锋同志说的那样，一颗螺丝钉要配合其他螺丝钉一起才能使我们的组织运转得更好。

那期讲坛举办得非常成功，有很多同学来参加，连讲台两旁都站满了人，那一刻我感受到了莫大的激励与鼓舞。马克思说："如果我们选择了最能为人类福利而劳动的职业，那么，重担就不能把我们压倒，因为这是为大家而献身。"我们正在做的，便是这样一份事业中的一环，也许只是微不足道的一环，但仍会默默地发光发热，一点点也是要发的。如果我们连这微弱的光都不发，又怎么可能发更大的光呢？我认为这个世界是靠伟大的人引领的，同时也是靠着默默发微光的普通人民维持运转的。朋友们，"成功不必在我，而功力必不唐捐"，今后我会始终抱着这样的认识投身于服务人民的事业中去。

这就是"红色旋律"讲坛带给我的价值观。

我和"红色旋律"

张鑫悦（燕山大学文法学院 2018 级公共事业管理专业）

"红色旋律"系列活动是一项由马克思主义学院主办、马研会承办的大型校园文化建设活动，设有"红色旋律"讲坛、"红色旋律"影苑、"红色旋律"读书会和《红色旋律报》四个分支，其中我参与最多的是讲坛，在这里我学到了很多，也收获了很多。

讲坛两周一次，每次都有不同的资深教师针对某一时事政治热点问题或历史事件进行透彻的分析，追溯历史、凝望现在、畅想未来，临近结束之际学生提出自己的问题，畅所欲言，知识与精神的碰撞，让我们有更深刻的理解。最近的第一百四十三期讲坛给我留下了很深的印象，四位老师用铿锵有力的话语叙述了英雄忠诚、执着、朴实的品质，并论证了当代英雄模范的底色是崇高信仰的结论，让我更加地坚定马克思主义信仰，跟着党的脚步向前进。

还记得去年的“岁末回眸”活动，当时我只是一个网络部小部员，对视频剪辑有着浓厚的兴趣，并进入视频组，那段时间一直忙于歌曲视频的剪辑，一次次地查找资料，一遍遍地修改，白天、晚上我们几个人围在一起，吃着部长买的零食，汇聚着无数温暖。多日以来的努力终于得到了回报，活动很成功，现在回想起来仍无比怀念，虽然忙碌，但有家的温馨感。

对马研会的恋恋不舍促使我留在了这里，未来我还有一年的时间与“红色旋律”相伴，我会更加积极地参加讲坛活动，倾听老师启迪心灵的讲解，直面思想困惑，体验思想激荡，领略名师风采。

我和“红色旋律”

张悦平（燕山大学外国语学院 2018 级英语专业）

作为宣传部的一名成员，与我结下最深缘分的当属“红色旋律”讲坛，这也是“红色旋律”系列活动中影响最大、知名度最高的活动。在讲坛开始之前，我们撰写通知稿和广播稿，极力宣传每一期讲坛，并且准时在东西区多个宿舍和教室张贴海报，以便于同学们能及时知晓讲坛的开办。我们的努力没有白费，每期讲坛的上座率都十分可观，能够感受到同学们对主旋律文化的热情。“红色旋律”真正地做到了弘扬主旋律，建设校园文化。

在我的感知中，“红色旋律”讲坛就类似于一个小小的“百家讲坛”，但不同的是它的内容更加结合时事，与思想政治理论课教学相结合。其实很多学生内心都生长着一颗了解世界、理解世界的种子，我就是其中的一员。但是在漫长的校园生活中，随着时间的流逝，这份热情渐渐散去，太多人的种子失去了生长的能力，而我则更为幸运，没有变成和许多生活里只充斥着娱乐、饮食、恋爱的大学生一样，忽视了思想修养上的提升。每听一次讲坛，我头脑里的知识就丰富了一些，我对时事的理解就又多了几分，就连脑海里英雄人物的形象也从单薄刻板变得丰富立体了起来。原来黄旭华少年就立下了报国之志，甚至为此改名；原来屠呦呦年轻时就敢于承担科研重任，挑战世人眼中的不可能。不参加讲坛，我可能一生都不会主动去了解这些故事、这些新闻事件；也可能不会在一次又一次老师讲解的过程中进行自我思考、审视、判断、斗争，并做到理解和学习了。

以“红色旋律”讲坛为代表的系列活动，内容精彩，形式多样，如“红色旋律”影苑，采取了同学们喜闻乐见的形式，在光影中使思政教育入脑入心，极大地丰富了我们大学生的课余生活，在校园中别出心裁地弘扬了“主旋律”文化。

我和“红色旋律”

周迅（燕山大学经济管理学院 2018 级会计专业）

在我眼中，“红色旋律”是由“有限”与“无限”的音符谱写的富有动感生命力的乐章。“有限”是因为大学时光那么短暂易逝，不知不觉“红色旋律”已经陪伴了我一年多的时光，而且有一天我也会成为新部员眼中未曾谋面的“老部员”。“无限”是因为“红色旋律”带给我的思想火花永远不会熄灭、精神滋养永远不会干涸，而且师生不断进取、开拓前行的精神会永远延续，在每一代马研人的青春中奏响慷慨激昂的乐章。

“红色旋律”星火书院是带给我最大成长与感动的活动。我依然记得，第一次参加书院，坐下将双手轻轻放在摊开的书上时，那种油然而生的神圣感；我依然记得，柴老师一次次鞭辟入里、振聋发聩的讲话，让我醍醐灌顶；我依然记得，刚开始不好意思提问，而听到有人提出了我心中的问题时我内心的激动。我每次记下自己一闪而过的感触、同伴们不同的想法和老师耐心细致的诠释，都让我感到一种脚踏实地的平静。在浮躁的社会中、快速的生活下，哪怕说这一本书我读过、思考过、讨论过，都是对生活与学习态度的修正与锻炼。

是星火书院，让我在那次解读习近平在纪念五四运动 100 周年大会上的讲话活动中，克服心中的恐惧，大胆地主持发言与提问；是星火书院，让我在为第二十八期报纸书院介绍部分撰写时，从马马虎虎、不求甚解到精益求精，努力承担起自己的责任；是星火书院，让我有机会结识良师益友，让我有机会更好地思考现在与未来。可以说，我与书院共同成长。

“红色旋律”已走过十个年头，过去有艰辛有感动。也许过去我们不能全部参与，但是我们马研人有责任也有义务以汗水与努力让“红色旋律”的未来更加美好。在这里由衷地祝愿所有“红色旋律”活动越办越好，越来越精彩！

我和“红色旋律”

李超普（燕山大学环境与化学工程学院2017级生物工程专业）

我和“红色旋律”已经相识两年多了，现在回想起我和“红色旋律”的故事感慨颇深，“红色旋律”给我带来了很多感悟与成长。

还记得第一次与“红色旋律”相识是在大一的一次老乡会上，学长告诉我，马研会是一个很积极、很向上的学生组织，所传输的也是对我们生活很有用的一些思想。因此我开始了对马研会的向往，后来我真正加入马研会，参与到了“红色旋律”活动中来。还记得第一次参加讲坛时的情景，现场座无虚席，在讲坛开始前半小时现场就已经坐满了人，但是依然挡不住同学们对这个讲坛的热爱之情，最后就连讲坛的教室门口都坐满了人，我为此深深地感到自豪。

在讲坛现场我负责拍摄照片，学长耐心地教我们如何进行拍摄，我也很积极地参与其中，这是我参与的第一次讲坛。后来我当了部长，负责“红色旋律”读书会的主要工作，通知稿、海报、拍摄、新闻稿，都是我们自己负责去完成，完成一次读书会的活动我们需要付出很多很多。但是在读书会的现场，看到同学们把教室坐得满满的，认真地听着老师精心准备的课程，我们很有成就感，就好像自己做了一件很有意义的事情。可以说，近两年来的读书会我都在参加，我学习到了很多老师们分享的经典书籍的精髓，受益匪浅。

可以说，“红色旋律”伴随着我大学里最美好的时光，希望“红色旋律”可以越办越好，希望越来越多的人可以聆听到“红色旋律”带给我们的思想洗礼。

我与“红色旋律”

储敏（燕山大学外国语学院2018级日语专业）

记得第一次参加“星火书院”，感叹于老师和学长学姐们的滔滔不绝，自愧于自己的只言片语，更欣喜于马研会的思想自由。在我看来，“星火书院”是马研会最有灵魂的建设性工程，她帮助我们填补思想的空白和空缺，她引导我们树立正确的理想信念，指引我们选择最幸福的道路。这里，有理想之花的碰撞，有唇枪舌剑的交锋；这里，我们共同探讨马克思主义的“前世今生”；这里，有深入灵魂的洗涤，深入心灵的震撼。或许是一段话，抑或是一句话，只要用心，只要倾听，它就会给予我们意想不到的收获。这些收获将为我们的前行助力，帮助我们成为更好的自己，而成长，大概就是如此吧。鲜明旗帜指引，马研会有思想；性情之人来聚，马研会有温度。

朋友啊，你是否尝试过了解甚至投入到为人类解放而奋斗的伟大事业中呢？如果没有，你不妨试一试，加入我们吧，这里或许有你想象不到的乐趣和幸福。“如果我们选择了最能为人类福利而劳动的职业，那么，重担就不能把我们压倒，因为这是为大家而献身；那时我们所感到的就不是可怜的、有限的、自私的乐趣，我们的幸福将属于千百万人，我们的事业将默默地但是永恒发挥作用地存在下去，面对我们的骨灰，高尚的人们将洒下热泪。”

我和“红色旋律”的故事

耿云鹤（燕山大学建筑工程与力学学院 2018 级土木工程专业）

2018 年 9 月 27 日，是我第一次参与“红色旋律”讲坛的时间。当时大一刚入学，我怀着好奇又憧憬的心理，去听了这次讲坛。讲坛的主题是《冀东抗战与红色回忆》，由四位老师主讲。老师们引经据典、声情并茂地讲述着那段动荡的历史，战火中人民流离失所，同时人们又顽强抵抗、浴血奋战，让人心情激荡，充满敬佩之情。“历史不应该被遗忘，英雄不会死去，因为他被我们记在心中。”老师的话让我记忆犹新。

后来，我加入了马克思主义研究会学术部，才知道“红色旋律”讲坛是马克思主义研究会承办的，学术部负责《红色旋律报》的排版和编辑，我感到十分荣幸。在学术部，我参与了报纸的写稿和校对，分成小组去参加“红色旋律”活动，在一起撰写稿件、校对的过程中，我结识了很多朋友。记得有一次我们的稿件已经修改了三次了，还是被老师指出有标点错误，我和伙伴就在会办一起讨论修改，起初还有些抱怨，现在想起来都是快乐的回忆。大家一起纠正、校对文章中的错误使文章变得更加完善。这让我明白了，认真严谨才能把一件事情做得周到细致。我还参加过“红色旋律”影苑，老师精选的三部电影确实很精彩，主题切合时事现实。第四周的影评更是座无虚席，老师的点评和学生的发言常有启迪之处，引人深思。最后是“红色旋律”读书会，老师讲书，也讲人、讲历史、讲社会，为我们读懂这本书作了铺垫。我和一个搭档负责撰写这个活动的稿子，准备放在报纸上出版，当时我觉得我做得很少，三分之二的工作是我搭档做的，之后我明白了，团队中你的偷懒会给你的队友造成负担，遇事多想一想，不能由着性子来。后来，我很少缺席活动，也绝不推辞任务，这可以说是我的成长吧。

我现在是一名大二的学生，“红色旋律”活动已经陪伴了我一年多的时间，在其中我学到了很多知识，也成长了很多，知道了一些为人处世的原则。感谢老师的批评和学长的关心，还有许多朋友一起的努力，更要感谢“红色旋律”活动，给我带来了很多美好的回忆。

我和“红色旋律”

李圣（燕山大学信息科学与工程学院 2018 级计算机科学与技术专业）

从参与者到筹办者，“红色旋律”系列活动已经陪伴我走过了大学的第一学年，它丰富了我枯燥的大学生活，让我在这个平台体会到思维碰撞的快感。

刚入大学不久，我就从周围人那里听说了“红色旋律”讲坛，听说是很不错的讲座，令人十分期待。但就在刚知道不久的最近一场讲坛的当天，我有事情没去成，于是这件事我一直记在心里，期待着下一次的讲坛早点到来。在后来的组织招新中，我来到了马研会。在这里，我知道了“红色旋律”系列活动不仅仅有讲坛，我也第一次以半个工作人员的身份参与到了“红色旋律”的活动中。在讲坛，能够听到老师们对时事政治的讲解；在影苑，能够看到哲学大咖们对热门电影的另一种解读；在读书会，能够更加深刻地学习自己难以解读的经典。

在这里，我不但学到了如何与人交往、如何组织安排一场活动，还学到了自己以前不曾接触过的知识，更对马克思主义有了更深的认识。“红色旋律”活动，让我对生活更加积极，让我意识到学习可以不只是为了自己，让我对自己的大学生活有了新的规划。

最后，祝愿“红色旋律”系列活动越办越好，越来越受同学们的欢迎。

我与马研会的故事

刘世杰（燕山大学文法学院 2018 级行政管理专业）

遇见你，何其幸运。

已经和马研会一起走过一年多的时间。这一年多的时间里，我见到过座无虚席的 502“红色旋律”电影放映室，被“红色旋律”讲坛老师激情澎湃的演讲所震撼，在“岁末回眸”中感受到了马研人的精神……在马研会除了收获这些诗一般的奇妙体验，也有可爱平凡的琐碎。和其他马研会成员一起转遍西区每幢宿舍楼，敲过许多次宿管老师的窗口，“老师您好，我们是马研会的，贴一下海报”。即使准备过许多次电影的放映，还是担心会不会出现问题。电影放映结束、老师影评结束后，顶着小岛的寒风走在回宿舍的路上，想着和大家一起做的事情，或简单或复杂，心里总是涌起一股温暖，大概这就是马研会的温暖吧。在我疲惫的时候给我向上的力量，在我不知所措的时候，提醒自己：不忘初心。

今年 4 月份，马研会开始做“读懂中国——我和我的祖国”活动。我很幸运加入其中，更让人惊喜的是，我和另外两名同学一起合作写的申光宪教授的征文获奖，并获得了去电视台录制的机会。我，一个普通到不能再普通的女孩，从来没想过自己能够参加一次录制，上一次电视，从某种意义上来讲，我也成为一次自己羡慕的人，我听到了看到了真正意义上的打板“Action”。感谢马研会给了我这次高光时刻。

马研会让我认识到努力与善良终会在某个不经意的瞬间以惊喜的方式闪闪发光。很高兴遇见你——马克思主义研究会。

生命中的一道光

——“红色旋律”系列活动有感

时冉（燕山大学文法学院 2018 级法学专业）

加入马研会已经一年了，2019 年是我在马研会的第二年，很荣幸，自己赶上了燕山大学一百周年校庆，而这一年，也是马研会成立十周年，可以说，马研会的“红色旋律”系列活动陪伴了我大学的大部分时间，它的存在于我而言，意味着太多。它，是我生命中的一道光。

对我来说，参与最多的是“红色旋律”影苑，可能因为这是我们部负责承办的，我对这个活动有着一份特殊的感情。每一期的影苑，老师都会精心挑选主题和电影，而我们，作为影苑的实际操作者，也同样在尽自己最大的努力让每一期影苑办好。从电影海报的制作到影苑开始播放，这之间的每一项工作都要细致认真，不能让影苑出任何差错。也正因为这样，我学会了认真和细心，懂得了再小的一件事也需要用心对待。每次看到来观看电影的同学们脸上露出的微笑，我就会有满满的收获感。

每一期影苑播放的影片，都具有深度和思考性，大家能从影片中学到一些知识，一些哲理，一些正确的价值观。我相信，每一位来参加“红色旋律”影苑的人，总能获得一些新的感悟。尤其是在影评的时候，老师独特的见解和富有思想的讲述，会让每一个人对人生观和一些问题有新的看法和解读，我想，这就是影苑的魅力所在——纯真质朴的红色，带给你最华丽的感动；光影永恒的经典，承载着最崇高的精神。

我相信，在马克思主义研究会这两年时间里收获的一切，定会让我受益终生，它永远是我生命中的一道光。

我和“红色旋律”影苑：《回归》——女性对暴力的反击

王宇冰（燕山大学外国语学院2018级翻译专业）

印象最深的一次“红色旋律”活动是2018年冬天的一次“红色旋律”影苑，当时播放的是一部西班牙电影《回归》，后来看到海报顶端赫然写着的“A FILM BY ALMODOVAR”，除了震惊，我找不到其他合适的词语来描述我当时的感受。

一是震惊这是佩德罗·阿莫多瓦指导的电影，要知道他可是一个以“女性”“暴力”“死亡”为题材的西班牙导演。之前看过他的电影《吾栖之肤》，以复仇和变性为主题的伦理电影，惊悚且诡异。一是震惊“红色旋律”影苑居然会选择这样的电影。一直以来，我对“红色旋律”影苑播放电影的印象都是那种或是历史，或是哲学，或是文学类的电影，实在是难以想象影苑会选择播放这种重口味、涉及伦理的电影！难道是阿莫多瓦这次转变了风格？

带着疑惑和震惊我去观看了那一期的“红色旋律”影苑，阿莫多瓦没有改变他的风格，而这一次的电影也着实惊艳了我。

女主角的一家三代都经受过男人所带来的暴力，女主在 18 岁时遭受了父亲的强暴；女主的母亲在遭遇了丈夫的背叛，得知他对女儿的暴力后痛彻心扉；女主的女儿在反抗父亲强暴的过程中失手将父亲杀死。“女性”“暴力”“死亡”这三个主题被展现得淋漓尽致。而这一次阿莫多瓦再次延续了他“在法律边缘游走”的特点，女主的母亲诈死，实则烧死了那个毁坏她家庭幸福的小三；女主将丈夫抛尸在树下，用丈夫抛弃她为借口，村里的人们就再也没怀疑过。

其实和这部作品类似题材的有很多，《绝望主妇》《致命女人》都是讲述女性遭遇暴力后的反击，这样的题材屡见不鲜。这其实也从另外一个层面反映出了当今社会人们对家庭暴力问题的重视，家庭暴力不仅仅可以是言语上的暴力、行为上的暴力，更可以是心理上的暴力，比如《致命女人》中 Rob 害死了自己的女儿，却让 Beth Ann 多年生活在害死自己女儿的痛苦之中。家庭暴力这个社会性问题迟迟难以彻底根除，其中一个非常重要的原因就在于女性自身的不反抗性，很多新闻里都报道过女性在遭受暴力后纵容、维护自己的丈夫，甚至有些还怒斥警察同志“多管闲事”，连自己在经受暴力都意识不到，还助纣为虐！除了家庭，社会也是女性遭受暴力的来源之一，家庭暴力更加倾向于身体上的欺辱，而社会暴力更加倾向于在心理上的欺压。无论是哪一种暴力，对于女性而言都是一种非公平性的对待，必须毫不动摇地坚决反抗！

我和“红色旋律”

王雨凡（燕山大学外国语学院 2018 级日语专业）

“话说天下大事，笑谈中外古今；领略名师风采，沐浴知识阳光；体验思想激荡，感悟红色豪情。”这是我和“红色旋律”活动的第一次见面。回想去年的此时，我还是刚刚加入马克思主义研究会的一个小部员。一个偶然的机会，部长分配我在官 Q 上发布第一百三十二期讲坛的通知，那是我第一次正式认识“红色旋律”。记得那期讲坛是黄娟老师主讲的《生态文明：开启美丽中国建设新时代》，这期讲坛以“生态文明”为主题，解读了新时代下建设美丽中国的相关内容。

自此，我和“红色旋律”的故事就开始了。第一次进入世纪楼，是因为“红色旋律”；第一次接触视频转换软件，是因为“红色旋律”；第一次在面向所有人的网站上发布通知，也是因为“红色旋律”……后来，我收到了《红色旋律报》，再后来，我和同学一起参加了“红色旋律”影苑。那次的电影我印象很深，是姜文导演的《一步之遥》。这个电影以骗子马走日骗人开始，以良心发现的马走日被人冤杀枪毙结束，讲述了一个“体面骗子”为了尊严而被冤杀的故事。看完后给我最大的感触就是：有些人表面上看，是有道德、有底线、有正义感、有辨别能力的正直人，而实际上这些人眼里往往只有名利，他们人云亦云，为了名利和心理的满足可以不考虑尊严、体面和真相，更不会在乎正义和正直，甚至连最基本的道德都可以不讲。

不了解“红色旋律”活动的人可能会觉得这类活动无聊至极，但我想说，“红色旋律”的魅力只有亲身经历才能真正体会。它的思想性与艺术性、教育性与深刻性，无一不触动我的心灵。经过仔细考虑后，我参与了上学期的部长竞选，最后也有幸成功当选。我与“红色旋律”的故事远远没有结束，我和它的故事，未完待续……

我和“红色旋律”

王玥灏（燕山大学机械工程学院2018级机械设计制造及其自动化专业）

“红色旋律”讲坛在马克思主义学院和马克思主义研究会全体师生的共同努力下，已经举办了146期。我作为马克思主义研究会的一员，有幸能参与其中，并和它一起成长。每次“红色旋律”讲坛都能带给我新的思考和收获。在最新一期“红色旋律”讲坛《初心·本色——国家勋章和国家荣誉称号背后的故事》中，我聆听了四位老师从不同角度讲述英雄的故事，诠释英雄所应具有的品质——忠诚、执着、朴实。

艾青说：“个人的痛苦和欢乐，必须融合在时代的痛苦和欢乐里。”结合老师们对黄旭华、屠呦呦、张富清英雄事迹的讲述，我感触良多。无论是矢志不渝、忠诚报国的中国第一代核潜艇总设计师黄旭华，还是百折不挠、执着钻研终研制青蒿素成功的屠呦呦，抑或是冲锋在前、淡泊朴实的战斗英雄张富清，在特殊年代中涌现的英雄们并非生来身披荣光，而是因他们身上所具备的闪闪发光的品格而被历史记录，因他们将自我的喜怒哀乐融于国家发展而被人们拥戴。

时代在改变，英雄品质却牢牢地驻扎在每个中国人心中，更成为每个共产党员追求自我完善的目标。“红色旋律”活动也在深深地影响着我。在每次组织活动中，我会像黄旭华测量研制核潜艇一样，追求精益求精；在日常学习中，像屠呦呦在研制青蒿素成功后仍坚持拓展其应用领域，追求尽善尽美；在接下来的校园生活中，像张富清立下战功而不声张，却在多年后为向世人重现战争往事，毫无保留地吐露心声一样，践行“理直气壮讲马列，心底无私树新风”。

“水滴石穿不是水的力量，而是坚持和重复的能量。这个能量不是相加而是相乘。”我和众多马克思主义研究会的师生之间相互促进的能量会继续相乘，和“红色旋律”活动的故事会继续讲述。

我和“红色旋律”

李欣（燕山大学文法学院2015级国际政治专业）

时光匆匆，转眼间我已经毕业踏入社会，虽已不在马研会，但在马研会的所获所得依旧伴随着我。马研会承办“红色旋律”讲坛、“红色旋律”读书会、“红色旋律”影苑、《红色旋律报》，协同思政课承担着燕大的思想建设重任，这是所有马研人的骄傲与荣誉。

在马研会的那三年，遇到一群可爱的人，做了一些有意义的事。每当讲坛座无虚席，听老师解答时政热点、直面思想困惑时，每当读书会，大家一起感受思想的碰撞时，每当影苑听老师们剖析电影、探究电影深层的内涵时，我就会由衷地感觉到：这让我们具有责任感、成就感、自豪感。我们以前常开玩笑说没熬过夜的马研人不是合格的马研人，每次踏着夜色回去，虽然辛苦，但心里却是满足的，努力付出之后的成果总是令人感动。每年的年末是一年一度的岁末回眸，是我们最忙碌的日子，大家肩负岁末回眸任务的同时，也要准备各科的考试。每个人都很辛苦，但大家依旧认真负责，常常在会办工作到宿舍关门。记得大二那年，第一次跟部长、搭档负责回眸海报，海报一版一版交，一版一版改，不断地找素材，柴老师也一直为我们拓展思路、提供建议，从开始的一筹莫展到后面海报一点点成型、定稿。定稿的刹那，内心的激动无法形容，那版海报后来一直贴在我宿舍里，每次看到，心情都十分愉快，那是我们努力得到的果实啊！

马研会十年了，燕大一百年了，“红色旋律”在如火如荼地进行着，不断为燕大注入思想的活力。我们期待着下一个十年、下一个百年，我们期待着马研会越走越远，越办越好！

我和“红色旋律”

张佳欢（燕山大学文法学院 2016 级行政管理专业）

大一军训的某个周四晚上，我坐在教室前排，仰着头听魏黎波老师主讲的第一百期讲坛，感慨大学之大。

大四考研期间的某个周四晚上，我坐在教室中间，听四位老师讲英雄，感慨“红色旋律”讲坛已经走了这么远，陪了我好久好久。

大一作为部员参加时的懵懂与向往，大二作为部长负责时的忙碌与紧张，大三作为副会长时的欣赏与成长，讲坛伴我走过了许多个周三、周四的晚上和周五的清晨。我见过讲坛人数爆满的盛况，也见过稀疏数十人的景象；我听过慷慨激昂的讲述，也听过平静理性的叙述；我看见过历史长河中的种种幸与不幸，也看见过当今世界的繁华与不平；我写过一张张海报，改过一篇篇新闻稿，也感受过每一位老师的智慧与胸怀……

我无数次想过，当我不再负责“红色旋律”活动时，我会是什么心情。曾经觉得自己每周固定地做着关于讲坛的事，是花费大量时间做着机械的重复的工作，也曾经安慰自己“你在你的玫瑰花身上耗费的时间使得你的玫瑰花变得如此重要”，然而当我以退休人士的身份坐在台下去听讲坛时，我感受到：这是一份欣赏、喜悦和成就感，是我大学期间不可磨灭、永恒存在的念想。

或许每一个阶段，“红色旋律”于我而言是不同的，但是它已经融在我的记忆里，刻在我的骨血里，体现在我的每一个选择中，真正影响了我这个人的漫长的一生，也将影响更多人的人生。

我与“红色旋律”的故事

邢畅（燕山大学文法学院 2017 级公共事业管理专业）

翻了翻图片库，这才发现我最后一次站在人文馆 502 的摄影机后面，已经是 2018 年 6 月的事情了。

大一的时候懵懵懂懂加入了马克思主义研究会的大家庭，捧着一颗热爱摄影、奋发向上的心，带着满腔的激情热血，我成为"红色旋律"系列活动的"常驻嘉宾"。在摄影机后面的感觉真的同纯粹听讲座不同，肩上总挑着一副要认真完成工作的担子。

刚刚接触摄像之时，我关注的总是照片构图、场景抓拍，为了拍到一张合格的现场图而拎着单反在教室中"兜兜转转"。久而久之，当我积累了较多拍摄经验后，便能较为轻松地拍好现场照片，余下的时间里就听着老师旁征博引讲述心声。

大概是部门内小组分配的原因，我出过的活动最多的还是"红色旋律"影苑。每场活动都会有三位老师带来对三部影片的观后感分享，从清晰明了的故事脉络，到各具特色的人物形象，讲解影片基本内容的同时，老师们总还会从价值观、人生观甚至政治与经济的角度就具体问题详细展开评述。就这样一场活动跟下来，与其说是完成了一项工作任务，倒不如说是听了一场内涵丰富的讲座。例行工作之余，还兼得增长见识、转换思维方式看问题的好处，对我这个"常驻嘉宾"来说可谓是一举多得。

"红色旋律"四把火，燃起了我对"红色"信念的坚守，且接触愈多，感受愈加强烈。这把火愈燃愈烈，照得心里亮堂堂的。多元文化的冲击如浪潮般接踵而至，信息时代下的新兴价值观叫嚣着挣脱传统观念的桎梏。校园内传递的红色之火却在变迁间岿然不灭，为彷徨者燃起光亮，为探索者指引方向。

每每想起在摄影部工作的日子，在镜头背面，于小屏间窥得一方天地，颇有匡衡凿壁偷光之感。视野可及的不过方寸光景，学得于心的却是广博的人生大智慧。

时节如流，敲下这段文字的时候，我在大学已走过 1/2 的旅程。我仰起脸看向窗外最广阔的天，远处氤氲着深沉的蓝色，点缀着温情的金色，还有朝阳初上，那抹最炽热的火红色。

红色精神 永远传承

谭亚军（燕山大学马克思主义学院 2019 级马克思主义理论专业）

2019 年 8 月 29 日，我拉着行李，步入燕大的校园，走进马克思主义学院。

2019年9月17日晚，我第一次接触到“红色旋律”这个传承着马克思主义学院精神的文化活动。“红色旋律”是什么？它有什么用？刚开始的我完全处于迷茫和不解的状态。

燕大马院建院十年，“红色旋律”相伴十年，它像纽带团结着一代代马院人，它是马院人的精神脊梁。经过十年的发展，“红色旋律”已经成为马院不可分割的一部分，也成为燕大的一道独特风景。

红色基因是共产党人的生命密码，红色精神记录了共产党人筚路蓝缕的来时之路，它是一种精神象征也是一种精神支柱。追叙时光，红色精神引领我们砥砺前行。我们今天的幸福生活是千千万万革命先烈们用鲜血和生命换来的，中华民族由“东亚病夫”到屹立于世界民族之林，再到民族复兴国家富强，这些都是英雄们用“鲜血浇灌”的结果。在抗日战争、解放战争、抗美援朝、中越自卫反击战中为祖国捐躯的英烈们都是英雄，他们为了建立一个新中国、为维护国家的利益抛头颅洒热血。我们今天的幸福生活是一代又一代中华儿女不懈探索、努力奋斗得来的。在中国共产党的领导下，中华儿女积极探索社会主义道路，开辟了中国特色社会主义道路。全体勠力同心，艰苦奋斗，取得一个又一个傲人的成绩，创造了世界发展史上的奇迹。

红色精神蕴含着马克思主义政党的性质宗旨，彰显了信仰的伟大力量，是取得伟大事业不断走向胜利的伟大源泉。正是有了红色精神，共产党员才能不断前进，保持初心；正是有了红色精神，共产党员才能保持永不懈怠的精神状态和一往无前的奋斗姿态；正是有了红色精神，共产党人和人民群众才能为共产主义远大理想和中国特色社会主义共同理想而不断努力奋斗。

作为一名马院的学生，我有幸参与到“红色旋律”之中，倾听老师们讲述我们党的奋斗史，讲授我们如何从落后挨打一步步到现在的国富民强，听老师给我们讲述英雄的故事，我内心的感动、激动、自豪油然而生，我为自己是一个中国人而感到骄傲，我爱我的祖国，我爱我的民族。同时我也深刻地认识到，要做一名合格的中国人，要向英雄模范学习，学习他们的忠诚、执着、朴实的精神。为国家的发展、民族的复兴、人民的幸福作出自己的贡献。

听完“红色旋律”，正好赶上了国庆七天假期，我专门跑到北京去看阅兵，我知道我没有办法亲临现场，但是我能最近距离地去感受那种举国同庆的喜悦，我能近距离地感受我们祖国的强大，哪怕站在外面看直播，哪怕有幸看到阅兵的飞机从头顶飞过，也是好的。

一个国家一个民族不能没有精神和灵魂。红色精神关系着国运兴衰、文化自信和民族精神的独立性。弘扬红色精神是实现民族伟大复兴的必然要求，只有弘扬红色精神，才能培固民族精神之“根”，熔铸理想信念之“魂”，涵养核心价值之“源”。马克思主义学院开展“红色旋律”讲坛，把红色精神传承给一代又一代的燕大学子，培养学生的爱党爱国情怀，为培养一批又一批合格的共产党人作出了贡献，我们也必将不辜负学校学院的良苦用心，把红色精神传承下去。

“红色旋律”感悟

侯丽娜（燕山大学马克思主义学院2019级马克思主义理论专业）

“红色旋律”，自从2010年举办以来获得了很多老师和同学们的支持与赞赏。而作为一名马克思主义学院的学生，我能更深刻地感悟到“红色旋律”的魅力。

“红色旋律”主题活动自从开办以来一直秉持着“政治要强、情怀要深、思维要新、视野要广、自律要严、人格要正”的原则，切实从学生出发，提高学生学习的积极性、主动性。“红色旋律”，不仅传授给我们基础知识，还教会了我们如何去学习知识；不仅带我们领略中国的文化底蕴，还带领我们遨游世界的海洋；不仅带我们从现在的角度看待过去，还带我们从中国的角度看待世界。对于广大青少年来说，“红色旋律”更是一种扩展思想、把握现在的平台。

筑马列灵魂，奏“红色旋律”；赞青春之歌，扬自信之帆。这是马克思主义学院的风采，更是“红色旋律”主题活动的精神支撑和强大动力。“红色旋律”紧随新时代的步伐，乘着“双一流”的东风。不忘初心跟党走，砥砺前行勇担当。诉家国情怀，用信念创造荣光，用奋斗铸造梦想。

“红色旋律”是一项受到学生广泛欢迎的活动，它以其独特的方式吸引学生，始终坚持着学生现场提问、教师现场解答这一活动形式，为学生们学习知识树立了一个良好的榜样，“红色旋律”活动不仅要教会学生“是什么”，还要引导学生们找到为什么。“红色旋律”更是一场思想政治教育活动，主讲教师们坚持“动之以情”和“晓之以理”相结合增强学生思想政治素养，为中华民族伟大复兴之中国梦的实现保驾护航，促进和谐社会进一步的发展，保障中国特色社会主义事业的全面推进。

在“红色旋律”主题活动中，我提升了自己的爱国情怀，增强了自身的社会责任感，增强了民族自信心。不仅在思想上更在行动上，积极践行“红色旋律”主题活动的核心思想，为早日实现中华民族的伟大复兴贡献自己的力量。

“红色旋律”成就多彩人生

李琰（燕山大学马克思主义学院2019级马克思主义理论专业）

“红色旋律”是我们燕山大学一个响当当的校园文化品牌，更是一门精品的思政课，其包括“红色旋律”讲坛、“红色旋律”影苑、“红色旋律”读书会和《红色旋律报》四部分，每周四晚7点半，我们总能倾听到来自老师的精彩讲解。

“红色旋律”被大家所喜爱，它已不再是一本书，更深深走进了我们生活。老师在讲台上将晦涩难懂的历史情节用风趣幽默的语言为我们展现出来，老师看似不经意的话语，细细品来都浓缩着深厚的文化底蕴，短短几个小时的时间，就让我们看到了新中国成立70年来波澜壮阔的历程和举世瞩目的成就，看到了港珠澳大桥的辉煌壮丽，在老师来回滚动的PPT中，我感受到了黄旭华隐姓埋名30年铸就深海重器，感受到屠呦呦研究青蒿素的艰难历程……在有限的时间里，我们看到了作出不同贡献的人生，伟大出自平凡，每一份荣誉背后，都是无数日夜的付出，老师带领着我们走进了一段段不为人知的历史，所有的历史偶然都是曾经努力的必然，从过去历史所发生的事情去感悟，同时通过历史我们也更加珍惜现在。

每一次的“红色旋律”讲坛，都让我干货满满，不仅更加深刻了解了书本的知识，更认清了自己的责任，在该奋斗的年龄不要选择安逸，用钉钉子的精神去对待学习、生活。我们可以在美丽的燕园安心学习，我们更要怀着感恩的心去面对这一切。

“红色旋律”的开展，为我们枯燥的学习生活添加了许多乐趣，其中有些故事片段对我们研究生的生活具有很强的指导意义，在生活中我们要极负责任地对待人和事，认真上好每一节课，有的时候想一想那些战乱的日子，没有人会像我们现在一样可以全身心地学习，他们每天都在为吃饱肚子而担心，我们有什么理由去浪费每一寸的光阴，正是有了以前的历史，才有了现在的我们。总有那么一段段历史让我们泪流满面，作为青年的我们更要脚踏实地，在自己的位置上实现应有的价值，那就是对时光的不辜负，就是对每一期“红色旋律”最好的践行。铭记历史，倾听讲坛，事事践行，用心感悟，“红色旋律”不仅仅是两个多小时的课程，更是一生生活的方向标，在浮躁的、急于求成的社会，静下心来，你就会发现所有的快都来源于按部就班，把握自己的初心，继续前进，走出属于自己的人生之巅。“红色旋律”每一个音符都触动心弦，就让我们一起在“红色旋律”的乐谱中尽情畅听，细细品味，感受一场场思想的洗礼。

“红色旋律”感悟

杨秋磊（燕山大学马克思主义学院2019级马克思主义理论专业）

习近平总书记曾形象地说，理想信念就是共产党人精神上的“钙”，没有理想信念，理想信念不坚定，精神上就会“缺钙”，就会得“软骨病”。在新的历史时期弘扬红色文化，加强大学生的理想信念教育，就要与时俱进采取新的形式。为此，燕山大学马克思主义学院开创了以红色讲坛、红色影苑、红色读书会为主要内容的“红色旋律”活动。

燕山大学马克思主义学院的“红色旋律”活动一经诞生就受到了全体师生的追捧，每场“红色旋律”讲坛活动都座无虚席、站无虚位，就是全体学生深深热爱“红色旋律”的最好证明。至今为止，马克思主义学院的“红色旋律”已经伴随着燕山大学广大师生走过了146期的峥嵘岁月。“红色旋律”讲坛有马克思主义学院老师娓娓道来的传道授业解惑，“红色旋律”读书会有燕大学子勤于思考的发问，“红色旋律”影苑有燕大学子专心致志的身影。“红色旋律”的一系列活动开创了对燕山大学广大学子思想政治教育的新形式，对全体学生的理想信念教育和思想政治教育产生了重要的有利影响。

习近平总书记说过，办好思想课关键在教师，关键在发挥教师的主动性、创造性。燕山大学马克思主义学院以创新性的形式开办了以讲坛、读书会、影苑为主体的爱国主义教育活动，创新了大学生思想政治教育的形式，丰富了大学生思想政治教育的载体。对我们学生来说，“红色旋律”活动就像是一本生动的人生观、世界观、价值观教材，开展大学生的红色文化教育有利于树立大学生的人生观、价值观。克服个人主义、培养集体主义观念、逐步树立起社会主义核心价值观。

为深入开展革命传统教育和爱国主义教育，充分发挥和利用红色资源优势，用红色文化引领青年健康成长，马克思主义学院组织和开展的“红色旋律”主题活动有着重大的意义：一、使燕山大学的德育教育更加富有实效性，增强学生爱国情感，弘扬和培育以爱国主义为核心的伟大民族精神，深入进行中华民族优良传统教育和中国革命传统教育，引导学生学习民族的历史和传统；二、使学生确立远大志向，树立和培养正确的理想信念；三、培养学生的感恩意识，树立回报社会的责任意识；四、激发学生“继承革命传统、赞美祖国繁荣、立志成人成才”的热情。

新的形势下必须与时俱进地创新思想政治教育方式，以新视角、发展的眼光看待思想政治教育活动，燕山大学马克思主义学院的“红色旋律”活动充分调动了学生作为教育主体的积极性和主动性，使广大学生参与其中，在学习知识的过程中自觉主动接受爱国主义、思想政治教育。衷心祝愿作为新形势下思想政治教育主要阵地的“红色旋律”活动能够一以贯之，在以后越办越好。

结缘“红色旋律”

刘若男（燕山大学马克思主义学院 2019 级马克思主义理论专业）

作为燕山大学马克思主义学院的一名新生，虽然开学时间较短，但是我对本学院的“红色旋律”活动早已有所了解。在研究生开学之前，我浏览马院官网时就特别留意到了“红色旋律”这个栏目。作为一名本科思政教育专业的学生，大学时学校曾组织全系前往革命红区井冈山进行专业考察，参观了毛泽东同志居住过的八角楼，走过了朱德同志挑粮的小路，聆听了惊险的黄洋界保卫战。因此，对于红色精神、革命文化深有感触。在学校网站上看到已经开展了一百多期的“红色旋律”讲坛以及各种各样的读书会、影苑，这些都让我十分感兴趣。我了解到“红色旋律”是由燕山大学马克思主义学院主办的特色校园文化建设项目，“红色旋律”系列主要包括：“红色旋律”讲坛、“红色旋律”影苑、“红色旋律”读书会等。

开学后，第一次去听“红色旋律”讲坛就让我印象深刻。晚上 7：30 开始的活动，在 7：00 进入教室时就已经座位满席了，这使我对它更加充满期待。我和舍友一起站在教室的一旁观看，听的第一百四十一期"红色旋律"讲坛是由马克思主义学院安明法教授讲解的，以《中国现代教育从这里走来》为题，为200多名师生作了一场生动悠远、启迪深刻的报告。燕山大学赵险峰书记在讲话中谈到"红色旋律"已伴随马克思主义学院走过了十年，肯定了学院在思想政治理论教育方面取得的成绩，鼓励大家为迎接燕山大学建校百年贡献力量！作为马院的一员，听到这里备感荣幸，很高兴能迎接学院成立十周年和燕大百年校庆。

之后我积极参加每两周一次的"红色旋律"讲坛，由马克思主义学院王新华教授主讲的《筚路蓝缕 走向辉煌——庆祝中华人民共和国成立70周年》，讲述了中国从站起来、富起来到强起来的发展态势激励同学们不忘初心、砥砺前行。由马慧婷、李建芳、杨新宾、王建洲四位老师主讲的《初心•本色——国家勋章和国家荣誉称号背后的故事》，围绕习近平总书记在国家勋章和国家荣誉称号颁授仪式上的重要讲话以及获得者的先进事迹，生动诠释了英雄模范忠诚、执着、朴实的鲜明品格。除了"红色旋律"讲坛，我还参加了第五十八期"红色旋律"读书会，主题是"纪念李大钊诞辰130周年，牢记党的初心和使命——重读《我的马克思主义观》"。读书会拉近了师生间的关系，小而精，与老师的互动交流是一种全新的体验，问答式的讲解与讨论式的交流让我受益匪浅。通过这次活动，我对伟大的共产主义运动先驱李大钊先生有了更加深刻的认识。

传承红色经典 弘扬红色文化

庞丽娟（燕山大学马克思主义学院2019级马克思主义理论专业）

作为校园文化建设的"红色旋律"主题活动，包括"红色旋律"讲坛、"红色旋律"影苑、"红色旋律"读书会、《红色旋律报》四部分。其中让我们感受最深、接触最多的就是"红色旋律"讲坛。置身于一场场讲座中，感受红色经典故事，学习和弘扬红色文化。

在革命战争年代形成的红色文化，是我们的传家宝。无论在血雨腥风、战火纷飞的革命年代，意气风发、激情燃烧的建设年代，还是在波澜壮阔、生机勃勃的改革年代，红色文化一直激励着中国人民奋勇前进。在确保如期实现脱贫攻坚和全面建成小康社会目标的征程中，大力弘扬红色文化，从中汲取昂扬奋进、团结拼搏的精神动力，具有重要的现实意义。

在新形势下弘扬红色文化，就是要从坚定理想信念着手，加强社会主义核心价值体系建设。理想信念是共产党人精神上的“钙”，没有理想信念，理想信念不坚定，精神上就会缺钙，就会得“软骨病”。今天，我们面临着“四种危险”和“四大考验”，必须坚定理想信念，大力培育社会主义核心价值观，使广大党员干部从红色文化中汲取营养，把广大干部和人民群众的力量凝聚起来，以我们身边鲜活的典型申纪兰、段爱平、申飞飞等模范人物为榜样，坚定信仰，忠诚不贰，为经济社会发展提供强大的精神动力。在新形势下弘扬红色文化，就是要继承优良传统，切实加强和改进党的作风建设。中华英雄儿女的奋斗历程，既是一部气势恢宏的革命战争史，也是一部感天动地的作风建设史。在新的形势下，加强党的建设面临许多前所未有的新情况、新问题、新挑战，特别是精神懈怠的危险、能力不足的危险、脱离群众的危险、消极腐败的危险，更加尖锐地摆在我们面前。各级干部要勤思勤为不懈怠，真抓实干不浮躁，清正严明守纪律，以经济发展的新成效，造福一方百姓。

回顾党的光辉历史，坚定理想信念！作为一名研究生，更要学习革命先辈们的崇高品格，继承优良传统，发扬优良作风，更好地发挥共产党员在群众中的先锋模范作用，要高举中国特色社会主义伟大旗帜，永跟党走，好好学习先进的现代化科学知识，坚持不懈地用马克思主义中国化的最新成果来不断武装自己，强化自己的政治理论水平，提高自己的综合素质。把对党、对伟大祖国的无限热爱转化为建设美好家园的实际行动。为实现“中国梦”不懈奋斗！

“英雄印象”观后感

张玉萍（燕山大学马克思主义学院2019级马克思主义理论专业）

马克思主义学院第一百四十三期红色旋律的讲座真的非常震撼，黄旭华、屠呦呦、张富清三位英雄的光辉事迹时刻激励着我们。

英雄们默默无闻、大公无私；舍身忘我、锲而不舍；坚守初心，不改本色。他们对党和国家忠心耿耿，愿意为国家和民族献出一切，他们是中华民族从站起来、富起来到强起来的重要力量。通过老师们的讲解，我对这些共和国的英雄们更加崇敬，也为我们的祖国有这样一批英雄而感到骄傲。以下谈几点个人的感悟：

首先，成为英雄的前提是要有一身过硬的本领。黄旭华、屠呦呦等都有着过人的专业素质，在各自研究的领域内都是顶尖的专家，这离不开他们多年的努力学习、刻骨钻研和锲而不舍。作为新时代的青年人，我们也应该勤学苦练专业技能，不辜负党和国家对我们的培养，实现自身价值的同时，为国家和社会的进步作出应有的贡献。

其次，英雄们都具有无私奉献、忧国忧民的情怀。每一位英雄都不是华丽的蜕变，而都是经历了无数艰难险阻与重重考验，他们要忍受寂寞、无助、磨难，甚至白眼，在条件艰苦的情况下，也能够一直保持着“咬定青山不放松”的精神，从不计较个人得失，心里始终记着党的嘱托，始终装着国家和民族的未来。

最后，英雄们都是在最恰当的时候，做了最恰当的事。我们常说“时势造英雄”，每一位英雄都不是横空出世的，他们都是在特定的历史时期，认识到了自己肩负的使命，也就是说他们的贡献与时代发展保持一致，与当时社会主流的意识形态保持一致，在合适的时期正确发力，在各自的领域都作出了卓越的贡献，推动了人类的进步。而不是时过境迁才做一些无谓的工作，显得十分突兀、不合时宜。

在青年一代当中，很多人抱怨自己生不逢时，我想，这也许是因为我们当中的很多人并没有正确认识这个时代，没有树立坚定的信念，没有认识到自身的价值所在，或是因为缺乏拼搏进取的精神，只问收获不问耕耘。

今后，我要更加坚定理想信念，不忘初心，牢记使命，让自己成为一名本领过硬、勇于奉献、勇于担当的人，立足本职工作为社会的进步和发展作出应有的贡献。今年是中华人民共和国成立70周年，伟大的中国共产党成立近百年来，党和全国各族人民前赴后继、顽强奋斗，不断夺取革命、建设、改革的伟大胜利。我们要以英雄们为榜样，拥护中国共产党的领导，不断创新，开拓进取，在中国特色社会主义伟大旗帜指引下走出“中国自信”的步伐！

“红色旋律”伴我行

郑振江（燕山大学马克思主义学院2019级马克思主义理论专业）

不知不觉，开学已经两月有余了。从最初的激动与迷茫，到现在的迷茫与担忧，其中滋味，可以说是让人百感交集。在这两个多月，我粗读了《1844年经济学哲学手稿》和《德意志意识形态》两本书，总结下来可以说是一团糨糊，收获寥寥。

看不懂，学不会，马列的高山还远在天边，更遑论要登上高山，纵情俯瞰了。

由此，我积极参与“红色旋律”活动，同时回顾了往期“红色旋律”视频，以期能学到一些麟角。

通过“红色旋律”，我看到了学院老师们的风采：魏黎波老师的幽默，王新华老师的严谨，柴勇老师指点江山之豪气，张云飞老师循循善诱之细腻。每一位老师都各具特色，学识之渊博让人钦佩不已。

开学至今，在我亲身参加的几期“红色旋律”讲坛之中，每一期都是人山人海，座无虚席。从王新华老师的《筚路蓝缕 走向辉煌——庆祝中华人民共和国成立 70 周年》到马慧婷老师、李建芳老师、杨新宾老师、王建洲老师联合主讲的《初心・本色——国家勋章和国家荣誉称号背后的故事》，每每听到听众们在老师们讲到精彩之处发出的赞叹之声时，都会让我忍不住心生自豪，自豪我是一个燕大马院人。

从参与到结束后的回悟，每一期的“红色旋律”讲坛都会带给我新的感悟。只是每期“红色旋律”讲坛的结尾的问答时间，我都没能提出问题，没能与老师互动，不得不说是一个遗憾。

犹记得刚开学时的第一次讲座，王新华老师说道：“我们选择马克思主义这个专业，不仅仅是选择一门职业，更是一份信仰。这份信仰，是需要我们践行一生的永恒信念。”初听之际，心里有一份悸动，却不能很好地理解其中深意。在经历了几期“红色旋律”讲坛之后，我稍有开悟。这份信仰，不正是老师们在十年“红色旋律”中展现的坚持吗？这份对马克思主义的热爱，对真理的不懈追求，不正是十年“红色旋律”不断传达给我们的东西吗？

参加了几期“红色旋律”，自觉收获良多，也简单地写了几篇随笔，虽然都是些粗识浅见，但经过旋律洗礼的我不再迷茫。我充满信心，在学习的道路上，有红色为伴，有旋律相迎。是红色旋律激励了我，鞭策着我。

回顾这两个多月我的心路历程，我总结了一首不成样子的小诗，来表达我的信念：

我是一匹小马
高山多高多远
我是一匹小马

路上举步维艰
红色海洋很深
知识马蹄太短
目标若隐若现
奔驰止于那天
回首路不能见
只有奋力向前
信念不可不坚
定要山低海浅

“红色旋律”，弘扬经典，“红色旋律”系列在马院全体师生的共同努力之下，已经历十年风雨，在一期又一期的宣讲中，培养了一届又一届燕大马院人，为新时代中国特色社会主义建设添砖加瓦，献出了自己的一份力量。祝燕山大学马克思主义学院与“红色旋律”活动，越办越好，再创辉煌！

初识“红色旋律”讲坛

丁易（燕山大学马克思主义学院 2019 级马克思主义理论专业）

第一次听说“红色旋律”活动，是从学姐学长的简短介绍那里了解到的。“红色旋律”讲坛是由我们马克思主义学院的老师主讲的，包含“红色旋律”讲坛、“红色旋律”影苑、“红色旋律”读书会、《红色旋律报》四部分的主题活动，该活动旨在弘扬红色经典。

而这样的介绍还是有些抽象，于是我又去网站上搜索，得到了一些相关信息，贴吧里有的同学问“红色旋律”讲坛的时间地点，还有同学讨论最喜欢的讲坛老师，还有同学说听讲坛要提前 45 分钟到会场，不然抢不到位置。我了解到的“红色旋律”讲坛是思政教育课的一种形式，而以往我见到的对思政感兴趣的同学并不算多，何以抢不到位置？还会在网络上津津乐道地讨论？毛主席说：“要想知道梨子的味道，需得自己尝尝。”于是带着这些疑问，或者说是质疑，我也加入了抢位置“大军”。没想到提前 15 分钟到场的我，真的没有抢到位置，和我一样没抢到位置的同学还有几十个，同学们有的站在过道，有的坐在工作人员准备的小板凳上等着讲坛开始，没有一个人离席。

这场讲坛的主题为《初心·本色——国家勋章和国家荣誉称号背后的故事》。主讲老师杨新宾文质彬彬，有理有力，台下同学静静聆听并不时点头。王建洲老师幽默风趣，金句频出，引得全场同学捧腹大笑，掌声经久不息。马慧婷老师和李建芳老师，温婉真诚，以情动人，更援引了自己的生活经历，又对英雄故事进行理论拔高。对于同学们的提问，几位老师从不同的角度给出回答，他们回答的方式更像是启发而不是答案，引人深思。讲坛散场后，同学们一边退场一边和身边好友交谈，讨论自己喜欢的老师，讨论关于讲坛内容具体问题的看法。

而我作为一名马克思主义学院的学生，今后也将从事思政教育工作，这样的思政教育方式是极引我深思的。以往我见到的思政教育活动常常达不到理想的效果，同学们不爱听，老师们也觉得很难讲。我也在思考，思政教育活动怎么才能引起同学们的兴趣呢？怎么才能达到更好的效果呢？今天“红色旋律”讲坛给了我答案，更给了我信心。老师有激情更有能力，活动主题丰富、形式多样，同学们基本理论素养高更有求知精神，我心目中的思政教育活动中的师生良性互动，在“红色旋律”中实现了。学生乐意听，老师乐意讲，二者相互激发，互相促进。马克思主义学院的老师具有的这种理论功底、知识底蕴，以及奉献精神和创新精神是高水平思政课堂的保证。思政教育工作要做好，思政教育工作能做好，“红色旋律”讲坛活动给了我这样的信心。

迄今为止“红色旋律”讲坛活动已经举办146期，战线长达十年，这十年马院老师的辛苦可以想象。做一件事不难，但是一件事坚持做十年却很难。讲台上的几十分钟，讲台下的准备工作要准备几周甚至几个月。提高自己的理论素养，发扬奉献精神，热爱思政工作，是马克思主义学院老师给想要成为思政教育工作者的我的宝贵一课。

“红色旋律”心得

田野（燕山大学马克思主义学院2019级马克思主义理论专业）

踏入燕山大学学习已经两个月了，在这期间我结交了新朋友，制定了新目标，参加了新活动。没错，这个活动就是“红色旋律”。

首先，我先谈谈我对“红色旋律”的认识。我第一次见到它是在马克思主义学院办公室的墙上，上面清清楚楚地写着之前每一期“红色旋律”活动的名称、主讲老师以及主题。这让我对它有了一个初始的印象：这个活动可能是马克思主义学院的传统。不过随着我一次一次地参加“红色旋律”的一系列活动、逐渐地接近它，我明白了它不仅仅是一个活动，更是一种精神传承，体现了我们马克思主义学院的特色。目前，我参加了安明法教授、王新华教授以及最新一期由马慧婷、李建芳、杨新宾、王建洲四位老师主讲的讲坛。随着次数的增多，我也慢慢地由被动接受转变为主动参与，我发现这个活动就像是一个火种，一个红色的火种，燃起我们心中对于老一辈革命先烈的崇敬之情，激发了我们不断奋发向上的劲头。

其次，“红色旋律”活动对我也产生了一定的影响，在参加活动的初始，我仅仅是简单地去参加一个讲座，而现在，我每次都会提前到，并认真地做笔记，希望可以留作以后有价值的纪念。我除了和大多数一样是听讲座的学生之外，我还有一个“特殊性”，那就是我还是马克思主义研究生会的一个成员，我在加入马研会这个大家庭之前，就希望自己更加积极一点，能够更好地为马克思主义学院贡献自己的小小的一份力量。我有幸被分配为进行往期“红色旋律”讲坛文稿的整理校对工作，这也使得我对“红色旋律”产生了更深刻的认识，在整理的开始我就发现了“红色旋律”系列活动讲坛部分已经走过了140多期，走到目前也已经快到十个年头了，我就在想：“这个活动究竟为什么可以经久不衰呢？”随着我对一期一期内容的阅读，我发现它之所以吸引我们，除了主讲老师们高超的教学水平与独特的个人魅力之外，最重要的是这个活动本身的魅力吸引着我们，它总是能够通过革命先烈们和当代的先进人物的事迹来感染同学们，每一次参加，都能够让同学们感受到自己灵魂上的“升华”，因为一次次地“接触”英雄、伟人们的伟大事迹，可以为我们在现实生活中提供方向的指引。

最后，“红色旋律”对于燕大学子的意义。从我自身来说，我作为马克思主义学院的一分子，对于学院自己举办的特色活动有着特殊的认同感和归属感，它让我感觉到了无比的自豪和骄傲。现如今“红色旋律”走出马克思主义学院，也成为燕山大学一个响当当的校园文化品牌。自2010年创办以来，每两周举办一次讲坛、每月一次读书会、每个周末播放一部经典影片……十年时间，“红色旋律”系列活动举办了146场讲坛、59期读书会、69期影苑，共有3万多人次的现场参与、30万人次的网上互动，“红色旋律”不仅奏响在燕大校园里，更奏响在每一位燕大学子的心里。

“红色旋律”感悟

程盼凤（燕山大学马克思主义学院 2019 级马克思主义理论专业）

“红色旋律”作为燕山大学思想政治理论课特色教学活动，从燕山大学马克思主义学院建院起，就推出了各种特色活动，至今已近十年，“红色旋律”在弘扬主旋律、宣传中国特色社会主义理论体系、推进社会主义核心价值观教育方面取得了明显成效。

作为马克思主义学院 2019 级硕士研究生，在参加了近三期“红色旋律”讲坛之后，我深感“红色旋律”教育实践活动对当代大学生的理论和实践的教化作用。“红色旋律”特色教学活动不仅对个人的思想道德素质的提升具有重要的影响，而且通过教育活动的传导作用，对整个社会群体都具有一定的影响。

首先，从“红色旋律”特色教学活动这个实践活动过程中，马克思主义学院全体师生数十年如一日，坚守着同一个信仰，坚持着同一件事情，坚定着同一个梦想，时事政治、红色精神、红色人物、红色基因在燕大的校园里通过自身的实践，不断地教育和影响广大师生。马克思主义学院全体师生的这种坚持不懈的精神，是值得我们学习和发扬的。

其次，通过参加“红色旋律”讲座，我了解了新中国发展的艰辛历程，明白了当今来之不易的幸福生活，认识到了自身肩负的责任和使命，使自己树立了为人民服务的崇高目标。“红色旋律”在我们心底给我们埋下了一颗火热的种子，让我们深刻认识到了奉献的意义。

最后，坚定了我们对发展中国特色社会主义文化事业的理想和信念，中华民族几千年来形成的博大精深的优秀传统文化，是民族复兴的养分，同时为我们作为新时代思政课的传承人提供了重要的基础。

习近平总书记在 3 月 18 日主持召开的学校思想政治理论课教师座谈会上，明确了思政课不可替代的作用。响应习近平总书记的号召，燕山大学马克思主义学院坚持马克思主义指导地位，贯彻新时代中国特色社会主义思想，坚持社会主义的办学方针，落实立德树人的根本任务，坚持教育为人民服务，为中国共产党治国理政服务，为改革开放和社会主义现代化建设服务。作为新时代的新人，我们也应紧跟时代脚步，自觉接受思想政治理论教育和学习，为实现中华民族伟大复兴贡献自己的力量。

"红色旋律"感想体会

郭燕（燕山大学马克思主义学院2019级马克思主义理论专业）

习近平总书记说过："中华民族伟大复兴的中国梦需要一代又一代青年的接续奋斗。"作为青年学生，我们要"不忘学习初心，牢记青年使命"，树立为实现中华民族伟大复兴的中国梦而读书的信念。通过我院"红色旋律"系列活动的开展，作为马克思主义学院的一名学生，更加了解到当代中国发展历程的艰辛和不易。

王新华书记为庆祝新中国成立70周年举办的第一百四十二期"红色旋律"以《筚路蓝缕　走向辉煌》为主题，向我们展示了中国共产党如何带领人民实现从站起来、富起来到强起来的历史性飞跃，为我们展示了中国艰苦奋斗的发展历程。让我们明白了中国共产党为什么能，马克思主义为什么行，中国特色社会主义为什么好！让我们增强了道路自信，制度自信，理论自信，文化自信。第一百四十三期"红色旋律"讲坛以《初心·本色》为主题，向我们介绍了英雄模范的感人事迹，让我们进一步了解到英雄们忠诚、执着、朴实的精神，让我们知道了他们为中国的发展付出了怎样的心血，激发了我们新一代的青年向英雄学习，向英雄看齐的热情。

通过"红色旋律"系列活动的开展，我更加了解到现在美好生活的来之不易，也认识到自己身上的使命与担当。这种面对面的分享与交流方式，也在一定程度上促进了师生之间的友谊，凝聚了共识，激昂了斗志，尤其是坚定了红色的信仰、信念与信心。身为马克思主义学院的一名学生，应当从我做起，要静下心来听好每一节课，积极主动地去学习马克思主义的理论著作，将马克思理论知识融入我们的生活和学习中，肩负起实现中华民族伟大复兴的中国梦的使命。

"红色旋律"活动感悟

段依纯（燕山大学马克思主义学院2019级马克思主义理论专业）

自2010年以来，"红色旋律"已经走过了将近十年的历程。十年来，"红色旋律"系列活动已成为河北省思想政治教育领域的"特色活动"，取得了可喜成绩，荣获“教育部2012年高校校园文化建设优秀成果一等奖”。作为燕山大学马克思主义学院的一名研究生，我深感自豪与骄傲。开学两个月以来，我们马院举办了三次“红色旋律”讲坛，每次都座无虚席，赢得了来自各个学院学子们的掌声与热情回应。

开学之初便通过学长学姐们以及校园内的海报，认识到了“红色旋律”这个活动，通过上网搜索与亲身参与，我对“红色旋律”系列活动有了一个初步的认识与印象。首先是“红色旋律”讲坛，讲坛是“红色旋律”的中心内容，我已经听过三次讲坛了，收获颇多。由马慧婷、李建芳、杨新宾、王建洲四位老师主讲的《初心·本色——国家勋章和国家荣誉称号背后的故事》，围绕习近平总书记在国家勋章和国家荣誉称号颁授仪式上的重要讲话以及获得者的先进事迹，指出了英雄模范忠诚、执着、朴实的鲜明品格。其次是“红色旋律”读书会，燕大马院有一个可以容纳50来人的书屋，周三晚上的读书会，我们可以与主讲老师进行交流互动，共同阅读经典名著，共同交流心得体会，共同进步。最后是“红色旋律”影苑，在两周一次的“红色旋律”影苑中，我们可以通过观影的方式，享受别样的红色风采。通过一部部爱国主义、革命历史题材影片的播放，在主评老师的领引下，我们一次次走进那段永不褪色的红色岁月。

红色文化承载着中华民族精神和中国传统文化的精华，是建设社会主义先进文化的宝贵资源，是对公民和青少年进行思想道德教育的重要载体。燕山大学开展“红色旋律”活动，教育着影响着一批又一批的燕大学子，对于建设高校校园文化、传承和弘扬中华民族优秀传统文化、激发全校学生对中华优秀文化和红色精神的学习和热爱、增强民族自豪感和文化自信心、提升广大学子的道德素养、繁荣和发展社会主义先进文化、净化社会风气具有重要意义。

只有把校园文化与大学生思想政治教育、思想政治理论课教学紧密结合，发挥学生的主动性、创造性，奉献给学生“有灵魂”的上乘文化精品，大学校园文化才能成为构筑学生精神家园的重要力量。我们燕山大学马院举办的“红色旋律”活动将成为我校学生发展进步的重要精神力量！

参加"红色旋律"系列讲座的感悟

王晨（燕山大学马克思主义学院 2019 级马克思主义理论专业）

中华民族在从站起来、富起来走向强起来的征程上不断迈出新的步伐，每一个胜利都是经过艰苦卓绝的斗争拼出来的，都是用鲜血和汗水换来的。当我们回顾这段充满勇气和智慧的历史时，我们就会顿悟到一个根本的原则——坚持中国共产党的领导。

燕山大学的"红色旋律"系列活动紧紧抓住"弘扬主旋律"这一校园文化建设精髓，以讲坛、读书会、网络、报刊等形式进行文化引导，把对英模人物先进事迹的宣传与学习他们的精神结合起来，把研究成果以更加丰富、生动、具有吸引力的形式展现出来，用更具有广泛参与性的大众方式来传播和普及党史知识。用档案说话，用事实说话，用历史逻辑说话，在历史发生地还原真相，给人以真实、可信、可敬之感。"红色旋律"系列讲座对我产生了深远影响。

什么是艰苦卓绝？党史能为我们提供最好的诠释。毛泽东同志指出："我们党尝尽了艰难困苦，轰轰烈烈英勇奋斗。自古以来，中国没有一个集团，像共产党一样，不惜牺牲一切，牺牲多少人，干这样的大事。"恩格斯说，历史的发展往往是由多个因素合力作用决定的。通过参加"红色旋律"系列讲座，我了解了近代史、新中国史，了解了党史、新中国史的重大事件、重要会议、重要文件、重要人物，了解了我们党领导人民进行艰苦卓绝的斗争历程，了解了中国近代以来 170 多年的斗争史、我们党 98 年的奋斗史、新中国 70 年的发展史，了解了我们党的光荣传统、宝贵经验和伟大成就。通过深入学习和不断领悟，我弄清楚了我们从哪里来，要往哪里去。

"红色旋律"永久激荡，奏出了新时代的青年昂扬向上的精神风貌。习近平总书记指出："青年最富有朝气、最富有梦想。近代以来，我国青年不懈追求的美好梦想，始终与振兴中华的历史进程紧密相连。"从历史上看，无论在哪个时代，无论中华民族身处何种境遇，青年都是国家的生力军、是民族的顶梁柱。今日之中国，早已摆脱了积贫积弱、任人宰割的局面。13 亿多中国人民正奋进在民族复兴的大道上。在这幅壮阔的东方图景中，青春已经成了亮眼的工笔画。从高速铁路施工的现场到国产航母舾装的船坞，从翻山越岭的大国工程到远销世界的中国制造，从精准施策誓拔穷根的贫困村到应急抢险救灾的第一线，青春的汗水在书写着动人的故事。一代人有一代人的使命，一代人有一代人的担当。今天，我们这一代人的长征，就是要实现“两个一百年”奋斗目标、实现中华民族伟大复兴的中国梦。作为当代大学生，应该将自己的成长成才与实现中国梦紧紧结合在一起，担负起民族复兴、国家富强、人民安居乐业的重大责任。

“红色旋律”感悟

赵玺萱（燕山大学马克思主义学院2019级马克思主义理论专业）

作为燕山大学2019级马克思主义学院研一的新生，我一直对马院的“红色旋律”活动有所耳闻，但是并未真正深入地了解过它。当辅导员在班级群里发通知说要求参加“红色旋律”讲坛时，我无比激动，一直都想一睹它的芳华，这次终于有机会了！与它的第一次见面就震撼到了我。之前在我的脑海里，我觉得这可能就是一场普通的讲座，和之前参加过的讲座应该差不多，但是当我迈进四教108教室的那一刻，才意识到自己的想法真的是大错特错。那座无虚席、站无虚位的场面，怎么可能是一场普普通通的讲座呢？

很荣幸，我们参加的第一场“红色旋律”讲坛便是由马克思主义学院聘请的客座教授安明法教授主讲的《中国现代教育从这里走来》。一场讲坛听下来，收获颇丰。心灵上的震撼，思想上的洗礼，精神上的振奋，使我对党的认识又深了一步。无怪乎很多学生将“红色旋律”讲坛称为燕山大学的“百家讲坛”，一道值得期待和品味的“红色文化大餐”。而“红色旋律”活动不仅仅有“讲坛”还有“读书会”“影苑”“岁末回眸”等多种形式，通过各种方式弘扬主旋律，建设校园文化。

“红色旋律”活动自诞生之日起，就受到众多燕大学子的追捧，各个学院的本科生、研究生们都闻风而动，“红色旋律”活动备受欢迎。我不禁思考：为什么会出现如此火爆的场景？相比于其他枯燥乏味的讲座，它的闪光点在哪里呢？参加了几场讲坛之后，我的心里大概有了答案。“红色旋律”活动高举中国特色社会主义伟大旗帜，生动形象地宣传马克思主义，大力弘扬社会主义核心价值观，突出主旋律教育，而且“红色旋律”讲坛直面尖锐、热点和学生最为关注的问题，以生动的形式将枯燥的内容展现出来，这大大提升了学生的积极性。作为学生，最重要的是我们有机会与名师心贴心、面对面地交流，拉进了我们与老师之间的距离。

通过参加“红色旋律”活动，我深知自己肩负的历史使命，真切领悟到我们现在的幸福生活是多么来之不易。作为一名大学生，特别是作为一名马克思主义学院的学生，我们更应该牢记党的宏伟历史，热爱党，热爱人民，坚定自己的理想信念，提升自己的党性修养，增强自己的责任感和使命感，为中国特色社会主义现代化建设奉献出自己力所能及的力量！

我和“红色旋律”

孟露（燕山大学马克思主义学院2019级马克思主义理论专业）

燕山大学在思想政治理论课教学中，以实效性为目标，推出“红色旋律”特色教学活动，“红色旋律”已经成为燕大学生思想政治教育教学的一面旗帜。“红色旋律”结合课堂教学，抓住学生最关心的以及社会热点问题，以讲坛为主体，采取了包括论坛、读书会、影苑、网络平台、报刊、社会公益等丰富多彩的形式，初步构建出一个全方位、立体化的格局。以思想性引导学生，以形式和手段的创新吸引学生，以网络平台的建设扩大学生的受益面，充分体现了学生在思想教育过程的主体性、主动性，做到了寓教于思，寓教于辩，寓教于行。

就我个人来说，“红色旋律”对我的影响非常大。在当前大学生思想政治教育中，学院通过“红色旋律”活动，做好校园文化宣传，让我们潜移默化地接受学校文化的熏陶，培养我们高雅的情趣、纯真的情感和追求真、善、美的信念。充分发挥了校园绿化、环境点缀等育人功能，让校园成为鲜活的教育读本。真正让学校成为学习的乐园，创造的学园，文化的圣园，精神的家园。鲁巴金曾经说过，读书是在别人思想的帮助下，建立起自己的思想，所以在“红色旋律”的过程中，我的思想得到了极大的提升。

“红色旋律”活动自开展以来，以传播马克思主义为初心，以思想性和科学性为特色，高举中国特色社会主义伟大旗帜，立足于马克思主义思想阵地，着眼于热点问题，致力于弘扬红色主旋律，贴近学生，贴近实际，贴近生活，抵制多元化文化冲击，引领燕园思潮，推进社会主义核心价值观教育，打造政治理论学习氛围。“红色旋律”以弘扬主旋律，体现奉献精神为宗旨，高扬思想性大旗，理直气壮地宣传马克思主义，宣传社会主义核心价值观，抵制腐朽没落思想，反对多元化。“红色旋律”每一讲，都是针对学生的思想实际，抓住社会热点问题，宣传主流价值观，透过具体事件，教育学生树立正确的人生观、世界观、价值观。

作为校园文化建设的“红色旋律”主题活动，包括“红色旋律”讲坛、“红色旋律”影苑、“红色旋律”读书会、《红色旋律报》四部分，旨在让红色经典融进我们的血液，流动间更新出代代薪火，让红色记忆刻进我们的脊背，用一字一句代代相传，让我们的青春之旅成为载体，载着时代的精神，勇敢地奔向希望的未来。

我与“红色旋律”的缘

黄黎敏（燕山大学马克思主义学院2019级马克思主义理论专业）

能来到燕大，真的是赌上了我所有的运气。当我收到研招网系统中的拟录取通知的时候，我庆幸自己可以与燕大马院同呼吸共命运。

其实在复试之前，我对燕山大学一无所知。而在我进马院官网浏览时，一个名叫“红色旋律”的专栏成功地吸引了我的注意。里面有讲坛、影苑、歌曲、网络和考察五大板块。那几天，好奇心驱使我花了好多时间“做功课”，不仅缓解了我即将应试的压力，更加深了我对燕大马院的认识，解答了我对未知前路的困惑，坚定了我想来到这里修炼的决心。

原来，“红色旋律”是马院作为全校思想政治教育的主阵地，为了让大学校园在多元文化的冲击下坚定弘扬主旋律、让马克思主义和中国特色社会主义的理想信念深入人心，专门主办的以“红色”为主题的校园文化建设项目。在那时我还未曾亲身参与，幸好文库里历期的多媒体资料弥补了我的遗憾，也令我陷入沉思。

这是一群怎样的老师，能够在偏理科院校的压力下，仍然集思广益、群策群力走出一条别具燕大马院特色的建设之路，这一探索就是十年；这是一群怎样的老师，能够在没有自己本科学生的情况下，仍然能够使每场活动都座无虚席，这一开展就是十年；这是一群怎样的老师，能够让学生在不对思政课望而生畏的基础上，还愿意积极主动参与讨论，这一互动就是十年；这是一群怎样的老师，能够在确保政治立场正确的前提下，依然把枯燥乏味的思政课理论与学生喜闻乐见的时事热点相结合，这一创新就是十年；这是一群怎样的老师，能够愿意在教学与科研并重的前提下，依然不辞辛劳不计报酬地默默付出，这一奉献就是十年……

而这些问题，在我踏进燕大校门，真正成为马克思主义学院的学生后，我找到了答案。通过迎新会、导师见面会和课堂，我认识并开始慢慢了解这群可爱的人——他们对待学生的亲和与严格，他们对待科研的严谨与认真，他们对待教学的负责与敬业，他们对待做人的善良与谦逊……我想，这些就是帮助我们马院从筚路蓝缕走上康庄大道的垫脚石吧。后来又认识了院里的学长学姐们，他们时刻传递出来的红色信号和由内而外散发出来的那种属于马克思主义学院学生的独有气质，让我们羡慕不已，他们的语重心长也使我们开始重新审视和定位自己，“马院虽小，五脏俱全”，“就是因为小，才更要团结更要做得好”。

因此，身在这样一个团结、温馨、和谐、向上的大家庭，有这么良好的学术环境和这么浓厚的学习氛围，有这么无私的老师和亲切的学长学姐，我们没有理由不去凝聚主心骨，没有理由不去弘扬主旋律，没有理由不去坚定信仰马克思主义。

这就是我与“红色旋律”的缘，亦是我与燕山大学的缘，更是我与燕大马院的缘。因为好奇，因为感动，使得我在迷茫中找到了希望，寻到了方向，咬紧牙关坚持了下来。都说“有缘千里来相会”，幸运的我最终没辜负这份来之不易的缘。

过去十年我虽不曾亲历见证，但未来我愿与它共同成长。期待更多个十年，祝“红色旋律”越办越好，祝我们马院越来越好。

“红色旋律”感悟

罗婉宁（燕山大学马克思主义学院2019级马克思主义理论专业）

“红色旋律”教学实践融汇了研讨式主题教学、人物案例教学、实地教学于一体，打破传统的教学模式，改变单向灌输为主的教育，实现了灌输、引导、对话、互动的有机统一，同时突出了大学生的主体性。是红色资源在思想政治教育中的创新运用，是高校思想政治理论课教学的优秀成果，引起了学生们的一致好评与认同。

“红色旋律”在弘扬红色文化、传承红色基因方面取得了明显成效。“红色旋律”实现特色教学与思想政治理论课课堂直接对接，在运用红色资源进行教学的同时弘扬主流意识形态，实现了思想政治教育与先进校园文化建设的互动共建、资源共享，也实现了学生全员参与、全体受益，做到了学生主动、师生互动，切实提升了思想政治理论课的教学实效性。

同时运用更多的组织形式辅助，例如开展以红色文化为主题的社会实践活动，使思政教学不仅在课堂，还可以走出校园。以“马研会”为代表的学生自治社团组织，使“红色旋律”的开展更为大众化，在学生之中得到了更好的宣传与推广，不局限于以班为单位的小范围教学，而是面向全校师生。红歌队不仅唱响了主旋律，传承了红色精神，还在红色歌曲代代传的基础上，不断强化学生们的认同感。红色资源的运用与传承就需要发挥社团的自主组织作用以及凝聚、团结学生的职能，让红色资源在社团形式教育中得以践行。在社团组织的管理和领导过程中，可以更好地把红色资源以多样化的形式嵌入到团体活动、社会实践中，使同学们在社团生活中学习革命精神，了解红色历史，弘扬红色文化，传承红色基因。

红色讲坛是“红色旋律”系列活动的主要形式，特点是具有时效性，根据对当前时事热点的深刻解读、历史人物的纪念回顾，结合思想政治理论教学，对于学生直接关心，但课堂上没时间讲解的热点、难点问题进行及时解读，并且现场回答学生提出的问题。这种互动式教学方法不仅具有时效性，同时具有互动性，可以更深层次地引导学生们的思考以及重视。

“红色旋律”不仅是高校理论社团的组织形式，更是一种红色精神的延续。近十年的孕育与洗礼，这种精神在无形中鼓励着大学生追求自身人格的完善，同时对构建大学生意识形态的建设也起到了重要作用。在第一个十年之际，衷心祝愿这红色的旋律能久久涤荡在燕大的校园中，唱响在燕大的学子心中，不忘初心，砥砺前行！

品"红色旋律"，树崇高信仰

刘彤（燕山大学马克思主义学院2019级马克思主义理论专业）

不忘历史才能开辟未来，善于继承才能善于创新。习近平总书记曾指出，一个民族、一个国家，必须知道自己是谁，是从哪里来的，要到哪里去，想明白了、想对了，就要坚定不移朝着目标前进。

随着我国迎来70周年的华诞，在中国共产党的领导下，我们从站起来到富起来再至强起来。党的政策方针像一盏明灯指引着我们走着光明之路。

在党的号召下，燕山大学马克思主义学院开展了以"红色旋律"为主题的论坛，弹指一挥间，"红色旋律"活动迎来了开办十周年。办好思想政治理论课关键在发挥教师的积极性、主动性、创造性。近年来，燕山大学通过培育共同的理想、共同的事业、共同的职业追求，以及集体备课、集体研修等教研活动，形成了一支可信可敬、敢为有为的思政课教师队伍。"红色旋律"作为思政课的新的形式，它对我们的燕大学子进行党的红色教育产生了巨大的影响。

中华民族的文化、中国共产党的精神就在这样的主题活动下，传播了起来。"红色旋律"主题让我们知道了先天下之忧而忧、后天下之乐而乐的政治抱负，苟利国家生死以、岂因祸福避趋之的报国情怀，富贵不能淫、威武不能屈的浩然正气，鞠躬尽瘁、死而后已的献身精神。当代大学生，正受到各方文化的影响，这次的活动正是为了弥补精神的"钙"。

新时代下，思政课怎么上，红色精神如何传播，社会主义核心价值观如何体现，什么是荣，什么是辱，这些都是马克思主义学院所要进行探索和研究的。"红色旋律"讲坛活动已经开了146期了，每位教师都发扬着自己的风格，宣扬着红色经典文化，实现了思政课的新发展。我们接受着革命传统教育。在这一期又一期的"红色旋律"主题下，响应"学党史、知党情"的号召，我们重温了峥嵘的历史，读懂了党的思想，听见了动人的故事，收获甚多。"红色旋律"使我们深受丰富的红色教育，使我们真切感受到人民当家作主的政权来之不易！

非真情无以感人，非真情无以为文。燕山大学马克思主义学院的老师们，他们的工作是塑造灵魂、塑造生命、塑造人。一位好老师不但是知识的传播者，更是崇高理想和高尚道德的培育者、学生成才的引路人。广大教师要坚定理想信念、涵养为师之德、坚持正确的育人方向，既要做"授业""解惑"的"经师"，更要做“传道”的“人师”。真心希望“红色旋律”越办越好，越办越精彩！

我和“红色旋律”

时晓玉（燕山大学马克思主义学院2019级马克思主义理论专业）

“红色旋律”活动在燕山大学可谓是家喻户晓，“红色旋律”讲坛作为“红色旋律”系列的主体活动，秉承“厚德、博学、求是”的校训，通过讲授的方式，弘扬红色文化和红色精神，解答时政热点，潜移默化地影响着大学生的世界观、人生观和价值观。

通过“红色旋律”讲坛，我的知识得到了极大的丰富，它让我对革命历史、革命故事、革命文化、革命人物有了更多的了解，对国家时政有了更深刻的把握。不仅如此，它对我的精神世界也产生了极大的影响。我体会到了老一辈革命家艰苦奋斗、无私奉献的精神，也感受到了从古至今全体中华儿女浓浓的爱国主义精神。

“红色旋律”活动带给我以下两点心得体会：首先，要有坚定的理想信念。老一辈革命家因为有着坚定的革命理想信念才能在重重磨难中奋勇前进，最终在中国共产党的领导下取得革命的胜利。中国的革命历史经验足以证明只有中国共产党才能领导中国走向辉煌，只有坚持中国共产党的领导才能实现中华民族的伟大复兴。作为社会主义的建设者和接班人，我们要不忘初心、牢记使命，坚持马克思主义指导思想，坚持中国特色社会主义道路，在中国共产党的领导下努力建设中国特色社会主义，努力实现中华民族伟大复兴！其次，要培养优良的精神品质。不论是革命先辈还是时代楷模，他们身上都有着需要我们学习并且传承的精神品质。我们要坚持以爱国主义为核心的民族精神和以改革创新为核心的时代精神，坚持社会主义核心价值观，自力更生，艰苦奋斗，敢于拼搏，积极进取，不断提高自身素质。

“红色旋律”讲坛到现在已经举办了一百多期并且受到广大师生的良好反响，我相信它带给我们的收获远远超过讲座内容的本身，相信这一活动在未来会继续绽放光彩！

"红色旋律"个人感悟

史红园（燕山大学马克思主义学院2019级马克思主义理论专业）

作为一名研一新生，研究生开学已经有两个多月的时间，在此期间，我一共听了三次"红色旋律"讲坛，对本人的影响最大的一点就是知识层面和思想层面的提升。从知识层面上来讲：了解了中国教育事业的根源；了解了中国如何一步步在艰辛困难的环境中，走向辉煌，一步步实现中华民族的伟大复兴；了解了为中国作出巨大贡献的英雄人物，在他们的身上我看到了中国人的爱国情怀、艰苦奋斗、忠诚国家的伟大精神，我的触动非常大。从思想层面上来讲：我觉得自己更加爱党，爱人民，爱社会。中国共产党的无私奉献、为人民服务为国家服务的态度，让人敬佩。

首先，可以说"红色旋律"讲坛的举办是成功的，由于自身并非本专业出身，所以基础知识相对薄弱，通过一期一期的"红色旋律"活动可以拓宽自身的知识面，提升自身的理论水平，这对我来讲很重要，也是对我影响最大的一点。其次，从"红色旋律"讲坛的内容上看，我们每期"红色旋律"讲坛的内容都与时政挂钩，密切联系实际，这点既有利于我们关注时政，也有利于我们不仅仅停留在理论的层面，更要深层次地去理解，去把握，在实践中去遵循。最后，从"红色旋律"讲坛的形式上来说，每期"红色旋律"讲坛都有老师的精心准备，给我印象最深的就是讲英雄人物的那一期，主持人和四位老师的讲演，当时现场的气氛可谓非常浓厚，我想这样的形式真正地调动了听讲人的积极性。可以看出，这个讲座是十分成功的，这当然离不开老师的努力，在此也要十分感谢老师。

我相信"红色旋律"讲坛对我们每个人的影响都是很大的。只要我们用心听，用心去感悟"红色旋律"，每个人都会有所收获。最后，希望"红色旋律"讲坛越办学好！

我和"红色旋律"

夏小随（燕山大学马克思主义学院2019级马克思主义理论专业）

燕山大学马克思主义学院，自从成立以来，便一直在开展"红色旋律"活动，“红色旋律”主要包括“红色旋律”讲坛、“红色旋律”影苑、“红色旋律”读书会、《红色旋律报》、“红色旋律”红歌队以及“红色旋律”考察。通过开展这些活动，增强了老师和学生们的政治意识和爱国情怀。

“红色旋律”读书会将红色火种播种于学生的心间，让语言的魅力在谈吐中展现，老师和学生围坐在一起，用书中的语言激荡起思想的碰撞。在读书会中这一本本书，讲述的是故事，流传的是精神，传承的是红色，不变的是真理。“红色旋律”影苑记录光影，我们用自己的心灵来传承。一个个动人的故事与传奇，记载了中国的历史与发展，历史需要记录，更需要我们来传承。经典需要我们在继承的基础上发展，在发展的过程中进行创新，这样才会使我们的经典、我们的文化、我们的历史经久不衰。

“红色旋律”不仅讲授时政热点问题，还讲授英雄人物的历史，进一步增强了我们的理想信念与爱国情感。在思想认识方面我们应该大力宣传爱国主义、集体主义精神，树立正确的世界观、人生观、价值观尤为重要。无论是古代戍边埋骨青山的将士，还是昨天战斗献身革命的英烈，无时无刻不给我们心灵带来剧烈的震撼。我们应该多参观红色景点，感受中国革命斗争的艰苦，中国革命政权来之不易，感受中国共产党的光荣和伟大。用红色精神时刻鞭策激励自己，深刻认识到当今幸福生活来之不易，我们应该倍加珍惜，作为一名中国共产党员，一定要保持和发扬艰苦奋斗、不屈不挠的作风、坚定的理想信念，一定要在自己的工作和学习中充分发挥好党员的模范带头作用。

“红色旋律”系列讲座是深刻的革命传统教育、党性修养教育和思想政治教育，让我的思想得到洗礼、心灵受到震撼。我决心在今后的学习和工作中，时刻警醒，高标准严要求，做一名永远跟党走，不忘初心，牢记使命的共产党人。

在思想上，不断提高政治理论修养，坚定理想信念，通过报纸、刊物、网络等形式，学习党内知识和当前国家时事、大事。我们必须高度重视理论学习。要坚持高标准、严要求，真正扎扎实实学习党的先进理论，用党的先进理论指导我们的学习和工作。在学习上，提高学习的自觉性，提高学习能力，进一步增强自身素质。作为一名学生党员首先应该认识到自己是一名学生，本质和主要任务是搞好学习。如果连这最基本的都做不到何谈党员的先进性，何谈我们的模范带头作用。因此我们全体学生党员应该把提高学习水平放在第一位，作为第一要务来抓。在工作上，兢兢业业，乐于奉献，培养创新精神，积极为同学服务，增强责任感和主动精神，真正做到在实践工作中起先锋模范作用。提高工作能力，进一步增强服务学生的本领。要处理好人际关系，作为一名普通的学生党员事事要讲发展，讲原则，不断开拓工作新局面，提高工作的效率。

学习“红色旋律”讲坛心得体会

赵玉光（燕山大学马克思主义学院2019级马克思主义理论专业）

中华文化源远流长、博大精深，积淀着中华民族最深层次的精神追求，是中华民族独特的精神旗帜，红色文化又是中华文化的重要组成部分。习近平总书记在讲话中多次强调，学习红色文化精神，不忘初心，牢记使命。

“红色旋律”讲坛是由燕山大学马克思主义学院主办的，一个特色校园文化建设项目。以突出红色文化精神为主要目的，宣传马克思主义，弘扬社会主义核心价值观，突出主旋律教育，直面社会热点和学生最为关注的问题。

2019年是我们国家建国70周年，10月1日的阅兵仪式再次深深地震撼了我，让我体会到了国家的繁荣昌盛。王新华教授也在“红色旋律”讲坛中提到过一句话：“解放战争中，共产党为什么能赢？为什么国民党拥有良好的武器装备还是输了呢？为什么中国共产党从筚路蓝缕走向辉煌呢？”我认为正是由于中国共产党全心全意为人民服务的宗旨，使其深受百姓爱戴拥护。

“红色旋律”讲坛也是燕山大学思想政治理论课教学“红色课堂”的一部分，它以独特的方式对思想政治理论课教学进行了改革，推出了“红色旋律”特色教学活动，以思想性引导学生，以形式和手段创新吸引学生，以网络平台建设扩大学生受益面，也深深激发了同学们学习“红色旋律”的热情。“红色旋律”讲坛为学生学习红色精神、传播社会主义核心价值观提供了一个良好的平台。

参加“红色旋律”讲坛，从老师所讲的内容中我深刻地体会到身为当代研究生更应该发扬和传承红色革命精神。在红色精神的领导下树立正确的人生观、价值观，知荣辱，明得失，为国家发展贡献自己微薄的力量。

今天的中国，比历史上的任何时候都更接近中华民族的伟大复兴，“红色旋律”讲坛使我再一次深刻地体会到革命先烈、优秀榜样无私奉献的伟大精神和当今社会我们幸福生活的来之不易，我应该更加珍惜眼前所拥有的一切，以积极的心态投入到社会主义建设中，用青春谱写历史新篇。

我与“红色旋律”

张然（燕山大学马克思主义学院 2019 级马克思主义理论专业）

传承红色基因，领悟红色精神。自 2010 年举办活动以来，“红色旋律”已经走过了将近十年的历程。秉承厚德、博学、求是的教育理念，高举中国特色社会主义旗帜，学院搭建“红色旋律”平台，通过各种方式传播红色种子，让“红色旋律”在学生们心中奏响。

“红色旋律”以讲坛为中心，辅以红色读书会、红色影苑和《红色旋律报》等活动。“红色旋律”作为燕山大学的一项文化建设，是思想政治教育理论课的一种特色教学活动，也是思想政治教育领域的一种品牌活动。“红色旋律”的开展是对学生第一课堂的延伸、补充和发展，具有生动的教育实效，对于丰富学生精神世界、深刻领会红色精神、传播红色理念具有重要的意义。

“红色旋律”讲坛每期以一个专题为中心，通过具有深厚文化底蕴的老师讲述并让学生现场提问，采取面对面的方式跟随老师的诉说重回红色经典时刻，紧跟社会的发展步伐贴近新时代；红色读书会，老师和学生围坐在一桌，翻开红色书目，重读红色经典，通过文字、语言的方式让学生们的思想产生激荡，展现红色魅力，留下红色印记；红色影苑则是通过红色电影让学生们更直观地感受红色光影的魅力，书写观影感受让红色记忆更加铭记在心中，让人为之动容；还有岁末回眸，通过对这一年“红色旋律”的回顾，重新唤回红色记忆，一年过去“红色旋律”从未缺席。

入学时间不长，虽然参加过的“红色旋律”活动并不多，但每一次的聆听都会给我留下深刻的影响和感动。“红色旋律”让我们深刻感受到了新时代发展的曲折历程，深刻领悟到了先辈们艰苦奋斗、顽强拼搏的革命精神，让枯燥的理论、抽象的精神更加鲜活生动，让我们学有所思、思有所得，为我们传承红色基因、领悟红色精神提供了方法和渠道，为我们始终坚持初心，为中国特色社会主义事业贡献自己的力量提供了思想支撑。

"红色旋律"主题活动感悟

张锦旭（燕山大学马克思主义学院 2019 级马克思主义理论专业）

不知不觉，"红色旋律"活动就要走过第十个年头了。作为我们燕山大学响当当的校园文化品牌，自从 2010 年创办以来，每两周举办一次讲坛、每月一次读书会、每个周末播放一部经典影片……这些活动都受到了燕大学子的好评，"红色旋律"不仅奏响在燕大的校园里，也奏响在每一位燕大学子的心里。

作为一名燕大的学生，我深刻地感受到了"红色旋律"的力量。初入学校，听闻马克思主义学院的王牌栏目"红色旋律"活动，就想着一定要去参加一次，感受一下那令人震撼的氛围。在开学两周之后，我第一次参加了"红色旋律"讲坛活动，虽然那天下午早早地去了教室，但还是没有找到空座位。来参加活动的人数之多超出了我的想象，当时自己心里也不免犯嘀咕："真的讲得这么好吗？"在听了王新华老师充满激情的讲座之后，心中所有的疑惑都变成了叹服。我叹服于老师能把中国的革命讲得如此透彻，叹服于所有的老师为了让我们了解中国历史、了解红色文化下了那么大的功夫，这不仅是我的幸运，更是所有燕大学子的幸运。"经师易求，人师难得"，有那么多不辞辛苦的老师数十年如一日地付出，他们不求任何回报，只凭借着一腔热血，践行着习近平总书记提出的"政治要强、情怀要深、思维要新、视野要广、自律要严、人格要正"的殷切希望，把枯燥的理论变得鲜活，提升了政治课的吸引力，把"红色旋律"深深地烙印在所有燕大人的心中。

"红色基因代代传"是习近平总书记多次提及的切切嘱托和冀望。红色经典需要我辈传承，这是时代赠予青春的礼物，是我们不可推卸的责任。作为校园文化建设的"红色旋律"主题活动，是它让红色经典融进我们的血液，流动间更新出代代薪火，让红色记忆刻进我们的脊背，用一字一句代代相传。"红色旋律"读书会，翻开的是经典，记录的是精神；"红色旋律"讲坛，跟随老师的诉说，重回那片红色的土地，感悟那凌云的豪情；"红色旋律"影苑，认真地用光影记录，虔诚地用心灵传承。让我们用青春之旅成为载体，载着时代的精神，勇敢地奔向希望的未来。

“红色旋律”感悟

张蕾（燕山大学马克思主义学院 2019 级马克思主义理论专业）

可还记得革命的星星之火在中华大地上掀起的燎原之势？可还记得动荡时代下涌出的英雄豪杰？中外古今，天下大事，红色经典需要我辈传承，这是时代赠予青春的礼物，是我们不可推卸的责任。

燕山大学校园文化建设的“红色旋律”主题活动，是由马克思主义学院主办、马克思主义研究会协办的特色校园文化建设项目，包括“红色旋律”讲坛、“红色旋律”影苑、“红色旋律”读书会、《红色旋律报》四部分。

“红色旋律”是燕山大学一个响当当的校园文化品牌，自 2010 年创办以来，每两周一次讲坛、每月一次读书会、每个周末播放一部经典影片。十年间，“红色旋律”系列活动举办了 140 余场讲坛、60 余期读书会、30 余期影苑，共有 3 万多人次现场参与、30 万人次网上互动，“红色旋律”不仅奏响在燕大校园里，更奏响在每一位燕大学子的心里。而这一期期同样离不开马克思主义学院 40 多名教师的辛勤付出。10 年来他们不求回报地付出，为的就只是让同学们感悟先辈们为了新中国抛头颅洒热血的红色革命，体会英雄人物为党为国家无私奉献的红色精神，激励我辈拼搏奋进。对此作为一名马克思主义学院的学生，我深有感触。

我有幸参与了几场“红色旋律”系列活动，活动中老师一次次激情高昂的演讲，播放的一场场回肠荡气的电影，阅读的一首首激昂抒情的文章，深切唤起我对红色历史的真切追寻以及对革命先辈的深深敬仰。虽然每次活动只有两个小时，但是依旧让我受益匪浅。不禁感叹如果不是那一面高举的红旗，怎会有今天壮丽锦绣的山河；如果不是那一点燎原的星火，怎会有今天幸福安康的生活。

时值新中国成立七十周年，“红色旋律”活动也即将迎来它的第十个年头，马克思主义学院的教师们依旧怀着初心，秉承厚德、博学、求是的理念，播撒红色火种，薪火相传；实现传道、授业、解惑，意在筑造燕大学子的精神家园。

最后，感谢马院老师们的无私付出，祝愿“红色旋律”活动越做越好。

“红色旋律”心得

石皓宇（燕山大学马克思主义学院2019级马克思主义理论专业）

由马克思主义学院举办的“红色旋律”讲坛作为“红色旋律”系列的主体活动，秉承厚德、博学、求是的校训，饱含理论深蕴，直面思想困惑，理直气壮讲马列，心底无私树新风。

在讲座结束后我心里久久不能平静，听完老师讲解中国共产党的辉煌历史，了解了马克思列宁主义对中国的深远影响。中国的革命史，从新民主主义到中国特色社会主义，使我对社会主义、对新中国成立以来的艰苦奋斗有了全新的认知。通过聆听，既能深入了解革命前辈的奋斗历程，又能切实感受红色精神。

将思想升华为行动，实现思想境界的提升与知识分子奉献精神的培育的结合，是“红色旋律”的活动宗旨。把对英模人物先进事迹的宣传与学习他们的精神结合起来，贯穿到活动的组织开展中，体现在每一个参与者身上。正是从这里，我感受到了文化的力量，领略了思想的价值。我们这一代大学生是祖国的未来与民族的希望，是社会上富有朝气、富有创造性、富有生命力的群体。实现建党建国“双百”目标的宏伟蓝图，进而实现中华民族的伟大复兴成为时代赋予当代青年的历史使命。

大学生党员是高校最有生机和活力的群体，是新时期党的骨干力量。学生党建是全党事业的重要组成部分，增强学生党员的党性修养一直以来都是理论研究的重点。作为具有革命传统的高校，探索将红色校史融入学生党员党性培养的过程中，既是继承传统和开拓创新的统一，也是加强和改进大学生党员教育的有效途径，对于新时期开创高校党建工作新局面、创建党建特色品牌具有重大意义。

党性培养最重要的是坚持正确的政治方向，当代大学生生活在物质丰裕的时代，对中国革命史缺乏深切的感知，同时由于各种价值观的冲击，逐步淡化了老一辈的红色革命精神。在各种思想相互激荡、价值取向日趋多样化的今天，用这样一种内涵深厚、贴近学校实际的优质教育资源来对大学生党员进行党性教育，对于引导党员坚持正确的政治方向，具有重大的现实意义。

作为一名当代大学生必须要有正确的奋斗方向，这个正确的奋斗方向则必须要有引领青年学生前进的力量。中国共产党作为领导全国各族人民建设中国特色社会主义的核心力量，必然会引领高校青年学生朝着正确的奋斗方向前进。因此，高校青年学生必须热爱中国共产党，坚定共产主义信仰，认真学习党的基本理论知识，为实现“中国梦”寻求精神支柱。

我们比历史上任何时期都更接近实现中华民族伟大复兴的光辉目标。要成为一名渴望健康成长，渴望为国家、为社会、为他人奉献自己的青年大学生，必须学习贯彻十九大精神，最根本的是要刻苦努力，踏实奋斗，砥砺青春，同时刻苦学习充实自身文化知识，努力把自己锻造成为一名胸怀祖国、服务人民、自觉弘扬先进文化、传承社会文明、把激昂的青春梦融入伟大的中国梦的社会主义接班人。

我和“红色旋律”

张晨霞（燕山大学马克思主义学院 2019 级马克思主义理论专业）

“红色旋律”，在我的理解来看，就是传承红色经典、红色文化，弘扬时代旋律。在中华人民共和国成立 70 周年之际，我们马院主办了一系列的“红色旋律”讲座，主要就是为了通过红色革命文化的讲解，让我们体会新中国成立前艰难的奋斗历程，在新时代更要坚定中国共产党的领导，更坚定地走社会主义道路，为实现中华民族伟大复兴的中国梦继续努力。

无论是现代教育的发展，从筚路蓝缕到辉煌的历程，还是刚刚结束的榜样的讲座，我们都能学习到红色文化。红色革命文化包含了很多，有长征精神、井冈山精神、不怕牺牲精神等。红色革命精神是中华民族百折不挠、自强不息的民族精神的最高表现，更是当代青年怀揣理想、脚踏实地、努力建设新事业、创造新奇迹的强大精神力量。当然，红色文化不能靠这几场讲座就完全传递给我们，其蕴含的丰富的精神我们也只能在生活中、在工作中、在学习中慢慢体会到，也许我们自己都意识不到它能给我们带来什么样的影响，但我们会向它所要求的、所弘扬的地方逐渐靠近。也许，在未来的某天我会突然发现，我的行为方式、思维方式上都能体现出时代的要求。

“红色旋律”讲坛已经办了上百期，我有幸在今年参与进来，作为台下的观众，跟着老师的讲述仿佛看见了革命时期、奋斗时期发生的事件，发现了每个榜样的身上平凡又伟大的一面。作为当代大学生，我们要更加意识到唯有深入到历史的背景中，触摸革命历史中的点滴细节，才能真正理解红色文化的伟大；唯有在学习、工作中牢记使命，踏实奋斗，才能真正成为红色文化的传承者和接班人，才能真正成为中华民族文化自信的建设者。至此，让我们共同期待下一次“红色旋律”活动！

“红色旋律”感想

赵建豪（燕山大学马克思主义学院2019级马克思主义理论专业）

进入燕大后不仅为美丽多彩的校园风景而沉醉，更在马克思主义学院举办的“红色旋律”系列活动中受益良多。

在现代化的今天，生与死已不再是我们所直接面临的考验。然而，作为当代的大学生，我们的任务更加艰巨。缅怀革命先烈，学习革命精神，更是让我们感觉到自己身上的责任重大。我们要以“红色旋律”为起点，以革命先烈的斗争精神为动力，万分珍惜今天社会主义建设的大好局面，我们要在继承老一辈人的革命精神的同时，在社会大发展的洪流中利用自己的文化知识为社会作出自己的贡献。提起贡献，人们往往只会想到街道的清洁工人，不怕脏不怕累，默默奉献，或者企业家，为国家创造了巨大的财富。其实，生命不在于贡献了多少，拥有多少财富，而在于真正地找准自己的位置，尽自己最大的努力做一个有用的人。也许只是一点，微不足道，但我们活得坦然，活得有意义。历史在过去驻足，生命仍在奋发前进。我们要时刻记住历史，学习先辈们的革命精神，不断地在现代化的今天发挥聪明才智。

通过“红色旋律”活动的学习，我深深体会到了团结的力量！只有团结才能产生强大的凝聚力，才会办成大事，才能创造奇迹！革命先辈已经为我们树立了良好的榜样，今后我们应该自觉加强政治理论学习和自身修养，以科学发展观为指导，在日后的学习和生活中团结同学、互帮互助、互相学习，努力打造一个和谐团结的班级，进而在学业上学有所成。通过“红色旋律”的学习，我们受到了教育，重温了党的光辉历程；对中国革命伟大进程有了真切的认识，锤炼了党性，增强了崇高的革命理想；坚定了为共产主义事业奋斗终身的信念，同时，也使大家增进了了解，加深了友谊，融合了感情，凝聚了团结，焕发了干劲。

“少年强则国强，少年智则国智，少年富则国富，少年独立则国独立，少年自由则国自由，少年进步则国进步，少年胜于欧洲，则国胜于欧洲，少年雄于地球，则国雄于地球。”

文化是一个国家发展的根基。一个国家的文化决定了这一个国家国民的精神面貌。红色文化里所蕴含的坚毅、坚忍的特性，是我们要学习的。红色文化的实践，是主旋律的实践，是对中国当代历史思想的深度探讨。这告诉我们，不仅要铭记前人们的努力，还要对祖国发展有强大的信心，把未来的基础铺好。文化是一个国家精神面貌的体现，红色文化是正能量，是积极向上的。我们是红色文化所培养的子弟，是红色文化的传承者。所以，红色文化，我们要铭记。

我和“红色旋律”

赵芮（燕山大学马克思主义学院2019级马克思主义理论专业）

“红色旋律”是由燕山大学马克思主义学院主办、马克思主义研究会承办的特色校园文化建设项目。项目实施以来，在弘扬主旋律、宣传中国特色社会主义理论、推进社会主义核心价值观教育方面取得了显著的成效。

有鉴于此，燕山大学“红色旋律”校园文化建设项目以“高举中国特色社会主义伟大旗帜，传播宣讲马克思主义。反对多元化，弘扬主旋律，占领主阵地”为建设宗旨，坚持“立场鲜明，客观公正，实现科学性与思想性的统一；直面尖锐、热点问题，敢于与学生贴心、面对面、硬碰硬；贴近学生、贴近实际、贴近生活，力求大众化”的基本原则，以推出精品、形成特色、营造品牌为基本工作思路，积极开展以“红色”为主题的校园文化建设，在倡导树立以主旋律为核心的校园文化理念，积极开展系列“红色”题材的校园文化活动，设计具有鲜明“红色”主题特征的海报、宣传栏等视觉文化作品。

“红色旋律”系列校园文化建设项目主要包括：“红色旋律”讲坛、“红色旋律”影苑、“红色旋律”读书会。其中，“讲坛”是“红色旋律”系列活动的最主要形式。

我作为马克思主义学院的一名学生，有幸参加了多期“红色旋律”活动。于我而言，每一期的活动内容都十分精彩并深入人心，每一期的主讲老师都会用幽默风趣且富含哲理的话语给予我很多感想和启发。在参加“红色旋律”活动中，我党的光辉历史、革命先辈的崇高精神和英雄事迹淋漓尽致地展现在我的面前，使我的爱国之情油然而生，让我更加坚定了共产主义信念，让我更好地树立了民族自尊心、自信心和自豪感，深化了我对国家政治制度和价值观念的高度认同。我会在"红色旋律"教育活动的指导下，当好红色传人。在感悟和传承革命精神和中华优秀传统过程中，不断充实、提高和丰富自己，在实践中增长见识、砥砺品质、强化本领，努力使自己成为国家的有用之才；在实现中华民族伟大复兴的中国梦进程中，将红色基因传承下去，听党话跟党走，争做有理想、有本领、有担当的时代新人，让青春在新时代的舞台上闪光！

"红色旋律"活动所承载着的培养爱国情怀、传播先进文化、塑造良好人格、弘扬社会正气的文化内涵，引导着我们坚持先进文化的前进方向，是锤炼优秀思想道德品质的鲜活教材。在此，我希望"红色旋律"可以越办越好，越办越精彩！

我和"红色旋律"的故事

李玉婷（燕山大学马克思主义学院 2019 级马克思主义理论专业）

最早知道"红色旋律"的时候，我还没有来到燕山大学。那是一年多以前，我开始着手准备考研并决定报考燕山大学的时候。我打开了燕山大学的官网，看到有关"红色旋律"的公告，那时的"红色旋律"已经举办了一百多期了。还未踏入燕园，我就已经对"红色旋律"充满了好奇。

第二次听说"红色旋律"，是一位师兄告诉我的。那个时候我收到了燕大的复试通知，内心里充满了期待的同时又忐忑不安。于是，我找到一位同专业的师兄请教，师兄告诉我复试的时候早点来学校，因为复试前会有一期"红色旋律"讲坛，他建议我去现场聆听老师们的演讲。当时的我觉得自己好像离"红色旋律"又近了一步，盼望着能早一点与它相遇。但是最终由于行程的原因，我并没有赶上那一次的"红色旋律"讲坛。

很庆幸，今年 6 月我收到了燕山大学的录取通知书，终于如愿地成为燕园的一名学子。入学后，我和同学们一起正式进入学习阶段，在课堂上认识了不同的老师。当我知道"红色旋律"讲坛就是由为我们授课的老师主讲的时候，心里对我们的老师生出一种诚挚的敬意。

入校不久后，我终于和自己心心念念的“红色旋律”相遇了。9月17日晚7点半，由马克思主义学院主办、马克思主义研究会承办的兼职教授聘任仪式暨第一百四十一期“红色旋律”讲坛在燕山大学东校区第四教学楼108教室举行。那天，我和同学提前5分钟到达会场，却发现更多的同学比我们都要积极，更早地到了会场，整个会场的座位已经坐满了，不少同学就站在会场的最后面。我们自然也是没位置的，就和其他同学一起站到了旁边。对于这样的情况，我是非常惊讶的，因为我真的没有想到会有这么多的人都热爱着“红色旋律”，会有这么多的同学来到现场聆听，我真的非常感动！这就是我和“红色旋律”的第一次相遇，虽然没有那么唯美，但是却实现了我的一个小小心愿。那个时候我就决定，以后的每一期“红色旋律”都要去现场观看！

很快，我又和同学们一起参加了第一百四十二期和第一百四十三期的“红色旋律”活动。不管是王新华教授主讲的《筚路蓝缕 走向辉煌——庆祝中华人民共和国成立70周年》，还是由马慧婷、李建芳、杨新宾、王建洲四位老师共同主讲的《初心·本色——国家勋章和国家荣誉称号背后的故事》，都让我受益匪浅。学识渊博的老师带领我们博览古今，开阔我们的视野，增长我们的知识，让我们明白我们所肩负的时代使命。

现在的我已经开始期待下一次的“红色旋律”讲坛了，期待着和我们的老师一起回顾历史，怀念先烈。我也深深知道老师给予我们的期待。往后的日子里，我会和“红色旋律”一起共同成长，在“红色旋律”的陪伴下度过在燕园的美好时光。

我和“红色旋律”

李景媛（燕山大学马克思主义学院2019级马克思主义理论专业）

曾记否，那星星之火的燎原之势？曾记否，嘉兴湖畔那一叶扁舟？曾记否，那五岭逶迤上踏浪前行的身影？历史虽然远去，但是红色经典仍需要我辈继续传承。“红色旋律”活动正是燕山大学开展的关于弘扬红色经典、唱响“红色旋律”的思想政治教育活动，它不仅是校园文化的一部分，更是帮助我们提升思想道德素养的一个平台。

活动邀请校内校外的优秀教授和学者，以读书会、讲坛、影苑等多种形式，为我们倾情讲述真实的历史事件，还原那些英雄前辈浴血奋斗的峥嵘岁月，同时也会针对当前国内外时政，为我们讲述当今中国所面临的挑战和机遇。老师们用生动丰富的语言，结合案例，从实际事实出发，向我们展示了中华民族伟大复兴路上的一幕幕，让我们懂得了什么是红色精神、红色思想。

通过参与“红色旋律”活动，我们跟随老师的脚步，在讲坛上，去追寻那风云激荡的红色岁月；在读书会上，去翻开那波澜壮阔的红色篇章；在影苑中，去回忆那筚路蓝缕的红色历史。我们在历史现实中汲取力量，在前辈们建设中国步履不停的身姿中懂得：我们事业的发展永无止境，初心永不改变，我们要自觉做中国特色社会主义共同理想坚定的信仰者、捍卫者、践行者。

身为中华民族的新青年，我们是具有红色基因、红色血脉的一代，也是实现中华民族伟大复兴的主力军。我们首先要学会用马克思主义思想、中国特色社会主义先进思想来武装头脑，提升自己的思想政治水平，这样才能在纷繁复杂的当今社会，认清形势，坚定信念，确立正确的奋斗目标。其次，我们也要立足于现实，努力提升自己的学术水平，丰富自己的文化修养，做到为中华之崛起而读书，为实现中华民族伟大复兴而奋斗。不忘初心，牢记使命，拼搏向上。

我和“红色旋律”

阮洋（燕山大学马克思主义学院 2018 级思想政治教育专业）

“红色旋律”是燕山大学马克思主义学院创立的一个文化品牌和红色活动，自 2010 年创办以来已经走过了十个年头，这十年来每两周举办一次讲坛、每月一次读书会、每个周末播放一部经典影片。共举办讲坛 140 余期、读书会 50 多期、影苑 60 多期，现场参与 3 万多人次，影响人数 30 万人次。“红色旋律”不仅是燕大校园的悦耳音符，更是燕大学子的华丽乐章。

从入学以来，本人参加“红色旋律”数十次，参加“红色旋律”讲坛十余次，每场都是爆满，只有提前大约半小时才能抢到好的位置，很多同学因为来晚导致没有座位，但这丝毫没有打击他们的积极性，几乎每场都会看到在教室最后和过道里都挤满了参加“红色旋律”的学生。这样火爆的场面和学生疯狂的追捧绝不是虚假现象，这是一种常态，一种自觉学习和自愿交流的过程。因为“红色旋律”一直秉承三个原则：思想的导向性、内容的生动性和师生的互动性。十年来“红色旋律”讲坛赢得了许多忠实的“红粉丝”，他们将“红色旋律”讲坛称为燕山大学的“百家讲坛”、一道值得期待和品味的“红色文化大餐”。这样说并不是夸夸其谈，这是我的真实感受，我每次都会收获颇丰，意犹未尽，听得也是热血沸腾，每次听到感兴趣的话题，都会非常激动，都会感悟到红色的豪情，都会领略到思想的碰撞，都会感受到名师的风采。

“红色旋律”秉承厚德、博学、求是的校训。思想碰撞、答疑解惑、传承经典、树立精神、弘扬旋律。“红色旋律”已经成为燕山大学学生思想政治教育教学的一面旗帜，影响甚大。“红色旋律”讲坛使我心灵受到洗礼、思想得到震撼、精神得以升华。

我和“红色旋律”

杨一鸣（燕山大学马克思主义学院 2018 级思想政治教育专业）

听过这么多期“红色旋律”，我收获了很多，也成长了很多。对于大多数学生来说，“红色旋律”可能仅仅就是一次讲座，是获取知识的一个途径，但是对于我们马院人来说它是一种信念，是一种力量，是一种精神风貌，也是一种内在修养。

“红色旋律”是一种信念。通过聆听“红色旋律”讲坛，我们可以了解时政也可以回顾历史。但“红色旋律”向我们传递的信息不止于此，时政和历史的背后是对祖国发展与兴盛的肯定，是对实现中国梦的向往，也是对马克思主义的永恒追求和坚定信仰。

“红色旋律”是一种力量。“红色旋律”带领我们回顾历史，回顾历史才能汲取前人的智慧；“红色旋律”带领我们展望未来，展望未来才能坚定前行的信念。无论过去、现在还是将来，“红色旋律”都是激励我们前进的动力。

“红色旋律”是一种精神风貌。“红色旋律”是马克思主义学院举办的特色活动，也是向外界展现马克思主义学院精神风貌的重要渠道。无论是侃侃而谈的老师还是精彩绝伦的内容，都在向外界展示着马克思主义学院积极向上的精神状态。

"红色旋律"是一种内在修养。"红色旋律"发展到今天不在于它有多么好的形式而在于它所传递的信息，在于它所表达的信念。有了"红色旋律"我们就有了理直气壮讲马列的平台，这样我们就可以不断学习与进步，提高自身的马克思主义理论修养。

"红色旋律"是有形的，但它传递的知识是无形的、永恒的，这些知识会成为我们坚定的信仰，成为我们一往无前的勇气，成为我们一生的财富。最后希望"红色旋律"越办越好！

我与"红色旋律"

单思媛（燕山大学马克思主义学院2017级马克思主义中国化专业）

"红色旋律"自其成立之日起在燕山大学校园已经走过了10年的历程，秉承了燕山大学校训："厚德、博学、求是"；构建了一个以"红色旋律"讲坛为主体的，包括"读书会""讲坛""影苑""社团""报纸"在内的思想政治教育的立体化格局。

"红色旋律"讲坛从本校学生的思想实际和时事热点中寻找题目，为学生们带来一个交流最新社会热点问题的平台，弥补了学生们在第一课堂中对于时事问题了解不够充分的问题。"红色旋律"使燕大学生学习思想政治知识从课内延伸到了课外，不仅将思政铸魂融入燕山大学素质教育的全过程，而且也保证了燕大学生在不同成长阶段思想政治"不缺席"，思政学习"不掉队"。

"红色旋律"讲坛帮助学生领略名师风采，沐浴红色知识阳光；"红色旋律"影苑帮助学生雕刻红色记忆，感悟红色豪情；"红色旋律"书屋帮助学生转换思维与感受，营造的浓郁书香氛围激发了学生学习红色经典的兴趣。

在学校思想政治理论课教师座谈会上，习近平总书记强调："推动思想政治理论课改革创新，要不断增强思政课的思想性、理论性和亲和力、针对性。""红色旋律"贯彻落实了"大思政"工作的理念——用一流的思想政治工作引领带动全校各项工作实现一流，促进了本校学生主体性意识的成长，帮助了学生树立正确的社会主义核心价值观，培养了大学生主体性道德人格；播撒的红色火种，筑造了"燕园"学子的精神家园。

我和“红色旋律”

于秋丽（燕山大学马克思主义学院 2017 级思想政治教育专业）

“红色旋律”已经走过了十年，而我能与她相遇两年半，这是一件幸事。第一次听到这个名字，误以为是枯燥无味的讲坛，坐在教室里听讲座也是因为硬性要求，所以明显是被动的。但当我真正地融入“红色旋律”里面的时候，我的态度有了很大的转变。大多数“红色旋律”的主题和当下的时事都紧密相关，尤其是魏黎波老师的讲座，每一场都座无虚席，为我们深刻剖析热点问题，深入浅出、通俗幽默，让我们对时事的理解更为透彻。十年了，每一场都是老师精心准备，每一场都完全没有物质上的回报，而我们马院老师依然始终如一地坚守着。

在整个攻读硕士时期，“红色旋律”带给我的不仅是丰富的理论知识，更多的是做人的道理。习近平总书记强调，思想政治理论课是落实立德树人根本任务的关键课程。而作为思想政治理论课延伸的“红色旋律”，也让我明白了我们所学到的“红色”理论，绝不是简单的知识点的罗列，而是反映着鲜活的社会现实。“一切向前走，都不能忘记走过的路；走得再远、走到再光辉的未来，也不能忘记走过的过去，不能忘记为什么出发。”也正是在“红色旋律”讲坛的引导下，我对为中国人民谋幸福、为中华民族谋复兴的初心和使命理解得更为深刻。不论以后会发生什么，都要坚守住初心，都要担当起使命。

赓续红色基因 传承使命担当

刘东锋（燕山大学马克思主义学院 2017 级马克思主义中国化专业）

百年燕大，家国天下；十年马院，风华正茂。伴随着马克思主义学院的发展，“红色旋律”讲坛也走过十个春秋。在这个过程中，“红色旋律”始终坚守“话说天下大事，笑谈中外古今；领略名师风采，沐浴知识阳光；体验思想激荡，感悟红色豪情”的创办初心，坚持每期讲坛都反映时代呼声、展现社会风貌、回应学生期待，影响了一批又一批的燕大学子。

走进“红色旋律”，赓续红色基因。立足马院，突出马院特色，是“红色旋律”讲坛的主线。传播正能量，弘扬主旋律，是“红色旋律”的核心。长期以来，“红色旋律”紧跟时代发展，从《马克思为什么是对的——隆重纪念马克思诞辰200周年》的人物关怀到《中美贸易摩擦：冤冤相报何时了》的国际视野；从《抗日战争与中华民族走向复兴》的历史回顾到《筚路蓝缕 走向辉煌——庆祝中华人民共和国成立70周年》的盛世展望等，从挖掘历史到连接现实，从赓续红色基因到弘扬时代精神，"红色旋律"之所以受到学生的欢迎，正是因为其所关注的就是我们所关心的。

走进"红色旋律"，传承使命担当。十年光阴，马院人初心依旧。无论是课前准备、课上呈现，还是课后答疑，每个环节都凝结着马院人始终如一的执着精神，散发着马院人独到见解的智慧光芒。从始至终的坚守，从传播科学真理到指引人生方向，"红色旋律"以其思想上的高度、情怀上的温度、影响上的广度，成为燕大最亮丽的学术风景线。

诚如马克思所言："历史承认那些为共同目标劳动因而自己变得高尚的人是伟大人物；经验赞美那些为大多数人带来幸福的人是最幸福的人。"通过"红色旋律"，马院人在十年的平凡岁月中，始终朝着立德树人的共同目标而阔步前行；始终以感染人、鼓舞人、影响人的使命而与时俱进。我想，多年以后，我们将把往事回忆，对"红色旋律"带给自己思想认知、理想信念、家国情怀等方面给予的影响，仍会感慨系于心间、感激溢于言表。

我和"红色旋律"

蔡文玉（燕山大学马克思主义学院2017级思想政治教育专业）

因为有感动的故事，所以这是最好的旋律；

因为有真挚的声音，所以这是最棒的旋律；

因为有认真的讲者，所以这是最美的旋律。

我和"红色旋律"，是一段专属的记忆。作为马克思主义学院主办的品牌活动，"红色旋律"讲坛、读书会等系列活动一直陪伴我走过这段美好的求学之路。马上毕业了，对"红色旋律"的回忆如珍藏品一样不愿丢弃，这里的高瞻远瞩让我震撼不已，这里的真情实感让我感动不已，这里的理想信念让我坚定不已。第一百一十六期"红色旋律"讲坛是我第一次接触这样的形式和场面，还像是个懵懂的孩子认真地感受着主讲人带给我的新鲜感。后来，我开始期待每一次的"红色旋律"活动，我可以听到同学们不同的想法，我可以提出自己的问题，我可以得到老师们深刻的回答。我真真实实地参与到这样的活动中，有所思有所悟。如果问我从“红色旋律”的活动中获得了什么，我想说从每一次的掌声响起时和口中的“哇”脱口而出时，就是我长知识或是精神受到震撼的时刻。“红色旋律”讲坛的主讲人讲述着不同的主题，传递着相同的旋律，就是对中国共产党的信心和对马克思主义的信仰，这是马克思主义学院的本色，也是马克思主义学院所有教师的本色。关于“红色旋律”，有一件事让我觉得很开心，就是在我毕业之前能够赶上一次我导师的“红色旋律”讲坛，心心念念的场景没有成为遗憾。感谢“红色旋律”活动创造了这么好的第二课堂，让红色教育深入人心，未来的路很远，“红色旋律”的影响力也没有尽头，祝愿“红色旋律”系列活动继续保持“传承、弘扬、创新”，用最好的红色教育滋润心灵。毕业之后希望有时间回到学校再参加一场“红色旋律”，找找那时的自己，那时的时光。

我与“红色旋律”的特殊缘分

李霜（燕山大学马克思主义学院 2017 级思想政治教育专业）

入学半年，作为“红色旋律”活动的听众之一，与同学们对“红色旋律”的理解并无太大差别，多的是在活动结束后对老师们的渊博学识与生动讲述的感叹和赞扬。半年后，在老师的信任与鼓励下，我成为一名“红色旋律”活动的工作者，这样的特殊身份也让我不断探索着“红色旋律”每一场视听盛宴背后的秘密。

2018 年 2 月底我接到柴老师的一通电话，在惊喜与兴奋中开启了我与“红色旋律”的这段“特殊的缘分”——“红色旋律”活动助管。接下来的三个学期中，与主讲老师确定主题和内容、前期活动审批、撰写与发布通知、活动参与和跟进、新闻稿修改与发送以及后期资料整理成了我每次工作的必要内容。仍然记得第一次改写稿件时的忐忑、第一次负责活动时的紧张，到后来慢慢享受着每一次定稿后的喜悦和活动结束后的满满成就感，期间不乏老师的责备批评，但更多的是学院老师们一次又一次的鼓励、认可和称赞，不断地给我前进的动力。

从 2018 年 3 月到 2019 年 7 月，三个学期来，我总共参与了 33 次活动，其中17次讲坛、9次影苑、7次读书会，每一活动都能给人以精神洗礼。政府工作报告、纪念马克思诞辰200周年、中美贸易摩擦、纪念改革开放40周年等，讲坛内容的全面解读，带动着我关注时事政治的热情；“异化·人化：人与科技的对话”“开启我们的文学情缘”“飞向太空 宇宙无限”“面对基因”等，主题背后对影片的哲学解读，让我不再对电影仅仅止于观，而是立于思；《共产党宣言》《历史选择了毛泽东》《邓小平时代》《习近平用典》等，经典名著的内容阐释，让我更加坚定理想信念。每一次讲坛都有不同的感悟，每一部影片都有具体的深意，每一本书都有无穷的力量。

作为助管，我见证着学院每一位参与活动的老师的辛勤付出，他们的奉献精神一直深深地感染着我。见识了讲坛座无虚席的“火爆”，也遇到过影苑和读书会人数不多时的“冷清”，但老师们的讲授从来没有因为人多人少而改变，讲解、交流、总结，从不辜负每一位学生。如今“红色旋律”即将迎来十周年，很荣幸成为“红色旋律”的一分子，我为“红色旋律”自豪，为学院每一位默默付出的老师们骄傲！

正是这种特殊缘分，更加充实了我两年半的研究生生涯。由活动的前期准备中得到锻炼，从老师的系统讲解中获取知识，在师生的交流互动中学会思考。自信、自律、自省，“红色旋律”带我成长；感动、感谢、感恩，祝“红色旋律”越走越远。

红色旋律

新闻报道

以主旋律引领校园文化建设

王新华

《人民日报》2011年2月17日第7版

大学校园文化建设是一项系统工程。形成什么样的大学校园文化氛围，不仅取决于社会大环境，而且取决于大学校园内部主导价值观的引导。因此，在大学校园文化建设中既要体现文化的包容性与丰富性，更要突出主旋律和思想性。近年来，燕山大学大力推进"红色旋律"校园文化建设活动，突出主旋律的引领作用，使学生在活动中升华思想、坚定理想。这一实践使我们得到以下一些启示：

体现导向意识、精品意识和卓越意识。当前，社会思想观念深刻变化，社会思潮多样多变的特征日益明显，迫切需要我们不断加强主流思想文化的引导能力，用社会主义核心价值体系引领大学校园文化建设。具体来说，就是要将导向意识、精品意识和卓越意识作为大学校园文化建设的"方向标"，坚持以科学的理论武装人，以正确的舆论引导人，以高尚的精神塑造人，以优秀的作品鼓舞人，切实保障校园文化建设的先进性。一是体现导向意识。面对社会思潮的多样多变，大学校园文化建设必须坚持和扩大社会主义核心价值体系的影响，突出主旋律教育。二是体现精品意识。以优秀的作品吸引学生，同时展现优秀主题文化活动的风采，增强主题活动的感染力和影响力。三是体现卓越意识。支持健康有益文化，努力改造落后文化，坚决抵制腐朽文化；注重优秀文化理念、高尚人文精神、正确人生观与价值观的培养，充分发挥社会主义先进文化的吸引力和感召力。

突出形式和手段的创新。开展大学校园文化建设，应自觉地把学生作为文化建设的主体和服务的对象，坚持贴近实际、贴近生活、贴近学生，从火热的校园生活中挖掘素材、汲取灵感，讲学生能懂的话，把话说进学生心里、装进学生脑里。面对热衷多样、崇尚潮流的青年学生，大学校园文化建设要通过丰富多彩的表现形式、新颖时尚的表现手法增加吸引力，让更多的学生关注并参与其中。网络论坛、博客等新媒体互动手段，使不同思想观念的交流与碰撞变得更加直接和便捷，已成为大学文化传播的重要路径。在大学校园文化建设中，应充分利用这些手段，调动学生参与的兴趣和热情。同时，大学校园文化既包含抽象的文化理念，也蕴含具体现实的目标追求，二者有机统一才能使大学校园文化贴近学生的思想实际，起到引领的作用。因此，大学校园文化建设还应瞄准学生的现实目标追求，以先烈和英模们的精神和事迹振奋精神、鼓舞信心，使学生更加珍惜今天的幸福生活、珍爱自身的生命价值，真正体现大学校园文化建设的实效性。

实现内容的生动性、学生的主动性和师生的互动性。引导社会、教育人民、推动发展，是社会主义文化的重要功能。大学校园文化要实现引导、教育、推动功能，就必须在内容的生动性、学生的主动性、师生的互动性上下功夫。一是实现内容的生动性。大学校园文化建设涉及的领域和话题，不仅要考虑教育者自身“想干什么”“能干什么”，更要关注学生“在想什么”“需要什么”。只有抓住学生最关心的问题，大学校园文化活动才能成为学生喜爱的文化载体。二是增强学生的主动性。在大学校园文化建设中，应进一步突出学生的主体地位，激发学生的参与热情。近年来，燕山大学学生宣讲团深入部队、社区、企业，宣传党的十七大精神和科学发展观，宣传创先争优活动中的英模人物和事迹，取得了良好的社会反响。三是推进师生的互动性。加强教师与学生之间心贴心、面对面甚至“硬碰硬”地无障碍沟通，将教师的个人情感、学识积累、思想感召凝聚在一起，在师生互动中引导思想、传播知识、陶冶情操。

（媒体转载：中国网络电视台网、中国政协新闻网、中国文明网、河北文明网、河北科技大学新闻网）

燕大“红色旋律”特色教学活动成效显著

河北省教育厅

“河北省教育厅”网站 2011 年 5 月 5 日

为切实提高思想政治理论课教学针对性、实效性，2010 年，燕山大学对思想政治理论课教学进行改革，推出“红色旋律”特色教学活动，以思想性引导学生，以形式和手段创新吸引学生，以网络平台建设扩大学生受益面，寓教于思，寓教于辩，寓教于行，教师与学生“心贴心”“面对面”甚至“硬碰硬”地进行思想交流，收到良好效果。

高校思想政治理论课教学，归根到底要解决的是马克思主义和中国特色社会主义理论在大学生中"入脑入心"的问题。"红色旋律"结合课堂教学，抓住学生最关心以及社会热点问题，以"讲坛"为主体，采取了包括"讲坛"、"读书会"、"影苑"、网络平台、报刊、参加社会公益等形式，逐步构建起一个全方位、立体化的思想政治教育格局。"红色旋律"以弘扬主旋律、体现奉献精神为宗旨，高扬思想大旗，理直气壮地宣传马克思主义，宣传社会主义核心价值观，抵制腐朽没落思想。"红色旋律"的奉献精神体现在所有参与者都不计任何报酬，教师的讲坛、读书会嘉宾主持、影院的点评嘉宾、报刊的撰稿、对学生公益活动的帮助，都是利用业余时间，没有任何报酬。参与"红色旋律"的每一位学生都是志愿者，讲奉献不讲索取，比贡献不比回报，成为活动参与者的自觉追求。

为使思想政治理论课课堂教学与"红色旋律"紧密结合，燕大还适时推出"四个一工程"，即学生进行每门思想政治理论学习时，在完成所有课堂讲授及考查环节的同时，利用课外时间，要参加一次"红色旋律"讲坛，阅读一部红色题材图书，观赏一部红色经典影片，参加一次社会公益活动，最终完成答辩，提交总结报告。"四个一工程"从实施理念到程序安排，从内容组织到总结报告设计，都充分体现了学生的个性化与参与性，对扩大学生受益面、推动活动的可持续发展起到了重要的支撑作用。

目前，"红色旋律"已经成为燕大学生思想政治教育教学的一面旗帜，被教育部评为2010年度高校校园文化建设优秀成果，而以其作为特色教学活动支撑的"中国近现代史纲要"课程也获得教育部思想政治理论课"精彩一门课"立项。

（媒体转载：河北省教育宣传中心网）

燕山大学："红色旋律"格外"红"

燕山大学 郭沛

"中国大学生在线"网2011年6月25日

"快点，快点，我们赶紧去吃饭，要不晚上就没座了。"周四下午最后一节课的下课铃声刚响，燕山大学电气工程学院2009级自动化专业的任敬伟就催促身边的同学道。"我们还是直接去会场吧，吃完饭再去肯定找不着前排的位置了。"同学答道。

那么，是什么让任敬伟和他的同学这样迫不及待？原来，又到了燕山大学两周一次的“红色旋律”讲坛开讲时间了。这已是第十四讲，由有燕大“名嘴”之称的马克思主义学院魏黎波教授主讲，题目是“杀出血路救中国——中共九十周年系列第一讲”。

“红色文化大餐”

“红色旋律”讲坛是由燕山大学马克思主义学院主办，校团委、里仁学院协办的一个特色校园文化建设项目。它以“体验思想激荡，感悟红色豪情”为目的，以“领略名师风采，沐浴知识阳光”为载体，以“话说天下大事，笑谈中外古今”为内容，每逢双周四晚上在学校东西校区各开办一次，内容都不重复。

“红色旋律”讲坛自诞生之日起，就受到众多燕大学子的追捧，已经举办了十四讲，几乎场场爆满。为什么会出现如此火爆的场景？燕山大学马克思主义学院副院长王新华教授的解说似乎给出了答案：“我们的讲坛始终把握三个原则：一是思想的导向性。讲坛高举中国特色社会主义伟大旗帜，理直气壮地宣传马克思主义，大力弘扬社会主义核心价值观，突出主旋律教育。二是内容的生动性。讲坛直面尖锐、热点和学生最为关注的问题，像《崩溃与崛起——中苏改革比鉴》《走出成长的烦恼——“十二五”规划解读》《韶山归来话伟人》等。三是师生的互动性。学生既可以当场与‘名师’心贴心、面对面，甚至‘硬碰硬’地无障碍交流，也可以通过‘红色旋律’交流信箱和电子交流邮箱进行深入的探讨。”

无怪乎很多学生将“红色旋律”讲坛称为燕山大学的“百家讲坛”，一道值得期待和品味的“红色文化大餐”。

而任敬伟同学听完魏老师的讲座后，在入党积极分子的思想汇报中写道：“心灵上的震撼，思想上的洗礼，精神上的振奋，我对党的认识又深了一步……”

“红粉丝”

随着“红色旋律”讲坛如火如荼地开展，它逐渐拥有了一批忠实的听众和追随者，用眼下时髦的话说，就是有了自己的铁杆“红粉丝”。“我是每场必到，不仅如此，在我的带动下，我们整个宿舍也都参与了进来。”任敬伟不无自豪地说道。“生动、有激情，能让人思考一些事，原来思想政治教育讲座也能如此精彩。”同寝小李感慨道。

除了当忠实的听众外，“红粉”们还组织成立了“红歌队”，在讲坛开讲前为大家现场演唱《东方红》《没有共产党就没有新中国》等红色歌曲，既烘托了气氛、陶冶了情操，又凝聚了神气。“红粉”们还积极参与讲坛的宣传、会场的组织以及社会公益活动等，他们都是利用业余时间，没有任何报酬。可以说，参与“红色旋律”讲坛的“红粉”们都是志愿者。讲奉献不讲索取，比贡献不比回报，已成为“红粉”们一种自觉追求。一名铁杆“红粉”说：“我觉得现在学习生活都很充实，有激情，有精神，大学生时代就该如此。”

“红色课堂”

其实，“红色旋律”讲坛只是燕山大学思想政治理论课教学“红色课堂”的一部分。近年来，燕山大学对思想政治理论课教学进行了改革，推出了“红色旋律”特色教学活动，以思想性引导学生，以形式和手段创新吸引学生，以网络平台建设扩大学生受益面。目前已形成了以“红色旋律”讲坛为主体，采取包括“讲坛”、“读书会”、“影苑”、网络平台、报刊、参加社会公益等形式，逐步构建起一个全方位、立体化的思想政治教育格局。

“今年，我们将以‘红色旋律’特色教学活动为载体，举办纪念建党90周年系列活动，进一步深化党的光辉历程、党的光荣传统教育，以弘扬主旋律来引领我们的校园文化。”燕山大学党委书记孟卫东教授介绍说。

“红色旋律”已经成为燕山大学学生思想政治教育教学的一面旗帜，受到广泛关注，被教育部评为2010年度高校校园文化建设优秀成果三等奖，而以其作为特色教学活动支撑的“中国近现代史纲要”课程也获得教育部思想政治理论课“精彩一门课”立项。

燕山大学：阅读红色经典激励学生成长

本报记者 周红松

《中国教育报》2012年2月13日第2版

在嘹亮的《东方红》歌曲声中，燕山大学教授魏黎波开始了主题演讲，台下的学生认真倾听、踊跃互动。这是燕山大学日前举办“红色旋律”讲坛活动的一幕。

自2010年起，燕山大学开始组织“红色旋律”讲坛系列活动，邀请校内外专家学者开展专题讲座，引导大学生通过阅读红色经典书籍，探索真理，促进心灵成长。如今，这项活动在校园形成了大学生阅读红色经典的热潮。图书馆里的马克思主义经典著作、革命历史题材书籍、领袖人物传记成为学生关注度与借阅率最高的图书类别之一。

燕山大学还通过读书会、网站、报纸等渠道搭建起学生间红色经典阅读交流的平台。每期的《红色旋律报》都通过《读点经典》《新旧书坊》等固定栏目，以摘录、书评等方式向学生推荐红色经典篇目。

（媒体转载：中国教育新闻网、央视网、中国网络电视台网）

“真理怎么会枯燥乏味呢”

本报记者 陈彬

《中国科学报》2014 年 3 月 6 日第 6 版

晚上十点半了，燕山大学马克思主义学院副教授李晔刚刚回到家。今晚，她组织的读书会又一次“拖堂”了——学生们一次次踊跃发言，让她不得不将读书会的结束时间延迟了一个多小时。而这对于李晔来说，早已稀松平常。

作为燕山大学为提高思想政治理论课教学针对性开展的“红色旋律”特色教学活动的一部分，读书会的火爆和备受欢迎并不是独有的，几乎“红色旋律”的每一个活动都备受学生的追捧。一项在常人眼中“枯燥乏味”的思想政治教育课，何以获得如此追捧呢？

给学生一个自我教育的机会

据了解，燕山大学的“红色旋律”系列活动发起于 2010 年。由燕山大学马克思主义学院主办、马克思主义研究会承办。经过近 4 年的探索与实践，“红色旋律”活动已经发展成包括讲坛、报纸、影苑、读书会、QQ 群、红歌队、社会实践等在内的校园红色文化立体格局。

燕山大学马克思主义学院院长王新华表示，“红色旋律”结合课堂教学，抓住学生最关心的问题以及社会热点的问题，以“讲坛”为主体，采取了包括“讲坛”“读书会”“影苑”、网络平台、报刊、社会公益活动等形式，逐步构建起一个全方位、立体化的思想政治教育格局。

组织者的良苦用心也得到了应有的回报。在思想政治理论课从枯燥的“填鸭式"教学转向灵活多样的互动交流后，学生们参与思想政治理论课的热情被极大地点燃。据统计，学生站在走廊听完一堂政治讲座这种"罕见"的事情，几乎每场"红色旋律"讲座都会发生。而燕山大学的QQ交流群已有了数千人参加，其中不乏北京、天津甚至福建等地的外校学生……

你与我一样重要

在"红色旋律"的各项活动中，李晔主要负责的便是"读书会"活动。谈及这项活动如此火爆的原因，她说："我们力图创造的是一个老师和学生平等交流的氛围。在这里，没有师生之分，也没有观点的优劣之别，大家畅所欲言，这也是吸引学生的重要原因。"

在平等氛围的营造上，一个细节值得回味——在燕山大学，读书会从来不在教室里开展，而是开在了马克思主义学院一间不大的"红色书屋"里。"哪怕空间太小，凳子不够用，我们也绝不会去教室。"李晔说，"因为教室容易让学生感到师生的身份差别，我们需要一个师生完全平等的环境。"

在"红色旋律"活动中，对学生平等交流的重视几乎渗透在每个这样的小细节中，比如，每一次"红色旋律"讲坛的最后半小时，全部被安排成师生互动环节。所有的问题由学生当场提出，老师当场作答；在网络上，几乎每天都有一批年轻老师利用业余时间，晚上与学生们交流、谈心。

"对于当代学生，我们要尊重他们的诉求欲望，尊重他们的存在和价值。我们要告诉他："我很看重你的，你与我一样重要，甚至你比我还要重要，我愿意倾听。"只有这样，才能赢得学生的尊重与信赖。"王新华说。

透过热闹，不能还看到热闹

仅仅有平视的目光，并不能完全吸引学生，因为学生最关注的是我想要什么，你要讲什么。

对此，"红色旋律"秉持的原则是，要用热点问题吸引学生的目光，从对热点问题的解读中，找到思想政治教学的主线。"我们不能透过热闹看到的还是热闹，而是要透过热闹看到根本性的问题。让学生通过对热点的关注，最终形成对正能量和主旋律的汇集和认可。"王新华说。

基于这样的理念，全国两会、朝鲜半岛局势、京津冀雾霾等"90后"学生普遍关注的国内外大事都被搬到了思想政治讲台。

"理直气壮讲马列，心底无私树新风。"这句话是燕山大学马克思主义学院教师柴勇为“红色旋律”讲坛所写的新闻稿中的主题词。柴勇的一段话或许代表了所有参与“红色旋律”活动的老师的心声：“真理怎么会枯燥乏味呢？”

（媒体转载：燕山大学新闻网、科学时报、和讯网）

高校思想政治理论课贵在管用

王新华

《人民日报》2017 年 8 月 11 日第 7 版

高校思想政治理论课直接关系高校培养什么样的人、如何培养人以及为谁培养人的问题。党的十八大以来，高校思想政治理论课的时代感和主动性、针对性、实效性明显增强，取得了很大成效。但也要看到，目前高校思想政治理论课仍面临一些亟待解决的问题，特别是有的高校对思想政治理论课重视不够、创新教学方式方法的力度不大。高校应把思想政治理论课放在突出位置，针对当代大学生特点创新教学内容和方式方法，真正让思想政治理论课见效、管用。

注重解答当代大学生的思想困惑。高校思想政治理论课是做人的工作的，要达到得人心、暖人心、稳人心的效果，就必须围绕大学生、面向大学生、服务大学生。目前，高校大学生多为“95 后”，他们思想活跃，接受新观念、新事物快，可塑性较强。面对纷繁复杂的社会现实，大学生难免会遇到这样那样的迷茫与困惑。高校思想政治理论课要注重为大学生解疑释惑，及时解答大学生在学习、生活、社会实践中遇到的问题与矛盾，让他们明确人生应该在哪里用力、对谁用情、如何用心以及做什么样的人等重要问题，不断提升思想政治教育的亲和力和针对性。比如，针对大学生对“理想很丰满，现实很骨感”存在的心理落差，思想政治理论课应回答好“怎么看”和“怎么办”的问题。只有将话语体系从天边拉到身边，把道理讲成故事，才能让大学生找到有生命力的坐标、形成有温度的共鸣。

实现传统教学方式与现代教学方式有机结合。加强和改进高校思想政治理论课，要努力使教学方式方法贴近实际、贴近生活、贴近大学生，符合大学教育教学的规律和大学生学习的特点，不断增强思想政治教育的针对性、实效性和说服力、感染力。应大力提倡启发式、参与式、研究式教学，关注社会热点焦点问题，多用通俗易懂的语言、生动鲜活的事例、新颖活泼的形式活跃教学气氛，启发大学生思考；精心设计和组织教学活动，探索专题讲授、案例教学等多种教学方法。同时应看到，随着互联网和信息技术发展，网络媒体、微博微信、移动客户端等新媒体层出不穷，"大水漫灌"、简单说教的传统教学方式非常容易让大学生感到枯燥乏味，影响其学习的主动性和积极性。高校思想政治理论课应打破单一教学方式，运用虚拟现实技术等手段改进教学。但是，单纯依赖现代教学方式会缩短大学生思考的时间，影响他们对理论内涵和逻辑的理解。因此，应把传统教学方式与现代教学方式有机结合起来。这既有利于增强高校思想政治理论课的实效性，又能及时帮助大学生了解党的理论和路线方针政策，不断提高他们的思想水平和政治觉悟。

把课堂理论教学与社会实践教学统一起来。理论联系实际是对高校思想政治理论课教学的基本要求。课堂教学应侧重理论传授，让大学生充分了解马克思主义理论的形成、发展过程和基本内容。但是，如果只是从理论到理论、从抽象到抽象，就会影响大学生对理论的理解。社会实践教学可以超越课堂教学的限制，增强思想政治理论课的说服力，让大学生直接体验和观察社会生活及其发展变化，更好分析现实社会存在的问题。在这个过程中加以科学引导，就可以帮助他们确立对马克思主义的信仰、对中国特色社会主义的信心，更好学习掌握中国特色社会主义理论体系。因此，要把课堂理论教学与社会实践教学统一起来，采取专题授课与现场教学、情景模拟相结合的方式，更加注重嵌入体验式教学，通过社会调查、志愿服务等实践活动，形成以理论为先导、以体验为载体的"知行合一式"教学模式，让大学生学得"解渴""过瘾"。

（媒体转载：人民网、人民论坛网、中国共产党新闻网、中国青年网、燕山大学新闻网、参考消息网、搜狗微信客户端等）

脚踏实地，放飞青春梦想——在燕山大学

本报记者 马利

《河北日报》2017 年 11 月 28 日第 3 版

党的十九大召开以来，燕山大学马克思主义学院通过集体学习、集体备课、举办讲坛、组织宣讲、网络推送等形式在学懂弄通做实上下功夫，让党的十九大

精神进思政课堂、进学生头脑，在校内掀起学习贯彻党的十九大精神的新高潮。

集体备课是马克思主义学院的优良传统，也是思想政治理论课教师集体学习和研讨党的重大创新理论的好形式。近日，学院组织4个教研部全体教师，开展了党的十九大精神专题集体备课活动，重点围绕如何把党的十九大报告的创新观点和内容融入思想政治理论课五门主干课的课堂教学开展教学研讨，大家畅所欲言，集思广益，达成共识。

同时，学院教师开始在课堂上结合各自所教课程的内容和特点，对接学生的兴趣点，重点围绕党的十九大报告的理论创新点分别开展了融入式或专题式课堂教学，实现了大学生与党的最新思想理论的零距离接触，激发了学生们的学习兴趣，提高了他们的政治意识，促进了学生们对党的十九大精神从感性认识到理性认知的升华。

学院王新华老师主讲了《新时代新征程——学习十九大报告》“红色旋律”专题讲座。王新华从党的十九大报告的背景入手，引出了“砥砺奋进”“不忘初心”“与时俱进”“顶层设计”四大主题。其深入扎实的功底、幽默亲和的教态、明晰透彻的讲解赢得了现场学生的阵阵掌声，使党的十九大精神在学生中引发了广泛热议。

学院还成立了党的十九大精神学生宣讲团，共有21名研究生报名参加，设计出“不忘初心，牢记使命”“习近平新时代中国特色社会主义思想解读”“反腐败永远在路上”等20余个宣讲题目，各成员已确定宣讲主题并做好前期准备工作，将面向校内外开展宣讲活动。

（媒体转载：人民网、河北新闻网、凤凰网河北频道、国际在线网、燕山大学新闻网等）

燕山大学：奏响“红色旋律”，打造思政“金课”

本报记者 耿建扩 陈元秋　本报通讯员 刘英

《光明日报》2019年5月16日第15版

3月21日，时针刚指到18：00，燕山大学四教108教室就被大学生们挤得水泄不通。“‘红色旋律’讲坛19：30开讲，我们早早过来占个好位子。”电气工程学院检测技术及仪器专业2016级学生张清瑞告诉记者，这次讲坛的主题是

"稳中求进——聚焦 2019 年《政府工作报告》经济热点问题"。今年的全国两会传递出了什么样的政策信息？作为大学生应该关注什么？即将毕业走向社会的同学应该怎样准备？……讲坛中的这些话题都是大学生们关注的焦点。

"红色旋律"是燕山大学一个响当当的校园文化品牌，自 2010 年创办以来，每两周举办一次讲坛、每月一次读书会、每个周末播放一部经典影片……十年时间，马克思主义学院的"红色旋律"系列活动举办了 130 余场讲坛、50 余期读书会、60 多期影苑，共有 3 万多人次的现场参与、30 万人次的网上互动，"红色旋律"不仅奏响在燕大校园里，更奏响在每一位燕大学子的心里。

2009 级行政管理专业学生刘子旺曾经是当年参与"红色旋律"活动的燕山大学马克思主义研究会宣传部部长，作为一名青年马克思主义者，他志愿扎根边疆，如今已成长为新疆生产建设兵团的团干部，今年入选第二师铁门关市青年五四奖章候选人名单。谈起"红色旋律"对自己的影响，他告诉记者："是'红色旋律'让我认清了自己的责任，走上了服务西部的道路。"

"'红色旋律'使思政课在燕大校园'火'了起来，经过 10 年的发展，'红色旋律'已经形成以讲坛为中心，包括读书会、影苑、网络、报纸、社团在内的立体格局。"马克思主义学院院长王新华说。

在用"红色旋律"搭台的同时，燕山大学还大胆创新思政课教学理念和方式，将第一课堂与第二课堂紧密结合，以实践教学为抓手，推进全方位的教学改革，打造学生真心喜爱、终身受益的思政"金课"。

为了让枯燥的理论变得鲜活，提升思政课的吸引力，燕山大学马克思主义学院积极探索思政课实践教学新思路，通过构建"观察者—穿越者—志愿者—朗读者"的"四位一体"实践教学体系，探索出适合四门骨干课特点的实践教学模式。

"毛泽东思想和中国特色社会主义理论体系概论"要求学生作为一个"观察者"，通过对身边点滴变化的观察，用微视频反映出马克思主义中国化的具体内容；"中国近现代史纲要"要求学生作为一个"穿越者"，去感受中国近现代波澜壮阔的斗争史和发展史，并结合自身专业编排情景剧；"思想政治修养与法律基础"要求学生作为"行动者"，参与一次志愿服务活动；"马克思主义基本原理概论"则要求学生成为"朗读者"，要为同学们推荐一本自己读过的著作，并分享心得体会。

“通过四个‘者’增强了理论课的实践性，同时我们在每门思政课都设置了讨论环节，话题的设定与学生的实际生活息息相关，大大提高了学生参与的积极性，也增强了与学生的互动性。”马克思主义学院副院长柴勇说。

此外，燕山大学马克思主义学院还通过“精准思政”，实现思政课建设教师主导与学生主体的有机结合。他们结合各学院不同的专业特点以及学生的不同发展需求，分别做出不同的教学计划，因材施教，因需施教，尽可能让思政课和专业课结合得更加紧密。

“比如艺术与设计学院的学生，就要求他们通过绘画展示中国近现代史的内容；经济管理学院的学生，让他们多思考企业管理中的利弊得失；体育专业的学生，要他们想想黑哨对体育本身的危害等问题。”柴勇介绍，今年的机械工程学院学生上完“中国近现代史纲要”课程后，就结合自己专业，将港珠澳大桥的建设历程搬进了自己编排的情景剧。

“办好思想政治理论课关键在发挥教师的积极性、主动性、创造性。”王新华说。近年来，燕山大学通过培育共同的理想、共同的事业、共同的职业追求，以及集体备课、集体研修等教研活动，形成了一支可信可敬、敢为有为的思政课教师队伍。

每年开学初期，马克思主义学院都会召开一次“红色旋律”工作会议，定下一学期“红色旋律”的教学计划。10 年来数百场讲座、影苑、读书会的背后，都是该学院 40 多名教师的辛苦耕耘。“参加‘红色旋律’活动，占用的几乎都是学院老师们的业余时间，没有报酬，10 年来，所有老师都是义务付出，不求任何回报。”王新华感慨，“有的老师为了准备一次‘红色旋律’讲坛，备课长达数月。”

1948 年出生的教师杨绍维有近 50 年的党龄，已经退休的他依然活跃在完全没有报酬的“红色旋律”讲坛、读书会，酷暑时节到革命老区、贫困山区的考察活动也有他的身影，而且一干就是 10 年。他说：“这是一支非常富有凝聚力的队伍，团结奉献已经形成了我们的文化传统。”教师魏黎波在教室停电的情况下摸黑两个小时为同学们办了一场别开生面的讲座，讲解当年美国轰炸我驻南大使馆真相，让同学们认清霸权主义者的面目，理性爱国。

“经师易求，人师难得”，燕山大学马克思主义学院的教师们以实际行动践行着习近平总书记提出的政治要强、情怀要深、思维要新、视野要广、自律要严、人格要正的殷殷期望。

（媒体转载：人民网、光明网、中国共产党新闻网、中华人民共和国教育部、党建网、中国文明网、中国党政理论网、河北文明网、中国西藏网、凤凰网河北频道、中国名师网、手机搜狐网等）

燕山大学：“红色旋律”讲坛吸引年轻学子

本报记者 史晓多

《河北新闻网》2019 年 12 月 4 日

“党的十九届四中全会，提出许多重要命题，从所关涉的内容看，可以分为宏观命题和微观命题。”11 月 21 日晚 19：30，燕山大学里仁教学楼 J207 教室，240 多个座位座无虚席，近 300 名师生来此参加“红色旋律”讲坛，听燕山大学副教授陈步伟以“中国之治的制度密码——十九届四中全会解读”为题宣讲党的十九届四中全会精神。他从党的十九届四中全会重点分析、精神内涵等方面，用鲜活的案例、翔实的数据对全会精神进行了深入浅出的解读和阐释，并和学生就关心关注的热点话题开展互动交流。

“作为思政课老师，我有责任让学生们真切地感受到四中全会精神具有伟大的现实意义和深远的历史意义。”陈步伟说，他希望通过讲坛的形式让大学生认真学习全会精神，提高思想觉悟、技能水平，用自己的一技之长，将来为党、为祖国、为社会多作贡献。

“陈老师讲授的内容十分丰富，让我更加全面地了解到我们国家是如何走向强大的。”外国语学院的学生安楠说，他和同学们听后倍感振奋、深受鼓舞，更加坚信我国制度优势一定能更好地转化为国家治理效能，更加坚定了技能成才、技能报国的决心和信心。

燕山大学马克思主义学院党委书记王新华教授告诉记者，经过多年的不断改革和完善，“红色旋律”活动已成为思政课堂的重要延伸。“以‘红色旋律’为载体的高校思想政治理论课实践教学改革”曾获得河北省教学成果二等奖，“红色旋律”活动多次获得教育部高校校园文化建设优秀成果、河北省思想政治工作或党建创新案例等荣誉。

“红色旋律”讲坛的主要策划人、燕山大学教授柴勇说，“红色旋律”讲坛是学校向学生宣传党的政策的重要平台，学校每两周举办一次讲坛、每月一次读书会、每个周末播放一部经典影片……十年时间，马克思主义学院的“红色旋律”系列活动举办了130余场讲坛、50余期读书会、60多期影苑，共有3万多人次的现场参与、30万人次的网上互动。

（媒体转载：《河北日报》、东方网、东方财富网、邯郸新闻网、国际在线等）

燕山大学：开展线上观摩课 严把教学质量关

《河北日报》客户端2020年3月2日

“襟渤海，依燕山，泱泱学府何庄严……”

2月29日，伴随着《燕大之歌》旋律，燕山大学马克思主义学院教师侯卓沅的“毛泽东思想和中国特色社会主义理论体系概论”在QQ群里直播开课。除了听课学生，同时来到直播间的还有燕山大学马克思主义学院的全体思政课教师。

燕山大学马克思主义学院副院长柴勇介绍：“停课不停学，学院组建了线上教学督导团，对教学质量严格把关，进行线上观摩课。”

开场音乐刚刚结束，侯卓沅就出现在了直播画面上。在作了简要介绍后，他开始进行重难点的讲解，之后用“学习通”开展测试，检验学生的学习效果。连麦互动、发布视频资料学习任务、打卡签到、群内答疑……侯卓沅熟练地运用多个平台开展教学，一个半小时的课堂节奏紧凑、内容饱满，同学们纷纷在直播间里“送花”点赞。

“侯老师的课牢牢抓住了课堂管理这个‘牛鼻子’，采用了多种方式对学生的学习行为进行有效监督，使线上教学不走样、不缩水，其中的一些操作技巧正是我们现在需要学习和掌握的。”马克思主义中国化教研室主任李晔观摩完课程后在工作群里和同事们交流感受。“突如其来的疫情，倒逼着我们提高信息化教学水平，我们要想更多的办法，做更多的努力，不断提高线上思政课的亲和力、实效性。”老师们你一言我一语，工作群“滴滴滴”的声音经久不息。

“特殊时期往往会给学生留下难以磨灭的特殊记忆，老师要以更加饱满的精神状态备好、上好每一次课。用真理、真情、真心打动学生、感染学生，守好网络阵地，增强主流声音。”侯卓沅说，“燕山大学三年前就已经开展了信息化教学的探索，那时是辅助课堂教学，但三年的探索和积累已经让我较为深入地理解了线上教学的理念，也掌握了相关技巧。从今天的实践来看，课堂效果还是不错的。”

燕山大学马克思主义学院党委书记王新华表示：“下一步，将继续加强教学协同，群策群力，上好线上思政课。”

红色旋律

论著成果

《"红色旋律"凝铸精神家园——燕山大学以主旋律引领校园文化建设》，王新华、李晔，《教学研究》2012年第1期

摘要：弘扬主旋律是大学校园先进文化建设的基本要求。将大学先进文化建设与大学生思想政治教育、高校思想政治理论课教学紧密结合，是提升主旋律教育实效性的重要路径。

《以特色主题活动为载体 创设思政第二课堂》，王新华、刘永志，《中国高等教育》2012年第21期

摘要：高校思想政治教育是针对青年大学生进行的思想育人、精神立人的一项系统工程，高校思想政治理论课是对大学生进行思想政治教育的主阵地和主渠道，也是大学生接受社会主义核心价值观教育的第一课堂。思想政治教育的价值属性、教育环境的新变化、受教育主体自身的新特点，都需要第一课堂向第二课堂延伸和拓展，需要第二课堂对第一课堂教学效果的夯实和内化，"两个课堂"有机结合方能发挥出高校思想政治理论课育人功能的合力。

《社会主义核心价值体系落实到基层的典型案例研究——以燕山大学"红色旋律"校园文化建设项目为例》，王继东、徐静英、戴喜梅、杨彬，《理论导报》2012年12期

摘要：在社会主义核心价值体系建设过程中，如何结合大学生的认知和情感发展特点，探索有效的教育载体，将核心价值体系教育落到实处，不仅是高校思想政治教育的重点，也是高校校园文化建设的主题。从2010年开始，燕山大学以马克思主义学院为依托，在全校范围内开展"红色旋律"校园文化建设项目。项目以"高举中国特色社会主义伟大旗帜，传播宣讲马克思主义，反对多元化，弘扬主旋律，占领主阵地"为宗旨，旨在通过多种渠道的校园文化建设，提升校园主流文化的吸引力和凝聚力，坚持用社会主义核心价值体系引领校园文化建设，引导大学生健康成长。此项活动在学生中产生了广泛而深远的影响，对于学生正确世界观、人生观、价值观的形成起到了较好的引导作用。

《创新学生工作 开创特色学生活动品牌》，蔡星周、郭清秀、徐阳、曹婷婷，《教育教学论坛》2012年第16期

摘要：燕山大学“红色旋律”思想政治特色教学活动被教育部评为2010年度高校校园文化建设优秀成果，是继“希望基金”“经管论坛”等学校知名学生活动之外，又一个教育效果显著并在社会上获得广泛认可的品牌学生活动。如何按照《河北省中长期教育改革和发展规划纲要》的要求，优化结构突出特色、提高人才培养质量、提高服务社会能力，并结合高校优势、发挥学生特点、创新工作方法、传承品牌效果，是高校学生工作继续上台阶的关键。

《立足校内资源，创建思政课实践教学新模式——燕山大学“红色旋律”教学改革项目》，王新华，《教学研究》2013年第4期

摘要：思政课实践教学形式主义、简单化、精英化使其实效性的目标难以实现。燕山大学通过开展“红色旋律”活动和实施“四个一”工程，努力构建“立足校内、教师主导、学生主体、复合设计、个性选择、全员受益”思政课实践教学新模式，提升了教学的实效性，形成了高校思想政治理论课实践教学实现可持续发展的长效动力。

《思想政治教育理论课程中大学生主体性意识的培养研究——燕山大学“红色旋律”影苑活动评析》，张亚娜、柴勇，《教学研究》2013年第6期

摘要：人的主体性发展水平的高低是衡量一个社会进步程度的重要标志之一，也是衡量人的发展水平的重要尺度。“红色旋律”影苑的创新之处在于将理论与具体实践结合起来，探讨如何利用“红色旋律”影苑促进大学生的主体性意识成长，让高校思想政治教育课程在大学生的道德成长过程中真正发挥功能、取得效用。

《形势与政策教学中的六大焦点问题与解决途径探索》，张云飞，《教学研究》2014年第4期

摘要：在“形势与政策”课教学过程中主要存在六大焦点问题，包括：教学内容时常落后于时事的发展，实效性不强；师资队伍结构庞杂，专业化程度较弱；教学计划形式多样，规范化程度不够；教学考核与教学效果评价需要进一步完善；课堂讲授比较单一，需要积极开辟第二课堂；科学研究方向不明，需要进一步深入。在分析这六大焦点问题的基础上，介绍国内某些高校的先进经验，积极探索有效的解决途径。

《"第二课堂"是"第一课堂"的增效器——以燕山大学"红色旋律"讲坛为例》，魏黎波、刘娜，《教学研究》2014年第5期

摘要：针对高校思想政治理论课教学中存在的弊病，燕山大学开展了名为"红色旋律"的第二课堂教学活动，以剖析学生关心的热点问题和分析教材中的重难点问题为主攻方向，通过优秀教师开办专题讲座的形式，在一定程度上弥补了第一课堂的不足，取得了较好的教学效果。

《加强和改进高校网络意识形态安全工作研究》，刘永志，《学校党建与思想教育》2015年第18期

摘要：意识形态工作是党和国家一项极端重要的工作，高校是意识形态工作的前沿阵地。西方国家凭借其网络优势，进行全方位、多形式的资本主义意识形态渗透，冲击着我国高校意识形态安全防线。对此，应通过巩固和加强马克思主义意识形态对网络阵地的领导权和话语权，加强高校内关涉意识形态网络信息的软硬件建设与技术监管，培养高水平复合型的高校网络技术人才和理论宣传队伍，形成有效防控西方意识形态网络渗透的机制。

《高校意识形态安全教育路径探索——基于校园文化建设视域》，王新华、李因莲，《教学研究》2016年第1期

摘要：目前，高校意识形态安全正受到新媒体时代、经济全球化以及社会转型等诸多时代背景带来的巨大冲击和挑战。要在这场激烈的战斗中取胜，高校仅仅依靠抓好课堂教学这一"前沿阵地"是远远不够的，还必须要在校园文化建设视域下从文化建设的主体和客体两个维度入手，加强意识形态安全的隐性教育，巩固好高校意识形态之战的大后方，"前后夹击"，捍卫高校意识形态阵地的安全。

《"红色旋律"读书会与高校思想政治教育方法途径创新》，李晔，《教学研究》2016年第4期

摘要：为了应对新挑战，燕山大学"红色旋律"读书会对高校思想政治教育的方法与途径进行了创新：拓展内涵与外延，弥补传统课堂教学的不足；赋予时代价值，让红色经典成为高校思想政治教育的有效载体；实现有效阅读，以读书塑造网络时代大学生的精神世界。弘扬"主旋律"、坚持"精品意识"与以奉献精神"言传身教"，这是读书会的几点经验总结。